Alfredo Andersen

Retratos e paisagens de um norueguês caboclo

Amélia Siegel Corrêa

Alfredo Andersen

Retratos e paisagens de um norueguês caboclo

Copyright © 2014 Amélia Siegel Corrêa

Grafia atualizada segundo o Acordo Ortográfico da Língua Portuguesa de 1990, que entrou em vigor no Brasil em 2009.

Edição: Joana Monteleone/Haroldo Ceravolo Sereza
Editor assistente: João Paulo Putini
Projeto gráfico, capa e diagramação: Ana Lígia Martins
Revisão: Felipe Lima Bernardino
Imagem da capa: ANDERSEN, A. Auto-retrato. 1932. 76 x 53,3cm. Museu Nacional de Belas Artes, Rio de Janeiro
Imagem da contracapa: ANDERSEN, A. Paisagem. 21x32cm. Acervo Banco Itaú

Este livro foi publicado com o apoio da Fapesp

CIP-BRASIL. CATALOGAÇÃO NA PUBLICAÇÃO
SINDICATO NACIONAL DOS EDITORES DE LIVROS, RJ

C84a

Corrêa, Amélia Siegel
ALFREDO ANDERSEN: RETRATOS E PAISAGENS DE UM NORUEGUÊS CABOCLO
Amélia Siegel Corrêa. - 1. ed.
São Paulo : Alameda, 2014.
305 p. : il.

Inclui bibliografia
ISBN 978-85-7939-275-7

1. Andersen, Alfredo, 1860-1935. 2. Artistas - Noruega - Biografia. I. Título.

14-12822   CDD: 920.71
                     CDU: 929-055.1

ALAMEDA CASA EDITORIAL
Rua Conselheiro Ramalho, 694 – Bela Vista
CEP 01325-000 – São Paulo – SP
Tel. (11) 3012-2400
www.alamedaeditorial.com.br

Um homem se propõe a tarefa de desenhar o mundo. Ao longo dos anos, povoa um espaço com imagens de províncias, reinos, de montanhas, de baías, de naus, de ilhas, de peixes, de moradas, de instrumentos, de astros, de cavalos e de pessoas. Pouco antes de morrer, descobre que este paciente labirinto de linhas traça a imagem de seu rosto.

Jorge Luis Borges

LISTA DE FOTOS	9
APRESENTAÇÃO	11
INTRODUÇÃO	13
CAPÍTULO 1 – RETRATOS (DE) NORUEGUESES	33
Pintor em formação	47
Tradição e vanguarda na arte norueguesa	52
Retrato de Hamsun quando jovem	54
CAPÍTULO 2 – PAISAGEM E CULTURA NA TERRA DOS FIORDES	63
O romantismo nacional	66
Nacionalismo e política: a busca de um caminho próprio	71
Paisagem e cultura	73
Pintor a bordo: em busca de aventuras e outras paisagens	80
CAPÍTULO 3 – RETRATOS (DE) PARANAENSES	87
Fotografia, uma aliada	90
Ao gosto do freguês, ou como ser civilizado em Paranaguá	94
Nos trilhos da modernidade: da sociabilidade com os engenheiros estrangeiros	106
Políticos e literatos, trocas e favores	114

CAPÍTULO 4 – RETRATOS DA TERRA, PAISAGENS DO MAR	139
Pintura de paisagem no Brasil: da Academia Imperial de Belas Artes ao grupo Grimm	142
Paisagem, regionalismos e identidade	147
Pintando o litoral	160
CAPÍTULO 5 – EXPOSIÇÕES E ENSINO ARTÍSTICO NA BELLE ÉPOQUE CURITIBANA	181
A Escola de Artes e Indústrias e as primeiras exposições	184
Arte para o proletariado	193
A Associação Comercial do Paraná toma as rédeas (ervateiros no comando)	200
Professor Alfredo	207
CAPÍTULO 6 – IMIGRANTES E CABOCLOS NO BRASIL DIFERENTE	217
As Anas de Andersen	222
Exclusão paranista e refúgio doméstico	227
Duas raças: experiência imigrante e tensões sociais	241
Tipos regionais, tipos nacionais	246
De pintor marinheiro a norueguês caboclo	253
Norueguês Caboclo	261
REFERÊNCIAS	267
ANEXO – PRODUÇÃO ARTÍSTICA	287
AGRADECIMENTOS	301
CADERNO DE IMAGENS	305

Lista de fotos

Foto 1 – Risoleta Machado Lima "Senhorita Curityba" em visita ao ateliê de Alfredo Andersen — 35

Foto 2 – Alfredo Andersen com irmãs e amigos — 38

Foto 3 – Da direita para a esquerda: Andersen, Johansen, e Isaachsen, no ateliê do último — 59

Foto 4 – Andersen e amigos em Kristiansand. c. 1890 — 77

Foto 5 – Porto de Cabedelo, Paraíba. 1892 — 82

Foto 6 – Andersen no Porto de Cabedelo. 1892 — 83

Foto 7 – Andersen em seu ateliê, c. 1910 — 93

Foto 8 – Piquenique na Serra - Andersen, engenheiros e suas famílias — 106

Foto 9 – Andersen, engenheiros e suas famílias na Serra do Mar — 109

Foto 10 – Interior da residência da família Lange — 112

Foto 11 – Procissão de Nossa Senhora do Rocio, Paranaguá, c. 1895 — 167

Foto 12 – 1ª Exposição Estadual de Pintura em 1919 — 204

Foto 13 – 1ª Exposição Estadual de Pintura da Associação Comercial do Paraná, 1919 — 205

Foto 14 – Maria Amélia e Jan Woiski em prática de representação de modelo vivo no ateliê de Alfredo Andersen na Rua Marechal Deodoro na década de 1910 — 211

Foto 15 – Andersen e Ana — 219

Foto 16 – Andersen em frente a Escola Alemã, Curitiba, década de 1910 — 238

Apresentação

O livro de Amélia Siegel Corrêa é resultado de seu doutoramento em Sociologia pela Faculdade de Filosofia, Letras e Ciências Humanas da Universidade de São Paulo e reflete o ambiente mental em que foi produzida, caracterizando-se como uma pesquisa de referência na área de sociologia da arte.

Seu objeto central, Alfredo Andersen, foi elevado à categoria de "pai da pintura paranaense" pelos paranistas (grupo que articulava a construção de uma identidade regional para o Paraná) e sua figura se viu desde então mitificada, o que torna o trabalho de pesquisa da autora de certa forma uma iconoclastia.

Para ultrapassar as visões empobrecidas e amareladas do mito, Amélia – mesmo não sendo historiadora de ofício – mergulhou nas fontes, com rigor e competência singulares. Mergulho que a levou para as frias águas do mar do Norte, recolhendo pistas, indícios e sinais a partir dos quais, bem ao estilo de seu tutor italiano, o renomado historiador Carlo Ginzburg, teceu um novo desenho para a representação de Andersen, mais provável e humano.

As mesmas pistas possibilitaram a reconstrução de sua fase norueguesa, pouco conhecida no Brasil, a partir da conexão do pintor com o ambiente intelectual e artístico que frequentava, os professores que teve, as exposições das quais participou e os tipos variados de pintura aos quais se dedicou. Essa busca das influências e das conexões para as contextualizações também é algo forte na historiografia de Ginzburg, atento à circularidade de ideias, padrões, estilos etc. Há que se destacar o exaustivo trabalho de coleta – de um número de fontes bem maior que o que aparece neste livro – e interpretação de fontes históricas, que exigem a conexão do pintor com seu entorno.

As discussões feitas encontram-se, portanto, muito além de regionalismos. Não se espere desse livro uma história regional, pois encontra-se aqui a conexão do pintor com a Escandinávia e com a Europa de sua época, e mesmo quando o mesmo vem para o Brasil, a autora o situa em quadro nacional, emancipando-o das visões regionalistas.

Mesmo o enquadramento feito de Andersen em Paranaguá – um norueguês, casado com uma índia, que frequentava os alemães e não os paranistas – iluminaram mais seu ambiente privado, demonstrando que suas obras de maior impacto foram aquelas inspiradas pelo Rocio de Paranaguá e pelos *caiçaras* seus vizinhos que o auxiliaram em sua conversão em um norueguês caboclo; não as encomendas das elites, representadas de forma convencional.

Para além dos objetivismos do século XIX, Amélia demonstrou, ainda, em todos os passos, uma afeição enorme pelo seu objeto, mesmo um envolvimento que a levou a trabalhar no Museu Alfredo Andersen e a criar laços afetivos e proustianos com sua família norueguesa. Em troca, a autora, mediante a quebra da visão mitológica e empobrecida das versões oficiais, o libertou dos paranistas e o entrega hoje aos brasileiros e ao mundo. Boa viagem, Alfredo!

Luís Fernando Lopes Pereira
Prof. História do Direito/UFPR

> o novo não me choca mais
> nada de novo sob o sol
> apenas o mesmo ovo de sempre
> choca o mesmo novo
>
> Paulo Leminski

Como e por que um artista norueguês ficou conhecido como *pai da pintura paranaense*? Em que circunstâncias ele se fixou no Paraná no final do século XIX? Qual teria sido o processo que o levou a ser o retratista das elites paranistas locais? De que maneira um estrangeiro se torna um intérprete por excelência de uma paisagem regional? Essas foram algumas das indagações iniciais que me instigaram a pesquisar a trajetória de Alfredo Andersen. Provavelmente o mais famoso nome da pintura vinculado ao Paraná do início do século XX, ele se tornou um mito local, sua casa um museu e suas obras referências regionais, terreno fértil para uma pesquisa de sociologia da arte, que quer entender as construções sociais que se dão em torno do fenômeno artístico, suas bases materiais e as relações com o contexto histórico e social.

Durante muito anos, a historiografia vinculada ao modernismo paulista obscureceu tanto a produção artística anterior a 1922 quanto aquela produzida fora do eixo Rio-São Paulo, o que vem sendo revisto e atualizado nas últimas décadas.[1] Este livro participa

---

[1] São vários os exemplos de pintores da virada do XIX para o XX que têm sido "redescobertos" e objeto de pesquisas acadêmicas. No campo da sociologia da arte, por exemplo, o trabalho de Simioni lançou um novo olhar sobre a produção de pintoras e escultoras acadêmicas (SIMIONI, Ana P. *Profissão artista*: pintoras e escultoras acadêmicas brasileiras. São Paulo: Editora da Universidade de São Paulo: Fapesp, 2008.) enquanto Alves se debruçou

desse processo *revisionista* que busca olhar para as artes regionais com um olhar menos marcado. Andersen foi um dos diversos pintores que vieram da Europa para o Brasil ao longo do século XIX, com a diferença que vinha de um país periférico, a Noruega, e que se estabeleceu em um estado igualmente marginal, o Paraná. Nesse período, a maior parte dos artistas que podiam viver do próprio trabalho havia alcançado tal posição por influência da Academia Nacional de Belas Artes, salvo algumas exceções, como foi o caso de Andersen. Com sua carreira brasileira construída às margens do centro e sem vínculos com a Escola de Belas Artes, Andersen – que desenvolveu a parte mais madura da sua produção no auge da febre modernista – tem no rótulo de regionalista um elemento de ganho local, mas que perde muito quando buscamos entendê-lo dentro do contexto da produção brasileira. Um dos aspectos da argumentação do livro diz justamente das injunções sociais de definição de uma carreira artística na *periferia*.[2]

Com pouca projeção no cenário nacional, Andersen é lembrado no campo da história da arte brasileira por sua obra paisagística, particularmente importante pelo pioneirismo em relação à representação da paisagem paranaense. Essa valoração estética e simbólica da geografia local foi um dos elementos que o aproximou dos mentores do movimento regionalista conhecido como *paranista*, facilitando a sua inserção na cena local. Mas, ao observar o conjunto da sua produção, vemos que a produção retratística se equipara quantitativamente às representações da paisagem local, e que as não tão numerosas cenas de gênero são documentos iconográficos especialmente interessantes para se pensar os caboclos locais e a assimilação do pintor.

Mas não só da produção de pinturas vivia Andersen: fez esculturas, decorou residências, envolveu-se em publicações e associações, mas, principalmente, lecionou em

---

sobre a trajetória de Benedito Calixto e sua relação com a construção do imaginário republicano (ALVES, Caleb Faria. *Benedito Calixto e a construção do imaginário republicano*. Bauru: Edusc, 2003). No campo da história da arte, alguns exemplos importantes estão nas pesquisas sobre a obra de Pedro Weingartner, como se percebe na coletânea de artigos que compõe o catálogo *Pedro Weingartner* (1853-1929): um artista entre o Velho e o Novo Mundo. São Paulo: Pinacoteca do Estado de São Paulo, 2009; também Eliseu Visconti tem sido objeto da pesquisadora Miriam Seraphin (SERAPHIM, Miriam. *Eros adolescente*: no verão de Eliseu Visconti. Campinas: Autores Associados, 2008); e Margotto, que buscou recuperar o trabalho dos paisagistas capixabas e sua vinculação com a identidade regional em MARGOTTO, Samira. *Cousas nossas*: pintura de paisagem no Espírito Santo 1930-1960. Vitória: Edufes, 2004.

2   O modelo de análise da relação entre centro e a periferia foi elaborado a partir de um estudo de caso por Carlo Ginzburg e Enrico Castelnuovo em *História da arte italiana*, incluído na coletânea *A micro-história e outros ensaios* (Rio de Janeiro: Bertrand Brasil, 1991). Assim, sempre que os termos centro e periferia estiverem referidos a esse modelo, eles aparecerão em itálico.

escolas públicas, privadas e no seu próprio ateliê. Todos esses dados e muitas outras fontes – reportagens, biografias, cartas, obras de intelectuais locais, declarações, entrevistas, fotografias, revistas, periódicos, anotações –, assim como pistas, miudezas e vestígios, foram considerados na montagem da sua trajetória. Da sua produção artística, o foco ficou nas pinturas a óleo. Em relação a elas, tomei como principal fonte um catálogo organizado pelo Museu Alfredo Andersen[3] que, embora assumidamente contenha falhas e lacunas,[4] é a melhor forma e talvez a via mais precisa de obter uma visão geral e de pensar quantitativamente a sua produção.

Quando se tem em mente a trajetória de um artista e sua obra, é preciso construir possíveis conexões entre sua vida e os constrangimentos históricos e sociais em meio aos quais ele produziu e tomou certas decisões. A sociologia da arte busca, pois, as condições em que o trabalho estético é realizado, o que finda por invalidar uma teoria romântica do artista como gênio, que produziria unicamente em função de sua inspiração. Andersen foi um artista festejado por seus méritos, mas a atividade artística, sendo social, está inserida em redes de relações nas quais também estão presentes constrangimentos e disputas. Ao mesmo tempo, é preciso ter em conta uma certa autonomia de ação, tal como formulada por Elias, e categorias como estratégia e interesse não devem ser encaradas como cálculos deliberados entre custo e benefício.[5] Por outro lado, os artistas tinham consciência dos contextos em que suas obras seriam vistas e certas decisões que vão desde o tamanho e o tema das pinturas, das técnicas materiais aos mercados que buscavam para seus trabalhos, devem também ser discutidas em termos de estratégias e, segundo House,[6] vistas como intervenções autoconscientes dentro do palco do mundo da arte.

A intenção deste livro não é, portanto, escrever a história individual do pintor, mas, antes, recuperar uma complexa trama de relações sociais e de conteúdos imagéticos, simbólicos e os processos sociais nos quais estavam inseridos, mediante a investigação dos interessados, compradores e destinatários dessas imagens. A relação entre a pintura de Andersen e a sociedade que lhe conferiu sentido exige que se tenha como pano de fundo as transformações em curso no período da Primeira República, e os nexos entre

---

[3] BALLÃO, W.; BASSLER, R.; GRAÇA, R. (Orgs.) *Alfredo Andersen*: pinturas. Curitiba: Sociedade dos Amigos de Alfredo Andersen, 2010.

[4] Entre as dificuldades de elaboração de um *catálogo raisonée* do artista estão o paradeiro desconhecido de muitas obras e a falta de assinatura em muitas telas.

[5] É o jogo que sempre ocorre entre a intencionalidade e a involuntariedade, como nas análises de Norbert Elias sobre a relação entre indivíduo e sociedade. (ELIAS, Norbert. *A sociedade dos indivíduos*. Rio de Janeiro: Jorge Zahar, 1994).

[6] Sobre o conceito de "artistic agency", ver HOUSE, John. *Impressionism*: paint and politics. New Heaven and London; Yale University Press, 2004.

cultura, arte e política no Paraná. Sua trajetória e a observação da sua intensa participação no mundo artisitco local elucidam os anseios de distinção social das elites que se aburguesavam em relação às demais camadas da população. Não menos importante era o desejo de construir uma autoimagem que diferenciasse o estado do restante do país, em especial da sua província de origem, São Paulo. Como as identidades se configuram com frequência em termos de oposição, veremos como a nacionalidade norueguesa se constitui como uma forma de se opor aos antigos dominadores dinamarqueses, assim como a identidade paranaense é edificada na expectativa de diferenciação dos paulistas. O homem paranaense não era o mulato, e a natureza do Sul não era tropical: os elementos escolhidos foram o tipo caboclo e o pinheiro.

O trabalho de Andersen recebeu rotulações diversas, como acadêmico, pré-moderno, objetivista visual, impressionista, realista, naturalista etc. Todas essas classificações têm também a ver com o fato de ele ter tido uma produção híbrida e variada – o que era muito comum entre pintores deste período –, e embora elas ajudem pouco a explicar, em certos momentos, foi preciso acioná-las, e para tanto buscou-se defini-las de maneira que ajudassem na compreensão do processo em questão. Afinal, em alguns casos, como na oposição criada entre acadêmicos e modernos, os rótulos dizem menos de questões propriamente estéticas e mais de estratégias de legitimação de novos grupos de artistas. O que não quer dizer que a formação acadêmica não esteja presente no seu trabalho; ela está e foi especialmente valorizada na confecção de retratos, que viabilizou sua inserção inicial pelas muitas encomendas, que iam ao encontro do gosto e das aspirações das elites em ascensão. Porém, mais importante do que a tentativa de encaixar Alfredo Andersen nesta ou naquela corrente é procurar compreender o sentido que a sua obra teve na sociedade em que ele viveu e produziu.

Em relação às obras, o foco está no seu tema ou na sua mensagem, tal como defendido por Panofsky em sua definição de iconografia e iconologia.[7] Mas, para garantir um maior rigor analítico, buscamos, sempre que o material empírico permitiu, tensionar essas leituras com os dados da clientela e da datação, tal como o modelo defendido por Ginzburg.[8] Ainda seguindo os passos do historiador italiano, pistas e rastros, à primeira

---

7   PANOFSKY, Erwin. *Significado nas artes visuais*. São Paulo: Perspectiva, 1976. Segundo o autor, a iconografia trata do tema ou da mensagem da obra de arte; já a análise iconológica busca interpretar os valores simbólicos expressos nas imagens: "A descoberta e interpretação desses valores simbólicos (que, muitas vezes, são desconhecidos pelo próprio artista e podem, até, diferir enfaticamente do que ele conscientemente tentou expressar) é o objeto do que se poderia designar por 'iconologia' em oposição à 'iconografia'" (p. 47-52).

8   GINZBURG, Carlo. *Indagações sobre Piero*. Rio de Janeiro: Paz e Terra, 1989. Ver também, sobre a necessidade de definir e controlar a passagem de uma análise circunscrita a um terreno específico (dos documentos visuais) para um terreno mais geral, da história.

vista *infinitesimais,* trouxeram à tona, associadas aos contextos em que surgiam, peças importantes do quebra-cabeças para uma compreensão sociológica da trajetória e da produção do pintor.[9] Logo, mesmo que em alguns casos a forma tenha saltado aos olhos como um elemento significativo e representativo do diálogo com outros centros e de resposta às questões com as quais se defrontava, este não é um estudo de estética, e as questões que importam nas obras não se referem às suas qualidades pictóricas ou relevância artística. Mas, acima de tudo, é preciso mencionar que a metodologia adotada não foi homogênea; no caso dos retratos, por exemplo, observamos as redes e a sua recepção; nas paisagens, seus vínculos com os discursos do período e a comparação com outros paisagistas. Ou seja, foi o material que levou ao método.

Uma perspectiva da sociologia da cultura tal como formulada por Pierre Bourdieu perpassa vários momentos da análise, especialmente quando pensamos a noção de campo artístico nacional, campo político e seus derivados, absorvidos na elaboração do texto.[10] Aqui é preciso destacar que o Paraná do início do século XX estava ainda distante de ter um campo artístico autônomo, mas podemos, contudo, visualizar o processo de configuração do mesmo, e, para tanto, o modelo elisiano foi acionado.[11] Outro

---

(GINZBURG, Carlo. "De A. Warburg a E. Gombrich". In:____. *Mitos, emblemas e sinais.* São Paulo: Companhia das Letras, 1989).

9 Tal procedimento metodológico remete ao Instituto Warburg, onde Ginzburg estudou. O modelo warburguiano não apenas valoriza o detalhe – "Deus está no particular", segundo o próprio Aby Warburg –, mas exige uma espécie de sociologização da interpretação, afinal remete aos elementos contextuais, o que "preserva de excessos interpretativos".

10 A ideia bourdiesiana de campo ajuda a pensar as articulações dos artistas e intelectuais paranaenses com outros grupos locais e nacionais, e suas relações com outros estados do país. É utilizada de uma maneira menos rígida do que a proposta pelo sociólogo francês, pois não constitui objetivo deste livro apreender todas as posições e instituições que compunham o campo artístico ainda em formação no período da virada do século XIX para o XX, tendo uma boa operacionalização como uma metáfora para a descrição de um espaço onde se realizavam os jogos do poder, envolvendo posições e tomadas de posições políticas, intelectuais e estéticas. Isto não quer dizer que sua utilização não parta do pressuposto de que ali se manifestam relações de poder, que se estruturam mediante a distribuição desigual de capitais diversos – político, econômico, cultural, simbólico etc. - a fim de transformar ou de manter sua estrutura. Esse conceito foi trabalhado por Bourdieu em diversos estudos, como: BOURDIEU, Pierre. *As regras da arte*: gênese e estrutura do campo literário. São Paulo: Companhia das Letras, 1996; ____. *O poder simbólico.* Rio de Janeiro: Bertrand Brasil, 2003; ____. *Questões de sociologia.* Rio de Janeiro: Marco Zero, 1983.

11 O conceito de configuração vale-se da noção de interdependência para compreender a formação das redes. Tal ideia parte do pressuposto de que o homem só existe em dependência com os outros, do que decorre que o método sociológico deve partir dos seres humanos em sua formação. O indivíduo nasce num complexo funcional de estrutura à qual ele se molda, e de onde emergem suas possibilidades de escolha. Logo, "em cada associação de

exemplo da aplicação dos preceitos do sociólogo francês se dá na análise dos textos canônicos que elegeram Andersen como *pai da pintura paranaense*, que abre esta investigação antes da entrada nos capítulos.

Como a intenção deste estudo não é realizar uma biografia de Andersen, mas antes uma sociologia da trajetória e da produção do pintor,[12] a organização formal do estudo segue uma ordem apenas *relativamente* cronológica: os dois primeiros capítulos tratam do seu período escandinavo, enquanto os demais olham para a sua trajetória e sua obra desenvolvida em solo brasileiro.

Mais especificamente, naqueles que contemplam o *Norte,* acionei o material coletado durante a pesquisa de campo na Escandinávia para preencher uma importante lacuna na história do pintor: situá-lo em seu país, a posição social da sua família, sua formação artística, seu engajamento no projeto nacionalista e algumas de suas relações mais próximas, utilizando as imagens que produziu como documentos que ajudam a compreender aquela configuração.

O desconhecimento dessa fase da sua trajetória artística é também um dado indicativo da posição periférica que a arte escandinava tem na produção historiográfica em relação aos demais países europeus. Durante o século XIX, os países nórdicos ocupavam uma posição bastante periférica no contexto europeu, inclusive no meio artístico, na qual a situação da Noruega era particularmente mais delicada, pois nos últimos séculos esteve sob domínio estrangeiro (seja dinamarquês, seja sueco) e era uma das mais pobres e desprivilegiadas do Norte. Mas a Noruega rural e com uma longa história de dominação política e cultural passava por importantes transformações à época de Andersen, com um crescimento econômico que, somado às configurações históricas em curso, via crescer um projeto de construção da nacionalidade. A língua, a literatura e as artes plásticas foram

---

seres humanos, esse contexto funcional tem uma estrutura muito específica", que varia de acordo com a estrutura e a posição que ocupa no grupo, de onde Elias conclui que o modo como um se desenvolve depende da sua relação com os outros. Do conceito de figuração emergem peculiaridades estruturais, que, assim como as interações mais elementares, formam o campo dessa investigação. Isso porque, "a individualidade do adulto só pode ser entendida em termos das relações que lhes são outorgadas pelo destino e apenas em conexão com a estrutura da sociedade em que ele cresce". (ver: ELIAS, Norbert. *Escritos & ensaios*. Rio de Janeiro: Jorge Zahar, 2006 e ELIAS, Norbert. *A sociedade dos indivíduos, op. cit.*)

12   Inspiração que vem da análise de Elias da relação entre vida e obra de um artista ao aplicar o modelo figuracional para o mundo das artes. (ELIAS, Norbert. *Mozart*: sociologia de um gênio. Barcelona: Ediciones Península, 1998).

elementos importantes para a elaboração da "norueguesidade" e ajudaram a criar uma *comunidade imaginada*[13] para aquele país, processo no qual Andersen esteve engajado.

Os objetivos dos dois primeiros capítulos foram entender as propriedades inscritas na sua posição de origem, que tipo de disposições ela trazia e as expectativas que tinha em relação à sua carreira. Ao mesmo tempo, procurei recolher uma série de pistas que ajudam a entender a sua migração, buscando uma melhor compreensão dos condicionantes que se colocaram para ele, e também da formação do seu esquema e das convenções artísticas que orientaram seu olhar e o desenvolvimento do seu trabalho no Brasil. A hipótese inicial em relação a esse período de formação era que a tradição nacionalista norueguesa teve centralidade nos caminhos que levaram Andersen a se tornar precursor da pintura de paisagem no Paraná e na vinculação do gênero com a construção da identidade local.

O primeiro capítulo analisa o personagem mais de perto, suas redes de sociabilidade, sua formação artística e os principais retratos do início da sua carreira, buscando sempre que possível contruir uma explicação que circule do particular para o conjunto. O segundo se concentra nas pinturas de paisagem, mas também nas cenas de gênero, que, por terem sido realizadas no auge do nacionalismo norueguês, demandam uma reconstrução mais detalhada dos seus condicionantes sócio-históricos. O capítulo termina relacionando o espírito aventureiro com as viagens que Andersen fazia, que o levou ao seu primeiro contato com a paisagem brasileira em 1892.

A divisão dos capítulo subsequentes foi pensada a partir dos gêneros, mas não de forma rígida, com vistas a um rendimento analítico maior, por permitir comparações entre telas congêneres. O que não quer dizer que a cronologia e as datações não tenham importância, pelo contrário, elas são fundamentais e fazem parte do desenvolvimento das problemáticas tratadas no interior de cada capítulo. Assim, o terceiro faz uma análise da produção retratística, começando em Paranaguá, passando pelos engenheiros que trabalharam na construção da ferrovia, até chegar ao planalto curitibano, o que permitiu conhecer o perfil da clientela variada que Andersen encontrou para a sua arte no Paraná e de que forma suas soluções plásticas respondiam às demandas locais.

O quarto capítulo adentra no campo das paisagens, gênero pelo qual Andersen ficou conhecido. Não tão comuns à análise sociológica, elas se mostraram um material rico e repleto de sentidos e significados sociais. As marinhas do litoral, as cenas do porto de Paranaguá e as paisagens do Rocio, analisadas dentro das redes de relações em que foram realizadas, trazem à tona a imbricada relação com os literatos parnanguaras e as soluções plásticas oferecidas por Andersen. É possível perceber, também, o processo

---

13   Cf. ANDERSON, Benedict. *Comunidades imaginadas*: reflexões sobre a origem e a difusão do nacionalismo. São Paulo: Companhia das Letras, 2008.

de mudança da fatura estética do pintor, o que se deu tanto pelo contato com outros paisagistas brasileiros, mas também pelas pressões do mercado. As paisagens do mar trazem à tona elementos da sua formação analisada nos primeiros capítulos do livro, que orientaram o olhar do pintor para os personagens locais, mas também para a busca de retratar uma atmosfera, mais do que um lugar. O contraste entre as telas da Serra do Mar e da ferrovia evidenciam, além das preferências temáticas do pintor, como as diferenças na função das imagens se refletiam na fatura das obras. O terceiro item deste capítulo contempla as discussões sobre paisagem e regionalismo, até chegar à tópica por excelência das elites locais, com o tema canônico dos pinheirais.

Toda essa produção e a demanda que crescia em relação às artes plásticas no Paraná são elementos que apontam para um campo artístico em configuração no estado. Outros fatores estavam diretamente concatenados a esse processo, nos quais a figura de Andersen teve centralidade: o ensino artístico e as exposições. Tendo como pano de fundo a ideia de uma *belle époque* curitibana, o quinto capítulo vai justamente observar o empenho do norueguês na ampliação de um público para as artes e os interessados na promoção das mostras. Os retratos dos alunos em meio ao ofício, ao lado das pinturas do seu ateliê, trazem elementos do perfil social dos seus discípulos, o caráter de distinção social que se queria atribuir à profissão de artista e os significados que adquiriu no Paraná das primeiras décadas do século XX.

Por fim, o último capítulo explora a posição específica de Andersen nesse meio que ele ajudou a construir, a partir de duas características centrais para entender o seu encaixe local: o casamento nativo e a condição de estrangeiro. Para tanto, entramos na casa do pintor através das suas pinturas, o que justifica a inserção dos retratos afetivos dos seus familiares neste item. Partindo de uma análise das telas que pintou da sua esposa nativa Ana de Oliveira e das cenas domésticas realizadas da família, observamos que a maioria foi realizada num contexto de marcada animosidade e de fortes tensões sociais. Das cenas de gênero, que configuram a faceta mais autoral da sua produção e que trazem à tona o cotidiano da sua família, emergem elementos novos para entender a posição fronteiriça do pintor na cena local, e externalizam as contradições da sua assimilação. Essa iconografia da simplicidade, resultante de um olhar atento aos tipos locais, como caboclos e caiçaras, que pouca atenção recebeu do público local, permitiu uma aproximação dos seus tipos populares àqueles de Almeida Jr, afinal o norueguês, que estava antenado às discusões nacionais, buscou também deixar um registro do homem nacional. Finalmente, analisamos os autorretratos do pintor e a forma como foi moldando suas identidade tanto norueguesa quanto brasileira, até chegar ao último, onde ele buscou construir a imagem de um pintor nacional.

Andersen, um norueguês paranista?

Uma das dificuldades que enfrentei nesta pesquisa foi conseguir me afastar das leituras canônicas sobre o pintor, tido como um personagem excepcional que teria dedicado a sua vida e a sua obra ao amor que tinha pelo Paraná. Assim, a primeira etapa da investigação exigiu que eu me debruçasse sobre a fortuna crítica de Andersen, como forma de entender os interesses que estavam por detrás do mito do *pai da pintura paranaense*. O caminho para apreender essa construção social me levou às duas biografias escritas sobre ele, que foram realizadas a partir de fontes semelhantes,[14] como artigos de época, entrevistas, declarações e uma boa dose de romantização: *Andersen, pai da pintura paranaense*, de Carlos Rubens (1939), e *O Acontecimento Andersen*, de Valfrido Piloto, publicado em 1960. Tudo o mais que foi escrito, como em verbetes de dicionários de artistas plásticos e catálogos[15], tem como ponto de partida essas obras. Como essas biografias foram a base de todas as leituras sobre ele, constituindo, assim, um elemento forte e arraigado do objeto, a leitura sociológica delas foi um passo fundamental do trabalho e permitiu ampliar a vigilância quanto à adesão a esses discursos laudatórios. Ao mesmo tempo, este procedimento é o primeiro passo para desconstruir as imagens tradicionais e provincianas criadas sobre o pintor, historicizando tanto as biografias como o próprio artista.

Após a sua morte é que surgem essas biografias interessadas, que constituem um rico material de análise das injunções e relações de poder que deram origem à ideia de *pai da pintura paranaense*. O professor Brasil Pinheiro Machado traz algumas das questões que norteavam a fatura dessas obras:

---

14 Num artigo sobre Andersen escrito para uma revista norueguesa sobre arte da década de 1940, há uma informação que aponta para a existência de um diário do pintor em que ele descreveu suas primeiras impressões sobre o povo brasileiro. (SLAATTO, Anine Wollbaeck. Alfredo Andersen: Kristiansandgutten som ble Brasils første portrett: *og folkelivsmaler*. *Kunst og Kultur*, Oslo, p. 247-256, 1940). Para além desse relato, cujos originais infelizmente não consegui encontrar, Andersen não produziu em vida nenhum tipo de escrito autobiográfico. Concedeu algumas entrevistas para jornais paranaenses do período, que foram utilizadas tanto na construção das biografias quanto como fontes de pesquisa. Não apenas neste caso retornei a todas as fontes originais, para além de outras que encontrei durante a pesquisa. Na Noruega, por exemplo, os dicionários biográficos em que aparece trouxeram algumas informações importantes, relativas à sua formação e atuação naquele país, que ajudaram a recompor a sua trajetória nórdica.

15 Alguns catálogos, como aqueles das exposições do Museu Nacional de Belas Artes de 1980 e 1984, mantêm as interpretações biográficas, mas avançam na avaliação estética do seu trabalho.

O Paraná é um Estado typico desses que não tem um traço que faça delles alguma coisa notável, nem geograficamente como a Amazônia, nem pitorescamente como a Bahia ou o Rio Grande do Sul. Sem uma linha vigorosa de história como São Paulo, Minas e Pernambuco, sem uma natureza característica como o Nordeste, sem lendas de primitivismo como Matto Grosso e Goyaz. Dentro do Brasil já principado o Paraná é um esboço a se iniciar. Falta-lhe o lastro dos séculos. Apezar de ser o estado de futuro mais próximo, forma nessa retaguarda característica da incaracterística [...] eu poderia affirmar sem errar por muito que o paranaense não existe. O paranaense não existe, dentro do complexo brasileiro [...] O Paraná é um estado sem relevo humano. Em toda a história do Paraná nada houve que realmente impressionasse a nacionalidade. Nenhum movimento com sentido consciente mais ou menos profundo. Nenhum homem de Estado. Nenhum sertanista. Nenhum intellectual, nem ao menos um homem de lettras, que saindo delle, representasse o Brasil, como o Maranhão teve Gonçalves Dias, a Bahia Castro Alves, o Ceará José de Alencar e Minas Geraes Affonso Arinos, etc. A história e a geografia não tiveram forças bastantes para affirmarem o Estado do Paraná. Ella se resumiu na conquista anonyma da terra e na colonização (iniciativa de fora) sobre a selvageria, a semi-civilização ou o deserto. E depois da época dos bandeirantes ella dormiu até a immigração extrangeira. O aspecto geográfico, de pleno acordo com a história, é formado de trechos de toda a configuração do Sul do Brasil.[16]

Esse diagnóstico ilustra bem o desafio que teve a intelectualidade local de criar uma identidade para o Paraná no início do século XX, enquanto colhia os frutos do desenvolvimento econômico proporcionado pelo *boom* da erva-mate.[17] Diante desse quadro desanimador, restavam poucas opções para a construção de um regionalismo paranaense. O *paranismo*, como ficou conhecido, teve nas artes plásticas o seu principal meio de expressão, especialmente no gênero da paisagem e na estilização do pinheiro.[18] Com isso, a descoberta de um pintor com grande habilidade nesse ofício resultou numa pro-

---

16 MACHADO, Brasil Pinheiro. Instantâneos paranaenses. *A ordem*. Rio de Janeiro, p. 9, fev. 1930 apud PEREIRA, Luís Fernando Lopes. *O espetáculo dos maquinismos modernos*: Curitiba na virada do século XIX para o XX. São Paulo: Blucher Acadêmico, 2009.

17 Após a Guerra do Paraguai, o Paraná se transformou no maior produtor mundial do produto, principal responsável pela modernização de Curitiba no período.

18 Havia uma intenção paranista em criar uma identificação entre a população local e os símbolos construídos por eles, como o pinheiro. A árvore é exaltada, escolhida para representar o paranaense do futuro, assim como o próprio estado do Paraná. O termo *paranista* fora escolhido por Romário Martins que o adotou pelo mesmo não possuir nada de nativista e se encaixar no xadrez étnico do Estado. (PEREIRA, Luis Fernando Lopes. *Paranismo* – o

gressiva apropriação da sua trajetória como paranista. Para o paranismo, era central que a grande massa de imigrantes no estado fosse inserida nesse projeto identitário, apesar das disputas e dos conflitos entre a elite tradicional local e os estrangeiros.

O Paraná recebeu uma imensa leva de imigrantes que chegam ao estado a partir da metade do século XIX. Em linhas gerais, era preciso aumentar a população paranaense, central para a sua constituição como entidade autônoma. Contudo, se em outras províncias do Império a imigração visava suprir a deficiência de trabalhadores para a lavoura, no sul ela era direcionada para uma agricultura de subsistência. Muitas colônias foram criadas ao redor de Curitiba, de italianos, alemães, poloneses, franceses, ingleses, vistos como mão de obra fundamental para a agricultura.

Esses dados são importantes para se pensar a construção das duas biografias de Andersen, suas condições de produção, redes de interesses e de que forma serviam ao projeto político paranista, afinal somente

> com a condição de submeter a tal objetivação sem complacência o autor e a obra estudados, e de repudiar todos os vestígios de narcisismo que ligam o analisador ao analisado, limitando o alcance da análise, que se poderá fundar uma ciência das obras culturais e de seus atores.[19]

Trabalhos como essas biografias quase ficcionadas, que reproduzem a crença da arte pela arte, fruto do amor e desvinculada das práticas sociais, devem ser entendidos dentro do contexto de suas produções para se captar os interesses em jogo na construção desses sentidos. O forte empenho na manutenção de uma determinada memória e na busca por aumentar o prestígio de Andersen estava vinculado a disputas por posições no meio cultural local e no campo do poder, assim como ao projeto paranista de engrandecimento e valorização dos seus produtos no campo nacional. Em outras palavras, estava em jogo a produção de uma crença, de um valor socialmente reconhecido:

> O produtor do valor da obra de arte não é o artista, mas o campo de produção enquanto universo de crença que produz o valor da obra de arte como fetiche ao produzir a crença no poder criador do artista. Sendo dado que a obra de arte só existe enquanto objeto simbólico dotado de valor se é conhecida e reconhecida, ou seja, socialmente instituída como obra de arte por espectadores dotados da disposição e da competência estéticas necessárias para a conhecer e reconhecer como tal, a ciência das obras tem por

---

Paraná inventado: cultura e imaginário no Paraná da I Republica. 2.ed. Curitiba: Aos Quatro Ventos, 1998). Retomaremos essas discussões no decorrer do trabalho.

19 BOURDIEU, Pierre. *As regras da arte..., op. cit.*

objeto não apenas a produção material da obra, mas também a produção do valor da obra ou, o que dá no mesmo, da crença no valor da obra.[20]

O crítico de arte carioca Carlos Rubens, nascido em 1890, foi o escolhido para escrever a história da vida de Alfredo Andersen pouco depois do seu falecimento.[21] O conjunto da sua obra como crítico de arte[22] fornece algumas pistas sobre a sua posição no campo artístico: tratava-se de um escritor com uma publicação considerável na área das artes plásticas, que se especializou no gênero biográfico, com predileção por artistas acadêmicos. Reticente em relação ao modernismo, Rubens foi ligado às correntes conservadoras da arte na primeira metade do XX. Além disso, seus objetos de análise não eram pintores consagrados no campo nacional, à exceção de Vitor Meirelles,[23] e tampouco oriundos do centro: Ribeiro é alagoano, Costa do interior do Rio de Janeiro, Meirelles é catarinense e Andersen norueguês radicado no Paraná. Indicadores de que se se valia da sua posição na capital do país para receber encomendas de biografias de pintores de estados periféricos que passavam por lá, a maioria via Escola de Belas Artes. A escolha de Carlos Rubens para a redação da biografia de Andersen era parte de uma estratégia conhecida de promover e divulgar a obra de Andersen para além das fronteiras paranaenses, fazendo-a circular nos principais centros do país.[24]

---

20 *Ibidem*, p. 259.

21 Andersen morreu em agosto de 1935 e Carlos Rubens termina o livro em dezembro de 1938.

22 Em 1921, publica "Impressões de arte", pela Tipografia do Jornal do Commércio; *Rosalvo Ribeiro: Mestre da Pintura Brasileira*, pela Editora Laemmert, sem data (primeira biografia sobre o pintor alagoano); *J. Baptista da Costa (notas sobre o Homem e a Obra)*, publicado em 1926 também pela Tipografia do Jornal do Commercio; *As Artes Plásticas no Brasil*, pela Editora Melhoramentos, em 1935. Na seqüência, em 1938, publica o livro sobre Andersen; em 1939, *História da Pintura no Brasil*, pelo Ministério das Relações Exteriores; *Pequena História das Artes Plásticas no Brasil* em 1941, pela Editora Nacional, e, por fim *Vitor Meireles: sua vida e sua obra*, Imprensa Nacional, 1945. Escrevia nas revistas Vamos ler!, O Malho e Carioca; publicou também meia dúzia de livros de contos e crônicas.

23 Vítor Meirelles ganhou em 1853 como prêmio da Academia de Belas-Artes do Rio de Janeiro, uma viagem para a Europa. Tinha como mentor Araújo Porto-Alegre, diretor da Escola. Depois de um período em Roma, fixou-se em Paris, onde pintou o quadro *A primeira missa no Brasil*, marco do romantismo brasilianista, inspirada em *La première messe em Kabylie*, de Horace Vernet e na carta de Pero Vaz de Caminha. A obra foi a primeira de um artista brasileiro a ser exposta no Salão parisiense em 1861(ver: COLI, Jorge. A primeira missa no Brasil, de Vitor Meirelles. *Nossa História*, Rio de Janeiro, v.1, n.1, p. 18-22, 2003).

24 Voltaremos a essa questão da inserção de intelectuais e artistas paranaenses nos principais centros do país no decorrer do livro.

A primeira edição de *Andersen, Pai da Pintura Paranaense* é de 1939 e foi publicada por uma obscura editora chamada Genauro de Carvalho,[25] de São Paulo.[26] A abertura do livro, que traça um breve panorama artístico do Brasil no final do XIX, é bastante elogiosa à Missão Francesa e seus discípulos, aos incentivos de D. Pedro II às artes plásticas e aos artistas estrangeiros que visitavam o país. Marcando sua predileção pela arte clássica e neoclássica do período monárquico, Rubens enfatiza positivamente a formação acadêmica de Andersen, elogiando sua virtude em resistir às turbulências vanguardistas, que exigiam a proscrição da beleza na arte.

A narrativa de Rubens coloca o Paraná como um estado 'sem arte' até a chegada de Andersen,[27] que desde criança possuiria inclinações artísticas, um dom inato. A ilusão retrospectiva do autor também localiza com precisão o momento em que ele decidiu que seria pintor, durante uma viagem à Itália, onde se encantou com as pinturas renascentistas. Segue com uma narrativa positivista e apressada de fatos, datas e nomes dos principais eventos da sua vida, até aportar no Paraná.

O clímax do texto se dá com a descrição romanceada da primeira viagem de Andersen a Curitiba, como se fossem dois amantes que, ao se conhecerem, sentem uma atração fatal e imediata, que unirá para sempre o pintor e a terra das araucárias, que "exerce sobre ele um domínio que a poesia explica facilmente, e Andersen fica [...] Ia encetar nova existência, na nova pátria".[28] É como se Andersen, um pouco como o argumento de Sartre, descrito por Bourdieu, tomasse tal decisão por um ato livre e consciente de autodeterminação, uma escolha deliberada e livremente pura.[29]

---

25   De Plácido e Silva, principal figura por trás da publicação do livro sobre Andersen, publica, em 1938, *Histórias do Macambira*, sob os auspícios da mesma editora.

26   O livro foi reeditado em 1995 pela Fundação Cultural de Curitiba na coleção *Farol do Saber*, patrocinada pela Prefeitura Municipal de Curitiba em uma gestão marcadamente *paranista* de Rafael Greca de Macedo, responsável pelas comemorações dos 300 anos da cidade. Da coleção constam outros heróis regionalistas, como Dario Velozo, Emiliano Perneta, Rocha Pombo, Nestor Vitor etc. Ainda nessa gestão, ergueram-se monumentos de cunho regionalista em vários locais do centro da capital.

27   Como a arte paranaense não tinha um passado contra o qual se sublevar, era preciso criar uma origem para o estabelecimento de uma história própria. Apesar de reafirmar em *Pequena História das Artes Plásticas no Brasil* que Andersen seria o *pai da pintura paranaense*, o próprio Rubens diz que "há quem cite Frederico Virmond, prussiano, miniaturista, chegado ao Paraná em 1818; Jessie e William e James; Iria Corrêa, sua discípula e Irmina Guimarães Misó". (RUBENS, Carlos. *Pequena história das artes plásticas no Brasil*. Rio de Janeiro: Companhia Editora Nacional, 1941, p. 388.)

28   *Idem, ibidem.*

29   BOURDIEU, Pierre. *As regras da arte... op. cit.*, p. 215.

A ideia de predestinação, com um forte apelo às emoções, funde-se com o paranismo atribuído ao pintor, que explica sua permanência e o desenvolvimento da sua obra na terra das araucárias: "Andersen se faz brasileiro, se faz paranaense, e durante mais de trinta anos só o Paraná irradia diante dos seus olhos e pulsa no seu coração [...] seu pincel não saberia interpretar outra natureza, reproduzir outra gente".[30] O meio, muito sensível às manifestações estéticas, aguardava alguém de vulto para aproveitar essa dádiva. Retomando a citação que abre esse item, diante de poucas atrações, restava aos paranistas esse direcionamento do olhar para a natureza, como seu grande trunfo.[31] Assim, Andersen é configurado como um caso singular que, "vencido pelo meio", vincula-se de corpo e alma à terra e à gente do Paraná, e por isso tem legitimidade para ser considerado o *pai da pintura paranaense*. O fato de ter criado uma escola e ensinado uma geração de discípulos também entra na argumentação como uma forma de retribuir os afetos da terra e do povo que o acolheu, uma atitude desinteressada, compatível com um missionário das artes. Seguindo o mesmo raciocínio, o fato de ter vivido constantemente numa situação financeira precária era mais uma prova do seu amor, afinal, "sua fortuna sempre foi o amor dos paranaenses".

Dentre as principais figuras que contribuíram para a fatura dessa biografia, está Valfrido Piloto, "amigo desinteressado e dedicado do pintor", autor da segunda obra sobre Andersen e quem forneceu a maioria das fontes utilizadas pelo crítico carioca. Mas é apenas no final que emerge o nome do principal responsável pela confecção do livro: De Plácido e Silva,[32] personagem de relevo da cena política e intelectual local, advogado, jurista e jornalista, que à época redigia o principal jornal de Curitiba.[33] Ali está evidenciada a parceria que se acreditava importante para que a obra adquirisse relevância no campo nacional.[34] Sabe-se que o jornalista advogado tinha grande estima

---

30   RUBENS, Carlos. *Andersen*: pai da pintura paranaense. Curitiba: Fundação Cultural, 1995.

31   Meio e raça eram elementos usados para a definição das identidades a partir do século XIX. Se, por um lado, leva o Brasil a se ver como inviável do ponto de vista civilizacional por ter um clima tropical e uma mistura de raças (que segundo os autores naturalistas era degenerativa), por outro, o Paraná se vangloriava de ter um clima ameno e uma mistura de europeus.

32   Nasceu em Maceió em 1892, e ainda jovem mudou-se para Curitiba. Foi aluno da primeira turma do curso de direito da UFPR, onde mais tarde foi professor. Além de advogado e jornalista, fundou a Editora Guaíra em 1939.

33   A Gazeta do Povo foi fundada em janeiro de 1919. Plácido e Silva, que figura no primeiro número como secretário, assumiu em seguida a direção do jornal, em que permaneceu até 1962.

34   O próprio Carlos Rubens cita artigos da Gazeta do Povo onde De Plácido e Silva comenta que o carioca é um escritor e crítico de arte muito bem visto nas rodas no Rio de Janeiro e que ele mesmo (Plácido) gostaria de escrever sobre Andersen, mas que, por não ter

por Alfredo Andersen,[35] e que possuía um acervo considerável de quadros do pintor, que compunham uma 'notável pinacoteca', motivo que ele não evidencia nos artigos.[36] Todos esses dados vão mostrando como a relação de artistas e escritores com o campo do poder foi central para a elaboração da biografia, que sequer tenta nublar as sujeições e solicitações externas que atravessaram a sua fatura, assim como a busca por interesses ideais, materiais e de prestígio desses grupos.

O título da segunda biografia dá uma ideia do tom de excepcionalidade e singularidade atribuído ao pintor norueguês radicado no Paraná. *O acontecimento Andersen*, publicado em 1960, em meio às comemorações do centenário do nascimento do pintor, foi escrito por Valfrido Piloto,[37] influente intelectual paranista, com vasta produção

---

suficiente habilidade, buscou a ajuda de Rubens, que diz: "Seus recursos somente não seriam suficientes para realizar um trabalho custoso e de certa influência no meio da Pátria. Era preciso que houvesse entre nós um trabalho de co-adjuvação solidarisante, afim de que o custeio de uma obra notável se fizesse".

35 Num outro artigo de Plácido, intitulado Patrimônio inestimável, o advogado jornalista critica a falta de cuidado com o patrimônio intelectual e artístico, especialmente no caso de Andersen. "Que se fez até agora para perpetuar seu nome? [...] Há no Rio, um notável crítico de arte, conhecido por todos, o Sr. Carlos Rubens, que possui em elaboração uma grandiosa produção sobre a vida, a arte e discípulos do mestre. Era o caso do nosso Conselho Superior de Defesa Cultural relacionar-se como ilustre escritor e auxiliar o aparecimento do trabalho, para que se realce, pelo Brasil inteiro, a ação do professor Alfredo Andersen e a grandeza de sua arte". Pouco depois, insiste: "A arte do mágico artista precisa ser divulgada. Sua ação, em proveito da nossa cultura, não pode e nem deve ficar desconhecida, limitada que esta aos admiradores da arte excelsa. Há, na maravilhosa metrópole brasileira, dedicado admirador do mestre." E o seu empenho toma proporções ainda maiores. Plácido solicita, por intermédio de seus contatos políticos, que o congresso paranaense contribua para a publicação do livro. Ao final, a publicação foi viabilizada pela Sociedade Amigos do Livro e das Belas Artes, idealizada por Romário Martins – mentor intelectual do paranismo, a quem retornaremos inúmeras vezes, que contou com o apoio de De Plácido e Silva, Valfrido Piloto e Thorstein Andersen (filho do pintor).

36 Sua filha, a colunista social Juril De Plácido e Silva Carnasciali, é detentora de uma coleção considerável de obras 'paranistas'. Uma exposição no final de 2006 no Museu Alfredo Andersen reuniu parte do acervo da família Plácido e Silva, com 26 quadros expostos.

37 Nascido em Dorizon-PR em 1903, bacharelou-se em Direito na UFPR em 1932. Foi delegado de polícia, dentre outras funções dentro da Secretaria de Segurança, como diretor do Departamento de Ordem Política e Social (DOPS). Teve vida intelectual intensa, atuando como jornalista, escritor, poeta, ensaísta, historiógrafo. Colaborou durante décadas na Gazeta do Povo, jornal de grande circulação em Curitiba. Em 1953-54 foi secretário da Comissão dos Festejos do Centenário do Paraná. Escreveu cerca de 50 obras, dentre elas, "O Acontecimento Andersen" (1960), "A estirpe apostolar de Dario Vellozo" (1990), "Paranistas" (1938), "Construamos com verdade a historia do Paraná"(1951), "Rocha Pombo" (1953), "Quando o Paraná se levantou como uma nação" etc. Morreu em Matinhos em 2006.

sobre o meio cultural local. Em linhas gerais, o autor vale-se de uma linguagem rebuscada e quimérica que infunde encantamento à trajetória do pintor norueguês. Embora seja verdadeiro que Piloto mencione as dificuldades de Andersen ante o poder público, o tom da biografia é romanesco e destituído de constrições sociais, pressões e ambivalências. Ao explicitar a intenção do livro, de "caráter de consagração definitiva, face às novas gerações, do relevante papel do *Pai da Pintura Paranaense*", o autor fornece a primeira pista para o desvelamento dos interesses contidos na sua empreitada.[38]

A observação do contexto que antecede a produção da biografia é importante para compreender os interesses em jogo. É da década de 1940 a criação das principais instituições artísticas paranaenses: a Escola de Música e Belas Artes (1948) e o Salão Paranaense de Belas Artes (1944), controlados pela intelectualidade tradicional, ou paranista, que lutou por tais institucionalizações, e que eram avessos às formas modernas de arte. A obra de Andersen e dos seus discípulos – diretos e indiretos – perdurava como a principal referência, mas começava a se defrontar com contestações.

Nesse contexto, a revista O Joaquim,[39] comandada por Dalton Trevisan,[40] foi um divisor de águas. A publicação possuía dois eixos de discussão sobre cultura: o primeiro, local, visava combater o paranismo e o outro, nacional, refletia os anseios de uma maior participação de artistas e intelectuais nas questões sociais.[41] No seu segundo ano, declara como inimigos e fatores de atraso para o estado as figuras de Emiliano Perneta e Alfredo Andersen, principais representantes paranistas na área artística, contrapondo às suas obras a ideia de uma arte universal e moderna, encarnadas pelo escritor Dalton

---

38 Segundo Bourdieu, as obras fornecem dados sobre si mesmas e sobre o universo no qual se situam e seus autores acabam descrevendo sua própria posição no universo, embora ignorem o princípio geral da estrutura que descrevem. (*As regras da arte...*, op. cit.).

39 O nome, segundo Dalton, era "uma homenagem a todos os Joaquins do Brasil". A publicação, que circulou entre 1946 e 1948, tornou-se porta-voz de uma geração de escritores, críticos e poetas. Reuniu ensaios assinados por Antonio Cândido, Mario de Andrade e Otto Maria Carpeaux e poemas até então inéditos, como "O Caso do Vestido", de Carlos Drummond de Andrade. A revista também trazia traduções de Joyce, Proust, Kafka, Sartre e Gide e era ilustrada por artistas como Guido Viaro, Poty, Di Cavalcanti e Heitor dos Prazeres. A linha era modernista e de crítica aos tradicionalismos.

40 Nascido em 1925, o contista Dalton Jérson Trevisan é uma figura enigmática da cena cultural paranaense. Formado em direito pela UFPR, estreou em 1945 com *Sonata ao Luar*. Em 1959, Dalton Trevisan lançou o livro *Novelas Nada Exemplares* e ganhou o Prêmio Jabuti da Câmara Brasileira do Livro. Publicou também *Cemitério de Elefantes* (1964), *Noites de Amor em Granada*, *Morte na Praça* e *Vampiro de Curitiba* (1965), dentre vários outros.

41 Sobre o assunto, ver: OLIVEIRA, Luis Claudio Soares. *Joaquim contra o paranismo*. Dissertação (Mestrado em Letras) – UFPR, Curitiba, 2005.

Trevisan e pelo pintor Guido Viaro.[42] O paranismo era visto como culpado pela mentalidade reacionária da cultura local[43] tanto que, num artigo intitulado "Viaro Hélas... e abaixo Andersen", Trevisan declarava abertamente a importância de se exorcizar a sombra de Alfredo Andersen, colocando Viaro como contraponto: "Já se disse que se pode elogiar Viaro sem desmerecer Andersen. Pois esse é o ponto preciso: não se pode".[44]

A partir da década de 1950, tentativas de superação do provincianismo local começam a se configurar, e discussões sobre cultura tradicional e moderna ganham espaço. Figuras de peso como a do artista Poty Lazzarotto[45] tomam posições no sentido de desbancar o conservantismo artístico paranaense: artistas modernistas se organizavam em pequenos grupos, com algum apoio oficial, e ideias artísticas menos tradicionais foram lentamente ganhando força.[46] Esses embates tomam vulto no final dos anos 1950, nos Salões de Belas Artes, nas páginas dos jornais e revistas locais.

Em linhas gerais, essa era a atmosfera à época das comemorações do centenário de nascimento de Alfredo Andersen, ocasião oportuna para as elites paranistas ratificarem a importância do *pai da pintura paranaense*.[47] O meio artístico e intelectual do Paraná

---

42 Nascido em Vêneto, na Itália, em 1897, o desenhista, gravurista e escultor Guido Pellegrino Viaro estudou em Veneza e Bologna. Numa viagem ao Brasil, conhece sua futura esposa em Curitiba e "decide ficar". Sobre o artista, ver OSINSKI, Dulce. *A modernidade no sótão*: educação e arte em Guido Viaro. Curitiba: Editora UFPR, 2008.

43 O próprio Valfrido Piloto foi satirizado na coluna "Oh!... as idéias da província", rebatendo com críticas na imprensa a revista e seus mentores, por desrespeitar e diminuir as tradições paranaenses (OLIVEIRA, Luis Claudio Soares. *Joaquim contra o paranismo, op. cit.*).

44 TREVISAN, Dalton. "Viaro Hélas... e abaixo Andersen". Joaquim, Curitiba, n.7, p. 10, dez. 1946.

45 Curitibano, nascido em 1924, Napoleão Potyguara Lazzarotto formou-se na Escola Nacional de Belas Artes, em 1945. Na sequência, recebeu uma bolsa para estudar em Paris entre 1946 e 1947. Atuou como desenhista, gravurista, ceramista e muralista. Famoso pelos murais que estão espalhados por toda a cidade de Curitiba, também explorou temas paranistas, porém sob uma roupagem moderna.

46 É somente nas décadas de 1950 e 1960 que certo ideário modernista, a princípio quase inexistente, implantar-se-ia definitivamente no cenário artístico paranaense. (Sobre o assunto ver: FREITAS, Artur. A consolidação do moderno na história da arte no Paraná: anos 1950 e 1960. Revista de Historia Regional, v.8, n.2, p. 87-124, inverno 2003).

47 As comemorações do centenário do artista envolveram uma série de atividades e homenagens: Missa na Catedral celebrada pelo arcebispo da cidade, romaria ao túmulo do artista e inauguração de uma placa de bronze com discurso de Teodoro De Bona, inauguração da Praça Alfredo Andersen e do monumento de Erbo Stenzel, conferência na Biblioteca Pública do crítico Andrade Muricy sobre o *Pai da Pintura Paranaense*, na mesma biblioteca inauguração de uma exposição retrospectiva, doação à Noruega de uma duplicata do monumento para ser colocada em Cristiansand, confecção do álbum Alfredo Andersen por Luis

se encontrava, ainda, num debate arquetípico entre acadêmicos *versus* modernos, e transformações estéticas e ideológicas no campo das artes plásticas estavam se delineando cada vez com mais força. Nesse momento, as ortodoxias se valem das comemorações dos 100 anos do nascimento de Alfredo Andersen para tentar manter sua hegemonia local. É o que a biografia de Piloto tentará fazer.

Já na abertura do texto, o autor enuncia a perspectiva pela qual fará sua leitura da vida de Andersen: a doutrina do *karma* que serve para Piloto explicar a inevitabilidade da missão de Andersen, que era de ordem espiritual, superior. Mas há também o outro lado do contrato, que envolve o povo paranaense, portador de um *karma* coletivo, predestinado e merecedor dos benefício trazidos pelo pintor norueguês.

Assim, Piloto cria um sentido para a vida de Andersen, que seria o amor ao Paraná, à sua terra e à sua gente, infundindo-lhe uma lógica (paranista) a partir da sua perspectiva, e não da do pintor. Como um missionário, Andersen abriu mão da sua pátria e da fama compensadora, seguindo fielmente sua predestinação. Embora se trate de uma obra sobre Alfredo Andersen, é possível apreender em diversos trechos do livro as posições e os pontos de vista do autor e do seu grupo[48] – veja-se que o autor utiliza frequentemente o pronome nós, deixando claro que se trata de um grupo de interessados na consagração de Alfredo Andersen: "Esta pena e os que a amparam com as cooperações colhidas, chegam, assim, ao termo de um esboço do perfil de Alfredo Andersen". Isso fica visível também nos relatos de amigos e admiradores do pintor, tratados com visível familiaridade.[49]

Piloto e Vasco José Taborda, confecção de uma medalha comemorativa gravada pelo artista José Peón, distribuição de folhetos sobre Andersen nas escolas, criação do prêmio Alfredo Andersen, divulgação na imprensa sobre a vida e obra do artista... (Cf.: PILOTO, Valfrido. *O acontecimento Andersen*. Curitiba: Mundial, 1960).

48 Logo no início, Piloto dialoga com o livro de Rubens, ora evidenciando a contribuição dos paranistaspara a sua feitura, ora sutilmente colocando o seu trabalho como mais valioso, afinal, Carlos Rubens "não apreciou, jamais, bem de perto, a vida de Andersen".

49 Quando da exposição retrospectiva do centenário de nascimento de Andersen, Piloto censura o governo por ter comprado poucos quadros do pintor, e mostra-se incomodado com o fato de as obras estarem cada vez mais dispersas em acervos particulares. O fato de o governo ter demonstrado pouco interesse em adquirir o acervo do pintor é indicativo da perda de prestígio que se configurava para o seu grupo. Segundo Bourdieu, "as 'revelações' da denuncia têm um ponto cego, que não é mais do que o ponto (de vista) a partir do qual são feitas [...]", ou seja, falar da falta de financiamento para o projeto andarseniano é contar das dificuldades pelas quais o seu grupo passava em face da falta de apoio político. (BOURDIEU, Pierre. *As regras da arte...*, *op. cit.*, p. 219). Ainda comentando as exposições efetuadas após a morte de Andersen, o autor explicita sua outra motivação, presente já em Carlos Rubens, que é a da ampliação do reconhecimento artístico de Andersen e do valor do povo do Paraná. Percebe-se um certo rancor e um pedido de aceitação quando o

Fruto dos debates do período, em que as identidades regionais estavam em jogo, era preciso articular esse talentoso pintor estrangeiro com o projeto paranista: "O nórdico foi sendo um araucariano que, por vezes, com a bagagem da saudades, ia visitar as suas origens – mas apenas visitá-las".[50] E assim se inicia a 'paranização de Andersen' que, por ter sido um habilidoso intérprete das belezas locais, foi interpretado pelos paranistas como criador da pintura paranaense, qual seja, a pintura da natureza do Paraná (e não do seu povo).[51]

As elites locais em sua busca de raízes próprias elaboraram a sacralização desse *pai da pintura paranaense* que tem, como frequentemente ocorre com tantas formas artísticas, uma dupla feição: a de se impor como legítima após certo período de tempo e a de velar o trabalho social que lhe deu vida. Encastelados em instituições destinadas a defender tal ideário, os "legisladores" da hierarquia das artes no estado lograram impor sua visão de mundo, processo cujos efeitos se fazem sentir até hoje. O problema é que, para produzir esse norueguês paranista, foi preciso apagar suas origens norueguesas, sua família nativa, as contradições que a experiência social de estrangeiro acarretava e o sentido que ele foi criando para a sua permanência no Brasil. É, pois, sintomático que as duas principais características para entender o seu encaixe na sociedade local tenham sido pouco exploradas por essas obras: a condição de imigrante e o casamento com a cabocla Ana de Oliveira.

Para além dessas duas biografias, obras consideradas clásssicas sobre o pintor, alguns trabalhos acadêmicos trataram de certas facetas da vida e da obra de Andersen. O primeiro é a dissertação de Ricardo Carneiro, que teve como foco de pesquisa o ateliê de artes e os métodos de ensino do pintor.[52] Há ainda alguns textos escritos pela historiadora Rosemeire Odahara que analisam e comparam obras do artista; a autora também organizou e redigiu o texto do catálogo comemorativo aos 150 anos do nascimento do pintor.

---

organizador de uma das exposições diz que o Brasil não é apenas o Rio de Janeiro e São Paulo, e que o Paraná quer mostrar o valor dos seus artistas. Segundo Piloto, o governo financiou parte da mostra dos artistas paranaenses na capital federal em 1944, esperando uma grande repercussão do evento pelo país.

50 PILOTO, Valfrido. *O acontecimento Andersen, op. cit.*

51 Em 1940, é inaugurada um baixo relevo do rosto de Andersen, executado por João Turin, para o qual o pintor posara em 1934, "colocado o bronze sobre uma peça estilizada com pinhões". João Turin foi um dos principais artistas do movimento paranista, que estilizou a pinha e o pinheiro, e essa obra, que figura em frente ao Museu Alfredo Andersen, pode ser lida como um ato simbólico de filiação, de reconhecimento de Andersen como um pai do movimento. No decorrer do trabalho, essas colocações serão problematizadas.

52 ANTONIO, Ricardo. *O ateliê de arte do Museu Alfredo Andersen (1902-1962)*. Dissertação (Mestrado em Educação) – UFPR, Curitiba, 2001.

Entretanto, tais trabalhos, até mesmo por sua orientação metodológica, não trataram de desconstruir as imagens canônicas construídas pelas biografias, pois se debruçaram sobre recortes de sua obra ou de sua vida de forma mais focada.

Em termos de exposições nos principais centros nacionais, a primeira grande retrospectiva do pintor foi na Pinacoteca de São Paulo, em 1981,[53] e em 1984 no Museu Nacional de Belas Artes.[54] Dez anos depois, uma tela de Andersen – *Duas Raças* – foi pela primeira vez incluída numa coletiva de peso sobre arte brasileira, a Bienal Brasil Século XX, na Fundação Bienal.[55] Alguns anos mais tarde, quatro quadros de Andersen participam da Mostra do Redescobrimento comemorativa aos 500 anos do descobrimento do Brasil, que constam no exemplar sobre arte moderna, redigido por Nelson Aguilar. As linhas dedicadas ao norueguês focaram a obra *Paisagem com canoa na margem* (Figura 127), de 1922, como uma tela metáfora da imigração e assimilação de Andersen à cultura brasileira. No ano seguinte, o mesmo curador foi convidado a redigir o texto para o catálogo da exposição *Andersen volta à Noruega,* de 2001,[56] no qual ele recompõe a sua trajetória nos mesmos termos das obras já mencionadas, agora com uma apreciação circunstanciada da tela *Duas raças* (Figura 162), uma das mais famosas do pintor.

A presença, mesmo que ainda tímida, do pintor em mostras e instituições de peso do campo artístico nacional pode ser lida também como parte do processo revisionista que vem buscando olhar para a produção desse período artístico de forma menos maniqueísta, afinal a versão modernista da história da arte colocava que "tudo o que se refere à fase acadêmica [...] lembra conformismo, subserviência ao estrangeiro e conservação estética, e tudo o que diz respeito ao advento do modernismo como que se recobre de criatividade, ousadia e autenticidade nacional".[57] A obra de Andersen desmente essas circunstâncias e mostra ser também um caso em que a periferia, para além de lugar de atraso, foi sede de criações alternativas.[58]

---

53 Catálogo de exposição: Alfredo Andersen. Pinacoteca do Estado de São Paulo, 15 de setembro a 15 de outubro de 1981. Texto de Eduardo Rocha Virmond.

54 MUSEU NACIONAL DE BELAS ARTES. *Andersen.* Catálogo de exposição. Rio de Janeiro: MNBA, 1984. Texto de Adalice Araujo.

55 Bienal Brasil Século XX, 1994 – Catálogo. parte I, p. 38.

56 Que passou pela Pinacoteca de São Paulo, City Hall de Oslo e Sørlandet Museum de Kristiansand.

57 DURAND, José Carlos. *Arte, privilégio e distinção.* Sao Paulo: Perspectiva, 2009, p. 5.

58 CASTELNUOVO, Enrico; GINZBURG, Carlo. História da arte italiana, *op. cit.*, p. 56.

Capítulo 1

Retratos (de) noruegueses

A fotografia abaixo, produzida para uma reportagem da revista "Ilustração Paranaense"[1] de setembro de 1928, foi tirada após o retorno de Andersen da Noruega. Desde que se fixara no Brasil em 1893, essa foi a única vez em que voltou à sua terra natal, onde passou aproximadamente um ano. Vivia uma situação financeira difícil, e mesmo tendo sido incentivado pela família a voltar a residir em seu país, onde contava com relações pessoais que poderiam lhe proporcionar uma inserção profissional, especialmente na figura do seu cunhado Rudolf Peersen,[2] Andersen parece ter percebido que essa possibilidade, de fato, não seria viável.

Foto 1 – Risoleta Machado Lima "Senhorita Curityba" em visita ao ateliê de Alfredo Andersen. Fonte: Fotografia produzida para reportagem publicada na edição número 9, de 1928, da revista "Ilustração Paranaense"

---

1   A revista foi o veículo por excelência das ideias paranistas, dirigida pelo fotógrafo e cineasta João Batista Groff. Foi pensada e produzida por um grupo vinculado aos círculos de intelectuais porta-vozes das ideias das elites paranaenses.

2   Rudolf Peersen foi um importante jurista e duas vezes prefeito de Kristiansand. Trocava correspondência e enviava jornais noruegueses para que o cunhado se mantivesse atualizado. Durante essa viagem de 1927-1928, Andersen pintou seu retrato, que faz parte do acervo da Prefeitura de Kristiansand.

Numa carta à sua filha caçula Alzira em fevereiro de 1928, o pintor conta que está bem,

> mas o tempo não me ajuda – nevadas e chuva e escuridão todos os dias – para pintar, nem a pau! Hoje parecia que o sol queria rasgar o véu de chumbo que encobria o céu. Mandei chamar o modelo (um retrato) e comecei a pintar. Meia hora depois acabou-se a festa: escureceu de novo e começou a cair neve! Assim tem sido desde novembro.[3]

Foram quase trinta e cinco anos distante da severidade do inverno nórdico, suficientes para irritar o pintor que se acostumara com a luz dos trópicos.

Em sua bagagem de volta ao Brasil, Andersen incluiu vários quadros pintados na juventude. A fotografia nos mostra três: à esquerda, o retrato do escritor Knut Hamsun, do qual o pintor está falando; à direita e atrás da moça, "Os curtidores de couro" ou "O Curtume" e logo abaixo, à direita, "Doceira da Noruega", onde figura uma moça sentada numa escada, sendo que as outras telas são desconhecidas. As duas primeiras eram telas grandes, e o empenho em trazê-los para o Brasil na década de 1920[4] devia ser proporcional à importância e ao significado que elas tinha para Andersen, dando um senso de pertentencimento, conferindo uma identidade social.[5]

Assim, o estrangeiro que ao emigrar leva consigo sua bagagem cultural, trouxe também materializações desse passado, que o habita e o constitui. A vivência de Andersen como um imigrante é um aspecto central da conformação da sua posição no Paraná, e a relação de aproximação e distanciamento que ele assume em relação à sua identidade norueguesa um aspecto que perpassa toda a sua trajetória. Artisticamente, desde que se fixa em terras brasileiras, passa a assinar suas telas como "Alfredo Andersen Sand",[6] numa referência à Kristiansand, cidade onde nasceu. Assim, ao mesmo tempo em que Alfred Emil Andersen adapta seu nome à língua portuguesa, tornando-se Alfredo Emílio, mantém a referência à sua origem. Uma aparente miudeza, que é na verdade

---

3   Carta enviada por Alfredo Andersen à Alzira Andersen em 1º de fevereiro de 1928. Acervo do Museu Alfredo Andersen (MAA).

4   Piloto comenta que aos poucos Andersen foi mandando vir ou trazendo as telas da Noruega, e que chegou a formar com elas "toda uma preciosisima galeria onde pompeavam, entre caricias bem do coração, os ares escandinavos e um auto-retrato". De fato, numa exposição do pintor realizada em 1930, ele expõe dez quadros pintados durante a juventude na Noruega. (PILOTO, Valfrido. *O acontecimento Andersen, op. cit.*, p. 57).

5   CASTELNUOVO, Enrico. *Retrato e sociedade na arte italiana*: ensaios de história social da arte. São Paulo: Companhia das Letras, 2006, p. 8.

6   Nas telas do período norueguês assina geralmente AEA e eventualmente Alfred Andersen.

sintomática[7] do peso que o pintor auferia à sua identidade norueguesa na conformação do seu trabalho. Também no nome que deu aos filhos quis deixar a marca da ascendência nórdica: a primeira filha chamou-se Hanna Elfrida (note-se o <h> e o duplo <n>, presente tanto no nome da mãe quanto da irmã mais jovem, Hanna) o primeiro filho homem de Thorstein, depois veio Alfredo Jr. e, por fim, Alzira Odilia (numa evocação da outra irmã, Otilia). Até o nome da primeira neta teve a marca das suas origens: Anna Charlotte Andersen Petuya foi assim nomeada numa homenagem à irmã do pintor.[8]

Andersen era muito próximo da sua irmã Charlotte,[9] a única – até onde se tem notícia – a ser retratada pelo irmão na juventude (Figura 1). O retrato traz ela bem vestida, com uma indumentária longa de tecido azul nobre, mangas três quartos, luvas peroladas sobrepostas por dois braceletes, gola até o pescoço com detalhe em renda, colar e pingente prateados, e demonstra o conhecimento do pintor dos esquemas de representação consagrados pela tradição acadêmica europeia. As flores do cenário ao fundo e o gesto das mãos dão um toque de delicadeza e feminilidade à imagem. São vestes elegantes que sugerem uma existência confortável, indícios da posição social da família, o que é também visível numa fotografia de Andersen com as irmãs e dois amigos, em que todos estão bem vestidos (Foto 2). Aliás, o pintor tem registros fotográficos desde muito pequeno, posando, sempre bem asseado, no estúdio do Georg Falk, um dos primeiros fotógrafos de Kristiansand. Na imagem com as irmãs, a dispersão dos personagens faz pensar que estavam cansados de posar, sendo que Alfred é o único homem sentado, talvez um pouco desconfortável pela sua posição corporal.

---

[7] De acordo com o "método indiciario" de que nos fala Carlo Ginzburg em Sinais: raízes de um paradigma indiciario. In:_____. *Mitos, emblemas, sinais*: morfologia e história. São Paulo: Companhia das Letras, 1989.

[8] Em 1926, Andersen enviou um retrato da sua neta Anna Charlotte Andersen Petuya para a irmã, e no verso escreveu uma dedicatória dizendo que o nome era uma homenagem a ela.

[9] Assim como do marido de Charlotte, Rudolf Peersen. Após a visita de Andersen à Noruega em 1927-1928, o casal Peersen enviou o filho Kaare (1907-1988) para passar uma temporada de quase dois anos com o tio no Brasil. As cartas e as entrevistas do sobrinho foram fontes importantes para a reconstrução da trajetória do tio, tanto por trazerem uma visão "de dentro" da família, mas também por não serem "contaminadas" pelas interpretações locais.

Foto 2 – Alfredo Andersen com irmãs e amigos.
Fonte: Acervo MAA

Alfred Emil, nascido em 1860, era o filho primogênito do capitão Tobias e de sua esposa Hanna, e tinha quatro irmãs: Charlotte, Gunnilde Amalia, Otilia e Hanna. No retrato, para além da rica indumentária da modelo, o papagaio para o qual Charlotte está olhando é um interessante elemento iconográfico para ser pensado. De saída, podemos relacionar a ave com o pai viajante, que pode tê-la trazido de alguma de suas viagens pelo mundo, levando-se em conta que sua rota incluía a América Central e do Sul. O papagaio é um animal doméstico frequentemente associado aos marinheiros e suas vidas nos navios, que, por não conseguir alçar grandes voos e por sua curiosidade e capacidade de imitar sons humanos, tornou-se um companheiro de longas viagens. Kristiansand era o mais importante porto do sul da Noruega e com isso explica-se facilmente a presença de um papagaio no quadro.

Mas talvez seja possível ir além da viabilidade da família dispor de um papagaio para a pose do retrato e do vínculo com a profissão paterna. Refiro-me ao simbolismo que carrega esse tipo de ave, tal como na leitura de *Gato com papagaio* (1816-1821), de Nicolas-Antoine Taunay (1755-1830), realizada por Schwarcz,[10] e acredito que aqui

---

10 "Animal sempre presente nas primeiras imagens da América e, insistentemente descrito, desde os relatos do século XVI. Ele como que representava a América, por conta do colorido de suas penas e da capacidade inigualável de falar [...] De tão recorrentes nas descrições dos cronistas, os papagaios acabaram por se transformar em sinônimo do Novo Mundo". (SCHWARCZ, Lilia Moritz. *O sol do Brasil*: Nicolas-Antoine Taunay e as desventuras dos artistas franceses na corte de D. João. São Paulo: Companhia das Letras, 2008, p. 305-306).

também ele poderia simbolizar o Novo Mundo e os horizontes desconhecidos que habitavam o imaginário desses jovens que cresceram ouvindo *histórias de marinheiros* sobre lugares distantes, ensolarados, com flora exuberante e aves coloridas. A forma como o pássaro aparece, acima da linha dos olhos de Charlotte, para onde ela olha, sugere uma espécie de feitiço pela ave exótica.

A mãe de Andersen era dona de casa e o pai, capitão de navio, principal setor em expansão da economia norueguesa – fato que fez com que o pai tentasse encaminhá-lo para a engenharia naval. O desejo do capitão Tobias não era gratuito: a marinha mercante ganhou grande impulso com a expansão do comércio mundial, e os noruegueses souberam aproveitar as crescentes demandas para o transporte de mercadorias. As décadas de 1850 a 1880 foram a *era de ouro* para a navegação norueguesa,[11] quando a capacidade de um navio passou de 184.000 para 1,5 milhões de toneladas. Foi um período excelente para os armadores de navios e para aqueles que souberam modernizar suas frotas, época em que o vapor estava substituindo a vela. Essa expansão cresceu rapidamente até a Primeira Guerra Mundial, quando o país atingiu uma capacidade de transporte de 3,5 milhões de toneladas, a terceira maior do mundo.[12]

Mas Andersen era um rapaz sensível, de saúde frágil, tinha uma bronquite crônica[13] e, tendo crescido num ambiente feminino, cedo demonstrou inclinação para o desenho e a pintura. Aos 14 começou a frequentar a escola de desenho comandada por Casper Torstrup,[14] pintor e fotógrafo da cidade.[15] Seus cadernos de desenho do período, demonstram destreza no manejo dos traços,[16] tendo o professor incentivado o jovem

---

11 Essa era começou quando os Ingleses revogaram os *Navigation Acts* de 1850, permitindo que os noruegueses competissem por cargas no mercado britânico. No decorrer dos anos, o comércio marítimo foi sendo cada vez mais liberado internacionalmente. (Cf. OXFELDT, Elisabeth. *Nordic Orientalism*: Paris and the Cosmopolitan Imagination 1800-1900. Copenhagen: Museum Tusculanum, University of Copenhagen, 2005, p. 142).

12 BATTAIL, Jean-François. Entre Réforme et Romantisme. In: BATTAIL, Jean-François; BOYER, Régis; FOURNIER, Vincent. *Les Sociétes scandinaves de la Réforme a nos jours*. Paris: Puf, 1992, p. 62.

13 Em várias das cartas recebidas e enviadas pelo pintor, sua bronquite e seus problemas respiratórios são mencionados; eles o levaram à morte em 1935, por conta de uma bronco-pneumonia.

14 Segundo Steen, Casper foi o primeiro fotógrafo a se estabelecer em Kristiansand, e era também pintor de paisagem. Foi um dos fundadores da associação artística da cidade em 1856. Outros pintores tiveram sua iniciação com ele, como Johan Nielssen. (STEEN, Sverre. *Kristiansands historie*: i fredens århundre 1814-1914. Oslo: Grøndahl & Søn, 1948).

15 OPSTAD, Gunvald. Eventyrskikkelsen Alfredo. *Vi Ser På Kunst*, n.1, 1995.

16 Os cadernos encontram-se no *Statsarkivet* de Kristiansand e vão de 1874 a 1876, ou seja, dos seus 14 aos 16 anos, e incluem desenhos de barcos, navios, casas, paisagens e retratos

aluno a investir nestas habilidades. A profissão do pai foi responsável por dois aspectos importantes que viabilizaram o seu direcionamento para a carreira artística: por um lado, dando relativo suporte financeiro à empreitada e, por outro, permitindo que realizasse viagens, que aguçavam a imaginação do jovem aspirante.[17]

As viagens eram particularmente importantes para a formação de um artista, mas as de Andersen parecem ter sido menos vinculadas a uma formação propriamente dita e mais ao desejo de aventurar-se. A passagem pela Itália em 1875 foi marcante para o estudante interessado em desenho, que aproveitou a oportunidade para desenhar a Igreja de São Pedro, em Roma, entre outras belas paisagens.[18] Nessa mesma ocasião, esteve pela primeira vez na América Central, sempre a bordo do navio do pai. As viagens à Itália tiveram um papel importante na conformação dos imaginários artísticos de muitos artistas e virou uma tópica para os aspirantes a pintores no século XVIII.[19] Famosa não só por suas paisagens, mas também pela centralidade do Renascimento italiano para a história da arte ocidental, o chamado *grand tour* foi uma etapa importante para muitos artistas, inclusive escandinavos, como: Johhan Christian Dahl, Thomas Fearnley, Adolph Tidemand, Eilif Peterssen, Christian Skredsvig, Frits Thaulow e Edvard Munch, que passaram temporadas na Itália, algumas muito importantes nas suas trajetórias.[20]

Retomando os retratos, aquele da irmã foi um dos primeiros que pintou durante a vida. A análise circunstanciada de outros dois nos ajudarão a ter melhor entendimento tanto do mercado artístico local quanto das suas redes de sociabilidade. Mas, antes, vale notar que a própria difusão do gênero é indicativa da expansão da burguesia e do consumo de obras de arte. Segundo Wichstrøm,

> por razões históricas, a pintura de retrato tinha pouca tradição na Noruega. Os quatrocentos anos de domínio dinamarquês, a difícil situação do país

---

de personagens famosos.

17   Os lugares que esteve "por conta" do pai incluem México, Antilhas, Barbados, Inglaterra, Holanda e Itália.

18   Kaare Peersen em entrevista concedida a Gunvald Opstad (Historien om Alfredo Emilio Andersen. *Faedrelandsvennen*, 6 nov. 1980).

19   SCHWARCZ, Lilia Moritz. *O sol do Brasil...*, op. cit., p. 120-124.

20   Cf. SELBERG, Anna. L'Italia e la sua immagine nella pittura norvegese dell'Ottocento. In: LANGE, Marit (curator). *Da Dahl a Munch*: Romanticismo, realismo e simbolismo nella pittura di paesaggio norvegese. Ferrara: Ferrara Arte, 2001.

até a independência em 1814, e a falta de uma elite abastada ou de uma nobreza enquanto compradores potenciais ajudam a entender essa questão.[21]

Embora verdadeiro, tal quadro encontrava-se em mutação, fruto do crescimento econômico do país, que fazia a burguesia urbana se expandir e adensava o meio cultural. Fazendeiros abastados, funcionários públicos, comerciantes e grupos vinculados à expansão da marinha mercante compunham um público potencial a ser retratado. Cresciam também o número de escritores retratados por pintores, pintores por pintores, num movimento circular de referenciação que reflete as mudanças sociais em curso.

Na capital norueguesa, a encomenda de retratos começa a crescer nos anos 1880, e a trajetória da pintora Asta Nøregaard[22] (1853-1933) é exemplar tanto da crescente demanda quanto da profissionalização da atividade artística que se configurou no final do XIX na Noruega. Tendo se instalado em Kristiânia[23] em 1885, recebia encomendas oficiais e privadas e, nesse mesmo ano, selecionou apenas retratos para levar à Exposição Mundial em Antuérpia, incluindo um pastel do jovem Edvard Munch (1863-1944). Nøregaard conquistou boa reputação no gênero, e foi uma das principais retratistas das novas classes abastadas norueguesas,[24] tanto que os rendimentos advindos das diversas encomendas que recebia foram suficientes para financiar uma viagem para França e Itália, entre 1887 e 1889. Nos conta Wichstrøm que

---

21 WICHSTRØM, Anne. Asta Nørregaard: aspects of professionalism. *Woman's Art Journal*, v.23, n.1, p. 6, Spring 2002.

22 Segundo Wichstrøm, "Nos anos 1880 na Noruega, não era incomum para uma mulher escolher se tornar uma pintora. De fato, um terço dos participantes do Salão Annual de Outono (principal evento das artes plásticas do país) nesse período eram mulheres". (Cf. WICHSTRØM, Anne. Oda Krohg: A Turn-of-the-Century Nordic Artist. *Woman's Art Journal*, v.12, n.2, p. 1, 1991).

23 O primeiro nome da capital norueguesa, fundada em 1048 por Harald Hardråde, era Oslo. Em 1624, a cidade foi totalmente incendiada. Sua reconstrução foi comandada pelo Rei da Dinamarca e da Noruega Christian IV, quando passou a chamar-se Christiania, em sua homenagem. No século XIX, com o processo de "re-norueguisação" da língua, uma reforma ortográfica substituiu o <<ch>> pelo <<k>>, e o nome da capital ficou Kristiania. Por fim, em 1924, por ocasião do terceiro centenário de refundação da cidade, foi decidido que ela voltaria ao seu nome original, Oslo. Com isso, justifica-se o emprego dessas diferentes denominações para a mesma capital. (Cf. BATTAIL, Jean-François *et al*. *Les destinées de la Norvège Moderne* (1814-2005). Paris: Éditions Michel de Maule, 2005, p. 19).

24 Nos anos 1880, pintava de três a quatro retratos por ano, e a partir da década de 1890 pelo menos onze, oriundos de encomendas oficiais e privadas. As telas incluíam mulheres e homens da alta burguesia, vinculados ao poder político, donos de terras, comerciantes com fortunas advindas da navegação e empresários exportadores de madeira.

> Uma pesquisa sobre as mulheres artistas na Noruega no XIX mostrou que a maioria gostaria de se tornar pintora de retratos. [...] era uma fonte potencial de renda, e artistas com ambições em outros gêneros pintavam retratos para viabilizar seus objetivos. Mas as encomendas de retratos, que implicavam numa ligação contratual com aquele que o encomendava, tinha menos prestígio do que temas escolhidos livremente.[25]

Essa crescente demanda por retratos na capital pode ser transposta para Kristiansand, cidade portuária que teve seu crescimento econômico viabilizado pela expansão da marinha mercante. A vida cultural e artística da cidade, que contava com pintores e escritores de reconhecido talento, também se expandia.

Sabemos pouco sobre a produção de Andersen no início da sua trajetória, e o paradeiro da maioria das telas é desconhecido.[26] Para além de algumas pinturas que fazem parte do acervo de museus na Noruega e daquelas herdadas pela família, uma fonte em especial ajuda a ter uma ideia mais clara de temas e possíveis compradores do seu trabalho: trata-se de uma listagem das obras que expôs na Associação Artística de Kristiansand – *Christiansand kunstforening* –, local que abrigava as exposições e os registros da vida artística da cidade. Lá, exibiu cerca de 50 pinturas num período aproximado de 10 anos. Metade eram paisagens da cidade e do entorno, e a outra, retratos e temas pintados no Vale de Setesdal, que veremos no próximo capítulo. Levou alguns anos até que uma de suas pinturas fosse vendida para a loteria[27] da Associação de Arte da cidade. No total, Andersen vendeu quatro telas para a loteria e cinco para o público entre 1881 e 1891, o que não era muito.

Sabemos também que entre 1882 e 1891 Andersen pintou pelo menos dez retratos, dos quais três são conhecidos: o da irmã Charlotte, em 1887, o do professor Isaachsen no ano seguinte e o de Hamsun, em 1891. Mas as listagens fornecem outras pistas interessantes. Em 1889, Andersen expôs o retrato de "P. Hansen", possivelmente Peter G. Hansen, nascido em 1854, e que aparece no censo de 1900 como capitão de navio; em 1891, há o "Retrato do Prefeito Smith", referindo-se a Caspar Cappelen Smith (1825-1902), prefeito

---

25   WICHSTRØM, Anne. Asta Nørregaard, *op. cit.*, p. 6.

26   O sobrinho Kaare Peersen numa entrevista à Gunvald Opstad na década de 1980, suspeitava que havia entre 200 e 300 obras de Andersen na Noruega. (Cf. OPSTAD, Gunvald. Historien om Alfredo Emilio Andersen, *op. cit.*).

27   No início, quando a Associação ainda não tinha uma galeria própria, pinturas eram compradas para uma loteria entre os membros. Andersen vendeu uma tela em 1888, duas em 1889 e a mesma quantidade em 1891. Já numa exposição individual em 1891, dos 10 quadros expostos, metade foi vendida.

da cidade. No mesmo ano em que pintou Knut Hamsun, Andersen retratou Gerhard Langfeldt, filho de um importante empresário do ramo de navios de Kristiansand.

Esses números, apesar de tímidos e incompletos, permitem pensar que, tal como Asta Nørregard, eram uma fonte potencial de renda para Andersen, e a sua profissionalização como artista poderia se dar mediante a execução de retratos. Já aqueles realizados por iniciativa do artista, como o da irmã, do professor e de Hamsun, especialmente no caso dos dois últimos, serviam também como vitrines das suas habilidades retratísticas, por se tratarem de figuras famosas – e controversas – do campo artístico norueguês. O que pode ter rendido bons frutos, pois no mesmo ano em que pinta o escritor em ascensão, retrata um importante empresário da marinha mercante e o prefeito da cidade.[28]

De um retrato, espera-se que identifiquemos o modelo e a sua personalidade. Também pode refletir realidades sociais como classe, status, profissão. O processo criativo e a fatura desse gênero pictórico exige uma proximidade entre dois agentes, uma colaboração entre retratado e pintor. O modelo escolhe uma pose e apresenta uma personalidade que ele ou ela quer mostrar ao mundo, enquanto o artista tenta preencher a ambição do modelo e a sua. Vejamos agora que tipo de informações, sentidos e significados podemos encontrar nos próximos retratos, e de que forma podem propiciar uma melhor apreensão do seu contexto de relações sociais.

O pintor norueguês mais importante ao qual Andersen esteve vinculado foi Olaf Isaachsen (1835-1893), que influencia a sua formação artística. Com ele começou a pintar *en plein air* durante as viagens que realizavam pelo interior do vale do Setesdal, no sul do país. Isaachsen vinha de uma família bem situada de Mandal, o pai era jurista e a mãe, filha de um abastado comerciante. Estudou na Escola de Dusseldorf[29] entre 1854 e 1859, onde foi aluno de Adolf Tidemand[30] (1814-1876) e no final dos anos 1850 mudou-se para Paris, onde foi aluno de Thomas Couture (1815-1879), entre 1859 e 1860, e de

---

28 As encomendas advindas de personagens vinculados ao ramos náutico refletem tanto a importância econômica do setor na cidade como uma possível mediação viabilizada pelo pai.

29 A escola de Dusseldorf, na Alemanha, ficou conhecida pelos pintores que estudaram e trabalharam lá entre as décadas de 1820 e 1860. A representação naturalista era um dos carros-chefe, e que atraiu grande número de pintores, tanto que, na década de 1850, havia superado a Academia de Dresden como a preferida para os estudos na Alemanha. Nessa época, a maioria da produção de Dusseldorf era composta de cenas de gênero sentimentais e anedóticas, muito praticada até a década de 1880. (Cf. TURNER, Jane (Ed.). *The Dictionary of Art*. Ohio: Mcmillan Publisher, 1996. v.9. p. 460-461).

30 Pintor importante do romantismo norueguês, também nascido em Mandal. Formou-se na Academia Real de Copenhagen e, após uma viagem de estudos para a Itália, se estabeleceu em Dusseldorf. Famoso pelas pinturas históricas, mas também pelos retratos da vida camponesa. Voltaremos a falar de suas telas no capítulo 2.

Courbet, entre 1862 e 1863, e teve a oportunidade de conviver num ambiente artístico excitante e radical.

A ruptura trazida pela arte de Gustave Courbet (1819-1877), pintor autodidata nascido numa família camponesa em ascensão, teve também grande impacto na cena escandinava. Seu vanguardismo residiu em trazer cenas comuns, do cotidiano das classes populares para uma escala até então exclusiva da pintura histórica. Longe de buscar metas moralizantes ou sentimentalistas, sua produção buscava uma pintura mais objetiva e próxima à realidade, o que o levou a explorar temas de camponeses e trabalhadores em suas telas.[31] Uma das mais famosas, *Funeral em Ornans*, de 1851, causou desconforto para uma boa parte do público parisiense, por representar em escala monumental a cerimônia fúnebre de um membro da sua comunidade, sem embelezar suas faces.[32] Trata-se de um quadro que encarna o manifesto do que ficou conhecido como *Realismo*, tendência artística que tem importância especial para a arte norueguesa.

Por realismo, Courbet não entende a diligente imitação da natureza, mas a postura de encarar a realidade sem qualquer preceito estético, moral ou religioso:

> o próprio conceito de natureza deve desaparecer, enquanto resultante de escolhas idealistas no ilimitado mundo do real. O realismo significa encarar a realidade de frente [...] a realidade para o artista não é em nada diferente do que é para os outros: um conjunto de imagens captadas pelo olho.[33]

Esse manifesto contra as convenções do seu tempo foi bem recebido e se tornou a bandeira de muitos artistas: estavam agora à procura da "pura constatação do verdadeiro", sem idealizações ou dramatizações.[34] Definições como essas, isoladas, ajudam pouco a entender as pinturas do período, mas passam a fazer sentido quando vinculadas às obras concretas. São, contudo, necessárias, pois realismo e a sua radicalização, o

---

31 "Nas academias, ainda era preponderante a idéia de que pinturas dignas devem representar personagens dignos, e de que trabalhadores e camponeses fornecem temas adequados somente para as cenas de genre na tradição dos mestres holandeses." (GOMBRICH, Ernst. *A história da arte*. Rio de Janeiro: LTC, 1999, p. 508).

32 BLAKE, Nigel; FRASCINA, Francis. As práticas modernas da arte e da modernidade. In: FRASCINA, Francis *et al.* (Orgs.). *Modernidade e modernismo*: a pintura francesa no século XIX. São Paulo: Cosac & Naify, 1998, p. 68.

33 ARGAN, Giulio Carlo. *Arte moderna*. São Paulo: Companhia das Letras, 1992. p. 33-34.

34 GOMBRICH, Ernst. *Arte e ilusão*: um estudo da psicologia da representação pictórica. 4.ed. São Paulo: WMF Martins Fontes, 2007. p. 511.

naturalismo,[35] serão os rótulos mais frequentemente atribuídos às pinturas norueguesas desse período e, portanto, àquelas de Andersen.

Após os anos de formação no exterior, quando Isaachsen retorna à Noruega, estabelece-se em Kristiansand, onde desenvolveu uma obra vasta e de alta qualidade. O fato de ter se instalado no sul do país, por ser supostamente avesso ao modo de vida citadino, preferindo uma vida mais próxima à *natureza,*[36] foi visto por historiadores da arte noruegueses como um fator de isolamento do seu trabalho. Outro dado que indica a situação periférica da cidade de Andersen estaria no fato de os mais famosos pintores de Kristiansand, Amaldus Nielsen (1838-1932) e Johan Nielsen (1835-1912), passarem apenas as temporadas de verão na cidade.[37] Isaachsen pintou cenas históricas, paisagens e retratos, e ficou conhecido como "pintor de Setesdal", região montanhosa a noroeste de Kristiansand, e pelas pinturas da cidade após o incêndio de 1892. Andersen foi o único pupilo que Isaachsen reconhecia, e os dois foram bastante próximos no final dos anos 1880 até a emigração de Andersen em 1892.

A formação de Isaachsen é representativa das opções que tinham os aspirantes a pintores na Noruega durante o XIX. A Academia de Belas Artes de Kristiania foi fundada apenas em 1909,[38] e o diminuto ensino artístico no país era muito menos sofisticado do que na Suécia ou na Dinamarca. Por isso, uma parte dos jovens pintores da primeira

---

35 A palavra 'natureza' e 'natural' foram usadas tão amplamente, no final do XVIII e no início do XIX, que a palavra 'realista' parece ter sido preferida par designar tanto a literatura quanto a arte que fossem realizadas a partir da observação e da experiência. Realismo teve um largo uso entre 1820 e 1870, especialmente na França, onde Courbet publica, em 1855 seu manifesto. Durante a revolução de 1848, ser realista significava ter uma inclinação socialista e democrática, e lutar para mudar a sociedade. Aqui, realismo passa a ter um termo universal, com significado artístico e social. Degas utilizou o termo "salão realista" para conclamar seus amigos a participarem de Exposição Impressionista de 1874. Naturalismo passa então a ser utilizado com dois significados: como sinônimo de realismo, mas também usado para as artes sem significados políticos ou sociais. Naturalismo é um termo empregado com diferentes significados, e no sentido mais geral descreve qualquer tipo de arte que representa temas atuais, ao invés de mitológicos ou religiosos. Implica um estilo em que o artista tenta observar e em seguida reproduzir o motivo, sem idealizá-lo.O termo é muito usado, às vezes de forma confusa, para a arte francesa do século XIX, como sinônimo de realismo. As ideias de Zola, contudo, são as que melhor discorrem sobre o Naturalismo (grifos meus) (Cf. TURNER, Jane (Ed.). *The Dictionary of Art*, v.22, *op. cit.*).

36 Cf. OPSTAD, Gunvald. *Olaf Isaachsen.* Oslo: Aschehoug, 1993.

37 Opstad coloca que Johan Nielsen vendeu 64 quadros para a Associação Artística de Kristiania, Amaldus vendeu 45 e Isaachsen apenas nove. (*Idem*).

38 Havia, contudo, escolas de desenho e ateliês particulares, especialmente daqueles que já haviam concluído suas formações no exterior e voltavam para suprir as demandas internas de formação de artistas.

geração iam a Copenhagen para estudar na Academia. Mas, a partir dos anos 1830, a academia dinamarquesa perde muito da sua importância e os artistas preferiam agora procurar diretamente uma academia alemã, inicialmente Dreden e depois Dusseldorf, particularmente popular entre 1850 e 1870. Poucos foram a Paris até o fim dos anos 1880, apesar do interesse pela arte francesa, e Isaachsen foi um deles.

O retrato pintado em 1888 pertence atualmente à pinacoteca de Kristiansand (Figura 2). Nele, Isaachsen está em seu ateliê, segurando paleta e pincéis nas mãos, em meio ao seu ofício; vemos o cavalete com uma tela em processo de execução. É um homem robusto e veste uma casaca negra, tem barbas brancas e um semblante sério. O chapéu vermelho, contudo, merece uma análise iconográfica mais aprofundada: ele se assemelha a um barrete frígio, símbolo dos republicanos franceses, e representa a liberdade. Isaachsen, que passou temporadas de estudo na França, era um entusiasta da arte e da cultura francesa num momento em que se buscava expiar a influência da Escola de Dusseldorf na pintura norueguesa.

O símbolo escolhido para afirmar a influência *revolucionária* que recebeu também vai ao encontro da vida boêmia e transgressora que levava na conservadora sociedade norueguesa da época. Segundo os relatos do poeta Vilhelm Krag (1871-1933) em suas memórias, no fim da vida, Olaf Isaachsen tinha poucos amigos, estava sempre com a sua *gangue*, formada de pessoas de "baixo nível"; também mantinha contato com políticos radicais.[39] Boêmio, o artista foi se marginalizando cada vez mais, talvez como resultado de uma série de catástrofes pessoais, que começaram com a morte da esposa pela tuberculose ainda muito jovem, seguida pelo falecimento da filha de quatro anos e das dificuldades que teve para criar três filhos sozinho, que decorreram em grande parte dos parcos recursos que adquiria vendendo quadros. Morreu aos 58 anos, quando a casa em que vivia pegou fogo.[40]

O retrato de Isaachsen foi exibido em duas grandes exposições: a de Artes e Ofícios – *Kunstafdelingen* – em Copenhagen, em 1889; no ano seguinte, no Salão Anual de Outono[41] em Cristiania, e é provável que tenha sido confeccionada com essa intenção. É uma tela grande, que vinculava o seu nome ao de Isaachsen, mostrando ser um jovem de talento, com grande habilidade no gênero. Também é sintomático que Andersen tenha escolhido levar justamente essa tela para Copenhagen, onde anos antes havia estudado.

---

39   KRAG, Vilhelm. *Min Bardoms Have*. Oslo, 1926.

40   Cf. OPSTAD, Gunvald. *Olaf Isaachsen, op. cit.*

41   O *Salão Anual de Outono* é até hoje o principal evento artístico do país, baseado no modelo dos Salões Franceses. Foi estabelecedo por iniciativa dos artistas em 1882, ano da primeira mostra. De 1884 em diante, passou a receber financiamento estatal. Andersen expôs nesse evento em 1885, 1886, 1887, 1888 e 1890.

Simbolicamente, poderia significar a proeminência dos ensinamentos de Isaachsen em detrimento da formação acadêmica que teve no país vizinho, que, aliás, ele não chegou a concluir. Vale a pena voltarmos rapidamente para esses anos de formação, que foram a base do seu aprendizado artístico e deixaram um lastro significativo para a forma como ensinava arte.

Pintor em formação

Após ter se iniciado na escola de desenho em Kristiansand, Andersen envia alguns deles ao pintor, cenógrafo e decorador Wilhelm Krogh (1829-1913), em Kristiania, em busca de uma oportunidade. Contava com 15 anos e, uma vez aceito, foi seu aprendiz e assistente na capital por cerca de três anos. Era um período de efervercência cultural e a cidade, embora relativamente pequena se comparada a outras capitais, aos poucos se fortalecia e modernizava, especialmente após a construção das estradas de ferro que começou em 1851.

Mas as representações da capital norueguesa entre os artistas não eram das melhores. Segundo Varnadoe, a industrialização e a urbanização tardia da Noruega – e dos países escandinavos como um todo – em relação ao restante da Europa, fizeram do Norte uma espécie de "líder" na rejeição do progresso material e dos valores citadinos do *fin-de-siècle*.[42] De acordo com Christian Krohg, o problema de Kristiania era o seu tamanho "no meio de": grande demais para ser gentil com o indivíduo e pequena demais para esquecê-lo.[43] Era uma cidade com poucas atrações, monótona e conservadora, segundo o poeta nascido em Kristiansand, Vilhelm Krag, que era amigo Andersen. Foi lá que ele escreveu o poema *Fandango* (1890), famoso por ter sido o marco do início do neorromantismo na Noruega. Contundente na crítica à falta de sensibilidade da burguesia, a poesia de Krag expressa a angústia da modernização ocidental e da homogeneização da cultura que ela trouxe.[44] O exótico, o Outro, que tantos europeus buscavam para remediar esse *mal du siècle,* não estavam entre as alternativas viáveis para a poesia pessimista de Krag. Esse ambiente intelectual pode ter influenciado a fatura da tela *Igreja de Oslo* de 1878 (Figura 3), que traz um pouco desse ar pessimista pela atmosfera cinzenta da pintura. Um dos principais alvo de ataques da intelectualidade foi a instituição católica, representada por Andersen de forma austera no segundo plano, em meio a nuvens

---

42 VARNADOE, Kirk. *Northern light*: Nordic art at the turn of the century. New Haven and London: Yale University Press, 1988, p. 22.

43 Christian Krogh, "Kristianienseren" *apud* OXFELDT, Elisabeth. *Nordic Orientalism... op. cit.*, p. 181.

44 *Ibidem*, p. 186-193.

escuras, dando um aspecto sombrio, em contraste com o povo que participa de uma feira no primeiro plano, que tem mais vida pelo colorido e pela iluminação mais clara. O quadro também testemunha que, aos 18 anos, mesmo antes de ingressar na formação específica de pintor, já se aventurava em composições a óleo.

Seu professor Wilhelm Krogh[45] estudou na Academia de Copenhagen entre 1850 e 1854, e na Noruega foi aluno e depois trabalhou com Peter Wergmann, decorador do Palácio Real da capital. Realizou a (re)decoração do Teatro de Cristiania,[46] decorou a *Sala Rococcó* do Grand Hotel, assim como o edifício da maçonaria no centro da cidade. Não por acaso, pois as últimas décadas do XIX foram marcadas pela *revisão* da decoração dos espaços urbanos, aliadas a um esforço político para construir ou recuperar a identidade norueguesa. Esse *impulso decorativo*, pouco tempo após o seu início na Inglaterra, com o movimento *Arts and Crafts*, tinha uma agenda específica na Noruega: o posicionamento dos camponeses e da cultura *folk* como um modelo de pureza cultural, evidência da *verdadeira* nacionalidade.[47]

Por influência de Krogh[48] é que Andersen decide fazer a seleção para a Academia Real de Belas Artes de Copenhagen, e, para tanto, em 1878 começa a tomar aulas particulares com o retratista Carl Andersen para preparar-se para os exames admissionais. Admitido no início do ano seguinte, na ficha de inscrição institucional Andersen aparece como *teatremaler*, decorador de cenários para teatros ou cenógrafo, e inscrito para as aulas preliminares gerais. É muito provável que ele não tenha recebido os subsídios que solicitou, pois trabalhou como professor de desenho em pelo menos três escolas particulares durante os quase cinco anos em que residiu na capital dinamarquesa.

Fundada em 1754, a academia dinamarquesa foi a primeira dos países escandinavos, e durante a sua *era de ouro* atraiu estudantes de todos esses países, como Caspar David Friedrich (1774-1840) e Phillipp Otto Runge (1777-1810). Em meados do século XIX, havia perdido muito do seu brilho, resultado das dificuldades pelas quais o país

---

45   Cf.NORSK KUNSTNER LEKSIKON. Oslo, 1983. p. 623-624.

46   O teatro era um espaço privilegiado de expressão cultural dos noruegueses, que contavam com pelo menos duas figuras importantes no final do XIX: Bjørnstjerne Bjørnson (1832-1910) e Henrik Ibsen (1828-1906).

47   O pintor, designer e teórico Gerhard Munthe (1849-1929) foi uma das figuras proeminentes desse movimento das artes decorativas na Noruega, tanto pelo seu trabalho artístico em telas, tapeçarias e desenhos quanto por seus artigos sobre o tema.

48   Wilhelm Krogh teve como pupilos também Andreas Bloch, que se tornou um famoso ilustrador de livros, Oluf Wold-Torne e Harald Sohlberg, pintores importante do início do XX na Noruega.

passava.[49] A academia seguia, como de praxe, o currículo francês[50] e, como em tantas outras, os preceitos de Winckelmann, baseados na perfeição da arte greco-romana e a importância do desenho eram os eixos da escola.[51] Uma tela de Wilhelm Bendz (1804-1832) ficou bastante conhecida pela representação de uma das principais disciplinas pedagógicas da instituição: o desenho de figuras numa aula de modelo vivo (Figura 4). A cena mostra um modelo sendo instruído para uma pose heroica, enquanto os alunos observavam e copiavam. Esse tipo de exercício pedagógico que estimulava a observação do real era um dos pontos fortes da academia, método que Andersen aprendeu e reproduziu ensinando seus alunos pelo resto da vida. Mas, assim como na capital dinamarquesa, até se chegar às aulas de modelo vivo, os alunos primeiro copiavam gravuras, depois desenhavam bustos gregos e romanos, estrutura curricular que ele amenizou na sua *academia* em Curitiba.

A tela apresenta também algumas tensões, sintomas de um momento de transição, quando as cenas domésticas e do cotidiano ganhavam espaço e a preferência de muitos pintores. Segundo Bergman, a figura do servente sobre a escada que está ajustando a luz tem uma pose muito mais natural e relaxada do que o modelo, que se segura numa corda para manter-se ereto, e pelo menos um dos estudantes está muito mais atento ao homem vestido do que ao modelo.[52] Essa geração do final da década de 1820 estava se afastando dos grandes temas do passado, em busca de motivos mais "autênticos"; para eles, cenas que traziam a domesticidade e o trabalho representavam a "nova" Dinamarca, que se aburguesava ao mesmo tempo em que buscava se recuperar das guerras napoleônicas.[53]

Mas os currículos acadêmicos levaram tempo para se flexibilizar, e cada vez mais a rigidez dos métodos de ensino foi sendo questionada pelos artistas, o que parece ter sido o caso de Andersen, que teria deixado a Academia por estar insatisfeito com a rigorosa sistemática de ensino. Informação que vai de acordo com análises de Varnadoe de que, durante os anos 1880 e 1890, "artistas escandinavos por todos os lados se

---

49   No XIX a Dinamarca deixa de ser o país próspero que foi até o XVIII, pois fora muito prejudicado pelas guerras napoleônicas, que incluíram o bombardeio de Copenhagen em 1807, a perda da Noruega em 1814, a guerra com a Alemanha entre 1848-1850 e novamente em 1864, quando foram forçados a ceder as províncias de Schleswig e Holstein para o estado prussiano. (Cf. BERMAN, Patricia G. *In another light*: Danish painting in the nineteenth century. 2007. Londres: Tames & Hudson, 2007.p. 39).

50   PEVSNER, Nikolaus. *Academias de arte*: passado e presente. Sao Paulo: Companhia das Letras, 2005, p. 204.

51   *Ibidem*, p. 200.

52   BERMAN, Patricia G. *In another light...*, *op. cit.*, p. 37-38.

53   BERMAN, Patricia G. *In another light...*, *op. cit.*, p. 38.

rebelaram contra os métodos oficiais de instrução"[54] e contra os sistemas tradicionais para exibição e compra de obras de arte. Gombrich[55] também comenta tal fenômeno de artistas se voltando contra as academias e seus métodos de ensino, no sentido de que estavam começando a brigar com a experiência visual e a lutar contra o *esquema* então vigente. Mas, apesar das críticas, o ensino era eficiente e formou uma geração importante de pintores. *Porto de Oslo*, de 1881 (Figura 5), pintada numa das viagens para as férias de verão que Andersen fez para casa, mostra com delicadeza de detalhes o movimento portuário e comprova as habilidades plásticas adquiridas naqueles anos. Da mesma forma, *Barco Norueguês* de 1884 (Figura 6) traz uma marinha realizada dentro dos moldes acadêmicos e dialogando com uma longa tradição de cenas marítimas enraizada nos países escandinavos.

Com a queda de *status* do modelo acadêmico e a ascensão de uma pintura mais voltada para o cotidiano, ou *realista*, estava em voga à época em que Andersen viveu na Dinamarca a ida de pintores para Skagen, uma praia situada no litoral norte do país. Era um local de díficil acesso, onde as intempéries climáticas, como vendavais e tempestades, levaram muitos navios ao naufrágio. A pequena cidade era um reduto de pescadores, que chamou a atenção de artistas e literatos que procuravam inspiração em locais não corrompidos pela civilização e seus desenganos. No final do XIX, a cidade ficou conhecida por receber durante o verão colônias de pintores, escritores e músicos oriundos dos países nórdicoso. A população de pescadores foi tomada como exemplar de personagens intocados por influências estrangeiras, ao lado das praias selvagens, que se tornaram um tema privilegiado e símbolos de uma essência dinamarquesa, primitiva, original.[56]

Em 1880, uma pintura e um livro baseados nas vivências em Skagen foram apresentados ao público e vieram a se tornar emblemáticos na história da arte dinamarquesa. Durante as várias temporadas que passou em Skagen, Michael Ancher (1849-1927) compôs diversas telas em que os trabalhadores da costa aparecem como tipos em escala de pintura histórica. *Will he round the point?* (Figura 7) ficou especialmente famosa e traz um grupo de trabalhadores da costa observando um navio – que não vemos – que

---

54 A primeira indicação desse novo padrão ocorreu em Copenhagen em 1879, quando alunos da Academia Real de Belas Artes criaram um programa de ensino dedicado a pintar direto a partir de modelos vivos. (Cf. VARNADOE, Kirk. *Northern light...*, op. cit., p. 16). O Museu Alfredo Andersen possui uma nota escrita pelo diretor de uma das escolas em que trabalhou em Copenhagen elogiando-o pelos métodos que empregava ao ensinar: abolia o exercício da cópia e introduziu o modelo vivo. (Cf. FERREIRA, Ennio Marques. *2001 Andersen volta à Noruega*. Curitiba: Sociedade Amigos de Alfredo Andersen: Secretaria de Estado da Cultura: Museu Alfredo Andersen, 2001. p. 59).

55 GOMBRICH, Ernst. *Arte e ilusão...*, op. cit., p. 149.

56 SVANHOLM, Lise. *Northern light*:the Skagen painters. Copenhagen: Glydendal, 2008.

tentava vencer a correnteza e não naufragar. No mesmo ano, foi lançado o relato da história do pescador e salva-vidas Lars Kruse, publicação do pintor e escritor Holger Drachmann (1846-1908), que chamava Skagen de "eldorado dos artistas", e para onde se mudou definitivamente na década de 1870, por um desejo de viver com os pescadores. Tão em sintonia estava a história com as aspirações do período, a ponto de Lars Krause ter sido alçado ao posto de herói nacional.[57] Todo esse movimento cultural dinamarquês, que Andersen vivenciou nos seus anos de formação, tinha seu simulacro norueguês, que igualmente se apegava a personagens populares, como os trabalhadores camponeses, eleitos símbolo de uma essência nacional intocada por influências estrangeiras, esquemas culturais e identitários fortes e constituintes do seu olhar, e que ele aplicará ao que vê no Brasil.

Mas esse breve incurso sobre a formação em Copenhagen traz outras possibilidades de leitura. A opção de seguir para a capital dinamarquesa, que veio do incentivo de Krogh, se deu num momento em que estava já *demodé,* pois a maioria dos artistas escandinavos escolhia ir para Paris. Não foi por acaso, mas por uma política deliberada do governo francês que Paris se transformou na *Meca* para artistas estrangeiros, como os jovens escandinavos. A diversidade das exposições, a expansão dos ateliês e a atividade do mercado de arte fizeram da capital francesa um laboratório aberto que instigava artistas do mundo todo para vir e estudar, numa atmosfera de permissividade moderna desconhecida nas suas terras natais.[58] A construção das carreiras dos principais nomes da arte escandinava do período se dava, pois, via *centro*.

A passagem de Andersen por Paris se deveu a um evento bastante circunscrito: foi enviado para cobrir a exposição de 1889, possivelmente pelo jornal em que trabalhou, o *Stiftsavis*. Essa informação merece dois comentários: o primeiro é o fato de estar trabalhando como jornalista, sugestivo da sua militância política local, mas também de uma possível dificuldade de viver de pintura. O segundo é que a exposição de 1889 em Paris foi especialmente marcante para os escandinavos, depois da "humilhação de 1878".[59] Nessa ocasião, os críticos franceses ficaram surpresos com o rápido avanço da arte escandinava, o que não deixava de ser uma forma de autoglorificação, pois eram quase

---

57   BERMAN, Patricia G. *In another light...*, op. cit., p. 142.

58   VARNADOE, Kirk. *Northern light...*, op. cit., p. 21.

59   Como mostrou Braun, neste ano os comentários dos críticos franceses foram bastante desfavoráveis, como, por exemplo: "A arte vegeta na Dinamarca, vive com dificuldades na Suécia e não existe na Noruega". (BRAUN, Emily. Scandinavian painting and the french critics. In: VARNADOE, Kirk. *Northern light*: Realism and Symbolism in Scandinavian Painting 1880-1910. New York: The Brooklyn Museum, 1982, p. 67).

todos formados na França. Vale notar que os noruegueses eram vistos como os mais rurais, os menos cosmopolitas e os mais exóticos.[60]

Assim, mesmo que Copenhagen fosse uma cidade muito mais cosmopolita do que qualquer uma norueguesa, com um estilo de vida mais urbano, e com uma formação acadêmica que não encontraria em casa, a distância da formação de Andersen dos principais centros deixou-o longe das redes e dos códigos plásticos necessários para um melhor posicionamento no campo artístico da sua terra natal. Embora pudesse ter absorvido alguns elementos da modernidade francesa que se espalhava com o impressionismo, como se vê em algumas paisagens dos próximos capítulos, sua pintura estava muito distante das vanguardas que despontavam. Uma breve comparação entre duas telas, tratando da mesma temática e expostas no mesmo ano é significativa dos rumos absolutamente diversos que se abriam para os pintores daquela geração.

Tradição e vanguarda na arte norueguesa

Alfredo Andersen e Edvard Munch foram pintores contemporâneos e participaram de alguns eventos do meio artístico escandinavo do final do XIX, como em 1886, quando os dois expuseram no Salão de Outono de Cristiania telas tematizando doentes. Aqui, termina o que tinham em comum: os caminhos estéticos que seguiram foram distintos e representativos das tendências que coexistiam na arte norueguesa do período, e a comparação entre essas duas imagens elucida as configurações em processo.

A tela de Andersen *Ao leito da doente* (Figura 8) traz uma mulher idosa deitada, bastante abatida, de camisola sobre lençóis brancos; diante dela, uma moça de negro lê um livro. Ao lado da cama há uma mesa, um pequeno copo com flores, dois frascos com líquidos, uma tigela com uma colher, todos em tamanhos diminutos e elaborados aos detalhes. Com cores amareladas e sóbrias, não há vestígios dos traços do pincel. Obras como essa de Andersen eram comuns na pintura dessa temática do período, em que flores, cobertores e frascos com medicamentos davam aos pintores a oportunidade de demonstrar o seu domínio da técnica.[61]

É com a ascensão do *realismo* que um tema como esse se torna passível de ser pintado e adquire legitimidade estética. A representação de doentes no leito de morte era uma tópica de época, e teve sua apropriação pelos pintores escandinavos, especialmente na

---

60   *Ibidem*, p. 70.
61   BISCHOFF, Ulrich. *Edvard Munch (1863-1944)*: cuadros sobre la vida y la muerte. Germany: Taschen, 2000, p. 10.

segunda metade do século XIX,[62] quando a tuberculose tomou proporções epidêmicas e matou milhares de pessoas. O próprio Munch comentou, numa entrevista nos anos 1930, que aquele era o "tempo das almofadas", quando muitos pintores representavam em seus quadros doentes com almofadas por detrás.[63]

Edvard Munch teve uma história pessoal com vários episódios de doenças e mortes, o que teria fornecido um material expressivo para suas composições. Ele iniciou seus estudos em Kristiania, primeiro na Escola de desenho de Oslo, depois no ateliê de Christian Krohg, mas cedo começa seu itinerário internacional de formação, com estadas prolongadas na Alemanha e na França.

"A menina doente" (Figura 9) trata da memória da morte de sua irmã Sophie, falecida aos treze anos, vítima de tuberculose. A tela foi pintada após retornar de uma viagem por Paris e Antuérpia, onde representou a seção norueguesa na Exposição Universal.[64] Quando foi exposta pela primeira vez em 1886, contudo, tinha o título de "Estudo",[65] sintomático do tratamento plástico dado à composição. Não apenas pelo arranjo, que traz mais passionalidade para a tia que acompanha a menina doente, curvada em desespero, mas também pelas pinceladas nervosas e a ausência de detalhes, a tela foi considerada pelo pintor uma ruptura na sua trajetória (antes disso, os retratos que pintou, por exemplo, pouco difeririam daqueles de tantos outros pintores noruegueses). O pintor descreveu o seu processo de fazer e refazer essa imagem a partir da sua memória, da impressão que teve ao vê-la,[66] indícios do caminho que trilhava rumo ao expressionismo. Ao ser exposta em 1886, não foi apenas criticada, como quis ressaltar o seu autor,[67]

---

[62] Para citar apenas alguns exemplos da interpretação desse tema na arte escandinava, temos a *Menina Doente* de Michael Ancher, de 1882; assim como a *Menina Doente* de Ejnar Nielsen, de 1896. O tema aparece também em *Os pobres: A sala de espera da morte*, de 1888 pintada por Harald Slott-Møller, *No leito de morte*, de 1890-1892, de Fritz Syberg e em *O menino moribundo*, de Hans Heyerdal.

[63] BISCHOFF, Ulrich. *Edvard Munch (1863-1944)...,op. cit.*, p. 10.

[64] BJERKE, Øivind. Edvard Munch, The Sick Child: form as content. In: MØRSTAD, Erik. *Edvard Munch*: an anthology. Oslo: Oslo Academic Press, 2006, p. 71.

[65] Munch fazia várias versões dos seus quadros; "*The Sick Child*" tem mais cinco. Segundo Clarke, muitos estudiosos entendem suas repetições como reflexo da instabilidade emocional do pintor, valendo-se de interpretações pseudo psicanalíticas, focadas numa suposta necessidade obsessiva de retrabalhar um tema, ao invés de vislumbrarem o fato de que elas foram criadas com fins mercadológicos e negociadas em prol da sua memória póstuma. (CLARKE, Jay. Originality and repetition in Edvard Munch's The Sick Child.In: MØRSTAD, Erik. *Edvard Munch*: An Anthology. Oslo: Oslo Academic Press, 2006, p. 44).

[66] *Ibidem*, p. 50.

[67] Clarke coloca que Munch sempre fez questão de ressaltar as críticas negativas que recebia, e escolhia as piores para figurar nos seus catálogos expositivos. Era uma forma de se

mas também recebeu elogios da crítica que percebeu que o mais interessante era a forma e não o motivo representado.

Segundo Bjerke, "nessa pintura, Munch rompe com os ideais da objetividade do naturalismo e cria uma expressão totalmente pessoal baseada numa memória individual da morte da sua irmã".[68] O tipo de pintura que Andersen realizava era muito mais corrente do que a de Munch, que se tornaria uma figura de ponta na pintura europeia, afinal o conceito de "inacabado" era central para a definição das vanguardas do XX.[69] Munch contou com sucessivos anos de financiamento estatal para suas estadas nos principais centros artísticos europeus, o que foi fundamental para a transgressão das fronteiras colocadas pela geração naturalista nativa. Como colocou Clarke, "o estilo naturalista-realista em que trabalhavam os artistas noruegueses mais progressivos se concentravam em temas radicais, mas raramente numa feitura progressiva".[70] Mas ela ainda predominava, ao mesmo tempo que se deixava contaminar pela crescente onda impressionista que se espalhava pela arte escandinava. A vinculação de Andersen ao naturalismo o afastava das vanguardas europeias, mas fizeram com que fosse muito bem acolhido no Brasil do final do século XIX.

Retrato de Hamsun quando jovem

Retomando a fotografia com a qual iniciamos este capítulo, falaremos agora da obra mais importante que Andersen trouxe da sua viagem à Noruega, que foi o retrato de Knut Hamsum, pintado no ateliê de Olaf Isaachsen. Ela se tornou a sua tela mais conhecida na Noruega, inclusive porque o retratado foi um dos escritores nórdicos mais famoso do século XX. Andersen tinha orgulho do quadro, e fez questão de divulgá-lo em sua terra adotiva, tanto que menções a ele aparecem em diversos artigos do período. Piloto relata que o pintor falava muito do retrato de Hamsun, e que "fez todos ficarem com vontade de conhecê-lo".[71] Observá-lo mais de perto, incluindo as redes de relações que cercavam a sua fatura, traz à tona alguns dos debates intelectuais e artísticos em curso e o seu empenho para registrar com o seu pincel esse escritor de vanguarda.

Não só para Andersen, mas também para uma boa parcela dos noruegueses do início do XX, Hamsum está no rol dos escritores importantes que atuam e influenciam as

---

promover e de chamar ainda mais atenção para o seu trabalho. (*Idem*).
68   BJERKE, Øivind. Edvard Munch, *The Sick Child..., op. cit.*, p. 76.
69   *Ibidem*, p. 71.
70   CLARKE, Jay. *Originality and repetition in Edvard Munch's The Sick Child, op. cit.*, p. 51.
71   PILOTO, Valfrido. *O acontecimento Andersen, op. cit.*, p. 57.

mentalidades de seus contemporâneos. Autodidata, Knut Hamsun nasceu em 1859 em Germotaeet, norte da Noruega. Foi o quarto dos sete filhos de uma família camponesa que, com a contratação do pai para trabalhar como alfaiate, mudou-se para uma cidade próxima ao círculo polar ártico. Lá passou a infância, em meio a uma região selvagem com fiordes, rios, florestas e montanhas. Aos dezessete anos Hamsun foi trabalhar como aprendiz de sapateiro na cidade portuária de Bødo, quando começou a escrever. No final da década de 1870, publicou alguns poemas, sem repercussão, e enviou um romance para uma editora em Copenhagen, que o recusou. Resolveu então aventurar-se em duas estadas prolongadas nos Estados Unidos, entre 1882-1884 e 1886-1888, onde trabalhou como marinheiro, sapateiro, estivador etc., sempre mantendo, entretanto, paralelamente a atividade de escritor.

Em 1890 publicou *Fome*, considerado o primeiro romance moderno da Noruega. Com grande densidade psicológica, o livro retrata os dissabores de um jornalista famélico, que anda errante com um toco de lápis pelas ruas de Cristiania em busca de uma oportunidade de trabalho.[72] Em diversos momentos da narrativa o protagonista, sem nome, passa por privações e constrangimentos. Mas, segundo Auster, o herói narrador é menos um coitado do que um monstro intelectual e arrogante, que sofre apenas e porque escolheu, pois, desde o começo, fica claro que não precisaria morrer de fome.[73] O protagonista do romance reproduzia a situação ambivalente do seu autor: tentava viver como um intelectual para quem, teoricamente, as condições materiais não interessam. A capacidade de descrever os tormentos psicológicos do protagonista chamou a atenção dos seus conterrâneos e fez do livro, já à época do seu lançamento, um grande sucesso.

Somadas ao êxito literário, a ambição e obsessão pela fama faziam do jovem Hamsun um personagem polêmico, que vinha ganhando notoriedade no meio intelectual norueguês como articulista do jornal *Dagbladet* com os seus textos passando a figurar na primeira página a partir de 1891.[74] Ateu e politicamente um anarquista "radical" – ao menos na sua juventude –, compartilhava de uma atitude hostil à civilização técnica moderna e seus avanços desumanizadores, típicas do final do XIX, e uma confiança nas forças benéficas da natureza. Assim, conquanto *Fome* seja um romance individualista e sem conotações políticas, ele não deixa de ser uma crítica à modernidade e à indiferença dos seres humanos na cidade *grande*. O primeiro parágrafo não deixa dúvidas:

---

[72] A obra foi, segundo estudiosos, inspirada na experiência do autor. (FERGUSON, Robert. *Enigma*: the life of Knut Hamsun. New York: Farrar, Straus & Giroux, 1988).

[73] AUSTER, Paul. Introduction: the art of hunger. In: HAMSUN, Knut. *Hunger*. New York: Farrar, Strauss and Giroux, 2008, p.vii.

[74] FERGUSON, Robert. *Enigma...,op. cit.*, p. 107.

"Naquele tempo, com a barriga na miséria, eu vagava pelas ruas de Cristiânia, cidade singular, que deixa marca nas pessoas...".[75]

Fome marcou o início da carreira literária de Hamsun[76] e, no ano seguinte ao lançamento, o escritor realizou uma turnê de conferências sobre literatura em diversas cidades e em meados de 1891 iniciou suas palestras em Kristiansand. Logo que chegou à cidade, reencontrou o anarquista Krøger Johansen,[77] com quem fizera amizade durante uma de suas estadas na América, e que o introduziu ao pequeno circulo literário e artístico local, incluindo o pintor Alfred Andersen, que aproveitou sua estada na cidade para retratá-lo. Segundo seu principal biógrafo, naquele período, Hamsun vivia "seu sonho anarquista, com a vida voltada para a sua subjetividade, onde ele seguia suas próprias leis, e respondia apenas a si mesmo".[78]

Com tom de marcada competitividade, as palestras do escritor tinham o intuito de promover a literatura de que era portador e destituir a legitimidade da antiga. Já no começo Hamsun advertia a audiência: "serei agressivo e destrutivo essa noite, mas também me esforçarei para construir, abrir espaço para algo novo: a literatura psicológica".[79] Para tanto, desqualificava seus contemporâneos que, segundo ele, utilizavam uma "psicologia clichê". Na primeira palestra, fez uma "revisão" dos quatro "profetas" da literatura norueguesa: Bjørnstjerne Bjørnson (1832-1910), com seus contos de camponeses exaltando as virtudes tradicionais do povo, Jonas Lie (1833-1908) e Alexander Kielland (1849-1908), menos conhecidos e, o mais famoso de todos, Henrik Ibsen[80] (1828-1906).

---

75 HAMSUN, Knut. *Fome*. Tradução de Carlos Drummond de Andrade. Rio de Janeiro: Nova Fronteira, 1977, p. 5.

76 A obra de Hamsun é muito extensa; mencionaremos aqui apenas alguns trabalhos que orbitam o período e as temáticas em questão. Contudo, vale mencionar que ele ganhou Nobel de Literatura em 1920, e que se tornou uma personalidade problemática na cena norueguesa, por sua simpatia aos projetos da Alemanha nazista, incluindo encontros com Hitler e Goebbels, a quem deu de presente sua medalha do Nobel. Após o fim da Guerra, Hamsun foi julgado, preso num hospício e teve seus direitos autorais confiscados. Por muito tempo a leitura da sua obra foi – e talvez ainda seja – afetada por tais posicionamentos. Peter Gay, por exemplo, em *Modernismo* já no prefácio explica que a seleção que fez dos escritores não foi determinada por suas opções políticas, uma vez que tratou de modernistas fundamentais como o fascista Knut Hamsun. (Cf. GAY, Peter. *Modernismo*: o fascínio da heresia: de Baudelaire a Beckett e mais um pouco. São Paulo: Companhia das Letras, 2009, p. 14).

77 Krøger Johansen nasceu em Kristiansand em 1866 e foi o primeiro editor do jornal "Social-Demokraten".

78 FERGUSON, Robert. *Enigma...* op. cit., p. 141.

79 FERGUSON, Robert. *Enigma...* op. cit., p. 122.

80 O caso de Ibsen, que inicia sua carreira sob os auspícios do romantismo nacional, é significativo: escreve seus grandes dramas históricos num exílio voluntário que durou 27 anos,

Todos foram criticados, considerados insuficientes e repetitivos e nenhum recebeu qualquer elogio.[81] As críticas que mais chamaram atenção do público foram a Henrik Ibsen, à época já considerado um "semideus" na Noruega, com grande reputação também no exterior.[82] Hamsun dizia que seus personagens eram simplistas, estáticos e óbvios.[83]

A segunda palestra tratava da importância da dimensão psicológica na literatura, e nela, Hamsun empregou o tom de atenção à individualidade com foco nas subjetividades. A mensagem central defendia que as contradições e ambiguidades humanas deveriam ser centrais na construção dos personagens na literatura.[84] Com isso, rebatia críticas que seu livro recebera, por sua monotonia e falta de "acontecimentos", ao mesmo tempo em que buscava arregimentar interlocutores e um público de leitores.

De modo geral, as palestras foram elogiadas, mas não com unanimidade: o articulista do *Dagbladet* ressaltava a grande arrogância que caracterizou as palestras do escritor, e muitos o acharam ignorante e mal-educado.[85] À medida que a turnê continuava, relatos das heresias de Hamsun se espalharam por meio das instituições literárias norueguesas, gerando reações contrárias e de repúdio. Com isso, o escritor atingia seu objetivo:

---

alternados entre a Itália e a Alemanha. Uma vez instalado em Roma, compõe suas obras mais *norueguesas*: *Brand*, em 1866, e *Peer Gynt* no ano seguinte. A primeira é ambientada no frio e gélido inverno norueguês, onde o pastor que dá nome à peça, *Brand* (que significa fogo), peregrina por montanhas e vilarejos para cumprir a sua missão de amor a Deus e termina morto por uma avalanche. Já *Peer Gynt*, que ficou conhecida como uma "odisséia da busca do eu", conta a história de um jovem fantasioso que após muitas viagens e uma obsessiva necessidade de ser "fiel a si" e responder "quem sou eu?", tem no quinto e último ato a volta para a Noruega e para sua noiva, com características de mãe, que o esperava há anos, e o acolhe calorosamente. Ibsen também se insurgiu contra a hegemonia dinamarquesa, bastante arraigada em Cristiânia no início do século. Em 1851 foi convidado a assumir a direção do teatro de Bergen, o primeiro propriamente norueguês e que se propunha a falar a língua nacional, e não o dinamarquês, como corria até então. (Cf. MENEZES, Tereza. *Ibsen e o novo sujeito da modernidade*. São Paulo: Perspectiva, 2006, p. 38 e segs.).

81 Todos esses escritores, que produziram suas obras no período do movimento romântico nacional, dialogam com a construção de uma identidade norueguesa mediante uma busca nostálgica por raízes e são marcados pelo exílio.

82 Para o ciclo de palestras em Cristiânia, Hamsun convidou pessoalmente Ibsen que, curioso, aceitou e participou do debate. No mesmo evento, entre as primeiras fileiras do auditório lotado estavam o explorador e cientista Fridjof Nansen, recém-alçado ao título de herói nacional após suas expedições ao círculo polar ártico e o compositor Edvard Grieg, o mais famoso do país.

83 FERGUSON, Robert. *Enigma...*, *op. cit.*, p. 123.

84 FERGUSON, Robert. *Enigma...*, *op. cit.*, p. 124.

85 MESSEL, Nils (Redaktør). *Norske Forfatterportretter*. Oslo: Ascheboug og Gyldendal, 1993, p. 114.

ganhava visibilidade e despertava interesse para sua obra. E foi o que aconteceu em Kristiansand, onde sua estada causou *frisson* com muitos curiosos para ouvi-lo, e cerca de mil pessoas participaram do total das três conferências.[86]

O retrato pintado naquela ocasião (Figura 10) traz o escritor em três quartos, usando camisa branca, casaco e calça preta. Tem sua mão direita no bolso e a esquerda segura um cachimbo clássico, feito de barro, modelo "Churchwarden". Estes eram frequentemente fabricados na Alemanha, conhecidos como "Lesepfeife" ou "cachimbo para a leitura", presumidamente porque não atrapalha o fumante enquanto lê, por ter uma haste longa. O rosto de Hamsun está levemente inclinado para a esquerda, ele usa óculos, seus olhos são claros e os cabelos castanhos possuem mechas loiras. Sua postura é assertiva e confidente, e a mão no bolso dá um toque de informalidade à sua fisionomia provocadora. A suave luz que vem detrás da cabeça do escritor pode ter sido um recurso para trazer um clima de mistério, ou uma dimensão psicológica para sua personalidade.

Sobre o escritor, Andersen comentou numa entrevista:

> Hamsun era um homem bonito, alto, forte e com boas proporções [...] charmoso e conquistador. Quando andava pelas ruas, as pessoas se viravam para olhá-lo. A maioria dos que participaram das conferências eram mulheres, que o aplaudiam muito [...] Hamsun falava muito da decadência da literatura, da falta de uma psicologia profunda, e sua língua ficava especialmente afiada quando mencionava Ibsen, a quem chamava de *o velho*. Nesse período, ele tinha uma visão pessimista do mundo, e afirmava que a melhor forma de viver era "ganhar a vida com o suor da própria testa" [...].[87]

Essa declaração foi publicada num jornal de 1929, provavelmente colhida durante a estada de Andersen na Noruega, quando ele recuperou o quadro para trazê-lo ao Brasil, e indica uma fascinação do pintor pela controversa personalidade do escritor.

As visões fortes de Hamsun e a forma provocativa como ele as expunha polarizavam as pessoas. Como no caso das mulheres: de um lado, as feministas o consideravam um inimigo mortal, mas, de outro, ele tinha uma audiência feminina enorme e, para isso, contribuía o seu "charme sexual evidente e poderoso".[88] Um exemplo é a própria irmã de Andersen que em seu diário escreveu, com ar de suspiros, que Hamsun era um

---

86 KOLLOEN, Ingar Sletten. *Hamsun Svermeren*. Gyldendal, 2003, p. 159.

87 H.S.S. et. HAMSUN-portrett som er havnet i Brasilien. *Aftenposten*, n.483, 1929.

88 FERGUSON, Robert. *Enigma...*, *op. cit.*, p. 125.

homem lindo e atraente, lamentando-se que Alfred pintava o seu retrato no ateliê de Olaf Isaachsen, dificultando sua aproximação dele.[89]

Entre arrogante e sedutor, o retrato de Hamsun proporcionou ao jovem Alfred uma possibilidade de projetar o seu trabalho ao vinculá-lo à imagem do escritor que despontava como uma das principais figuras literárias na cena escandinava.[90] O alarde e as controvérsias que envolveram sua presença em Kristiansand[91] e seus livros na Noruega eram uma excelente vitrine para o pintor que buscava consolidar-se.

Foto 3 – Da direita para a esquerda: Andersen, Johansen, Hamsun e Isaachsen, no ateliê do último.
Fonte: Fotógrafo desconhecido [1891]

---

89   Os diários de Odilia foram lidos por Ragnhild Jensen em entrevista concedida à autora em agosto de 2008.

90   O retrato é a pintura de Andersen mais conhecida na Noruega, a única na Galeria Nacional de Oslo.

91   Depois de terminar a turnê em outubro de 1891, Hamsun se instalou em Kristiansand por alguns meses, até a primavera do ano seguinte, para trabalhar em seu livro *Mistérios*, período em que pode ter estreitado laços de amizade com Andersen. Há indícios de que eles possam ter trocado correspondência, sugeridos pelas cartas do pintor.

Na fotografia[92] acima, os artistas estão se confraternizando após a conclusão da pintura:[93] Knut Hamsun, ainda com o cachimbo, mas agora de chapéu, admira o seu retrato, assim como Alfred Andersen (no canto direito), que olha orgulhoso para o seu trabalho. Ao seu lado, o amigo dos tempos americanos Krøger Johansen também observa o quadro. O único que não olha é Olaf Isaachsen, sentado ao lado do retrato e que parece observar de soslaio a reação do escritor. Com a posterior consolidação de Hamsun como uma das principais figuras literárias da Escandinávia, o retrato ganha importância, dá maior visibilidade à Andersen no meio cultural norueguês, e torna sua obra reprodutível.[94]

Se a proposição de executar o retrato de Hamsum mostra, por um lado, o pintor buscando vincular seu nome à vanguarda literária que despontava, sua fatura estética não consegue, contudo, transgredir os esquemas aprendidos de uma retratística que, embora competente, estava subordinada a uma reprodução naturalista da figura excêntrica do escritor. Por outro lado, as microrrelações que se evidenciaram no contexto de produção do mesmo trazem um ambiente de oposição à ordem hegemônica, com Isaachsen, que por sua boêmia e pelo seu círculo social era mal visto pelas elites da cidade, somados ao político anarquista e ao escritor controverso, que atacava Ibsen. Tinham em comum críticas à modernização burguesa e viam na natureza e no *outro* um possível antídoto para o "mal estar na civilização".

Os retratos de Isaachsen e Hamsun mostram suas apostas no gênero, que afinal poderia viabilizar a sua consolidação como pintor na Noruega, tal como o fez a artista sediada em Kristiania, Asta Nøregard. Mas os rumos que tomaram a sua trajetória foram outros, e esse esquema apreendido será central para o seu encaixe na cidade litorânea onde residiu em seus primeiros anos brasileiros. Já a análise da formação de Andersen, realizada distante dos principais centros europeus, somada ao fato de ter se fixado em Kristiansand, o que se era visto como um fator de isolamento para Isaachsen, certamente

---

92 Não há referência sobre o fotógrafo. Essa imagem é muito reproduzida nas biografias e nos livros de Hamsun. A imagem acima foi fotografada da edição alemã de *Fome*.

93 Que fez com que a permanência de Hamsum na cidade se estendesse por conta da fatura da tela. Numa carta enviada por Hamsum em 8 de abril de 1891 a Ole Larsen, o escritor comenta que há alguns dias havia finalizado as conferências, mas que ainda não partira pois um pintor chamado Andersen estava executando o seu retrato. (Cf. NAESS, Harald S. *Knut Hamsuns Brev*: 1879-1895. Oslo: Gyldendal Norsk Forlag, 1994, p. 223).

94 2009 foi o ano comemorativo ao sesquicentenário do nascimento do escritor, e uma série de eventos foi realizada nos meios acadêmicos e culturais noruegueses. Duas obras sobre o escritor (um livro publicado em alemão: KRIEHN, Ulrich. *Gegen den Strom*: Über den frühen Knut Hamsun.Tectum Verlag, 2008; e SLETTEN, Ingar. *Knut Hamsun*: Dreamer & Dissenter. Yale University Press, 2009) têm o retrato pintado por Andersen na capa.

pesava ainda mais para Andersen, deixando-o distante das redes de sociabilidade dos pintores que controlavam o campo hegemônico da arte escandinava. As informações sobre as vendas inconstantes, somadas às atuações como jornalista e crítico de arte são indicativas das dificuldades para sobreviver da pintura. Da mesma forma, o ambiente intelectual do período de questionamento dos limites da modernização ocidental, e a consequente visão romantizada de populações de camponeses e pescadores, que veremos mais a fundo no próximo capítulo, também são peças do quebra-cabeça que compunham a identidade do pintor, e que podem ter atuado no sentido de cogitar uma vida num local distante e "intocado".

Capítulo 2

Paisagem e cultura na terra dos fiordes

O cortejo nupcial no fiorde de Hardanger (1848) (Figura 11) de Adolf Tidemand e Hans Gude[1] é uma das telas mais famosas da história da arte norueguesa e a mais representativa da pintura romântica nacional, pois sintetiza os dois eixos temáticos que sustentaram o romantismo norueguês: a paisagem e a vida camponesa. Ao fundo da imagem vemos a neve no alto das montanhas e por entre o grandioso fiorde o casal de noivos e seus familiares em trajes típicos recém-saídos de uma igreja medieval navegam numa pequena embarcação, espécie de miniatura de um barco viking. Esse tipo de representação tinha um forte apelo para os sentimentos nacionalistas, e estarão presentes em graus e medidas diversos nas obras de muitos pintores do século XIX.

Este capítulo tem como foco essa produção paisagística e a representação dos personagens típicos locais e sua relação com o movimento nacionalista norueguês, que buscava, além da independência política, a construção de uma identidade cultural. Para tanto, será preciso olhar para o período romântico, bastante marcado pela arte alemã, como forma de entender os condicionantes da relação entre arte e nacionalismo na Noruega. Além disso, a reconstrução do contexto sociopolítico permitirá posicionar Andersen e o seu trabalho diante dos debates culturais e políticos do período. Na última parte, trataremos das viagens e aventuras do pintor pelo mundo, até chegar a sua primeira pintura do Brasil, que trazia componentes desse olhar, e que também é sugestiva das possibilidades que viu no Novo Mundo.

---

[1] Os dois artistas estudaram em Dusseldorf e realizaram algumas pinturas em conjunto; nesta o primeiro pintou os personagens, e o segundo, a paisagem.

O romantismo nacional

As origens do romantismo na Noruega podem ser rastreadas no final da década de 1760, quando alguns eventos indicam um acordar dos noruegueses para a sua pobre vida cultural. A razão dessa escassez era também institucional: não havia bibliotecas públicas, nenhuma universidade, sociedade científica ou literária. Diante desse meio intelectual e cultural rarefeito, restava aos jovens noruegueses bem dotados partirem rumo à Dinamarca para realizarem seus estudos. Muitos acabavam fazendo carreira no "reino irmão" e não mais voltavam. O impulso inicial para modificar esse quadro vem da cidade de Trondheim, onde uma sociedade de conhecimento é criada por um grupo de intelectuais (que estudaram na Dinamarca, mas que retornaram à Noruega), que gera um renascimento cultural único até então.[2] Seu campo de ação incluía as ciências naturais, o direito, a história e a filosofia, sempre focando temas noruegueses.

Um dos mentores desse projeto foi Gerhard Schøning[3] (1722-1780), que escreve uma História do Reino Norueguês em três volumes, publicados entre 1771 e 1781, obra importante que é por si só um manifesto: a Noruega é um reino em si, sendo que o autor reforça a originalidade da nação norueguesa.[4] Convencido de que o seu país conheceu uma era de ouro, o autor prevê um futuro brilhante, desde que as velhas virtudes dos seus ancestrais fossem recuperadas. A força dessa visão, que entusiasmou numerosos leitores, desencadeia outros esforços de reconstrução do passado. A concepção do Norte e do seu passado gestada nesse período vai nutrir o renascimento nacional do século XIX[5] e, embora a "sociedade de Trondheim" não tenha resistido às dificuldades e às pressões de Copenhagen (que por fim acaba cooptando seus mentores, que voltam a trabalhar no centro do reino), as ideias que lançaram deixaram rastro.

De Kant a Schelling, passando por Fitche, o idealismo alemão vai fornecer ao romantismo escandinavo uma armadura teórica, que será preenchida pelas características e especificidades da cultura norueguesa recuperadas e imaginadas pela nascente

---

2   BATTAIL, Jean-François. Entre Réforme et Romantisme, *op. cit.*, p. 298

3   Historiador norueguês, fez seus estudos de história e filologia em Copenhagen. Segundo Elviken, também autores franceses como Montesquieu, Rousseau e os Economistas eram muito presentes na formação dessa vanguarda do nascente nacionalismo norueguês. (ELVIKEN, Andreas. The genesis of norwegian nationalism. *Journal of Modern History*, v.3, n.3, p. 368, Sept 1931).

4   Essa recuperação do passado com uma "profunda empatia [...] que projetasse, como um facho de luz, o sentimento interior dos indivíduos e dos povos, em busca de sua própria identidade" (SALIBA, Elias Thomé. *As utopias românticas*. Sao Paulo: Brasiliense, 1991.p. 54) se inicia com Schøning e se dissemina entre os historiadores noruegueses do XIX.

5   BATTAIL, Jean-François. Entre Réforme et Romantisme, *op. cit.*, p. 298-299.

inteligentzia nacional a partir do século XIX. Mas, para entendê-la, é preciso levar em conta as suas configurações históricas: trata-se de sociedade que pode ser caracterizada como rural, com uma burguesia pequena e pouco expressiva que, salvo poucas exceções, não exerceu a autoridade que teve em outros países. Também, a Noruega não conheceu uma aristocracia à moda "meridional" e o seu clero, como força política, foi totalmente desagregado pela Reforma. Nesse sentido, segundo Boyer, a sociedade escandinava permaneceu, ainda no século XIX, fiel às raízes medievais do caráter comunitário.[6]

O século XIX, que marca a passagem, no mundo ocidental, de um tipo de civilização à outra, marcada pela industrialização, urbanização e suas consequências sociais, políticas e ideológicas, teve um *timimg* diferente na Escandinávia, que permanece por mais tempo ligada às suas estruturas arcaicas, especialmente os países periféricos dentro da própria península, como a Noruega, conquanto suas cidades estivessem crescendo e, lentamente, se modernizando.[7] Restava efetuar a reconquista de uma identidade cultural plena, que será obra do romantismo nacional das décadas seguintes.[8]

O romantismo, que acionava estereótipos como a natureza como fonte das energias do ser e a exaltação do *povo* e da vida camponesa, teve sua recepção potencializada na Noruega pela presença geográfica de grandes regiões inabitadas, de uma paisagem acidentada e exuberante, marcada pela severidade do clima. *O cortejo nupcial no fiorde de hardanger* caía como uma luva neste contexto. É certo, contudo, que o despertar literário e artístico da era romântica, de um retorno às origens, independe do seu valor científico e da sua autenticidade, pois, assim como em toda a Europa, e talvez ainda mais pela sua situação minoritária e periférica dos países escandinavos, eles idealizaram, aumentaram e deformaram as suas fontes com vistas a uma afirmação da sua personalidade.[9] A busca pelas *autênticas* tradições nacionais, "imersas num passado remoto e

---

6 BOYER, Régis. La Reforme dans les pays scandinaves. In: BATTAIL, Jean-François; BOYER, Régis; FOURNIER, Vincent. *Les Sociétes scandinaves de la Réforme a nos jours.* Paris: Puf, 1992, p. 339.

7 Alguns exemplos: em 1811, temos a criação da Universidade de Kristiania (sobre bases muito limitadas); em 1814, a Constituição de Eidsvoll; e, no ano seguinte, os noruegueses fundam o seu próprio banco; o progresso material também crescia e na década de 1850 são inauguradas as primeiras ferrovias. Considerando-se a modesta população norueguesa nesse período, que não chegava a um milhão de habitantes, trata-se de avanços de envergadura. Para Boyer, um dos aspectos do "milagre escandinavo", com o seu caminho muito peculiar rumo à modernidade, é que essas minorias – assim julgadas na escala europeia, e mesmo mundial – encontraram uma forma de se desenvolver e modernizar sem perder a sua originalidade: é precisamente essa um dos aspectos mais marcantes da sua história no XIX. (BATTAIL, Jean-François. Entre Réforme et Romantisme, *op. cit.*, p. 337).

8 *Ibidem*, p. 300.

9 BOYER, Régis. La Reforme dans les pays scandinaves, *op. cit.*, p. 340.

obscuro"[10] tinha como temas principais "as aventuras do grande dos reinos Vikings"[11] e a pureza dos camponeses, em sua harmônica vida com a natureza.

As primeiras expressões do romantismo norueguês foram literárias, e a principal figura desse *acordar* foi o poeta Henrik Wergeland (1808-1845), nascido em Kristiansand.[12] Sua obra marca uma fissura na história literária da Noruega e da Dinamarca, que até então contava com uma literatura comum *"dansk-norskfelleslitteratur"* e que a partir dele passa a constituir uma literatura norueguesa independente.[13]

Wergeland percorreu o país criando bibliotecas para os camponeses, que na sua concepção eram o verdadeiro pilar da democracia. Leitor de Rousseau e profundamente influenciado por Herder, para quem a língua era o mais significativo dos fenômenos culturais, depósito da mentalidade e da herança particular de cada povo,[14] Wergeland tornou a língua uma questão política na Noruega.[15] O domínio dinamarquês precisava ser expurgado, pois, segundo a noção herderiana, cada povo e cada época possuíam sua forma de expressão, que deveriam ser compreendidas dentro das suas particularidades históricas, "sem julgá-los a partir de princípios absolutos e exteriores".[16]

O poeta era o principal adversário da *inteligentzia* interessada em conectar a Noruega com o resto da Europa pela via da modernização, enquanto seu projeto visava reconectar o país com o seu passado. A questão da influência estrangeira e a suposta existência de algo "autenticamente norueguês" foi um dos principais debates que animou a cena intelectual norueguesa ao longo de todo o século XIX. Wergeland afirmava que as artes poderiam assegurar aos noruegueses uma nacionalidade diante da hegemonia cultural

---

10 SALIBA, Elias Thomé. *As utopias românticas, op. cit.*, p. 15.

11 O tema viking foi recuperado pela literatura, mas também mobilizou uma estilização dos barcos, que se popularizaram inclusive como *souvenirs* para os turistas. Andersen tinha um deles em sua casa.

12 Seu pai, o pastor Nicolai Wergeland, foi um dos signatários da Constituição de 1814. Henrik estudou teologia, história e botânica na recém-criada Universidade de Cristiânia e, após concluir os estudos em 1829, passa a atuar como escritor e a fazer discursos patrióticos. Em 1831, faz uma viagem pela França e Inglaterra, que alimentam e inspiram seu espírito nacionalista. Ao voltar, fundou e redigiu três jornais, nos quais militava contra a influência dinamarquesa.

13 OXFELDT, Elisabeth. *Nordic Orientalism..., op. cit.*, p. 105-106.

14 SALIBA, Elias Thomé. *As utopias românticas, op. cit.*, p. 38.

15 Wergeland defendia um estudo dos dialetos falado pelos camponeses, e considerava tarefa das sociedades científicas dedicar-se a demonstrar a "glória" das tradições norueguesas. (ELVIKEN, Andreas. The genesis of norwegian nationalism, *op. cit.*, p. 385).

16 SALIBA, Elias Thomé. *As utopias românticas, op. cit.*, p. 39.

dinamarquesa.[17] Para os seus *opositores,* era impossível uma cultura norueguesa *autêntica* e não "contaminada" pela dinamarquesa, e as influências do sul eram inclusive benéficas, mostrando uma tolerância maior ao estrangeiro.

Andersen tinha essa postura mais provinciana vinculada aos preceitos de Wergeland, pista que ajuda a posicioná-lo entre as correntes artísticas em curso na Noruega do período, assim como a compreender certos temas das pinturas de paisagem. O pintor era um dos organizadores das passeatas realizadas todo 17 de maio, feriado nacional pela data da promulgação da Constituição, uma das vitórias de Wergeland no Parlamento. A cobertura das comemorações de 1889 e 1891, realizada pelo jornal local *Fædrelandsvennen,* traziam reproduzidos discursos nacionalistas inflamados que Andersen fazia em frente à casa do poeta. Diante dela figurava, segundo Tronstad, um retrato póstumo de Wergeland executado por Andersen.[18]

Essa tendência toma força na capital norueguesa quando, na década de 1840, as elites decidem virar as costas para Copenhagen e formular uma identidade própria. Nesse momento a construção da identidade estava voltada para dentro, para questões internas, relacionado ao passado, presente e futuro da nação. Por isso abraçaram essa versão purificada do camponês, com seus costumes locais, roupas, dialetos e tradição oral. Embora tanto as cadeias de montanhas quando a cultura dos camponeses fossem elementos exóticos para as elites de Cristiânia, a opção de incorporar essas representações na cultura urbana permitiu às elites norueguesas construir uma identidade nacional em oposição direta aos dinamarqueses.[19]

Em termos paisagísticos, quem melhor atende a essa demanda é Johan Christian Dahl (1788-1857), tido como "pai da pintura norueguesa", mas também importante tanto na arte dinamarquesa quanto na alemã. Entre os fatores que confirmam a importância de Dahl para a história da arte norueguesa, estão: a extensão da sua obra, o legado como professor de diversos pintores, seu renome internacional, inédito para um pintor do seu país, e também sua atuação direta nas questões culturais nacionais. Contudo, tal como o caso de Ibsen e de Munch, seu sucesso artístico e a viabilidade econômica da sua carreira não teriam sido possíveis se tivesse permanecido em seu país, tendo sido fundamental, nestes casos, como em muitos outros, viabilizar suas carreiras via

---

17 BERMAN, Patrícia G. Norwegian Craft Theory and National Revival in the 1890's. In: BOWE, Nicola Gordon. *Art and the National Dream*: The Search for Vernacular Expression in turn-of-the-Century Design. Dublin: Irish Academic Press, 1993, p. 159.

18 TRONSTAD, Roger. Dronningens gate 21 i årene 1818-1892.In: Årbok 2008. *Wergelandsfamilien og Kristiansand.* Vest-Agder Museet, 2008, p. 145.

19 É apenas nos anos 1880 que surgem tendências mais modernas e internacionalista de se pensar a identidade norueguesa.

centro. Nascido em Bergen, Dahl estudou na Academia de Belas Artes de Copenhagen ainda durante a sua *era de ouro*, mas sua formação artística mais importante se deu em Dresden, na Alemanha, onde viveu de 1818 até o fim da vida.

Como já apontado anteriormente, o meio cultural rarefeito fazia com que muitos pintores noruegueses vivessem fora do seu país até meados da década de 1870. A maioria encontrou na Alemanha uma nova "casa" e melhores condições de trabalho, primeiro em Dresden e depois em Dusseldorf. Mesmo assim, segundo Malmanger, sentiam-se noruegueses – afinal, viviam em colônias – e a Noruega era seu ponto de referência, pelo menos idealmente. Retornavam à terra natal sempre que possível, e as pinturas que realizaram da paisagem e da vida camponesa tiveram um impacto cultural duradouro.[20] Dahl foi professor e membro da Academia de Dresden e colega de Casper David Friedrich que, também, teve sua passagem pela Academia da Capital dinamarquesa.[21] A monumentalidade da paisagem, evocativas do poder da natureza é frequente, como na visão romântica de um vale chamado *Stalheim* (Figura 12), onde as montanhas extravagantes constrastam com a pequenez das figuras humanas na parte inferior direita da tela.

De fato, na falta de templos antigos para serem representados, a esparsa população do norte olhava para a natureza como seu relicário cultural.[22] Com isso, a sinergia entre a pintura e os debates do período traziam, ao mesmo tempo, uma tonalidade política para essas paisagens. *Inverno no fiorde de Sogn,* de 1827 (Figura 13), é exemplar desse tipo de questão: o monolito enfatizado no primeiro plano foi escolhido para homenagear os heróis de um passado distante,[23] que tem no segundo plano a montanha e o fiorde. A paisagem tem um caráter severo, enfatizado pelo clima invernal, que somado à presença do monólito pré-histórico, evoca uma época remota, e a própria natureza faz a

---

20 Cf: MALMANGER, Magne. *One hundred years of norwegian painting*. Oslo: Nasjonalgalleriet, 1988.

21 Segundo Bukdahl, entre 1770 até meados do século XIX, a Academia Real de Belas Artes Dinamarquesa era um centro intelectual e artístico para o mundo das artes no Norte da Europa. Sobre a passagem de Caspar David por lá, ver: BUKDAHL, Else. *Caspar David Friedrich's study years at the Royal Danish Academy of Fine Arts*: and his importance for Danish art, particularly for the painters of the Golden Age and of the present day. København: Kunstakademiets Billedkunstskoler, 2005.

22 GALLEN-KALLELA-SIRÉN, Janne. Territorializing nature. In: GUNNARSSON, Torsten (Org.). *A mirror of nature*: Nordic Landscape paiting 1840-1910.Odder: Narayana Press, 2006, p. 217.

23 Foi ali que o Rei Sverre venceu seu rival Magnus Erlingsson em 1184, vitória que marcou o início da "era de ouro" medieval norueguesa. (MORTENSEN, Klaus. The peasant and the view.In: GUNNARSSON, Torsten (Org.). *A mirror of nature*: Nordic Landscape paiting 1840-1910.Odder: Narayana Press, 2006, p. 240).

metáfora do país e da sua história.[24] Esse é um ponto importante, que voltará a aparecer na construção do regionalismo paranaense, mas com algumas diferenças significativas.

Nacionalismo e política: a busca de um caminho próprio

O nacionalismo norueguês seguia um modelo recorrente: ênfase na cultura nacional, identidade linguística, autoafirmação política e econômica. Mas havia algumas particularidades, resultantes da tensão interna provocada pelas duas uniões com Dinamarca e Suécia.[25] Desde a "União de Kalmar" (1397-1523), que foi a primeira e última tentativa de se constituir um bloco federado dos países escandinavos, comandada pela Dinamarca, até sua completa independência, em 1905, a Noruega viveu sob domínio estrangeiro. O comando de Copenhagen encerrou-se formalmente em 1814, conquanto a dominação linguística[26] e cultural tenha permanecido por décadas. O rompimento se deu com o fim das guerras napoleônicas, pois como os dinamarqueses haviam se posicionado ao lado da França, foram obrigados a ceder a Noruega à Suécia após os rearranjos geopolíticos ocasionados pela derrota de Napoleão,[27] com o Tratado de Kiel.

Mas o vínculo com a Suécia mostrava-se de uma natureza bastante diferente do anterior com a Dinamarca: a Noruega não era subordinada como antes, afinal sua Constituição promulgada logo após o rompimento com Copenhagen foi preservada e reconhecida

---

24 MALMANGER, Magne. La pittura di paesaggio norvegese da Johan Christian Dahl a Edvard Munch. In: LANGE, Marit. *Da Dahl a Munch*: romanticismo, realismo e simbolismo nella pittura di paesaggio norvegese. Ferrara: Ferrara Arte, 2001, p. 33.

25 KAARTVEDT, Alf. The economy basis of Norwegian Nationalism in the Nineteenth Century. In: MITCHISON, Rosalind. *The roots of Nationalism*: Studies in Northern Europe. Edinburgh: John Donald Publishers, 1980, p. 12.

26 Que se inicia com a Reforma Protestante. Com a introdução do luteranismo no XVI, os reformadores tinham como meta distribuir escrituras para a população, o que implicava traduzi-las nas línguas vernáculas. Isso foi feito na Suécia, na Dinamarca, na Finlândia e na Islândia, mas não na Noruega, onde o povo teve que se contentar com a Bíblia dinamarquesa e com os pregadores da nova fé enviados do seu "reino irmão". Essa invasão de um idioma estrangeiro (mesmo que o parentesco linguístico assegurasse a compreensão) provocou uma desvitalização da antiga língua tradicional e o aparecimento de um "dano-norueguês" (*bokmål*), falado pelos funcionários públicos e pelas elites.

27 A posição geográfica estratégica da península inviabilizou a neutralidade pretendida pelos escandinavos e os dois grandes reinos, o sueco e o dinamarquês, ficaram de lados opostos: o primeiro com os ingleses e o segundo com os franceses. Os noruegueses, que não tiveram opção, se ressentiram pela adesão da Dinamarca à política de Napoleão contra a Inglaterra, e nesse ínterim belicoso, o rancor político da dominação cresceu, dando impulso à ideia de uma ruptura com Copenhagen. A Suécia *recebe* a Noruega como compensação pela perda da Finlândia para a Rússia e recompensa pelo seu esforço contra Napoleão.

pelo rei sueco, e nela declarava-se uma nação livre, soberana, indivisível e independente, unida com a Suécia na forma de uma união pessoal.[28] Dessa maneira, a Noruega conquistava o que pretendia no tempo em que estava submetida à Dinamarca: tinha seu parlamento, seu governo, banco nacional e sistema monetário separados; mas os dois países tinham o mesmo rei à frente do poder militar, da diplomacia e da política exterior. O calcanhar de Aquiles desse casamento forçado foram as relações exteriores, conduzidas pelo ministério sueco, que respondia apenas ao rei da Suécia.[29]

A base econômica do movimento nacionalista era a sociedade rural, aliada a uma classe média preocupada com problemas econômicos locais, incluindo os interesses da marinha mercante norueguesa, que aumentava sua frota em progressão geométrica, e para quem as consequências negativas da política externa comum pesavam diretamente e eram especialmente danosas.[30]

No plano político interno, a Noruega possuía duas tendências: a patriótica e a nacionalista. A patriótica era conservadora, formada pelos grupos vinculados à administração estatal que, pela ausência de uma nobreza, transformou-se em estrato privilegiado da sociedade. Em linhas gerais, esses grupos foram geridos dentro do aparelho administrativo do absolutismo dano-norueguês, e eram profundamente influenciados pela cultura dinamarquesa. Tais elites, representantes de uma administração centralizada, sobrecarregavam os fazendeiros com taxas e impostos. Esses, que não tinham benefícios econômicos advindos da União, se uniram aos burgueses e intelectuais liberais das cidades na década de 1870, formando uma consistente oposição parlamentar. Em 1884 criaram o primeiro partido de estrutura moderna na Noruega, o *Venstre* (esquerda).[31]

---

[28] No quadro de uma monarquia, uma união pessoal designa uma forma de governo em que dois ou mais estados são governados por um mesmo soberano (tendo nele a única ligação comum, e permanecendo teoricamente independentes). Diferente de uma união real, em que os estados que se unem abdicam voluntariamente da sua independência em favor da dita união.

[29] KAARTVEDT, Alf. The economy basis of Norwegian Nationalism in the Nineteenth Century, *op. cit.*, p. 12.

[30] A situação de dependência da política estrangeira norueguesa era uma evidência do arcaísmo institucional que não poderia sobreviver à evolução econômica do país, que se modernizava, embora tardiamente se comparado aos outros países europeus. Enquanto a política externa fosse comandada por Estocolomo, os interesses econômicos noruegueses eram prejudicados.

[31] Tratava-se de um partido político bem heterogêneo: uma de suas alas incluía fazendeiros conservadores e religiosos que se opunham a reformas sociais mais amplas e à extensão do sufrágio. A ala oposta era composta por trabalhadores e membros da classe média, que ambicionavam o sufrágio masculino geral e a taxação progressiva para financiar a reforma social. Essa ala era um polo atrativo de intelectuais radicais e ateus. Apesar dos rachas

A partir desse momento os embates no Parlamento tinham de um lado as oligarquias administrativas do *Høyre* e de outro as elites ascendentes do *Venstre.*

As evidências do envolvimento do Andersen com a esquerda em Kristiansand são manifestas no seu envolvimento pela eleição de um dos seus conterrâneos, Jørgen Løvland,[32] do *Venstre* para o Parlamento Norueguês, tendo também trabalhado no seu jornal *Stivstsavis*. O partido era contundente no enfrentamento da União com a Suécia, e sendo sua crescente agressividade contra a União uma medida do seu nacionalismo. Rudolf Perseen, que posteriormente se tornou seu cunhado, também militava na esquerda, que era algo tido como *radical* em Kristiansand, afinal as elites conservadoras temiam as consequências negativas de uma separação definitiva da Suécia. No campo artístico, os debates sobre identidade nacional e influência estrangeira foram norteadores das divisões – que eram também políticas, finalmente – entre os grupos. Vejamos como eles se configuraram, e a posição de Andersen diante deles.

Paisagem e cultura

Se as primeiras gerações do século XIX, como a de J. C. C. Dahl e seus pupilos, foram de pintores noruegueses vivendo e trabalhando no exterior, as gerações da década de 1870 em diante, mesmo que tivessem se formado no exterior, se fixaram na Noruega. Os artistas agora pintavam e atuavam no seu país e o sucesso dessa "volta para casa" era causa e consequência do aquecimento e da ampliação do meio cultural. É importante ressaltar que, desde o período romântico, vários personagens importantes no mundo das artes tiveram na estada no exterior um momento fundamental das suas formações, mas também da visualização de si e da sua *comunidade imaginada*, criando uma ideia do que é ser norueguês a partir do estrangeiro. Havia colônias escandinavas em Paris, Roma, Berlim, que criaram uma experiência de exílio que aguçava o olhar crítico, além de favorecer as fontes de inspiração nacionais.

Com o nacionalismo na ordem do dia, os debates relativos à identidade local cresciam e as soluções artísticas encontradas permaneciam tematicamente ligadas ao romantismo: o camponês como o norueguês autêntico e a especificidade da paisagem continuavam centrais para criar um sentimento de pertencimento, e tinham grande demanda interna. A pintura de paisagem "como gênero artístico estabelecido e reconhecido"[33]

---

        internos, o partido permaneceu unido e era visto pela maioria do eleitorado como a autêntica voz do nacionalismo.

32   Løvland foi primeiro ministro da Noruega entre 1907-1908.

33   GOMBRICH, Ernst. La teoria dell' arte nel rinascimento e l' origine del paesaggio. In: _____. *Norma e forma*: Studi sull' Arte del Rinascimento. Milano: Leonardo Arte, 2003.

tem sua origem numa trama internacional que envolvia as cidades do norte (Flandres e Holanda) e as italianas no século XVII. Na hipótese de Gombrich, o gênero paisagístico constitui-se no cruzamento dessas duas tradições: a holandesa do XVII quando a paisagem deixa de ser cenário para se tornar objeto central, e o mercado artístico da época, em que colecionadores italianos compravam paisagens oriundas dos países baixos, admirados por sua representação cênica. Desses fatos, ocorridos bem antes do período que interessa ao nosso estudo, é interessante, contudo, observar como o desenvolvimento e a consolidação do gênero se deram mediante uma circularidade cultural, com peso especial para as demandas sociais.

A paisagem, para críticos como Ruskin e Baudelaire, era um fenômeno da modernidade. Para o primeiro, teria sido a grande criação do XIX, fruto do interesse da burguesia, afinal, segundo Clark, "A paisagem só podem desfrutá-la as pessoas ilustradas; e a ilustração só podem dar-la a literatura, a música e a pintura".[34] Ou seja, apenas o homem educado da cidade teria condições de apreciar a paisagem, que se difunde como efeito da crise da civilização europeia, oferecendo um refúgio das contradições da modernidade, um espaço de paz e reflexão em lugares pitorescos. Assim, ao mesmo tempo que o paisagismo servia como um refúgio de descanso para o burguês, também passou a significar o orgulho do local ao qual pertencia.

O clima intelectual e político intensificava a atenção às tradições nativas, que alguns caracterizaram como um *neoromantismo*, por insistir na celebração da intocada rusticidade da paisagem nórdica, como Andersen fez em *Paisagem* (Figura 14), que busca ressaltar essas características, ao explorar a profundidade de forma a realçar as cadeias de monhanhas cobertas de neve, que contrastam com o verde vivo da vegetação do primeiro plano, onde há também pinheiros típicos da região nórdica.

Um bloco mais homogêneo, tanto pela temática quanto pela fatura, e que dialoga diretamente com os debates nacionalistas diz também do alinhamento mais conservador do pintor neste cenário. Num país onde a maior parte da população era parcial ou totalmente camponesa, foram eles eleitos como o centro de gravidade ideológica, o verdadeiro pilar da "norueguesidade". Os historiadores da época consideravam-nos portadores da independência no período da dominação dinamarquesa, contribuindo para a sua mitificação, como farão igualmente a literatura e as artes plásticas.[35] Nessas telas,

---

34 CLARK, Kenneth. *Paisagem na arte*. Lisboa: Editora Ulisseia, 1961, p. 100 apud CHIARELLI, Tadeu, *Pintura não é só beleza*: a crítica de arte de Mário de Andrade. Florianópolis: Letras Contemporâneas, 2007, p. 221.

35 FOURNIER, Vicent. L'Époque Moderne: De Léssor Industriel, La crise du Valfardstat. In: BATTAIL, Jean-François; BOYER, Régis; FOURNIER, Vincent. *Les Sociétes scandinaves de la Réforme a nos jours*. Paris: Puf, 1992, p. 549.

que trazem como tema a vida camponesa, é frequente o registro das habitações populares, com pinceladas de um cotidiano simples e tranquilo, como no dia especialmente cinza em que pintou *Paisagem* de 1886 (Figura 15). Chamadas de *stabur,* as construções rurais, eretas sobre palha de lenha, de modo a alçar o pavimento isolando-o do terreno, eram consideradas as manifestações *genuínas* do espírito norueguês, presentes também em *Domingo no campo* (Figura 16), aqui retratando um dia de sol, refletido no gramado verdejante, em que dois homens conversam num momento de lazer. *Fazenda em Setesdal* (Figura 17) tem como tema novamente a casa e traz dois personagens pintados de forma ligeira. Já *Paisagem da Noruega* (Figura 18) traz a casa camponesa com as montanhas como pano de fundo, com uma fatura fluída e mais colorida, que marcam a maioria destas pequenas telas. Mas, para além da paisagem e das casas camponesas, seus interiores e seus habitantes também foram temas bastante explorados pelos pintores do século XX.

O homem nacional: cultura popular e raízes camponesas

Os registros de tipos camponeses ganham força na arte norueguesa na década de 1870 com as telas de Adolf Tidemand, o mesmo do *Cortejo Nupcial em Hardanger*. Embora sediado em Dusseldorf, fez diversas viagens pelo interior do país onde realizou várias pinturas[36] tematizando a cultura camponesa e seus modos de vida, com ênfase nos interiores (Figuras 19 e 20) e no retrato de velhos camponeses, o que Andersen também buscou fazer (Figura 21).

Esse tipo de representação tinha muita popularidade, por simbolizar a identidade de um povo que aspirava à independência nacional. Também Olaf Isaachsen, que realizou a primeira etapa da sua formação com Tidemand, explorou muito essa iconografia, estudou as tradições, a arte e os costumes populares. De fato, boa parte da sua notoriedade na história da arte norueguesa deriva da sua interpretação dessas temáticas, que incluem uma longa série de representações folclóricas e de interiores, tratando do ambiente camponês norueguês.[37] Um dos mais famosos é um interior de 1878 (Figura 22), uma composição pequena, com tonalidades escuras que lembram aquelas da Escola de Dusseldorf. Ali estão dispostos objetos hoje encontrados em museus como *típicos* dos camponeses: os baús pintados e decorados pelas famílias, caixas com desenhos cravados, roupas penduradas, exemplos da produção artística *folk* aqui acionados como exemplares da alma norueguesa, no âmago de uma casa no interior do país.

---

36   Para se ter ideia, a Galeria Nacional de Oslo tem, sozinha, tem cerca de 100 trabalhos de Adolf Tidemand.

37   LANGE, Marit (Org.). *Da Dahl a Munch*: romanticismo, realismo e simbolismo nella pittura di paesaggio norvegese. Ferrara: Ferrara Arte, 2001, p. 172.

No final dos anos 1880, Andersen e Isaachsen realizaram uma série de viagens com estadas prolongadas pelo Vale do Setesdal, que cobre uma região extensa do sul do país, de difícil comunicação, zona onde a antiga cultura camponesa permanecia supostamente intocada pela modernização. Nessa ocasião, Andersen arriscou uma cena de uma família camponesa (Figura 23), para a qual aciona toda a iconografia das vestes típicas, da casa de madeira, móveis rústicos e os objetos, como relógio e as xícaras, ornamentados no estilo *folk*. A janela, tão explorada nas pinturas de Tidemand, faz a ligação desse mundo harmônico, familiar e tradicional com a natureza, e ilumina o casal concentrado na criança, que está sendo amamentada pela mãe. A cena da amamentação faz uma apologia da continuidade das gerações, assim como do instinto maternal, que nesse contexto de uma vida em contato direto com a natureza evoca uma moral superior.

Enquanto suecos e dinamarqueses direcionavam suas energias para rejeitar o provincialismo dos seus nativos locais, as atividades e manifestações dos noruegueses (e também finlandeses) eram vinculadas a afirmações de consciência nacional e insistiam nas situações locais, no caráter especial da sua terra e da sua gente. Assim, as frustrações políticas da Noruega e o seu desejo de romper com a dominação dos vizinhos foram traduzidas numa polêmica artística dedicada à "revelação" das suas verdades locais com as representações da vida camponesa e a recuperação de uma tradição *viking* da Idade Média. Com isso, a ideia de uma classe camponesa culturalmente rica foi usada como uma espécie de resistência nativa contra o domínio cultural dinamarquês

Paisagens (quase) urbanas

Mas Andersen explorou igualmente algumas paisagens "urbanas", que evidenciam o caráter tradicional e pouco modernizado da cidade onde morava, o que contribui para posicioná-lo no meio artístico e cultural norueguês. De imediato, nota-se a diferença em relação às cenas camponesas, pois as duas vistas da sua cidade partem de um esquema mais acadêmico e são bastante detalhistas no registro da topografia e das construções: *Paisagem (Kristiansand)* (Figura 24) e *Lahelle, Kristiansand* (Figura 25), esta última feita a partir do estúdio do pintor. Ambas foram expostas na associação artística da cidade, e uma delas foi vendida. Elas passam a ideia de uma cidade pacata, pela estaticidade da pintura e deixa ver como era pequena e provinciana. *Paisagem,* de 1890 (Figura 26), é um registro dos arredores da cidade, onde algumas figuras, incluindo uma mulher de vestido e outra de chapéu, aproveitam uma tarde ensolarada à beira mar. Esse tipo de lazer burguês, muito praticado nesses países com longos invernos, está presente também numa fotografia em que vemos Andersen e alguns amigos, num momento de descontração típico das noites de verão norueguesas.

Foto 4 – Andersen e amigos em Kristiansand. c. 1890. Fonte: Acervo da família, Noruega

Essas imagens fazem pensar no seu modo de vida e confirmam o caráter pouco urbanizado da cidade e rural do seu entorno. Não há qualquer indicação de movimento, e, embora possamos caracterizá-las como cenas urbanas, por oposição às paisagens propriamente ditas, dão a ideia de uma sociedade ainda bastante provinciana e majoritariamente rural, bem diferente do imaginário que se tinha de um pintor oriundo da Europa quando ele chegou ao Brasil. A posição periférica da Noruega, que trilhava um caminho muito peculiar rumo à modernidade, teve no final dos anos 1880 um impulso cultural modernizante, que se opunha ao nacionalismo de viés conservador e que buscava colocar a Noruega em sintonia com o que se passava no *centro*. Vejamos a posição do nosso pintor nessa configuração.

"Toda arte nacional é ruim, toda boa arte é nacional"

Toda essa produção de imagens e discursos da vida no campo, que vai muito além dos pintores mencionados, era o eixo central dos discursos identitários do final do XIX, e que partem de uma visão idealizada de um camponês puro e primitivo. Esse tipo de construção passou a encontrar uma contundente oposição em meados dos anos 1880 com um grupo de intelectuais e pintores que se opuseram ao provincianismo e ao puritanismo dessa corrente, e que ficaram conhecidos como *Os Boêmios de Kristiania*. O filósofo e escritor anarquista Hans Jeager (1854-1910) foi seu principal líder e ideólogo, o pintor e jornalista Christian Krohg um dos membros mais influentes do grupo e Edvard Munch, um dos mais famosos. Opunham-se à hipocrisia burguesa e aos padrões morais artificiais, e se valeram de métodos que chocavam as elites tradicionais para a divulgação de seus preceitos, que incluíam um estilo de vida não convencional e o amor livre.[38] Haviam todos morado em Paris, onde incorporaram um *habitus* de vida moderno que trouxeram para a capital norueguesa, onde formaram um círculo boêmio, que se encontravam em cafés etc., o que também transpunham para seus escritos e suas telas, que abordavam temas como prostituição e a vida noturna em bares, repletos de fumaça.

Nesse contexto de fim de século, a outra corrente pode ser sintetizada pelo grupo comandado por Eric Werenksiold,[39] que ficou conhecido como *Lysaker circle* – numa referência ao local onde estavam sediados, a oeste de Oslo, que se opunham ao grupo comandado por Krohg que viviam na cidade. Em 1884, Wereskiold pintou "Funeral do camponês"[40] (Figura 27), que por motivos óbvios é frequentemente associado àquele de Courbet, uma imagem que adquiriu forte conotação política, por ter sido o ano de instalação do sistema parlamentarista na Noruega. Simbolizando a morte do *folk* norueguês e do seu antigo modo de vida, era uma bandeira contra os avanços e a integração da Noruega com o resto da Europa, uma postura de aversão ao estrangeiro que inflava muitos nacionalistas.

Erik Werenskiold teve também papel proeminente na conformação da versão norueguesa da colônia de Skagen dinamarquesa, já mencionada. Reuniu um grupo de pintores que incluíam Gerhard Munthe, Eilif Peterssen, Christian Skredsvig, Kitty Kielland e Harriet Backer, que fundaram uma colônia artística no ano de 1886 numa espécie de fazenda em Fleskum. A produção que resultou dessa experiência tem papel importante na história da

---

38 WICHSTRØM, Anne. Oda Krohg..., *op. cit.*, p. 1-6.

39 Erik Werenskiold (1855-1938) foi direcionado por Adolph Tidemand para realizar seus estudos em Munique entre 1875-1881. Lá estava também Eilif Peterssen (1852-1928), que fazia bastante sucesso, entre outros que compunham a colônia artística norueguesa de Munique. Werenskiold foi escolhido pelo governo para ser o ilustrador das histórias do folclore norueguês, quando realizou viagens ao interior do país para ver costumes, tipos camponeses, e as tradicionais casas de madeira. Na década de 1880, boa parte dos artistas escandinavos na Alemanha havia se transferido para Paris, o que Erik também fez, e onde passou alguns anos. (WERENSKIOLD, Marit. Erik Werenskiold in Munich 1875-1881. *Konsthistorisk tidsskrift*, v.68, n.2, p. 81-98, 1999).

40 *Peasant Burial* foi pintada no sul da noruega entre 1882-1885. A tela recebeu menção honrosa em Berlim na exposição do jubileu da Academia Real de Artes em 1886, e ganhou medalha de ouro na Exposição Mundial de Paris de 1889.

arte norueguesa (que ficou conhecido como *Fleksum Summer*), especialmente nas representações das noites de verão, e a maioria das telas foi exposta no Salão de Outono de 1886. A água como um espelho que reflete as cores do céu luminoso das tardes de verão se tornou uma tópica do período, e diz de um outro enfoque que ganhava a paisagem, reflexo de condições internas, da atmosfera, da natureza representando a alma.[41]

Esse tipo de representação vai aparecer muito nas telas de Andersen do litoral paranaense, o que ele começou a praticar ainda em seu país, provavelmente sob a influência de Eilif Peterssen. Segundo Opstad,[42] Andersen teria passado algumas temporadas sob orientação de Peterssen entre 1884-1886, durante as estadas dele em Oslo nesses anos. *Bånetjonn* (Figura 28) é representativo dessas tendências que despontavam na arte escandinava do período, que se afastava de um programa mais objetivo do realismo para faturas mais subjetivas, que evocavam a atmosfera. Ela pode ter tido como modelo a famosa *Noite de verão norueguesa* (Figura 29) de Peterssen, onde ele está menos interessado com montanhas e paisagens espetaculares e mais com cenas pitorescas, principalmente com as luzes das *noites de verão*, que se tornaram um *topus* entre os artistas escandinavos; a ênfase no tronco também os aproxima. Buscava-se agora não apenas o retrato de um lugar, mas também de um astral, de uma atmosfera, e a forma plástica para representar um rio nas localidades de Kristiansand estava em sintonia com essas tendências.

O adensamento da vida intelectual tomou corpo nesse debate artístico e cultural, que pode ser analiticamente sintetizado no conflito entre esses dois grupos: um radical, individualista e internacionalista, e que rejeitava qualquer tipo de programa nacional na arte, e o outro nacionalista, liberal no sentido político, mas também moralizador, com sua intenção de buscar o que seria "tipicamente norueguês" na natureza e na vida das pessoas. Essa idealização do camponês, contudo, não atentava para a dura realidade do seu cotidiano, e a pressão populacional causada pela pelas crises do mundo rural. Conhecido como pai da sociologia norueguesa, Eilert Sundt (1817-1875) realizou uma longa pesquisa de campo durante a década de 1850-1860, quando fez várias viagens pelo interior da Noruega em busca de um conhecimento mais científico acerca das condições de vida do povo norueguês, visitando casas, colhendo dados sobre o cotidiano, mortalidade, entre outros índices sociais associados às classes trabalhadoras e às demais questões vinculadas à transição de uma cultura rural do XIX para uma capitalista e industrial do XX. Suas conclusões foram como um um balde de água fria nas idealizações em curso, mostrando que o modo de vida camponês estava cada vez mais prejudicado pelos avanços modernizadores, o que levará milhares deles a buscarem uma nova terra.

---

41   LANGE, Marit (Org.). *Da Dahl a Munch...*, *op. cit.*, p. 190-191.

42   OPSTAD, Gunvald. Eventyrskikkelsen Alfredo, *op. cit.*

Pintor a bordo: em busca de aventuras e outras paisagens

Como se vê, a produção de Andersen conhecida desse período norueguês é bastante heterogênea, e reflete o esquadrinhamento de influências que marcaram a arte daquele país. Não havia, porém, ainda encontrado uma posição no campo artístico norueguês. Com uma inserção não mais do que marginal nos grupos que comandavam o debate artístico nacional, o pintor circula pelo país e pelo exterior, mas tinha sua sede instalada na provinciana Kristiansand, onde contava com os confortos da família e da rede de relações locais que permitiam que continuasse investindo no ofício que escolheu. O trabalho como jornalista, contudo, traz à tona a militância política da juventude e sua inserção nos debates nacionalistas, bem como uma pista das dificuldades de viver estritamente da sua arte. Da mesma forma, a expectativa de ser selecionado para uma posição de professor de desenho na escola católica da cidade diz dos horizontes estreitos que tinha para a sua carreira de pintor na Noruega.

Mas em meio a todas essas dificuldades, Andersen teve nas viagens, especialmente naquelas ao Novo Mundo, uma experiência totalmente diversa, em que a preocupação em viver o presente dissolvia as angústias do seu futuro incerto. Esses "saltos no desconhecido" que caracterizam a aventura constituem uma forma de experiência que privilegia o presente e que desprende o sujeito das amarras do cotidiano. A definição simmeliana também coloca esse tipo de prática como uma resposta ao avanço da modernidade, que "esmaga o indivíduo e sua subjetividade", cercando-o de mercadorias, o que não era exatamente o caso de Andersen, mas que fazia parte do imaginário do seu círculo com as críticas que colocavam ao progresso material e a valorização dos modos de vida simples e em contato com a natureza. A aventura é uma alternativa de fuga, mesmo que temporária, desse processo inexorável, experiência típica da juventude, e que exige um certo grau de ousadia, pois é marcada pela incerteza e a insegurança, ao colocar o acaso como uma possibilidade.[43]

A possibilidade de embarcar nessas aventuras – vale lembrar, também, que o espírito aventureiro é culturalmente atribuído ao povo norueguês – estava dada pela profissão do pai, que permitia que Andersen circulasse em meio a essa rede de marinheiros e viajantes. Mas, se as primeiras viagens incentivadas pelo Capitão Tobias tinham o propósito de encaminhá-lo para a engenharia naval, o resultado foi despertar no jovem a curiosidade e o gosto pela pintura, por conhecer novas terras e ver outros povos. Apenas no ano de 1891 o pai de Andersen havia cumprido rota pelo menos três vezes

---

43 Cf. SIMMEL, Georg. Sobre a aventura. In: SIMMEL, Georg; SOUZA, Jessé; ÖELZE, Berthold (Org.). *Simmel e a modernidade*. Brasília: Editora Universidade de Brasília, 1998.

até o Brasil,[44] e na última delas, no fim do ano, o filho decide acompanhá-lo. Havia já se decidido pela profissão de pintor e a viagem serviria como uma oportunidade para realizar novas telas. De fato, durante a viagem pintou marinhas e retratos do cotidiano do navio,[45] mas interessa aqui especialmente o primeiro registro do seu contato com a paisagem e o povo brasileiro. Essa procura por comportamentos e repertórios novos era frequente nesse contexto, e a viagem era vista como matéria-prima para o pintor de paisagem.

Após passar pelo México e pelas Antilhas, a tripulação do navio do Capitão Tobias faz uma pausa na Paraíba, onde Andersen pintou *Porto de Cabedelo* (Figura 30). A imagem retrata a atmosfera tropical de uma praia nordestina e mostra uma atenção quase etnográfica aos costumes, afinal as viagens intensificam o exercício do olhar, "como se, em ocasiões privilegiadas, os olhos arrebatassem todo o corpo da sua empresa de exploração da alteridade, no seu intuito de investigar e compreender, no seu desejo de 'olhar bem'".[46] Estava, pois, diante de uma das tão aclamadas populações "intocadas" pela civilização, no seu cotidiano de simplicidade: pescadores e seus barcos à beira mar, uma mulher se vestindo, uma criança brincando na água, um homem abrindo uma porta, tudo isso circundado pelo colorido das casas e seus reflexos na água. Não havia feito nada parecido até então, tanto em termos compositivos quanto de luminosidade. A atenção à sociabilidade de dezenas de pessoas que se protegiam do ardente sol do verão sob uma grande árvore, mostra com riqueza de detalhes homens e mulheres que conversam, jogam cartas, observam o mar. O entusiasmo do pintor com o encontro ficou registrado num trecho de um caderno de anotações que carregava consigo, reproduzido por Wollebaek,[47] onde se mostrou surpreendido pela "enorme gamileira cujos galhos podiam proteger mais de cem pessoa contra os fortes raios solares […] o povo é muito simpático, a vida é bastante folgada […]".

Esse tipo de mitificação esteve espalhada pela Europa na década de 1880 e teve proeminência na arte nórdica: o desejo de dar à arte moderna uma instrução mais profunda nas condições primárias da experiência humana e tradição, pelo contato do artista com sociedades primitivas ou rurais, preservadas da corrosão da crescentemente urbanizada

---

44   Cf. Kaare Peersen, em entrevista a Gunvald Opstad (Historien om Alfredo Emilio Andersen, *op. cit.*).

45   Várias delas são conhecidas e fazem parte do catálogo mencionado na introdução do livro.

46   CARDOSO, Sérgio. O olhar viajante (do etnólogo). In: NOVAES, Adauto *et al*. *O olhar*. São Paulo: Companhia das Letras, 1988, p. 358.

47   SLAATTO, Anine Wollbaeck. Alfredo Andersen: Kristiansandgutten som ble Brasils første portrett: *og folkelivsmaler. Kunst og Kultur,* Oslo, p. 247-256, 1940.

e industrializada vida moderna.[48] Não menos relevante é pensar nas descrições sobre a riqueza da natureza brasileira e sobre a inocência de seus habitantes que constituíam o imaginário de um paraíso, presente na literatura, mas também na pintura europeia desde o século XVI,[49] e o papagaio para o qual a irmã de Anderen olhava, no início do capítulo, é sintomático dessas representações.

Foto 5 – Porto de Cabedelo, Paraíba. 1892. Fonte: Fotografia atribuída a Alfredo Andersen. Acervo Museu Alfredo Andersen

A fotografia acima traz aspectos da interação desses europeus com os locais: um homem de chapéu está agachado conversando com uma mulher e três crianças, uma delas nua, que o observam com atenção. Mais ao fundo, sentados sob as raízes da gamileira, dois homens vestidos formalmente observam a cena. Andersen guardou durante a vida toda o negativo em vidro desta imagem, assim como de uma outra, onde ele aparece junto a dois colegas, dentro do navio (Foto 6). Era uma ocasião especial, digna de ser eternizada pela fotografia, e a existência dessas duas imagens permite supor que

---

48   VARNADOE, Kirk. *Northern light...*, op. cit., p. 21.

49   Especialmente na francesa, com os famosos relatos de viagens, que se iniciam já no século XVI, como em *Viagem à terra do Brasil,* que narra as aventuras do viajante huguenote Jean de Léry, publicada em 1578, e com pelo menos oito reedições apenas no século XVII.

também possa ter feito uma chapa da paisagem que deu origem ao óleo, pois a tela teria sido pintada originalmente num pedaço de vela, que depois o pintor transpôs para uma tela de grandes dimensões. Outros indícios apontam para um sentido especial que Andersen atribuía a essa imagem: além das duas cópias que fez da tela original, ela participou de várias exposições dele em vida, e aparece em fotografias do ateliê, em que pintor fazia questão de dar destaque. O quadro também serviu de "pano de fundo" para o retrato de seu aluno Ludovico Bieneck (Figura 140).

Foto 6 – Andersen no Porto de Cabedelo. 1892. Fonte: Acervo MAA

Todo esse afeto por esse registro cheio de luz de quando era ainda um artista viajante, diz do seu encantamento com a paisagem e com os homens do Brasil, e é uma das peças do quebra-cabeça que explica a sua migração. Mas, se por um lado as fotografias e a primeira imagem de Cabedelo dizem da curiosidade e do interesse que despertaram para o olhar do pintor, por outro, parece que ele mesmo contribuiu para a construção desse precedente, pela importância que atribuía à obra. Alguns itens da sua biblioteca também sugerem curiosidade por outros povos, ou que pudesse estar estudando alguma possiblidade de migração: três exemplares de livros sobre colônias francesas[50] e um sobre o Chile, todos datados do século XIX.

No retorno à Europa, Andersen passa alguns meses na Inglaterra onde teria estudado retrato, e antes de retornar à Noruega encontra com o pai na Holanda, quando fica sabendo do incêndio que destruiu grande parte de Kristiansand. A família e o ateliê de Andersen se salvaram, mas, com boa parte da cidade em ruínas, tempos difíceis se anunciavam. Para completar, o pintor contava com uma vaga para professor de desenho na *Katedraskole*, mas foi recusado, por ser um *livre-pensador*. Não era de admirar que fosse considerado um candidato inadequado a uma vaga numa escola católica, pois, além de se colocar como ateu, era por demais vinculado à figura mal-vista de Isaachsen. Diante dessa conjuntura pouco animadora, não chega nem a retornar à Noruega e aproveita a oportunidade de partir novamente em viagem, dessa vez rumo à Argentina. Mais uma vez, toma a oportunidade como uma viagem de estudos, em que a pintura e a aventura andariam juntas. E foi, de fato, uma viagem produtiva, e deixou registrado o cotidiano da tripulação em alto-mar, em trabalhos soltos e coloridos: marinheiros lendo correspondências, içando velas, jogando cartas, além de retratos desses homens do mar.

Quando embarcou em 1892 rumo a Buenos Aires, Andersen não sabia que iria acabar no Brasil. O acaso teve um papel na história, mas o fato de já ter estado no país, conhecido também pelo seu pai, e as boas impressões que teve em Cabedelo ajudam a explicar a decisão de permanecer um pouco mais. Mas, para além das dificuldades em encontrar uma posição estável como pintor na Noruega apresentadas no decorrer desses dois primeiros capítulos, havia fatores de ordem mais geral, que também contribuem para entender a sua migração.

Andersen não foi o único a deixar a Noruega no século XIX, período em que milhares de noruegueses emigraram principalmente em direção aos EUA. Para se ter ideia, entre 1884 e 1920 pelo menos 420.000 pessoas emigraram, o que era uma quantidade imensa, dada a população do país. Mas, segundo Fournier, os efeitos da emigração não foram necessariamente negativos, pois salvou da miséria grande número de camponeses e de operários e favoreceu a redistribuição de terras.[51] De fato, o final do século XIX foi marcado por um grande número de migrações em toda a Europa, e teve proporções ainda maiores na Noruega[52] que podem ser explicadas, segundo Fournier, por três grandes motivações: busca por liberdade religiosa, espírito aventureiro e principalmente a

---

50 Notices Coloniales publiée à l'occasion de l'exposition universelle d'Anvers em 1885. Paris: Librairie africaine et coloniale. Tome premier, seconde et troisième.

51 FOURNIER, Vicent. L'Époque Moderne..., *op. cit.*, p. 417.

52 Segundo FURRE, apenas a Irlanda superou a Noruega em relação ao percentual da população que emigrou. (Cf. FURRE, Berge. *História da Noruega – século XX:* da Independência ao Estado de bem-estar social. Blumenau: Edifurb, 2006. p. 43).

crise do mundo rural.[53] Logo, grande parte dessa onda migratória obedecia a motivações econômicas e era composta por pequenos agricultores, operários, artesãos e pescadores. Mas nem todos os que emigraram eram pobres, como os jovens, que partiam facilmente, e muitos viajavam sem qualquer motivação particular, "sensíveis ao apelo que exerce sobre eles um mundo virgem".[54] O caso de Andersen não era esse, mas vale lembrar que as colônias artísticas eram um fenômeno cultural do século XIX, e que entre 1870 e 1900 cerca de 3.000 artistas europeus escolheram deixar suas cidades para participar de colônias rurais.[55]

Mas se a paixão pela aventura explica as viagens, poderia explicar também a permanência de Andersen no Brasil? Apenas em parte, pois a disposição inicial de permanecer em Paranaguá mostra como "o aventureiro permite que o acaso, que se situa fora da linha da vida, que é dirigida por um sentido, seja todavia abrangido por este sentido".[56] Ao ficar, abandona as chances que aquela comunidade poderia lhe propiciar. Mas, por outro lado, logo que aportaram em Paranaguá, Andersen verificou que as condições de vida eram extraordinariamente baratas lá,[57] o que indica algum grau de calculabilidade. Também ficou encantado com os arredores e com o povo extremamente amigável, ao que ele estava já predisposto depois da experiência na Paraíba. Como tinha conhecimento prévio sobre o país e como a possibilidade de retornar estava posta, não foi uma atitude de todo inconsequente. De pronto começa a competir com os fotógrafos e a executar muitos retratos, e com isso vai se inserindo na comunidade local. Voltaremos a esse assunto no próximo capítulo.

Andersen tinha algum conhecimento sobre as condições de vida no Brasil e, como estrangeiro, provavelmente informações sobre incentivos à imigração oferecidos pelo governo brasileiro e, por que não, das oportunidades de trabalho para jovens artistas no país. Enquanto isso a Noruega vivia simultâneamente um período de efervercência cultural, com o meio artístico repleto de pintores consagrados desde o *boom* dos anos 1880, o que aumentava a concorrência por postos de trabalho e encomendas, mas enfrentava também as crises do mundo rural que levaram centenas de milhares de europeus a imigrarem para as Américas. Com a cidade incendiada, sem emprego e sem

---

53 As crises do final do XIX são conhecidas: queda da produção de cereais, a concorrência do trigo norte-americano no mercado, a inadaptação da agricultura às novas demandas que nasceram da industrialização, êxodo rural etc.

54 FOURNIER, Vicent. L'Époque Moderne..., *op. cit.*, p. 415.

55 BERMAN, Patricia G. *In another light...*, *op. cit.*, p. 163.

56 SIMMEL, Georg. Sobre a aventura, *op. cit.*, p. 175.

57 Kaare Peersen em entrevista concedida a Gunvald Opstad (Historien om Alfredo Emilio Andersen, *op. cit.*)

maiores perspectivas, instalar-se num país promissor era compatível com um homem de trinta e poucos anos que via sua carreira artística sob ameaça de fracasso. Resolvido o problema, o navio parte e Andersen fica.

Se a pintura naturalista perdia cada vez mais espaço na Europa com o avanço das vanguardas, ela foi bem recebida no Sul do Brasil, e a sua formação e origem europeia era algo distintivo, símbolo de *status*. Com a fixação no Brasil, alguns temas continuarão a perpassar o seu trabalho, mas a posição que ele ocupará será a oposta àquela que estava acostumado: agora ele era o estrangeiro, num momento de conformação de uma identidade regional, em que os debates de pureza e originalidade também estavam na berlinda. O *pai da pintura paranaense* era norueguês, identidade da qual ele se aproximava e se distanciava conforme as circunstâncias, que ao mesmo tempo em que colocava limites à sua assimilação, também mostrou que a influência estrangeira, mais do que inevitável, era necessária e muito bem-vinda.

Capítulo 3

Retratos (de) paranaenses

"É possível fazer a história de um país através da história dos retratos que lá foram criados? Ou, antes, é possível, através da história dos retratos, compreender algo da história dos países que os viram nascer ?"[1] As indagações de Enrico Castelnuovo sobre a retratística italiana serviram de guia inicial para esta investigação sobre os retratos pintados por Andersen, que adaptamos às cores e proporções locais. Ao elegermos como objeto de análise uma quantidade substantiva dos inúmeros retratos que pintou durante a vida no Brasil, será possível apreender, pelo contexto social e pelas redes de relações em que foram produzidos, a relação entre arte, cultura e política no Paraná e a posição ocupada pelo pintor nessa configuração. Trata-se, pois, de um estudo circunstanciado da relação entre Andersen e o meio político parnanguara, os engenheiros estrangeiros, os literatos simbolistas e políticos paranistas, dependentes de suas *contribuições espcializadas*,[2] realizados a partir da retratística.

Como não seria possível – tampouco desejável – tratar de todos os retratos,[3] elegemos alguns critérios para que a análise tivesse um rendimento sociológico dentro das ques-

---

1   CASTELNUOVO, Enrico. *Retrato e sociedade na arte italiana...*, op. cit.

2   Os estudos sobre a retratística de Portinari realizados por Miceli forneceram um modelo importante para a confecção deste capítulo. (ver: MICELI, Sérgio. *Imagens negociadas*: retrato da elite brasileira 1920-40. São Paulo: Companhia das Letras, 1996, p. 15).

3   O Museu Alfredo Andersen tem em registro hoje (na medida em que o número de retratos de Andersen que se toma conhecimento cresce regularmente) cerca de 300 retratos dentre assinados e atribuídos. Contudo, publicações na imprensa diária sobre exposições e o contato com colecionadores privados, nos fizeram tomar conhecimento de várias obras não catalogadas pelo Museu, mas que comprovadamente foram produzidas pelo artista. Outro elemento complicador para as análises é a falta de datas em algumas telas – lacuna que em alguns casos foi possível preencher, mediante o cruzamento de outros documentos e fontes.

tões que colocamos: era preciso que houvesse disponíveis informações mínimas sobre o retratado, o que significa que fossem personagens com alguma relevância social, seja política, seja intelectual. Vale notar também que a leitura realizada dessas telas não tem como meta proceder a uma análise estética, o que partiria de referenciais teóricos e metodológicos distintos e colocaria o trabalho no âmbito de outros campos do conhecimento.

A História da Arte, contudo, é uma aliada fundamental para a tarefa proposta, especialmente as teorias de Gombrich, que mostra que todas as pinturas partem de modelos preexistentes na mente do artistas, que os utiliza com frequência para pintar objetos que possuam semelhanças, mesmo que com particularidades diferentes. Os retratos não configuram um registro fiel da experiência visual do artista, mas uma construção relacional: "quantas pessoas viram seu governante em carne e osso, ou viram-no tão de perto a ponto de poderem reconhecê-lo ? [...] a estampa vendida no mercado como retrato do rei era apenas ligeiramente alterada para representar seu sucessor ou rival".[4]

Aby Warburg também coloca questões importantes para a análise da retratística no famoso ensaio de 1902, intitulado *A arte do retrato e a burguesia fiorentina*:

> Não devemos buscar apenas no artista as forças que determinam a evolução da arte do retrato. Não devemos perder de vista que entre artista e retratado se estabelece um contato íntimo, [...] o comitente pode determinar a evolução da arte do retrato em direção ao típico – de acordo com o modelo normativo dominante – ou, ao contrário, chamar a atenção para traços peculiares da sua personalidade.[5]

Em outras palavras, e chamando para o caso em questão: a retratística traz à tona o gosto local, perceptível no padrão recorrente de confecção dessas imagens.

Fotografia, uma aliada

A popularização de retratos no Brasil é um fenômeno que data do final do XIX, e que esteve vinculado à chegada de artistas estrangeiros, que adentravam o território nacional em busca de encomendas, encontradas entre as famílias abastadas.[6] Esse fenômeno, que ocorre simultaneamente à difusão dos retratos fotográficos, foi rapidamente perce-

---

4   GOMBRICH, Ernst. *Arte e ilusão...*, op. cit., p. 75.

5   WARBURG, Aby. El arte del retrato y la burguesia florentina (1902). In: _____. *El Renacimiento del paganismo*: aportaciones a la história cultural del Renacimiento europeo. Madrid: Alianza Editorial, 2005, p. 149.

6   DURAND, José Carlos. *Arte, privilégio e distinção*, op. cit., p. 38.

bido por Andersen quando aportou em Paranaguá e passa a competir com os fotógrafos por encomendas de retratos, o que viabiliza financeiramente a sua estada no litoral.[7]

A modernidade que embasava práticas como essas era, entretanto, restrita a uma minoria. A ordem social no litoral paranaense do final do XIX era ainda bastante arcaica, com uma burguesia predominantemente oligárquica, bem distante da realização das tarefas típicas da sua congênere europeia, que buscou implantar uma democracia liberal.[8] As oportunidades de mobilidade social eram exíguas, e as práticas econômicas e política das elites seguiam, em grande medida, um modelo patriarcalista característico do período colonial.[9] O parco espaço que a pintura e a fotografia tinham nessa sociedade eram, pois, facetas do desejo das elites locais de se tornarem modernas. Havia, contudo, um abismo entre as condições sociais da maioria da população e os anseios modernizantes das elites, afinal " [em 1900] não havia água encanada, nem serviço de esgoto. Nem havendo canalização de água potável para abastecimento da cidade, esta se supria de duas Fontes...".[10] O que não impediu o deslumbramento com a técnica que chegava via Porto diretamente da Europa, encantamento que levou as elites a buscarem esse tipo de serviço, em que "o cliente se converte, ele mesmo, num acessório do estúdio. Suas poses, em geral, obedecem a padrões pré-estabelecidos e já constitucionalizados de acordo com sua atividade profissional e sua posição social".[11]

O impacto da fotografia na arte[12] fez sucesso no Brasil a partir da segunda metade do século XIX e sua popularidade cresce com o incentivo de D. Pedro II. A nova técnica tinha boa aceitação entre os pintores, que a utilizavam como uma ferramenta, e as

---

7   Kaare Peersen em entrevista concedida a Gunvald Opstad (Historien om Alfredo Emilio Andersen, *op. cit.*).

8   ARRUDA, Maria Arminda. Arremate de uma reflexão: a revolução burguesa no Brasil de Florestan Fernandes. *Revista USP*, São Paulo, n.29, p. 56-65, mar./maio 1996.

9   Segundo a caracterização presente em FREYRE, Gilberto. *Casa grande e senzala*. 50.ed. São Paulo: Global, 2005.

10 RIBEIRO FILHO, Aníbal. *História do Club Litterário*. Curitiba: Empresa Gráfica Universal, 1972, p. 34.

11 KOSSOY, Boris. *Origens e expansão da fotografia no Brasil – século XIX*. Rio de Janeiro: FUNARTE, 1990, p. 44.

12 Não é por acaso que a primeira exposição dos impressionistas franceses tenha sido realizada no ateliê do fotógrafo Nadar, em Paris. Também não deixa de ser sintomático que fosse no ateliê do fotógrafo Renouleau, a primeira exibição de cinema realizada em São Paulo. (Cf. AMARAL, Aracy. Aspectos da comunicação visual numa coleção de retratos. In: MOURA, Carlos Eugênio Marcondes de (Org.). *Retratos quase inocentes*. São Paulo: Nobel, 1983.). No Paraná, foi o fotógrafo, cineasta e também pintor João Batista Groff (1897-1969) que condensou em sua obra de maneira exemplar esse "espetáculo dos maquinismos modernos". (Cf. PEREIRA, Luís Fernando Lopes. *O espetáculo dos maquinismos modernos...*, *op. cit.*, 2009).

Exposições gerais de Belas Artes, como a de 1879, passaram a contar com uma seção dedicada à fotografia. De fato,

> O trajeto percorrido pela fotografia nos salões da Academia Imperial não deixa de ser uma representação simbólica de sua progressiva incorporação e aceitação nos domínios da arte e seus espaços tradicionais. Ao longo deste percurso, a fotografia e as belas-artes se aproximaram de várias formas, seja na associação entre profissionais, como fotógrafos e pintores; seja na fusão de habilidades distintas num único profissional (o fotopintor, por exemplo); na troca e apropriação de certas técnicas, ou ainda na definição de uma estética.[13]

A trajetória de Andersen é exemplar dessas colocações: se no início competiu com fotógrafos por retratos, em pouco tempo faria da técnica sua aliada. Fotografava paisagens que depois pintava, aceitava encomendas a partir de fotografias, e da amizade com o fotógrafo alemão Volk,[14] o primeiro a se instalar em Curitiba na década de 1880,[15] surgiu a oportunidade de dividir com ele o seu primeiro ateliê na capital, onde também deu aulas de pintura entre 1902 a 1915. Foi Volk quem fotografou o pintor em seu ateliê, numa imagem bastante reproduzida, e que Andersen enviou para vários familiares na Noruega, em que ele se faz ver como um pintor de paisagens e retratos.

---

13   TURAZZI, Maria Inez. *Poses e trejeitos*: a fotografia e as exposições na era do espetáculo (1839-1889). Rio de Janeiro: Rocco, 1995, p. 112.

14   H. A. Volk utilizava vários métodos de reprodução, incluindo a daguerreotipia em seu estúdio então à rua do Imperador nº 9.

15   Cf. KOSSOY, Boris. *Origens e expansão da fotografia no Brasil – século XIX, op. cit.*, p. 120.

Foto 7 – Andersen em seu ateliê. c. 1910. Fonte: Acervo MAA

Em troca, Andersen pintava cenários para o ateliê fotográfico do amigo e coloria fotografias, quando solicitado.[16] Também contribui para a fundação do Clube Filocartista, que tinha como órgão de divulgação a Revista *Cartão Postal*, periódico que tentava reunir os colecionadores locais.[17] No início da carreira no Brasil, Andersen transformou várias de suas pinturas em cartões postais, talvez pelo envolvimento com o clube, mas também se valendo da reprodutibilidade técnica como uma forma de divulgar o seu trabalho, tanto aqui como entre os seus na Noruega. Por fim, Andersen costumava dizer que era mais fácil ser pintor do que fotógrafo, pois além de ser mais rápido, o pintor não tinha a necessidade de apreender todos os detalhes, e ainda podia retocar o trabalho.[18]

Todo esse escurso sobre arte e fotografia se justifica, pois estiveram juntos na fatura da maior parte dos retratos de que tratamos neste capítulo. Para tanto, estabelecemos uma divisão que começa com os retratos pintados em Paranaguá, onde o pintor residiu por quase uma década e recebeu encomendas, sobretudo oriundas do campo político

---

16   O Museu Paranaense tem em seu acervo uma fotografia de uma vista panorâmica de Curitiba pintada por Andersen, assim como duas fotografias de camponesas coloridas por ele.

17   Cartão Postal. Coritiba, 1905. Órgão do Club Philocartista do Paraná, p. 12.

18   Kaare Peersen em entrevista a Gunvald Opstad (Historien om Alfredo Emilio Andersen, *op. cit.*).

local. As imagens que registrou de outros personagens da cidade fazem um contraponto a essas encomendadas. Já numa fase de transição para o planalto curitibano, as redes de sociabilidade com os engenheiros vinculados à estrada de ferro faziam com que seus retratos adquirissem, em certas circunstâncias, um caráter de troca entre amigos, simbolizando reciprocidade. Em seguida, adentramos na configuração curitibana, onde observamos pelas redes que envolvem a confecção dessas imagens uma complexa trama social de favores, homenagens, textos e imagens que permitiram também entender a *função* de todas essas telas.

Ao gosto do freguês, ou como ser *civilizado* em Paranaguá

A compreensão da retratística produzida em Paranaguá exige delinear o momento histórico e situar nosso pintor naquela configuração social, o que nos ajuda também a apreender a função das obras e seus significados sociais. Em primeiro lugar, é preciso elucidar que, quando o navio em que Andersen estava aportou em Paranaguá, a cidade não era um terreno artisticamente virgem. O fluxo portuário trazia muitos estrangeiros à cidade, dos quais alguns foram recrutados para prestar serviços educacionais para a formação dos filhos da elite local. Artistas como o francês Noel Guillet, que teria chegado por volta de 1846, depois as americanas Jessica James e sua filha, em 1849, seguidas pela família Taulois, que fundou um colégio para meninas,[19] contribuíram para a educação artística de uma parcela restrita da população local. Não por acaso, a primeira pintora nascida na futura província do Paraná, Iria Cândida Correia (1839-1887), era parnanguara oriunda de uma família tradicional da cidade. Teve educação aprimorada e foi considerada por Francisco Negrão "uma das paranaenses mais instruídas de seu tempo, dotada de lúcida inteligência e recebeu esmerada educação".[20] Pintou retratos, paisagens e naturezas-mortas, mas infelizmente poucas obras suas chegaram até os dias de hoje. Havia, pois, uma demanda *civilizacional* de uma pequena elite que se aburguesava, e que buscava se aculturar por meio de elementos que a diferenciasse das outras camadas da população. É preciso, contudo, ponderar a ascensão dessa camada burguesa no litoral paranaense que, além de privatizar o poder político, não realizou quaisquer esforços de universalização da igualdade. Suas práticas sociais e econômicas

---

19 CARNEIRO, Newton. A arte paranaense antes de Andersen. *Boletim informativo da Casa Romário Martins*, ano VII, n. 43, set. 1980.

20 NEGRÃO, Francisco. *Genealogia paranaense*. Curityba: Impressora Paranaense, 1928, v. 3, p. 306.

arcaicas contrastavam com os discursos modernizantes e a busca por *status* dessas elites, denunciando as contradições e ambiguidades do seu processo de modernização.[21]

Paranaguá oferecia poucas opções de trabalho para estrangeiros – além da lavoura. Todavia, para aqueles que possuíssem familiaridade com o mar e as atividades a ele associadas, existiam diversas tarefas subalternas que poderiam fornecer recursos para uma existência modesta. No caso do pintor, laços de amizades com os estrangeiros que prestavam serviços portuários foram a porta de acesso para as oportunidades que um artista teria na cidade. Digo artista porque Andersen foi se adaptando às demandas que apareciam, e, para além das encomendas de retratos, diversificou seu ganha-pão prestando outros tipos de serviços plásticos como arquiteto e decorador de residências,[22] entre outros pequenos "bicos"; sabemos também, pela agenda do pintor, que trocava pinturas por mercadorias com as tripulações dos navios. Esse conjunto de práticas dão pistas das dificuldades em viver de pintura, tendo que recorrer a atividades diversas para garantir a sua existência material, o que viabilizou esse itinerário improvável de um artista norueguês no litoral paranaense. Motivações de ordem externa à sua vontade também teriam contribuído para uma permanência inicial prolongada na cidade, pelo menos até 1895,[23] quando terminou a Revolução Federalista,[24] decidida em solo paranaense, e que trouxe graves consequências humanas e materiais para o estado.

---

21 FERNANDES, Florestan. *Revolução burguesa no Brasil*: ensaio de interpretação sociológica. Rio de Janeiro: Zahar, 1976.

22 Cf Durand, "a decoração de paredes foi outra parte importante das encomendas particulares [...] a contribuição do pintor era quase obrigatória nas casas de alto luxo" (Cf. DURAND, José Carlos. *Arte, privilégio e distinção, op. cit.*). Lemos comenta que na segunda parte do XIX se popularizou a decoração ilusória, quando "casas ricas passaram a ter em suas paredes grandes painéis mostrando hipotéticas paisagens de um mundo de fadas, maravilhosas composições agrupando flores e frutos entremeados por folhagens, em torno dos quais volitavam delicados pássaros". (LEMOS, Carlos. Ambientação ilusória. In: MOURA, Carlos (Org.). *Retratos quase inocentes*. São Paulo: Nobel, 1983, p. 61). Em 1900, Andersen pintou um mural intitulado "Ceia Juliana" na residência do Sr. Veiga. Sobre esta pintura, há uma bela descrição de João Battista Groff, que o considerava um trabalho primoroso. (ver: GROFF, João M. *O intrépido J. B. Groff e suas múltiplas facetas*, (mimeo) p. 56-57).

23 *Andersen e a missão a que se impoz no Paraná.* Revista Paranista, setembro de 1933. p. 13.

24 Ocorrida entre 1893 e 1895, foi decidida em solo paranaense. A vitória do exército florianista consolidou nacionalmente o regime republicano e, localmente, o grupo político chefiado por Vicente Machado, composto por republicanos e ex-conservadores vinculados à erva-mate e com o apoio das elites paulistas. (Cf. SÊGA, Rafael Augustus. *Tempos belicosos*: a Revolução Federalista no Paraná e a rearticulação da vida político-administrativa do Estado. Curitiba: Aos Quatro Ventos/CEFET-PR, 2005).

Economicamente, Paranaguá tinha sua riqueza originada no tripé erva-mate – madeira – tráfico de escravos.[25] A erva-mate, conhecida localmente como "ouro verde", tornou-se importante a partir do final da Guerra do Paraguai, antigo maior exportador mundial. Em particular, a região da Prata agora consumiria a erva paranaense, fazendo dela o principal produto de exportação, responsável pela maior parcela da atividade portuária:

> A partir, aliás, de 1886 melhora bastante a situação da erva, de tal maneira que, no ano civil de 1887, a exportação atingiu seu clímax, com mais de 20 milhões de quilos [...] Para o Porto de Paranaguá, a situação também era promissora, face à conclusão da estrada de ferro que o colocava em fácil comunicação com o planalto. Em 1887, ela já transportava 60% da erva-mate exportada pela Província, e apenas 40% da mesma ainda era exportada pelos antigos carroções no caminho da Graciosa. A cidade de Paranaguá, em 1887, contava com cônsules ou vice-cônsules credenciados do Chile, Grã-Bretanha, França, Uruguai, Alemanha, Espanha, Suécia, Noruega, Portugal, Dinamarca, Argentina, Países Baixos e Bélgica.[26]

A erva, que tinha pouca demanda nacional, foi enviada para a Corte em 1720, mas não agradou. Outro problema era sua forte carga tributária, tanto que "objetivando burlar o fisco paranaense, melhor e mais organizado e rigoroso, os especuladores praticavam o descaminho da erva. Em Joinville, em 1877, existiam três engenhos de soque de erva".[27] Mesmo assim o fluxo se ampliou no final do Império, em particular as exportações para o Rio da Prata e Chile.

O fluxo de navios gerado pela ampliação da venda do mate foi, entretanto, mais tímido do que o pretendido pelos ervateiros que, com apoio governamental, faziam propaganda do produto no Brasil e no exterior. Mesmo assim, a venda do mate ampliou as opções de comércio da cidade e criou postos de trabalho para comerciantes e profissionais que atuavam no suporte às atividades marítimas. Um deles foi Bernardo Hartog, jovem oficial da marinha mercante holandesa que se estabeleceu na cidade, em 1889. Trabalhou na alfândega como tradutor e intérprete na seção de navegação e, em 1891, anuncia num jornal local seus serviços de "contratante marítimo de cargas e descargas", um tipo de serviço feito por lanchas e canoas. Quando Andersen chegou a Paranaguá esteve hospedado por alguns meses na residência de Hartog, ocasião em que realizou seu

---

25 LEANDRO, José Augusto. *Gentes do Grande Mar Redondo*: riqueza e pobreza na comarca de Paranaguá – 1850-1888. Tese (Doutorado em História) – UFSC, Florianópolis, 2003.

26 WESTPHALEN, Cecília Maria. *Porto de Paranaguá*: um sedutor. Curitiba: Secretaria da Cultura, 1998, p. 271-273.

27 WESTPHALEN, Cecília. *Comércio exterior do Brasil Meridional*. Curitiba: CD, 1999, p. 115.

primeiro trabalho, um retrato do amigo, do qual não se tem notícia.[28] A partir de Hartog, um estrangeiro já relativamente estabelecido, o pintor teve acesso ao seu círculo de amizades e recebeu suas primeiras encomendas, e aos poucos os habitantes da pequena cidade portuária foram tomando conhecimento da estada do pintor norueguês.

Em 1897, um jornalista norueguês que passou pela cidade portuária relatou numa reportagem para o *Aftenposten* um pouco do que vira em Paranaguá. Comenta que encontrara entre os 8.000 habitantes alguns imigrantes europeus.[29] Achou a cidade muito simplória e não entendia como ela comportava um pintor profissional. O fato de ele ser norueguês causava ainda maior espanto, inclusive porque, para os padrões europeus, Andersen levava uma vida muito pobre. No final comenta, em tom jocoso, que, apesar de tudo, Andersen era considerado um *gentleman* num contexto social em que a respeitabilidade era baseada na quantidade de *milreis* da conta bancária. Mesmo que a atividade de pintor estivesse dentro da categoria de artesão, que se encaixa entre os pobres livres da cidade, Andersen conseguiu viver "de arte" em uma terra que ainda lutava contra a natureza e contra a fome.

O *status* de pintor *europeu* colocou Andersen em contato com as elites, às quais vendia seus variados serviços artísticos. De longe, o mais apreciado nesse período inicial no litoral foi o de retratista. Sua formação artística acadêmica era mais consistente do que aquela dos demais diletantes, e possuía recursos técnicos que lhe permitiam realizar retratos com rapidez, utilizando com frequência o mesmo *esquema*. Andersen era um "atrativo para uma elite que vivia carente de estímulos que lhe ampliassem os horizontes culturais".[30] Contudo, mesmo fazendo um trabalho plástico diferenciado e raro na cidade, seu acesso era restrito e seus laços de proximidade foram estabelecidos com populares e outros estrangeiros.

Os retratos foram o principal ganha-pão de Andersen, e as encomendas vinham de comerciantes, profissionais ligados ao porto, à estrada de ferro e à erva-mate. Houve também um conjunto de telas encomendadas pela Câmara Municipal dacidade. Assim, é possível dividir as comissões desse período entre: a) encomendadas de personagens da cena política nacional; b) homens e mulheres da elite local; e c) os registros iconográficos dos estrangeiros, a maioria engenheiros da estrada de ferro.

---

28 HARTOG, Bernardo. Marinha.... In: SIQUEIRA, Luiz Alves. *Recortes de revistas antigas de Paranaguá.* [s.d.] v.1.

29 Segundo a reportagem do "Norsk Sjøfartstidende", residiam naquela ocasião em Paranaguá alguns franceses que trabalhavam na estrada de ferro, duas grandes companhias de importação alemãs, Hürleman & Co. e Mathias Bohn e seus funcionários, alguns práticos alemães e dinamarqueses. Esses estrangeiros, segundo o jornalista norueguês, eram figuras importantes da cidade.

30 DURAND, José Carlos. *Arte, privilégio e distinção, op. cit.*, p. 33.

Essa vasta quantidade de encomendas se deve em grande parte a um evento que antecede a chegada do pintor norueguês e que seria decisivo para impulsionar o desenvolvimento econômico de Paranaguá: em 1875, um projeto para o melhoramento do porto foi aprovado pelo governo imperial, assim como para a construção da estrada de ferro, que sairia do porto D. Pedro II até Curitiba. Após uma série de negociações, em 1878 o Ministro de Obras Públicas, Visconde de Sinimbu, baixou o decreto que dava garantias de juros à Companhia de Estradas de Ferro do Paraná. A atuação do influente ervateiro Visconde de Nácar junto ao Conselheiro Sinimbu foi decisiva para que o Porto do Gato (que após as negociações adotaria o nome do imperador) fosse a ligação ferroviária e marítima do Paraná, beneficiando seus negócios e confirmando a hegemonia de Paranaguá perante as outras cidades litorâneas, em particular Antonina.

O clima entre os governantes locais foi de euforia[31] e a Câmara Municipal decidiu homenagear Sinimbu com um retrato a óleo em tamanho natural a ser colocado na sala de sessões da Câmara, "por ter rompido com o véu que obscurecia o horizonte da prosperidade deste município".[32] Uma verba especial foi solicitada ao Presidente da Província para sua realização e, uma vez concedida, um funcionário foi encarregado de contratar um pintor para executá-lo. Às vésperas das comemorações que marcaram o início formal das obras, que contou com a presença de D. Pedro II em 16 de maio de 1880, em sua primeira visita à Província do Paraná, o retrato executado pelo catarinense Vitor Meirelles (1832-1903) chegou a Paranaguá. Famoso por suas telas históricas, como *A Primeira Missa no Brasil* de 1860, ele que foi pensionista do Imperador, teve, como Andersen, nos retratos a fonte principal da sua subsistência: "foram os retratos que o puseram ao abrigo da miséria", constatação que se confirma, observando o conjunto da sua obra.[33]

No retrato de Meirelles (Figura 32), Sinimbu veste farda militar, com medalhas e condecorações, evidenciando a importância do cargo que ocupava. A mão direita está sobre um documento, sobre o qual trabalhava, e o ambiente em que se encontra é requintado: há peças de prataria sobre a mesa, coberta por um manto verde de veludo, uma cadeira, um vaso com flores e uma estátua, que configuram uma atmosfera de elegância e erudição. Abaixo da mão esquerda de Sinimbu vemos o sabre e no peito, a cruz de Malta, adornos que compõem a identidade de autoridade militar e administrativa de Sinimbu. O modelo reproduz uma pose bastante conhecida na história da arte, a do retrato de

---

31   Como podemos ver nas atas da Câmara Municipal citadas por FREITAS, Waldomiro Ferreira de. *História de Paranaguá*: das origens à atualidade. Paranaguá: IHGP, 1999, p. 312.

32   *Ibidem*, p. 313.

33   DURAND, José Carlos. *Arte, privilégio e distinção, op. cit.*, p. 37.

Napoleão Bonaparte executado por David, encontrada também numa tela que Andersen fez de Vicente Machado (Figura 72).

Essa pequena história marca o início de uma demanda por retratos oficias e indica igualmente que mesmo que houvesse artistas circulando pela cidade, nenhum deles foi cogitado para a importante função de retratar Sinimbu. Necessidade que surge numa sociedade que se aburguesava, viabilizada pela expansão das atividadesdo porto, pois é por meio dele, tanto no plano simbólico quanto no material, que alguma modernidade entrava na cidade, com a chegada de estrangeiros, de mercadorias e mesmo dos materiais para a construção da estrada de ferro. Há realmente uma ampliação de demanda por produtos de luxo, assim como por artigos mais ordinários, permitindo que os brasileiros se transvestissem de *civilizados*, na caracterização de Freyre, resultando numa modernidade de verniz, de aparência.[34]

Todas essa movimentação de pessoas e ideias e os ganhos financeiros resultantes dessa configuração animaram a elite política local, que encomendou uma série de retratos para figurar na Câmara de cidade. Dos dezesseis retratos de personalidades executados entre o final do século XIX e início do XX, pelo menos onze são atribuídos a Andersen, todos pintados a partir de fotografias. Essa prática, além de viabilizar a execução dessas imagens, eram bem recebidas por parte do público, que via na maior semelhança possível entre o retrato e o indivíduo que nele aparece um critério central para a valorização daquelas imagens.

Como podemos observar na sequência de imagens (Figuras 33, 34, 35, 36, 37, 38, 39, 40), todas partiram de fotografias ou de pinturas conhecidas desses personagens, e ora vemos que ela serviu como esboço para a posterior pintura, ora tem-se a impressão de que se trata de uma fotopintura[35] (Figura 41). Dados indicativos de que, apesar da grande popularização do retrato fotográfico, o retrato a óleo ainda se manteve indispensável para algumas finalidades, entre elas, ocupar as paredes das repartições públicas. Além disso, dava à obra um tom de unicidade e uma aura que a reprodutibilidade técnica perdeu, embora tenha ganhado em termos de comunicabilidade.[36]

---

34 FREYRE, Gilberto. *Sobrados e mucambos*: decadência do patriarcado e desenvolvimento do urbano. 16.ed. São Paulo: Global, 2006.

35 Técnica que consistia na utilização de recursos pictóricos para se colorir fotografias que, mesmo sendo altamente atacada pela crítica e por pintores, caiu rapidamente no gosto do público. Um exemplo conhecido dessa cooperação entre pintura e fotografia foi Insley Pacheco, um dos principais divulgadores da fotopintura no Brasil (ver: FÁBIO, Flávia. *Um álbum imaginário*: Insley Pacheco. Dissertação (Mestrado em Multimeios) – UNICAMP, Campinas, SP, 2005).

36 BENJAMIN, Walter. *A obra de arte na época de sua reprodutibilidade técnica*. In: ____. *Magia e técnica*: arte e política. São Paulo: Brasiliense, 1988 (Obras escolhidas, v.1).

O conjunto da encomenda da Câmara Municipal para Andersen tinha como alvo membros das elites políticas do período e, embora nem todos sejam datados, estima-se que sejam todos do final do XIX e que tenham sido feitos recorrendo a fotografias. Eram eles: Nilo Peçanha (Figura 38), Marechal Floriano Peixoto (Figura 36), Marechal Deodoro (Figura 35), Marechal Hermes (Figura 37), Campos Sales (Figura 33), Dom Manoel Victorino (Figura 34), Prudente de Moraes (Figura 39), Rodrigues Alves (Figura 40), Afonso Pena (Figura 41) e Pedro Aloys Scherer (Figura 42).

As encomendas de imagens de líderes republicanos estão vinculadas com o advento da República, que abre um sonho de ascensão para as elites locais, alimentando um ideário de mudança e avanço. O novo regime criou a necessidade de construção de um imaginário republicano, em "fazer a cabeça do povo", que, segundo Carvalho, assistiu *bestializado* às mudanças políticas, motivo pelo qual as artes foram fundamentais, afinal, "A manipulação do imaginário social é particularmente importante em momentos de mudança política e social, em momentos de redefinição de identidades coletivas".[37]

Em termos de vestimentas, com exceção dos Marechais que estão usando fardas, todos os demais figuram com trajes escuros e bastante formais. O fundo é sempre neutro, em tons mais escuros (menos o de Afonso Pena, a imagem mais próxima de uma fotopintura), não há mobília ou quaisquer ornamentos. A moldura oval dourada rebuscada, ao gosto do período, aliada à técnica a óleo confere ares nobres às telas, dignos dos republicanos retratados. Com sua função social oficial, esse grupo de retratos pode ser estilisticamente vinculados aos valores da Academia Imperial de Belas Artes, por serem acadêmicos, com tonalidades escuras no fundo, roupas e expressões sóbrias pintadas em superfícies lisas. Acompanhando Lilia Schwarcz ao analisar os retratos de D. Pedro II, tais imagens pictóricas "cumprem, portanto, um papel fundamental: produzem, no imaginário, por meio das imagens expostas nas repartições, casas da corte e jornais"[38] políticos e presidentes invisíveis no cotidiano da população.

Com essa primeira grande encomenda oficial, Andersen tem a oportunidade de se projetar na cidade, divulgando seu trabalho para as elites, cada vez mais voltadas para os valores europeus de civilização. Foram elas as responsáveis pela construção social da imagem de Paranaguá como "berço da civilização e da cultura paranaense", ideia que está imbuída, como todos os discursos, de estratégias de poder e de representação de um mundo social determinadas pelos próprios produtores dos discursos. Os interessados na difusão desse imaginário urbano, que refletia o desejo de modernização

---

37 CARVALHO, José Murilo de. *A formação das almas*: o imaginário da República no Brasil. São Paulo: Companhia das Letras, 1990, p. 11.

38 SCHWARCZ, Lilia Moritz. *As barbas do Imperador*: D. Pedro II, um monarca nos trópicos. São Paulo: Companhia das Letras, 1998.

e civilização para a cidade litorânea, tinham em comum o fato de serem membros do Clube Literário da cidade, o que não era o caso de Andersen, pois era preciso poder aquisitivo para participar.[39] Participava, contudo, das reuniões da Maçonaria, mais aberta aos estrangeiros e que congregava vários dos mesmos personagens, e de onde vinham também várias encomendas.[40]

Segundo Leôncio Correia, um dos sócios mais famosos, "O Clube Literário é a alma da cidade". Fundado em 1872, reunia homens de letras que queriam investir na civilidade, na formação literária e na cultura, e, para tanto, fundaram uma biblioteca, um teatro, uma tipografia, entre outras iniciativas que pudessem ter um caráter civilizatório.[41] Num círculo de sociabilidade pequeno como a própria cidade, eram na verdade todos oriundos das oligarquias, facilmente mapeadas entre políticos e comerciantes, controladores dos negócios do mate e da maior parte do fluxo do porto. Segundo Scheifer, "quem era sócio ou frequentava o clube tinha um lugar de distinção social em Paranaguá. Como era necessário comprar ações e pagar mensalidades para ingressar no Clube, somente pessoas com capital poderiam fazer parte deste distinto e seleto quadro".[42] Para essas famílias, um retrato a óleo era símbolo de distinção e requinte, o que colaborou com o aumento de encomendas para Andersen.

Assim, além de retratar os personagens políticos importantes do campo político nacional, Andersen passou a receber encomendas para retratar as elites locais. Dentre tais retratos, a tela mais bem elaborada de todas foi a do personagem mais ilustre da cidade, o presidente honorário do Clube, Manoel Antonio Guimarães (1813-1893) – o

---

39 Segundo Scheifer, "seus sócios compravam a jóia e pagavam mensalidades. Muitos compravam títulos que poderiam ser resgatados por seus familiares se a sociedade fosse desfeita." Valemo-nos, aqui, do trabalho de Scheifer sobre Paranaguá para tratar da questão do clube literário, salvo quando mencionado diferentemente. (SCHEIFER, Bruna. *Paranaguá, cidade portuária*: entre a cidade "sonhada e a cidade real". Dissertação (Mestrado em História) – UNIOESTE, Marechal Cândido Rondon, 2008, p. 51).

40 Conforme informações da agenda do pintor. Além disso, Andersen aparece nas atas do início do século XX como arquiteto da Loja Perseverança, que era a maior da cidade e uma das principais do estado (Cf.: SANTOS, Dario N. *A maçonaria em Paranaguá*: ação histórica da Aug.: Resp.: Cap.: Benemérita e Benfeitora Perseverança de Paranaguá. 1948).

41 Até 1930, quando foi destruído por um incêndio, abrigou os principais eventos culturais e sociais da cidade (Cf: WESTPHALEN, Cecília. Clube Literário de Paranaguá. In: *Dicionário histórico-biográfico do Paraná*. Curitiba: Editora do Chain e Banco do Estado do Paraná, 1991, p. 84).

42 Durante o Império, o Visconde de Nácar, o Visconde de Guarapuava, o Visconde do Rio Branco, o Barão de Macaúbas, o Barão do Cerro Azul, entre outros eminentes, estavam inclusos na lista de sócios honorários, assim como D. Pedro II.

Visconde de Nácar[43] (Figura 43) –, o maior comerciante exportador de erva-mate paranaense, bem como proprietário da maior casa importadora de Paranaguá e de fazendas, sítios e inúmeros imóveis.[44] Chefe do Partido Conservador,[45] ocupou diversos cargos políticos e todos os seus filhos e filhas tiveram casamentos dentro das elites locais. A atuação de Nácar em Paranaguá é típica do domínio senhorial do período colonial, pois mesmo que existissem instituições que regulassem a vida social, suas decisões estavam acima de qualquer autoridade local.

Seu retrato é sério e convencional, e o fundo escuro destaca sua pele clara e a barba branca. Está trajado socialmente e, orgulhoso, ostenta suas medalhas da Ordem do Cristo e da Ordem da Rosa. Há três versões dessa pintura: uma pertence ao Conselho de Cultura de Paranaguá, outra ao Instituto Histórico e Geográfico da cidade, de 1896, e uma ao Museu Alfredo Andersen, datada de 1897, na qual há uma dedicatória ao "Cidadão Major Claro Américo de Guimarães", político de carreira e filho do Visconde, o comitente dos retratos, uma vez que as três telas são posteriores à morte de Nácar, numa conhecida estratégia de manutenção da memória em prol dos interesses políticos da família. Arriscaria mesmo colocar que o culto à sua figura representado nesses retratos se confundiam com o cultos aos santos como descreve Freyre, e são materializações da base simbólica do familismo que regia Paranaguá no século XIX.[46] Pode-se pensar, nesse sentido, que a sua morte, em 1893, marca o fim do modelo de patriarcalismo rural elaborado pelo sociólogo pernambucano,[47] que foi seguido pela ascensão do urbano em Curitiba.

Seu filho mais velho, o Coronoel João Guilherme Guimarães, também mereceu uma imagem (Figura 44). Ele foi o principal herdeiro politico do pai: prefeito da cidade, presidente da Câmara e do Clube Literário,[48] assim como da Associação Comercial do Paraná

---

43   Recebeu o hábito da Ordem de Cristo, Comendador da Ordem da Rosa, cavaleiro da Imperial Ordem do Cruzeiro e em 1876 o título de Barão de Nácar. Em 1880, hospedou em seu palacete em Paranaguá o Imperador D. Pedro II e Dona Tereza Cristina, quando recebeu o título de Visconde de Nácar Cf. (WESTPHALEN, Cecília. Clube Literário de Paranaguá, *op. cit.*, p. 205-206).

44   Segundo Leandro (*Gentes do Grande Mar Redondo, op. cit.*, p. 52), o Visconde era também "o principal gerenciador, em terra, do tráfico de escravos nas águas turvas da baía de Paranaguá".

45   Vale lembrar que a emancipação política do Paraná, ocorrida em 1853, foi obra dos conservadores. Embora nacionalmente a descentralização política fosse projeto liberal, no Paraná o Partido Conservador negocia a emancipação, sob direção de Visconde de Nácar.

46   FREYRE, Gilberto. *Casa grande e senzala, op. cit.*

47   FREYRE, Gilberto. *Sobrados e mucambos..., op. cit.*

48   João Guilherme Guimarães foi, ao lado de Bento Munhoz da Rocha, o principal acionista da construção da nova sede do clube em 1894. Cf. Livro do Clube Literário.

(1919-1923), entre tantos outros cargos. Não menos importante entre os retratados parnanguaras, foi Ildefonso Pereira Correia, o Barão do Serro Azul[49] (Figura 45), parceiro comercial de Nácar e também um ilustre representante da burguesia ervateira da província. Sua imagem, que pertence ao Instituto Histórico de Paranaguá, é posterior à sua morte,[50] mas não há qualquer outra pista para identificar seu comitente.

Todos esses retratos giram em torno dos Guimarães ou dos Correia, ou seja, das elites luso-brasileiras ou *estabelecidas,* e seguem o mesmo esquema: acadêmicos, convencionais, fundos sóbrio, roupas escuras, fisionomias sérias e vários deles elaborados a partir de fotografias. Não muito diferentes são as imagens de João Eugênio Gonçalves Marques[51] (Figura 46) e do Visconde de Guarapuava – Antonio de Sá Camargo (1808-1896) (Figura 47), que era representante das elites agrárias e umdos líderes do Partido Liberal, facção que fazia oposição aos ervateiros conservadores. Isso demonstra que para Andersen não importava o posicionamento ideológico ou político, mas a possibilidade de sobrevivência da pintura. As formas de pagamento dessas telas eram bastante flexíveis, incluindo parcelamentos e trocas por produtos variados.

---

49 Também retratado, Ildefonso Pereira Correia nasceu em Paranaguá em 1849, filho do Comendador Manoel Francisco Correia. É descendente de ilustres e antigos troncos paranaguenses e de família de tradicionais políticos conservadores, sendo irmão de Conselheiro Dr. Manoel Francisco Correia, senador e ministro no Império. Possuía vários interesses econômicos, sendo que o seu engenho de mate "Tibagy" foi o primeiro a usar maquinaria em larga escala. Participou da fundação do Banco Mercantil e Industrial do Paraná em 1889, criou a Impressora Paranaense e teve papel ativo na indústria madeireira. Politicamente, foi líder do Partido Conservador, que agregava grande parte dos produtores de mate. Foi deputado, Presidente da Câmara Municipal e Presidente da Província. Desenvolveu atividades na área cultural, era apreciador das artes plásticas, da literatura clássica e das ciências, possuindo vasta biblioteca, cujas estantes de economia e política eram as mais apreciadas (Cf. POMBO, Rocha. *Para a história.* Curitiba: Fundação Cultural, 1980. p. 19-31).

50 A morte do Barão do Serro Azul, em 1894, durante a Revolução Federalista, é um dos episódios mais controversos e misteriosos da história política paranaense. Foi fuzilado durante a Revolução Federalista no km 65 da Serra do Mar, acusado de colaborar com as forças federalistas. A suspeita recaiu sobre o então presidente do estado, Vicente Machado da Silva Lima, de quem falaremos oportunamente.

51 Retratado em 1898, foi um dos fundadores do Clube Literário em 1872 e detinha a concessão para a linha de bondes de Paranaguá, criada com o objetivo de ligar o Porto Pedro II ao centro da cidade. Segundo Freitas, "O estabelecimento da linha de bondes para o porto D. Pedro II e Rocio, data de 1892, representando o esforço de um paranaguense progressistas e inteligente, o coronel João Eugênio Marques que embora prematuramente, se empenhou em dotar Paranaguá com um serviço que o seu desenvolvimento de futuro exigirá". Era casado com Josephina de Lacerda Marques, do tronco tradicional dos Correas de Paranaguá Cf. FREITAS, Waldomiro Ferreira de. *História de Paranaguá...*, op. cit., p. 404).

A moda foi se alastrando e homens e mulheres buscavam adornar suas residências, exibindo em suas paredes os fundadores do clã familiar, em uma sociedade em que o regime patriarcal estava ainda bastante arraigado. Ainda, os que não possuíam tais origens ancestrais investiam nas artes como forma de se equiparar às *estabelecidas* elites luso-brasileiras, tais como o comerciante Romão Vidal (Figura 48) e Maria Rosa (Figura 49), Antonio Henriques Gomes (Figura 50) e sua senhora Rita Guimarães Gomes (irmã, pelo lado paterno, do Visconde de Nácar) (Figura 51), José Justino de Melo (Figura 52), um dos poucos médicos da cidade, e a esposa Francelina (Figura 53), Manoel Francisco dos Santos (Figura 54) e Porphiria Nogueira dos Santos (Figura 55) e, por fim, o Comendador Manoel Ricardo Carneiro[52] (Figura 56) e Delfica Guimarães Carneiro (Figura 57). Algumas mulheres aparecem "soltas", não por terem encomendado um retrato isoladas de seus companheiros, mas porque seus pares não foram encontrados, afinal, é pouco provável que mulheres solteiras comicionassem retratos em Paranaguá no final do século XIX. O feminino aparece nos detalhes de broches, camafeus e discretos brincos que adornam essas senhoras enclausuradas em roupas pretas fechadas até o pescoço, talvez uma exigência para que esses retratos fossem socialmente aceitos. É como se a condição para que fossem retratadas estivesse vinculada a esse tipo de representação austera: lábios cerrados, cenhos franzidos, roupas negras, cabelos presos. Ainda, a forte influência do catolicismo determinava o recato evidente nos retratos; são imagens indicativas do papel das mulheres naquela sociedade nobiliárquica, patriarcal e na qual elementos arcaicos eram ainda bastante presentes.

A pintura para o mercado litorâneo, à base de retratos plasticamente conservadores e, na sua esmagadora maioria, de interesse menor, traz a imagem de um grupo de elite local que buscou se representar de uma forma tradicional, caricata e pouco criativa.[53] De fato, embora Andersen não tivesse operado num terreno completamente virgem artisticamente, não havia em Paranaguá uma cultura estética suficientemente sofisticada que impusesse uma demanda retratística mais elaborada. Pelo contrário, esse gosto estava sendo criado na relação do artista com a sua clientela, e, aqui, a fotografia foi indubitavelmente um recurso fundamental que permitiu ao pintor atender às demandas oriundas do litoral paranaense, uma vez que possibilitou a encomenda de retratos de políticos importantes, póstumos, e de outras figuras que por motivos variados não pudessem posar para o pintor. Numa situação na qual a semelhança tinha um papel central, isso fazia muita diferença.

---

52 Foi presidente da Câmara Municipal de Paranaguá em 1880, quando foram iniciadas as obras de construção da estrada de ferro e posteriormente diretor do Museu Paranaense entre 1886 e 1892.

53 Existiam outros retratos que compõem esse grupo, mas não dispomos de informações sobre quem eram os retratados.

O historiador Affonso Taunay, em viagem pelas fazendas do interior do país, comenta a presença de retratos a óleo dentro das casas: "[...] Retratos a óleo eram quase sempre os únicos quadros de tais salas. E que retratos geralmente! Que horrores! Que obras de pinta-monos!".[54] Isso porque a confecção dessas imagens tinha mais uma função de distinção social do que uma resposta a uma expectativa estética. O que foi o caso também em Paranaguá: embora se inspirassem num padrão europeu de civilização, a busca por uma autoimagem do grupo derrapava nas roupas escuras e fechadas numa terra onde o calor e a umidade chegavam frequentemente a uma situação de insalubridade.

Almeida Júnior, que também confeccionou retratos convencionais para garantir seu sustento, ao envolver-se numa querela na imprensa para defender o amigo e pintor Benedito Calixto, comentava que os artistas brasileiros, para sobreviverem, tinham que se submeter ao mau gosto do freguês. Em certo trecho do artigo, ele afirma: "Não é o meu colega, não somos nós, que nos inspiramos nas oleografias estrangeiras para temperar o colorido das nossas palhetas; é pelo contrário nosso povo inculto ainda pelas finezas d'arte, que nos pede, que nos compra, que de nós exige – oleografias". E, continua: "Fazer arte pela arte é dom para os *dilettanti* ou para os artistas ricos; os artistas pobres precisam viver e para viver precisam de vender suas telas; quem as compra? O público; de que gosta o público? De oleografias; pois demo-lhes oleografias!" E, mais adiante:

> [...] eu pinto retratos, que teria vexame de mostrar a um colega conhecedor do ofício; mas que entretanto, agradam a quem m'os paga – e não agradariam se não fossem um tanto oleografados – ao gosto do freguês. O freguês! Aí está quem carrega de tintas vivas as paletas do pintor brasileiro![55]

O gosto do freguês, de que falava Warburg, e que irritava Almeida Júnior foi também determinante para a fatura desse grupo de retratos. O contraste com telas não marcadas pelas encomendas é notável, como *O agente da estação* (Figura 58) ou *Menino de rua* (Figura 59), ambos de 1896, com pinceladas mais soltas e com uma maior gama de cores, levando a um resultado plástico bem diferente, o que demonstra que Andersen estaria aberto para ir além da convencionalidade das imagens do grupo. A construção desta autoimagem retrógrada e conservadora pode ser lida também como uma face das suas práticas econômicas, que ainda no início do XX eram bastante vinculadas

---

54   Afonso d'Escragnolle TAUNAY, *Historia do café no Brasil*, t. III, v.5, p. 198 *apud* MAUAD, Ana Maria. Imagem e auto-imagem do Segundo Reinado. In: ALENCASTRO, Luiz Felipe. (Org). *História da vida privada no Brasil*: Império, 1997, p. 225.

55   ALMEIDA JÚNIOR, José Ferraz de. "A Benedito Calixto". In: *Correio Paulistano*. São Paulo: 3 de agosto de 1890, p. 3 *apud* PERUTTI, Daniela. *Gestos feitos de tinta*: as representações corporais na pintura de Almeida Júnior. Dissertação (Mestrado em Antropologia Social) - USP, São Paulo, 2007, p. 88-89.

ao passado arcaico, como na caracterização que ficou célebre de Florestan Fernandes, "como se o 'burguês moderno' renascesse das cinzas do 'senhor antigo'".[56]

Nos trilhos da modernidade: da sociabilidade com os engenheiros estrangeiros

Foto 8 – Piquenique na Serra, Andersen, engenheiros e suas famílias. Fonte: Acervo MAA

Toalhas estendidas pelo chão, garrafas, cestas de comida, sombrinhas etc. conformam todo um aparato de um piquenique entre amigos, realizado na Serra do Mar, neste registro vivo de um momento de sociabilidade entre Andersen, seus amigos engenheiros, suas esposas e filhos (Foto 8). Pode-se identificar ao seu lado, no canto esquerdo da fotografia, o engenheiro alemão Rudolf Lange, e, mais atrás, de barba branca, o sueco Carl Westerman, acompanhados de suas famílias. Tinham em comum o fato de serem estrangeiros, condição que vai perpassar toda a trajetória do pintor nos trópicos.

---

56 *Apud* ARRUDA, Maria Arminda. Arremate de uma reflexão..., *op. cit.*, p. 59.

Se a grande parte da imigração para o Paraná foi composta de camponeses que eram direcionados para as colônias agrícolas, a fim de suprirem a mão de obra escrava e resolverem o complicado problema de abastecimento da capital, por outro lado, uma parcela de imigrantes qualificados, como os engenheiros europeus contratados para trabalhar na construção da ferrovia, também passou a compor o cadinho cultural local. Alguns vinham dotados de técnicas que foram importantes para o meio artístico, como a fotografia e o cinema. Com esses imigrantes Andersen criou vínculos de amizade que – como tentarei mostrar – foram importantes para a sua permanência no Paraná, pela identificação cultural, especialmente com os nórdicos e alemães, que os aproximava. A imagem testemunha facetas do divertimento desses distintos cavalheiros europeus em meio à natureza da Mata Atlântica, com suas esposas de vestidos longos tomando chá em xícaras de porcelana e suas filhas vestidas de branco, o que causa um imenso contraste com a rusticidade da casa de madeira ao fundo da segunda fotografia (Foto 9) e todo o ambiente de uma floresta tropical.

Foto 9 – Andersen, engenheiros e suas famílias na Serra do Mar. Fonte: Acervo MAA

A condição de estrangeiro e a posição *específica* que o artista ocupou dentro da configuração local será analisada com vagar no capítulo seis deste livro. Por ora, é suficiente ter em mente as categorias elisianas de *estabelecidos e outsiders* como forma de perceber as relações entre imigrantes e elites locais, que perpassa boa parte da argumentação do livro. Se observarmos os sobrenomes dos indivíduos retratados no item anterior, salta aos olhos que são, quase todos, de origem luso-brasileira, que na configuração local podem ser analiticamente caracterizados como os *estabelecidos* que conviviam, em decorrência do porto e da estrada de ferro, com quantidade cada vez maior de estrangeiros, gerando um tipo de convivência ambígua com esses *outsiders*.[57] O conceito elisiano permite compreender as redes de interdependência e o equilíbrio instável que se dava entre esses grupos, visto que os *estabelecidos* têm a capacidade de estigmatizar os recém-chegados, afastando-os de certas posições, afinal "Um grupo só pode estigmatizar outro com eficácia quando está bem instalado em posições de poder das quais o grupo estigmatizado é excluído".[58] Aos estrangeiros[59] cabia um lugar específico de prestadores de serviço, tal como Andersen, que coloca suas habilidades artísticas à disposição dos desejos de representação pictórica dessas elites. Esses técnicos eram qualificados e culturalmente mais modernos, e o convívio que estabeleceram entre si, de onde também provieram encomendas para Andersen, foi fazendo com que se tornassem um grupo a parte – tanto dos lavradores, de quem tinham uma origem social distinta, quando das elites luso-brasileiras, que se mostram mais impermeáveis.

A chegada da estrada de ferro e a navegação a vapor juntas ampliaram, em escala mundial, a circulação de mercadorias, que encantavam a todos.[60] Despertavam desejos de modernização que atingiu lugares inusitados, como Porto Velho, de onde saía a Ferrovia Madeira-Mamoré, e Paranaguá, onde as elites, animadas com as possibilidades abertas pelo comércio de mercadorias, buscavam construir uma imagem idealizada da cidade. Na prática, contudo, era muio suscetível a doenças endêmicas que chegavam via porto, como a febre amarela e a malária, além das muitas precariedades urbanas, motivos

---

57 ELIAS, Norbert; SCOTSON, John. *Os estabelecidos e os outsiders*: sociologia das relações de poder a partir de uma pequena comunidade. Rio de Janeiro: Jorge Zahar, 2000.

58 *Ibidem*, p. 23.

59 Em seu estudo sobre ricos e pobres na comarca de Paranaguá na segunda metade do século XIX, Leandro constatou que dentro da maioria esmagadora da população que ele caracterizou como pobres estavam também os imigrantes, pois raros deixaram um inventário *post-mortem*. (Cf. LEANDRO, José Augusto. *Gentes do Grande Mar Redondo...*, op. cit., p. 326).

60 HARTMANN, Francisco Foot. *Trem fantasma*: a modernidade na selva. São Paulo: Companhia das Letras, 1988, p. 15. Uma história da construção da ferrovia Paranaguá-Curitiba, tal como a da Medeira-Mamoré ainda está por ser escrita, e certamente trará uma grande contribuição para a historiografia regional.

que contribuíram para que perdesse o posto de principal cidade para Curitiba. O deslocamento da capital em 1853 fundamentava-se também na interiorização da economia, aproveitando as potencialidades das cidades do interior e seu clima mais ameno, em oposição aos sérios problemas de insalubridade que atingiam o litoral. Mas, apesar das duras contradições sociais da realidade, as elites sonhavam com a modernidade e o desenvolvimento, que se expressavam nos dois ícones representativos da cidade: o Porto e, principalmente, a Estrada de Ferro.

A concessão inicial da ferrovia foi destinada a três personagens locais que não tinham a real dimensão do tamanho da empreitada e da técnica necessária para dar continuidade à construção da estrada.[61] Em 1880, entrou em cena a *Compagnie Generale de Chémins de Fer Brésiliens* em associação com uma firma belga especializada na fabricação de pontes metálicas, que passou a gerenciar os trabalhos. Além de contar com os principais nomes da engenharia nacional, a companhia também recrutou dezenas de profissionais na Europa para trabalhar na obra afinal. As dificuldades enfrentadas para vencer a Mata Atlântica na Serra do Mar foram imensas e todos os mais modernos recursos técnicos disponíveis foram solicitados.[62] Assim, a construção da ferrovia e a sua manutenção tornaram necessária a permanência prolongada de vários desses europeus pela natureza dos trabalhos que realizavam. A solidariedade que criaram entre si foi acolhedora e reconfortante e, como muitos acabaram permanecendo, trouxeram mudanças para aquela configuração, causando um impacto cultural significativo.

Um dos engenheiros estrangeiros mais importantes para a ferrovia foi o sueco Carl Fröjd Westerman (Figura 60), que ocupou diversos cargos no decorrer da construção, chegando a diretor em 1905,[63] e com quem Andersen tinha muita afinidade pelas origens escandinavas comuns[64] e entre eles "uma sólida amizade se consolidou, com visitas

---

61 Pedro Aloys Sherer, José Gonçalves Pêcego Júnior e José Maria da Silva Lemos receberam a concessão para o primeiro trecho do Porto D. Pedro II até a cidade de Morretes – isso em 1872 – por decreto imperial. Porém, os trabalho não duraram muito tempo, e a concessão foi dada a companhias européias. (Cf: RVPSC. *Paranaguá-Curitiba*: oitenta anos de ligação ferroviária. Edição Comemorativa da rêde de viação Paraná-Santa Catarina. Curitiba, 1965, p. 40).

62 Até hoje a viagem de trem entre Curitiba e Paranaguá é um dos principais atrativos turísticos do Paraná, com destaque para as pontes de ferro, para as antigas estações e casarões (como os da Vila do Marumbi ou a Casa do Ipiranga).

63 RVPSC. *Paranaguá-Curitiba...*, *op. cit.*, p. 82.

64 Carl Johan Fröjd Westerman (1864-1911) formou-se na Technikalskolen de Stockolmo em 1877 e, ao tomar conhecimento que um grupo empresarial que assumira a construção de uma ferrovia na América do Sul recrutava engenheiros para tal obra, alistou-se. Recrutado, chegou ao brasil em 1880. (Cf. CARNASCIALI, Carlos Celso. *Carl Johan Fröjd Westerman*: o fiel gestor de uma ferrovia. Curitiba: Santos Lima, 2006, p. 23).

frequentes entre as famílias. Muitas telas e retratos a óleo foram elaborados pelo pintor para presentar o amigo".[65] Em Curitiba, no ano de 1887, Westermann conheceu Bertha Wendt, filha de imigrantes alemães oriundos de Joinville, com que casou e constituiu família. Ambos estavam no piquenique na serra e Bertha, assim como na fotografia, é representada como uma distinta senhora, usando uma capa negra com rendados rebuscados e um elegante chapéu (Figura 61).

O retrato do engenheiro sueco foi encomendado por Gaston Cerjat (que ficou conhecido como Gastão de Cerjat) em 1901, durante sua gestão da ferrovia, o que levou o amigo retratado a retribuir a gentileza e solicitar a Andersen uma imagem do companheiro de trabalho.[66] As telas de Andersen são sugestivas dos laços de reciprocidade, usadas frequentemente como símbolo de estima das amizades em questão. As encomendas de Cerjat foram responsáveis pela mudança do pintor para a capital, segundo o próprio Andersen: "Vim a Curitiba em começos de 1903, convidado pelo Dr. Cerjat, para pintar alguns retratos da família dele".[67]

Outra amizade importante na trajetória de Andersen foi aquela com o engenheiro Bruno Rudolph Lange,[68] Chefe da Via Permanente da Estrada de Ferro[69] na gestão de Gaston de Cerjat. Pouco depois de chegar ao Brasil, casou-se com Ana Bockmann Schubert, com quem constituiu família.[70] Bruno era um homem culto e de gosto refinado, o que se confirma ao observarmos uma imagem do interior da sua residência (Foto 10). O engenheiro encomendou vários retratos da família, que foi uma das mais retratadas pelo norueguês:

---

65 *Ibidem*, p. 80. Ferdidando Wendt e Joana Wendt, pais de Bertha, também foram retratados, encomendados pelo genro.

66 Cf. Agenda do pintor ele teria também encomendado um retrato do Dr. Faria, que não se sabe quem é. O paradeiro dessas telas é desconhecido.

67 Entrevista de Alfredo Andersen *apud* PILOTO, Valfrido. *O acontecimento Andersen, op. cit.*, p. 48.

68 Natural de Leipzig na Alemanha, a vinda de Rudolph ao Brasil também deve ter sido viabilizada via recrutamento de engenheiros europeus para trabalhar na construção da ferrovia.

69 Além de ter trabalhado muitos anos para a estrada de ferro, sabe-se que Rudolph projetou e construiu a estação de Curitiba, assim como o edifício da alfândega de Paranaguá. De fato, como mostrou Colatusso, os alemães tiveram papel importante na engenharia e na arquitetura do estado. (Cf. COLATUSSO, Denise. *Imigrantes alemães na hierarquia de status da sociedade luso brasileira*: Curitiba, 1869 a 1889. Dissertação (Mestrado em História) – UFPR, Curitiba, 2004

70 Os casos de Westerman e de Lange são exemplares da frequência dos casamentos endogâmicos, importantes para a preservação de uma certa *germanidade*. (Cf. COLATUSSO, Denise. *Imigrantes alemães na hierarquia de status da sociedade luso brasileira*: Curitiba, 1869 a 1889. Dissertação (Mestrado em História) - UFPR, Curitiba, 2004

pintou telas de Rudolph (Figura 62) e de sua esposa, Ana Bockmann Lange[71] (Figura 63), mas também dos filhos Anna Joana e Frederico Lange, que podem ser vistos na fotografia, além dos seus sogros.[72] As afinidades do casal Lange com Andersen o tornam professor de desenho e pintura de seus filhos e um deles, Frederico Lange (1892-1954), seria, anos depois, seu aluno e também objeto de um retrato a óleo (Figura 64).[73]

---

[71] Segundo Lange, Andersen esculpiu em bronze um medalhão com seu rosto. (LANGE, Ivone. *Frederico August Lange de Morretes*: vida e trajetória. Curitiba: Instituto Memória, 2009. p. 9).

[72] Augusta Furmann Bockmann e Augusto Bockmann.

[73] Outra pintura indicativa da proximidade e das trocas entre os amigos é uma imagem da casa do Ipiranga, edificada na época da construção da estrada de ferro, um chalé em estilo montanhês suíço, à beira da ferrovia, que serviu originalmente de acampamento ao Engenheiro Teixeira Soares. Ao assumir a direção geral da ferrovia em 1882, em substituição ao italiano Antonio Ferruci, Teixeira Soares, sentindo necessidade de uma edificação para servir de alojamento para pessoas importantes da Companhia e também para receber autoridades e visitantes importantes, constrói a edificação. Foi escolhida uma área relativamente plana, próxima ao rio Ipiranga, que deu nome à casa, e que abrigou várias autoridades que visitavam as obras. e passou a pertencer posteriormente à família Lange. A região da casa se encontra no alto da Serra do Mar e oferece, em particular aos estrangeiros, uma riqueza de fauna e flora extraordinária. A vista que se tem do Ipiranga também éprivilegiada em relação ao Pico do Marumbi. Nessa casa, Andersen teria passado algumas temporadas, e é provável que a tela tenha sido confeccionada para presentear a família que tanto o acolheu.

Foto 10 – Interior da residência da família Lange. Fonte: Fotocopiada do catálogo *Os alemães no Paraná*. Curitiba: Badep, 1979

De forma geral, em se tratando de amigos mais próximos e todos europeus, a técnica do artista parece mais cuidadosa, as roupas femininas têm mais cores, conquanto as imagens continuem acadêmicas e convencionais. Das amizades com os engenheiros estrangeiros que resultaram em retratos, todos pertenciam ao primeiro escalão, como o chefe da via permanente, François Gheur (Figura 65), um elegante belga que chegou a Paranaguá por intermédio de Gaston Cerjat. Gheur constituiu família e permaneceu no Paraná e teve um papel importante na trajetória artística de João Zaco Paraná, tendo sido seu tutor e encaminhado o jovem a estudar na Escola de Belas Artes e Industrias do Paraná. Voltaremos a falar desses assuntos no capítulo seis.

Outro retratado vinculado ao trabalho dos trilhos foi o do *Monsieur Charles Laforge*, (Figura 66) chefe da contabilidade da *Compagnie*, e que se tornou posteriormente cônsul da França no Paraná.[74] Alguns anos depois de retratá-lo, Andersen pinta *Residência*

---

74   Sua esposa também teve aulas de pintura com Andersen, chegando a participar da Exposição dos alunos de 1917.

da família Laforge (Figura 67), uma tela colorida, alegre, inspirada no impressionismo e que remete a uma cena burguesa, com uma mulher de chapéu e sombrinha na escada. A casa tem dois pavimentos, um belo jardim e deixou registrado com fineza e requinte a passagem dos Laforge pelo Paraná. A tela, ao lado da imagem do interior da casa de Lange, reflete a ascensão social desses estrangeiros que, tendo aportado no estado para prestar serviços à locomotiva, fixaram-se e atingiram boa posição social.

O retrato de João Carlos Gutierrez (Figura 68) é o único que abrange três quartos da tela. Embora nascido em Paranaguá, era filho de um estrangeiro, Dom Alexandre Gutierrez, Cônsul da República Oriental do Uruguai no Brasil,[75] com uma herdeira de famílias tradicionais do litoral, Guilhermina Correia Gutierrez.[76] O engenheiro assumiu a direção geral da estrada em 1902, e a imagem encomendada busca refletir a sua importância. Altiva e confiante, a pose do retratado lembra muito a de Knut Hamsun (Figura 10), com uma mão no bolso e a outra segurando um cigarro.

A imagem de Gutierrez foi encomendada pelos empregados da Estrada de Ferro, como forma de retribuição pelos serviços prestados. A importância da *mimesis* na execução fica clara num comentário do jornal *A Republica*:

> são tão perfeitos os pontos de semelhança entre o modelo e o retratado, são tão níitidas as linhas physionomicas, a expressão do colorido e é tão completo o *apanhado* da pose que dir-se-á estar alli presente com toda a sua intrinseca natureza individual o sr. Dr. Gutierrez.[77]

Em 1900, Andersen anotou em sua agenda a encomenda do engenheiro Leschaud de um "retrato de si". Ele foi professor de aquarela do Conservatório de Belas Artes do Paraná, desenhista da Secretaria de Obras e Colonização do Paraná e, em 1894, desenhou o primeiro mapa oficial do Estado do Paraná. Por fim, há dois retratos intitulados "engenheiro francês", pertencentes ao Museu Paranaense, que poderiam ser Etienne Douat, Edouard Bouvin ou Gerorge Laluette.

As encomendas aqui têm uma característica distinta, por serem de pessoas com as quais ele convive, que envolvem laços afetivos e não com elites distantes que usam dos favores dele com interesses marcados, o que monta um conjunto e possibilita uma leitura diversa dos anteriores. A grande quantidade de encomendas oriundas desses estrangeiros os colocavam, pelo menos no plano simbólico, numa posição semelhante à

---

75 A maioria dos países tinha cônsules-gerais no Rio ou em São Paulo ou outras cidades, com jurisdição no Estado; havia, em compensação, maior presença dos países do chamado Cone Sul no Paraná, devido ao intenso comércio da erva-mate.

76 Irmã de Manoel Eufrasio Correia e tia do Barão do Serro Azul.

77 A República, 20/03/1905.

das elites locais, e mesmo com um senso estético mais refinado que o grupo parnanguara. Ao mesmo tempo, são testemunhos dos laços de amizade que se desenvolveram entre eles, sinal de que essa circularidade de profissionais conformou uma rede de sociabilidade compatível com o grau de qualificação maior desses imigrantes. Se os retratos, em geral, seguem um "esquema de cabeça modificado pelos traços distintivos sobre os quais desejamos transmitir informação",[78] percebemos que algumas das telas desses engenheiros possuem um acabamento mais esmerado, como o de Gheur, de Laforge e Gutierrez, produto final de um caminho mais longo entre esquema e correção, que o pintor adequava às expectativas do freguês, pois o retrato não é o "registro fiel de uma experiência visual, mas a construção de um modelo relacional".[79]

Políticos e literatos, trocas e favores

Uma vez instalado em Curitiba, Andersen passa a circular entre as redes de sociabilidade que envolviam literatos e políticos, que marcarão a produção retratística realizada no planalto, e mostram que as telas, para além de encomendas, tinham também a função de representar uma oferta, um apreço ou um agradecimento. Como a análise dessas redes se mostrou sociologicamente bastante produtiva, falaremos também de literatos retratados dos quais não conhecemos o paradeiros das telas,[80] assim como de outros escritores vinculados ao pintor, mas que não foram objeto do seu pincel. Dessa forma, será possível observar a peculiar posição de Andersen dentro de um panorama mais amplo da relação entre literatos luso-brasileiros, oriundos das famílias tradicionais, com os artistas plásticos locais que eram, a maioria, filhos de imigrantes, tal como a tese defendida por Camargo.[81]

Essas redes podem ser pensadas pela vertente das sociologias de Simmel e Elias, que discorrem sobre as teias de interdependência que conformam a sociedade, nunca estáticas e sempre sendo renovadas. Os laços de reciprocidade que constituem a vida social nunca são equivalentes, mas sempre assimétricos, e as trocas estabelecidas entre os homens carregam com frequência algum grau de obrigação velada, não necessariamente regida pela ordem econômica, uma vez que seus efeitos têm como resultado,

---

78 GOMBRICH, Ernst. *Arte e ilusão...*, op. cit., p. 77.

79 *Ibidem*, p. 78.

80 Acreditamos que uma análise do conteúdo dessas imagens pode ser dispensada em nome de um melhor quadro sociológico para inserir o pintor. Ademais, dificilmente a natureza das telas desaparecidas seriam substancialmente diversas das demais conhecidas.

81 CAMARGO, Geraldo Leão Veiga de. *Paranismo*: arte, ideologia e relações sociais no Paraná. 1853-1953. Tese (Doutorado em História) - UFPR, Curitiba, 2007.

rendimentos simbólicos, afetivos, sociais. Já no caso das comissões oriundas do polo dominante do campo político e econômico, as demandas de distinção social eram definidoras das faturas, como nas do casal Carneiro, que vemos a seguir.

Imagens da elite ervateira

Os retratos do casal David Antonio da Silva Carneiro (1865-1908) e de sua esposa, Olympia Carneiro, são representativos do aburguesamento proporcionado pelo comércio do *ouro verde*. A dimensão da tela dessa "baronesa do mate" (Figura 69) é compatível com a fortuna adquirida pela empresa da família: tem 1, 76cm de altura por 1,30cm de largura; já o do marido é mais discreta: apenas 48x25cm[82] (Figura 70). De saída, a encomenda desses retratos pelo casal Carneiro é evidência do prestígio do artista junto às elites ervateiras paranaenses, que já havia retratado vários deles em Paranaguá. A iniciativa de encomendar um retrato, tão ao feitio do universo cultural burguês, fazia parte das estratégias de diferenciação social usadas pela burguesia em ascensão.

Segundo Nestor Victor, por volta de 1910, a empresa de Carneiro[83] possuía uma capacidade de beneficiar 3.500 toneladas de erva-mate por ano, além de contar com cerca de 100 funcionários: "é, enfim, uma fábrica de primeira ordem".[84] Com a matriz sediada em Curitiba, detinha ramificações de seus depósitos e sucursais localizados em cidades prestigiadas do Brasil e do exterior, como podemos visualizar na publicidade da companhia, em que as folhas de mate servem de moldura para a imagem, que tem no símbolo da coroa a representação da excelência do produto, com um trabalho gráfico rebuscado, à altura das ambições comerciais da empresa[85] (Figura 71). Aqui vale mencionar que o aumento da circulação do mate e a busca por novos mercados colocavam a propaganda

---

82   Em 1929, Andersen retrata o filho mais ilustre do casal, o historiador e coronel David Carneiro.

83   A empresa foi fundada pelo empresário Ildefonso Pereira Correia, o Barão do Serro Azul, e chamava-se *Ildefonso Pereira Correia & Companhia,* posteriormente veiculada sob o nome individual de *Barão do Serro Azul*. David Antônio da Silva Carneiro, começou a carreira como funcionário de Ildefonso, com o qual, algum tempo depois, veio a firmar uma sociedade. Após o assassinato do Barão durante a Revolução Federalista, David assume e cria a *David Carneiro & Companhia.*

84   VÍTOR, Nestor. *A terra do futuro*: impressões do Paraná. Curitiba: Prefeitura Municipal de Curitiba, 1996, p. 101.

85   A produção da erva-mate, que ensejou o desenvolvimento de outras áreas produtivas como a indústria madeireira, que produzia as barricas, influenciou também o surgimento da técnica litográfica no Paraná para a impressão de seus rótulos. A burguesia ervateira, especialmente na figura do Barão do Serro Azul, fez inúmeros investimentos para a criação de um campo de produção cultural, adquirindo a Impressora Paranaense, antiga Tipografia Lopes (a primeira da província) e a Litografia do Comércio. Logo, serviam não só para a produção dos rótulos, mas também para fomentar a imprensa e a publicidade. (Cf. CORRÊA, Amélia.

do produto, assim como o *desing* das suas embalagens, como um item importante, o que levava os ervateiros a se aproximarem de desenhistas e artistas plásticos.

A imagem do patriarca tem uma fatura que se assemelha à de tantos outros retratados, mas com certas diferenças interessantes: é um retrato de corpo inteiro, apesar da dimensão pequena da tela; ele veste uma casaca negra, e tem a mão direita dentro do paletó, como nas famosas poses de D. Pedro II, por sua vez inspiradas no retrato de Napoleão Bonaparte.[86] Já a imagem negociada entre pintor e a Sra. Carneiro trazem mais elementos para entender o "trânsito entre representações visuais e demandas sociais",[87] pois Olympia parece ter aproveitado a oportunidade para marcar a sua posição na hierarquia social.

Trata-se de uma cena doméstica, em que a retratada, muito bem vestida, encontra-se sentada num sofá e deixa perceber o espaço de uma casa abastada. As alterações na sociabilidade trazidas pela consolidação da indústria ervateira em larga escala levaram a uma redefinição dos campos público e privado, com o espaço doméstico passando a ser também um *locus* de distinção social. O arrivismo burguês aparece igualmente nos trajes de Olympia: ela veste uma blusa branca rendada e segura um lenço displicentemente com a mão direita, além de outros símbolos de feminilidade, como anéis, colar e chale; ornamentos que, junto com o penteado, compõem um visual de elegância. Ao fundo, no canto direito da tela, a cortina balonê entreaberta deixa ver um campo de pinheirais, perpassados por uma névoa que traz uma sensação de mistério para a composição, que pelos tons escuros carrega um aspecto sóbrio.

O retrato de Olimpia Carneiro traz um pouco do que Freyre chamou de "reeuropeização do Brasil", no sentido dos comportamentos imitados, afetados e superficiais das elites,[88] pois parece haver um pouco de exagero em tudo. Por outro lado, era comum que as mulheres trabalhassem mais deliberadamente a sua imagem, tentando adaptá-la

---

Imprensa e política no Paraná: prosopografia dos redatores epensamento republicano no final do século XIX. Dissertação (Mestrado) – UFPR, Curitiba, 2006, p. 34).

86 Essa foi uma das figuras mais populares do século XIX, com seus retratos altamente reproduzidos em gravuras e em publicações por diversos países do Ocidente. No retrato de corpo inteiro, executado dentro dos moldes neoclássicos utilizados por David, Napoleão está em pé, usando uniforme militar e tem no peito suas condecorações expostas. Com o corpo ligeiramente voltado para a esquerda e o olhar direcionado ao pintor, a pose adotada pelo imperador ficou a ele consagrada, com a mão direita adentrando a casaca. (Cf. SCHWARCZ, Lilia Moritz. *As barbas do Imperador, op. cit.*).

87 MICELI, Sérgio. *Imagens negociadas..., op. cit.*, p. 12.

88 Segundo Freyre, "No Brasil dos principios do século XIX e fins do XVIII, a reeuropeização se verificou pela assimilação, da parte de raros, pela imitação (no sentido sociológico, primeiro fixado por Tarde), da parte do maior número [...]" (FREYRE, Gilberto. *Sobrados e mucambos..., op. cit.*, p. 428).

a ídolos famosos ou à moda que habitam seus imaginários.[89] Trata-se, afinal, da construção de uma distinção social, pois

> as tomadas de posição, objetiva e subjetivamente estéticas – por exemplo, a cosmética corporal, o vestuário ou a decoração de uma casa – constituem outras tantas oportunidades de experimentar ou afirmar a posição ocupada no espaço social como lugar a assegurar ou distanciamento a manter.[90]

Vicente Machado e a consolidação política dos conservadores

O Paraná do século XIX contava com duas elites econômicas que detinham o poder político local, formando uma configuração composta pelas elites rurais dos Campos Gerais[91] e a burguesia ervateira de Curitiba e do litoral. Esta tomava cada vez mais o espaço daquela, principalmente após a Guerra do Paraguai, quando a produção da erva-mate se expandiu para atender ao mercado platino, aumentando seu capital econômico e político, que viabilizou uma série de investimentos que alteraram a cidade e as redes de sociabilidade local. A figura central do partido conservador, que após a Proclamação da República passou a chamar-se Partido Republicano Federal, foi Vicente Machado (1850-1907), um dos responsáveis pela hegemonia dos interesse da indústria ervateira no campo político estadual.

---

89 GOMBRICH, Ernst. La maschera e la faccia: la percezione della fisionomia nella vita e nell'arte.In: BLACK, Max; GOMBRICH, Ernst; HOCHBERG, Julian. *Arte, percezione e realtà*: come pensiamo le immagini. Torino: Einaudi, 2002, p. 16-17.

90 BOURDIEU, Pierre. *A distinção*: crítica social do julgamento. São Paulo: Edusp; Porto Alegre, RS: Zouk, 2008, p. 57.

91 A partir da década de 1870, essas elites entraram num processo de decadência econômica devido ao advento das ferrovias, que tornavam as mulas desnecessárias: "A diminuição do tropeirismo é diretamente proporcional ao crescimento ferroviário nas décadas de 1870 e 1880". (Cf. OLIVEIRA, Ricardo Costa de. *O silêncio dos vencedores*: genealogia, classe dominante e Estado no Paraná. Curitiba: Moinho do Verbo, 2001, p. 100). Com isso, desestruturou-se a base econômica de sustentação dos Campos Gerais, e seus representantes tiveram que buscar alternativas de sobrevivência, que se concentraram principalmente no Estado e no exercício do poder político, contribuindo para o crescimento dos centros urbanos, dado o êxodo provocado pela crise do comércio de mulas. Outra opção foi a atividade madeireira, que refletia uma posição subordinada aos ervateiros (que também se envolveram nesta atividade), afinal produziam as barricas que serviam para armazenar e exportar o mate. A perda do capital econômico refletia-se cada vez mais no campo político e mesmo no meio cultural, pois tinham cada vez menos possibilidade de investir em jornais, comprometendo de forma crescente a sua posição dominante no campo do poder.

Vicente Machado da Silva Lima, que foi o principal político paranaense durante a Primeira República,[92] teve na sua trajetória um "destino de classe" construído a partir dos principais núcleos de formação de poder: origem social – membro das tradicionais elites agrárias dos Campos Gerais, treinamento – bacharel formado pela faculdade de Direito de São Paulo, e socialização – com seus dois casamento dentro das elites do litoral paranaense.[93]

Dos retratos de corpo inteiro de Vicente Machado executados por Andersen, o maior deles foi encomendado pela direção do Museu Paranaense,[94] na figura de Romário Martins, de quem falaremos em breve. Dimensões imponentes como o dessa encomenda ressaltam o caráter público tanto do modelo quanto da imagem. No relatório apresentado pelo diretor ao governo do Estado em 1906, ele nos conta da parceria com Andersen para a composição da pinacoteca do Museu Paranaense, que trabalhava numa grande tela de Vicente Machado:[95]

> Desta forma, o museu se constituía, através da sua coleção de quadros, que se destinava a divulgar a natureza do Paraná e, sobretudo, a perpetuar a memória de homens da elite paranaense, em um espaço para a promoção de políticos renomados, numa espécie de panteão dos personagens importantes paranaenses.[96]

Ao todo Andersen realizou três imagens de corpo todo e uma do tronco para cima, bastante semelhantes,[97] e nos concentraremos aqui na maior e mais trabalhada delas (Figura 72).

---

92   Ocupou diversos cargos políticos, como o Senado e a Presidência do Estado.

93   Cf. CORRÊA, Amélia. *Imprensa e política no Paraná...*, op. cit.

94   Fundado em 1876, no antigo e modesto prédio do Mercado Municipal da cidade, nasceu sob inspiração dos museus nacionais, organizado por Ermelino de Leão e Cândido Muricy e reunia uma coleção variada de 600 peças entre objetos, artefatos indígenas, moedas, pedras, insetos, pássaros e borboletas, compondo um verdadeiro "gabinete de curiosidades". Em 1880, quando D. Pedro II esteve no Paraná, doou alguns objetos e criticou a falta de um catálogo. Foi lá que a Princesa Izabel, em 1884, distribuiu os prêmios da exposição da Filadélfia; o museu teve papel importante na sociabilidade das elites. Foi comandado por Romário Martins entre 1902 e 1928. (Cf. CARNEIRO, Cintia. *O museu paranaense e Romário Martins... op. cit.*).

95   MARTINS, Romário. *Relatório apresentado ao Exmo. Sr. Dr. B. Lamenha Lins*, Secretario d'Estado dos Negócios do Interior pelo director do Museu Paranaense Romário Martins em 1º de janeiro de 1906. Curytiba: Typ. E Lith a vapor Impre. Paranaense, 1906.

96   CARNEIRO, Cintia. *O museu paranaense e Romário Martins... op. cit.*, p. 82.

97   Há na agenda do pintor a informação de que em 04.03.1904 havia recebido "cem mil" de "Antonio Francisco" por conta do retrato de Vicente Machado. Acreditamos que se tratava de

As imagens que mostram um homem altivo e sério podem ser vinculadas a um rol de "diversos retratos de corpo inteiro de importantes líderes republicanos fabricados em diálogo visual com o modelo definido por David para seu herói [Napoleão]".[98] A postura firme e ereta do retratado remete a uma imagem de força e solidez, não exatamente condizentes com um homem adoentado e prestes a morrer.[99] Confeccionadas com uma evidente finalidade política, a negociação da imagem resultou numa representação que buscava um rendimento simbólico para a perpetuação da sua linhagem no poder do Paraná. A obra foi muito elogiada pela imprensa, e parece ter sido motivo de orgulho para o pintor, que posou ao lado da tela numa fotografia enviada aos familiares noruegueses.

Alguns elementos iconográfico buscam simbolizar o poder e o prestígio do retratado: a roupa formal, os sapatos lustrados, o monóculo, a mão direita sobre livros, a esquerda segurando um pergaminho. A cena pode ter sido ambientada no interior do próprio Museu Paranaense ou em algum espaço do governo do estado, como um gabinete. Um elemento, contudo, parece dissociado do restante da composição e intriga o observador mais atento: uma rosa caída sob o chão, no canto direito da imagem. Situada numa tela onde os demais elementos foram pensados a fim de representar a importância política do retratado, é difícil acreditar que a sua inserção na composição tenha sido fortuíta ou destituída de qualquer significado. Por isso, é preciso tentar entender o que essa iconografia significa dentro do contexto da obra, afinal, como colocou Panofsky, a iconologia deve estar relacionada com a realidade histórica. Consegui formular duas possíveis explicações, mas acredito que uma explicação mais certeira, se é que ela existe, ainda está por se formulada. Das diversas leituras que uma rosa poderia suscitar, uma delas[100] diz que quando a vida humana não se consuma completamente e

---

Antonio Francisco Correa de Bittencourt (1834-1918), comerciante e camarista de Curitiba e deputado provincial. Cf. Nicolas, 1954, p. 169. Já em 23.11.1906, recebeu a mesma quantia do Sr. Manoel Gonçalves, por conta do retrato do Dr. Vicente Machado. Não sabemos se tratava-se de parcelas referentes ao mesmo retrato ou não. Sabe-se que o comitente de uma delas foi o imigrante e empresário sírio-libanês Feres Merhy (1879-1946), que chegou ao Brasil e se estabeleceu em Curitiba em 1895. Foi o responsável pela construção de um dos primeiros edifícios de porte de Curitiba, o luxuoso Palácio Avenida, em 1926-27.

98 MICELI, Sérgio. *Imagens negociadas...*, op. cit., p. 111.

99 O retrato do Museu Paranaense aqui analisado foi executado entre 1906 e 1907, quando Vicente Machado já havia feito uma viagem à Europa em busca de tratamento para um câncer que, ironicamente, o matou no dia em que a tela foi apresentada ao público no Salão de Belas Artes.

100 CHEVALIER, Jean. *Dicionário dos símbolos*. São Paulo: Jose Olympio, 2003.

é interrompida bruscamente, tenta prolongar-se sob uma outra forma, como uma flor.[101] A rosa assumiria, assim, um significado simbólico análogo ao da própria confecção da tela: a perpetuação ou o prolongamento do seu legado. Há também uma outra possibilidade, encontrada num depoimento de Alzira,[102] filha do pintor, dos anos 1980, quando ela diz que a rosa vermelha era o símbolo da família Andersen.

Vicente Machado era também um comprador das telas do pintor, como na exposição de 1905, no Museu Paranaense, quando o político arrematou quatro, entre elas "a tela monumental representando o Salto das Sete Quedas".[103] Político e intelectual com boa formação e conhecedor dos principais centros artísticos, Vicente Machado sabia da importância da arte figurativa na criação de uma cultura e de uma identidade para o Paraná, e buscou incentivar a permanência de Andersen no estado. De fato, o pintor contava com o poder e o prestígio de Vicente Machado para viabilizar de forma satisfatória a sua carreira artística no Paraná, como declarou numa entrevista em que relata que, pensando em retornar à Noruega, foi convencido pelo amigo a permanecer:

> o dr. Vicente Machado, que era meu amigo, e em quem eu via um estadista de valor, me fez diversas encomendas, e como eu tinha podido economizar o suficiente para voltar à minha pátria, fui um dia na casa do dr. Vicente, [...] e disse a ele que estava resolvido a voltar para a Noruega. O dr. Vicente ficou muito sério e disse-me: 'Não faça isso Sr. Alfredo. Eu preciso do senhor aqui, para ajudar a educar meu povo. Eu lhe farei uma Escola de belas Artes e lhe garanto que o senhor nunca terá razão de se arrepender de ter ficado aqui.[104]

Esse depoimento traz à tona o personalismo que regia a política, afinal em

> sociedade de origens tão nitidamente personalistas como a nossa, é compreensível que os simples vínculos de pessoa a pessoa, independentes e até exclusivos de qualquer tendência para a cooperação autêntica entre os indivíduos tenham sido quase sempre os mais decisivos.[105]

---

101 A rosa possui um simbolismo semelhante numa pintura de Cristian Krog, pintor norueguês contemporâneo de Andersen, em sua tela *Menina Doente*.

102 Entrevista de Alzira Andersen à Neida Oliveira em 22-05-1988; Museu Andersen, pasta 001D – dados biográficos/árvore genealógica.

103 E continua o jornalista: "Este painel, somente elle, custou ao benemerito Paranaense, a respeitável importancia de 2:000$000, e esta figurando na sala de visitas de sua residencia, no Batel". A Republica, 03 de março de 1905.

104 PILOTO, Valfrido. *O acontecimento Andersen, op. cit.*, p. 13-14

105 Cf. HOLANDA, Sérgio. *Raízes do Brasil*. São Paulo: Companhia das Letras, 1998.

Andersen aposta nas promessas da personalidade prestigiosa de Machado, o que vai acontecer sucessivamente com outros políticos e governantes. Essas promessas feitas por políticos, como Vicente e outros, de construção de uma escola oficial confirma a inexistência de uma posição instituicional na qual Andersen pudesse ser alocado, e da baixa institucionalização do meio artístico no Paraná. As demandas pelos serviços de artistas plásticos, contudo, cresciam, e a relação entre Andersen e Machado é exemplar da rápida acolhida que teve entre as elites dirigentes locais, por ser um bom retratista e com um formação acadêmica que atendia ao gosto da clientela.

Romário Martins, Affonso Camargo e a gestão política paranista

Em 1921, Andersen realizou uma mostra individual na casa Editora "O Livro" de São Paulo, um dos mais importantes espaços culturais da cidade. Dentre as obras expostas, constava o *Retrato do Sr. Romário Martins* (Figura 73), elaborado, provavelmente, no final da década de 1910, o que condiz com a representação de um homem com cerca de 40, 45 anos que vemos na tela. A imagem, com evidente caráter oficial, deve ter sido executada para figurar no rol dos importantes personagens que compunham a Pinacoteca do Museu Paranaense, gerida pelo próprio retratado entre 1902 e 1928.[106] O dileto amigo de traços finos, bigode e cabelos negros está vestido elegantemente, com gravata borboleta, sob um fundo escuro esverdeado. O retrato é convencional e semelhante a tantos outros de caráter público realizados pelo norueguês, e traz poucas informações sobre a personalidade e a identidade social do modelo.

Outros dados, porém, ajudam a pensar as relações entre o funcionário público literato e o pintor. Fotografias da década de 1930, por exemplo, dizem da informalidade que regia a relação entre ambos, conquanto a correspondência trocada entre o *inventor* do paranismo e o *pai da pintura paranaense* sejam testemunhos do respeito, da estima e da cordialidade que tinham um para com o outro, assim como reveladoras de laços de afetividade domésticos. Martins dava apoio material indireto a Andersen, ao articular encomendas oficiais ao amigo pintor, assim como acreditamos que tenha encomendado telas para o seu acervo pessoal. No campo dos incentivos morais, há matérias e artigos sugeridos em revistas e jornais locais, além da parceria na criação da *Revista Paranista*, da qual falaremos oportunamente. Todo esse cabedal informativo faz pensar em Romário como uma figura de impulso da sua carreira artística, inclusive na sugestão de temas como os pinheirais, bem ao gosto das elites locais.

A proximidade com Martins, figura-chave na articulação entre as demandas de políticos e intelectuais aos artistas imigrantes, foi uma peça central na inserção de Andersen

---

106 Sobre a condução do Museu por Romário Martins, ver a dissertação de Cintia Carneiro (*op. cit.*).

no horizonte de demandas artísticas das elites do poder. Ele que foi um *forjador*, criou mitos[107] e histórias de origem do Paraná, além de ter realizado estudos de geografia, história, demografia etc., foi uma figura de muito prestígio local, que ocupou posições importantes no campo político, como deputado e presidente da Câmara. Oriundo das camadas médias, o bom posicionamento de Martins nos campos intelectual e político se deu a partir da sua formação e de um bom aproveitamento do seu talento precoce. Martins e Vicente Machado foram os primeiros personagens de peso a vislumbrar na sua palheta um recurso simbólico importante para a consolidação das estruturas de poder pós-republicanas. Contudo, vale lembrar que Romário agiu pluralmente no campo das artes e incentivou e subsidiou vários outros artistas.[108]

Numa carta de 1918 enviada ao pintor, o caráter agenciador de Romário fica evidente. Andersen estava pintando em Santa Catarina, e dizia Martins:

> preciso com certa urgência que venhas, porque temos que combinar um outro retrato do Senador Generoso. Como ele ja te disse, pretende adquirir o retrato feito; e eu, então, combinei com os amigos que tal retrato lhe seja oferecido e que farás outro para a pinacoteca. Ambos serão pagos por meio de uma subscrição que será facilmente coberta. Terás, assim, assegurada a tua situação financeira presente, o que te irá facilitar a tua ida ao Rio [...] Além disso, Paranaguá te encomendará também um Wenceslau Braz, para a Galeria da Municipalidade.[109]

O primeiro retrato do Senador Generoso Marques dos Santos,[110] de 1912 (Figura 74), traz a imagem de um político já de idade, bem acomodado numa confortável cadeira.

---

107 Sobre a criação de mitos de origem e tradições, o clássico estudo de Eric Hobsbawn e Terence Ranger, *A Invenção das tradições,* ajuda a entender a produção de Martins, e foi utilizado como referencial dos principais trabalhos sobre o regionalismo local, como *Paranismo, o Paraná inventado*, em que o autor nos conta, por exemplo, que Martins, decidido a consolidar a força evocativa da araucária, inventa a história do pinheiro que forneceu sombra para D. Pedro II descansar quando de sua visita ao Paraná. A história ganhou alento e até placa comemorativa do evento foi inaugurada, bem como foram organizadas excursões de estudantes ao local. Perguntado, durante a solenidade, qual fonte teria consultado para estabelecer aquele fato, Romário respondeu: "Nenhuma. O pinheiro é tão bonito e me pareceu interessante...". PEREIRA, Luís Fernando Lopes. *Paranismo*: o Paraná inventado: cultura e imaginário no Paraná da I Republica. 2.ed. Curitiba: Aos Quatro Ventos, 1998, p. 141

108 As tensões sociais e as disputas que estavam no bojo do seu projeto regionalista serão exploradas no capítulo 6.

109 Carta de Romário Martins a Alfredo Andersen. Curitiba, 22.04.1918.

110 Generoso Marques dos Santos (1844-1928) foi casado com Ana Joaquina de Paula, filha de um importante político liberal; bacharelou-se em São Paulo em 1865; na sequência, foi Inspetor Geral da Instrução Pública, professor do Instituto Paranaense, deputado provincial

Ele que já havia percorrido as mais importantes posições do campo político paranaense, estava, desde 1909, ocupando um confortável cargo de senador na capital da República, que exerceu por 17 anos. Emanando autoridade e experiência, a imagem traz insígnias da sua posição política consolidada: usa terno com colete, o prendedor do relógio em ouro, o monóculos, cabelos brancos e o bigode bem aparado. O fundo esverdeado proporciona uma claridade relativa à imagem, executada dentro dos moldes acadêmicos e com o objetivo de figurar na pinacoteca dos *ilustres personagens* do Museu Paranaense. O segundo retrato mencionado por Martins é desconhecido; sabe-se apenas de um terceiro de 1929, portanto posterior à sua morte e realizado a partir de uma fotografia.[111]

A intermediação de Martins era central para as encomendas oriundas do campo político:

> Falando a teu respeito com o presidente do estado, combinei que ele posasse no teu atelier para um retrato oficial. Acho que te convém dispensar algum tempo para esse trabalho, de maneira a poderes, também, leva-lo ao Rio. Esse retrato será igualmente adquirido.[112]

O retratado em questão era Affonso Alves de Camargo,[113] objeto de três óleos do pintor norueguês. Na tela de maior proporção (Figura 75), em que Camargo aparece quase de corpo todo, o esquema adotado parte novamente da tela de Knut Hamsun (Figura 10), no qual uma luz emana da parte superior do modelo. Camargo se mostraria, especialmente na sua gestão do final da década de 1920, um entusiasmado *paranista*, tendo prometido a Andersen a criação de uma Escola de Belas Artes e adquirido vários

---

nos biênios 1866-67, 1868-69, 1882-83, 1884-85, 1886-87, 1888-89. Foi também vereador, presidente da Câmara Municipal de Curitiba e da Assembleia Provincial e deputado geral entre 1881 e 1884. Com a retirada de Jesuíno Marcondes da política paranaense logo após a Proclamação da República, Generoso Marques tornou-se líder dos liberais paranaenses, eleito senador e constituinte pelo Paraná em 1891. Além disso, foi o primeiro governador republicano eleito do Paraná, deputado e senador durante a Primeira República. Colaborou com os seguintes jornais: *Dezenove de Dezembro, O Paraná, Província do Paraná* e *A Reforma.* In: DICIONÁRIO HISTÓRICO-BIOGRÁFICO DO ESTADO DO PARANÁ (DHBPR). Curitiba: Chain: Banco do Estado do Paraná, 1991, p. 429-430.

111 A fotografia que deu origem à tela faz parte do acervo do MAA.

112 Carta de Romário Martins a Alfredo Andersen. Curitiba, 22.04.1918.

113 Nascido em Guarapuava Affonso Alves de Camargo (1873-1958), bacharelou-se pela Faculdade de Direito de São Paulo, foi diversas vezes deputado estadual e nos quatriênios 1908-1912 e 1912-1916 foi vice-presidente do Estado e posteriormente Senador da República. (Cf. NEGRÃO, Francisco. *Genealogia paranaense, op. cit.*, p. 450). Voltaremos a falar da sua gestão *paranista*.

de seus trabalhos,[114] dentre eles encomendas de paisagens dos Campos Gerais, onde nasceu. Aqui, novamente, temos a visão de uma sociedade calcada em valores personalistas, com o padrão familiar regendo a esfera pública.

Festa inquieta

Na percepção de Rocha Pombo,[115] o contexto que permitiu o surgimento de uma primeira geração de escritores paranaenses deve ser remetido à ampliação da educação que se iniciou após a emancipação da província, com o aumento do número de escolas públicas e privadas e com a criação de instituições de ensino secundário como o Instituto Paranaense, em 1876.[116] Assim, além da ampliação da alfabetização, cresceu o número de empregos para professores, profissão presente na trajetória de muitos letrados do período, afinal as possibilidades de sobreviver exclusivamente da escrita eram bastante reduzidas.

Já os filhos das elites, sempre que possível, eram enviados para estudar no Rio de Janeiro, São Paulo ou mesmo na Europa. É por isso que "Já na década de 1880 começa a repercutir em todos os aspectos da vida de Curitiba os efeitos da nova mentalidade da geração que teve maior acesso ao saber, atuando na vida pública ou liderando atividades voltadas para a comunidade".[117] Dentro desse contexto de ampliação da população letrada, surgem agremiações e clubes com a intenção de cultivar as letras. Contudo, vários dos literatos locais, ao defrontarem-se com as dificuldades de viver da literatura no Paraná, acabam optando por tentar um posicionamento no campo literário na capital da República, o que alguns conseguem com algum sucesso.

Um artigo publicado em 1928 na Revista *Festa*, no Rio de Janeiro, foi a porta de entrada para uma intricada rede de relações que envolviam escritores, políticos e artistas,

---

114 Na exposição comemorativa ao centenário do nascimento do pintor em 1960, seu filho, Afonso Alves de Camargo Filho, expôs oito paisagens pertencentes ao acervo da família.

115 José Francisco da Rocha Pombo nasceu em Morretes, na então Província do Paraná, em 1857. Vem de uma família protestante, cujo pai é professor, com breve participação na política local, via Partido Conservador, chegando à suplência de vereador. Inicia sua vida profissional aos 18 anos, substituindo o pai no magistério, possibilitando uma proximidade com o mundo das letras, que favoreceu o desenvolvimento da profissão de jornalista. Autodidata, trabalhou em vários periódicos do estado, onde adquiriu capital simbólico suficiente para adentrar no campo político local, tendo sido deputado provincial. Desiludido com as lides da política local, muda-se para o Rio onde se consolida como escritor e historiador. (Cf. CORRÊA, Amélia. *Imprensa e política no Paraná...*, op. cit.).

116 POMBO, Rocha. *O Paraná no centenario*. Rio de Janeiro: Typographia Leuzinger, 1900, p. 277.

117 PROSSER, Elisabeth Seraphim. *Páginas escolhidas*: 150 anos da criação política do Paraná. Curitiba: Imprensa Oficial, 2004, p. 52.

movidos por um desejo deliberado de fazer conhecer o Paraná e a sua produção cultural para além das suas fronteiras. Também uma amostra das trocas de favores, retratos, textos e elogios que circulavam dentro dessa configuração social, e que evidenciam as trocas e os vínculos de reciprocidade, em que os personagens estavam envolvidos.

A Revista *Festa* foi criada com a participação ativa de literatos nascidos no Paraná e radicados no Rio,[118] como Tasso da Silveira, Andrade Muricy e Silveira Neto, e contava com o mecenato do empresário Moisés Marcondes.[119] Da "panelinha" paranaense instalada no Rio de Janeiro participava também Nestor Vítor (1868-1932), que contribuiu com textos e foi objeto de análises da publicação modernista, e Rocha Pombo, que seguia um rumo literário distinto de seus conterrâneos, mas que circulava frequentemente entre eles na capital da República. Personagens influentes do campo político paranaense como Romário Martins e Affonso Alves de Camargo também se mostraram figuras-chave para compreender essa teia de relações, sendo que todos, exceto Tasso da Silveira, foram retratados e estiveram envolvidos em graus e medidas diversos com Alfredo Andersen.

O retrato de Nestor Vitor foi, cronologicamente, o primeiro (Figura 76). Nele o crítico está sentado sob uma cadeira, e com o dorso virado para a direita olha para o pintor, como se tivesse sido surpreendido por ele. Haviam se conhecido naquele ano de 1912, quando Vítor se encontrava no Paraná colhendo informações e fazendo entrevistas para a publicação de um livro, ocasião na qual, relata: "tive a feliz oportunidade de conhecer ...o Sr. Alfredo Andersen, ... frequentei seu ateliê e, conheci, portanto, suas obras e pude avaliar o seu mérito".[120]

O parnanguara Nestor Vitor era à época um crítico estabelecido no Rio de Janeiro e bem posicionado no campo literário, o que levou Affonso Camargo, então governador do estado, a convidá-lo a escrever uma obra elogiosa e de divulgação do Paraná,[121]

---

118 É interessante observar que nenhuma das análises sobre a revista colocaram as origens de seus principais colaboradores, e mesmo de seu financiador, Moisés Marcondes, e suas implicações nas redes e na conformação das suas trajetórias sociais. Sobre a Revista, ver: CACCESE, Neusa. Festa:contribuição para o estudo do modernismo. São Paulo: Instituto de Estudos Brasileiros, 1971; RÜCKER, Joseane. *A Revista Festa e a modernidade universalista na arte*: Estudo de caso: Adelino Magalhães. Dissertação (Mestrado em Letras) - UFRGS, Porto Alegre, 2005; CASTRO, Marilda. *Festa e La Cruz del Sur*: memórias críticas e literárias em diálogo. Tese (Doutorado em Letras) - UFMG, Belo Horizonte, 2007.

119 Moisés foi importante "não só pelo seu incentivo intelectual, mas também – e aqui é o depoimento pessoal de Andrade Muricy e Plinio Doyle que nos dá a informação – pelo apoio financeiro que sempre soube dar à Revista". (Cf. CACCESE, Neusa. *Festa...*, op. cit., p. 21).

120 VÍTOR, Nestor. *A terra do futuro...*, op. cit., p. 134.

121 Afonso Camargo encomenda também um filme, *Pelo Paraná maior*, aos irmãos Botelho, com a mesma finalidade propagandística, utilizando as novas técnicas modernas do cinema

com a evidente intenção de colocar o estado em evidência na capital do país e fazer conhecer a um público mais amplo os "progressos do Paraná".[122] A confecção de *Terra do Futuro*: impressões do Paraná, publicada em 1913, era compatível com a postura de Vitor de sempre acompanhar os acontecimentos políticos e literários da sua terra natal.[123] Mesmo residindo no Rio, esteve envolvido com a Academia Paranaense de Letras e demais lides culturais locais, atuando também na esfera política como deputado no Congresso Legislativo do Paraná entre 1917 e 1921.[124]

Não sabemos se a tela foi uma encomenda do próprio crítico, do Museu Paranaense via Romário Martins (uma vez que a tela pertence ao acervo) ou uma oferenda de Andersen, que buscava oportunidades de reconhecimento do seu trabalho no campo artístico no Rio de Janeiro. Nestor Vítor, que foi o elo entre a produção simbolista paranaense e a divulgação dela na imprensa carioca, buscava, sempre que possível, dar sustentação a seus *conterrâneos:* escreve, por exemplo, em vários momentos da sua trajetória sobre os amigos Emiliano Pernetta[125] e Rocha Pombo.[126]

Mas foi Andrade Muricy,[127] um dos mentores da *Festa,* quem publicou, em 1928, na revista um texto sobre a volta de Alfredo Andersen da Noruega, vinculando-o a

---

para a difusão.

122 Em 1912, o Governo Estadual autorizou o auxílio de 3:000$000 para publicação de propraganda acerca dos progressos do Paraná. (Cf. PARANÁ. Lei n.o 1150. 27 mar 1912. Leis e Decretos do Estado APPR).

123 Nas cartas que trocava com Emiliano Pernetta, percebe-se claramente o auxílio que solicitava aos amigos para redigir o livro. Em 26 de agosto de 1912, por exemplo, escreve: "Recebi tua carta de 20 com a excellente nota sobre as escolas primarias de Curitiba, os jardins de infancia, os grupos escolares, da mesma, e dando informações geraes sobre o mesmo assumpto. Relativas a todo o Estado. Fico à espera da nota sobre os intellectuaes. Peço-te que nella refiras os jornaes, revistas e outras publicações que haja neste momento na Capital." (Cf. CAROLLO, Cassiana Lacerda. Correspondência inédita de Nestor Victor dos Santos a Emiliano Perneta. *Revista Letras*, Curitiba, v.24, p. 325, 1975.).

124 Sobre a atuação de Nestor Vítor no campo político, ver CORRÊA, Amélia. *Imprensa e política no Paraná..., op. cit.*

125 As cartas publicadas por Carollo deixam evidente o empenho de Nestor Vitor em divulgar a obra de Emiliano Perneta no Rio de Janeiro. (ver: CAROLLO, Cassiana Lacerda. Correspondência inédita de Nestor Victor dos Santos a Emiliano Perneta, *op cit.*

126 Nestor Vitor chega a dar suporte material a Rocha Pombo, que vivendo no Rio passava por dificuldades. Em 1924 publica uma biografia do amigo.

127 Filho do Tenente Coronel José Candido da Silva Muricy (1863-1943), que além de militar foi deputado estadual, sócio-fundador do Instituto Histórico e Geografico do Paraná e flertou com a atividade literária. Teve dois casamentos dentro das elites locais: o primeiro com a filha do Dr. José Pereira Santos Andrade (comerciante, ervateiro e atuante no campo político, foi Presidente do Estado do Paraná, entre tantos outros cargos), Anna Martins de

escritores conterrâneos como Ibsen e Hamsum, e aproveitando a oportunidade para falar um pouco mais do *pai da pintura paranaense*.[128] O grupo em torno da revista fez parte de uma das correntes do modernismo que atuou em oposição à hegemônica paulista elaborando, assim como se fez no Paraná, um discurso de contraposição ao primitivismo, à noção de ruptura e ao exótico, centrais para aqueles vinculados à Semana de 1922. Para os participantes de *Festa*, o primitivismo era uma tentativa de assimilar a brasilidade a partir de elementos pitorescos – que eram vistos como materialização de uma leitura reducionista do nacionalismo –, pois maximizava o elemento exótico. Seus participantes criticavam o primitivismo integral e eram contra o apagamento das tradições.[129] Concepções que, não por acaso, se aproximam da visão paranista da identidade, que tinha na ligação com o passado imperial e com a tradição paisagística uma prerrogativa central da sua linha de atuação no campo das artes plásticas.

Mas o retrato de Andrade Muricy (Figura 77) é bastante anterior ao texto laudatório de *Festa*: data de 1919, ano da publicação do seu estudo sobre Emiliano Perneta,[130] que foi seu professor, ao lado de Dario Velloso, durante a juventude em Curitiba. Os vínculos de reciprocidade não mercantis envolvidos na confecção dessas imagens e mesmo do texto sobre Andersen no Rio vão ficando evidentes, quando da vinda do crítico à sua terra para o lançamento do livro, ocasião em que Andersen, "querendo homenagear Andrade Muricy, executou um magistral retrato que conquistou a admiração geral e esteve exposto no salão da festa".[131] O pintor já havia executado um retrato a óleo do seu pai, o Major José Cândido da Silva, que participou, em 1916, do Salão Nacional de Belas Artes, recebendo Andersen menção honrosa pela execução.[132]

Andrade, mãe de Andrade Muricy. Após o falecimento da primeira esposa, seu pai casa-se com Josephina Costa Carneiro, filha dos maiores ervateiros curitibanos, os retratados Davi e Olympia Carneiro, de quem falamos neste capítulo. (Cf. NEGRÃO, Francisco. *Genealogia paranaense, op. cit.*, p. 196-197). José Candido de Andrade Muricy (1895-1984) nasceu em Curitiba e ingressou em 1913 no curso de Direito, que concluiu no Rio de Janeiro em 1919, com respaldo econômico da sua bem abastada família. Acaba por fixar-se na capital federal, onde se torna um personagem de relevo na crítica literária brasileira.

128 Andrade Muricy participou das comemorações do centenário do nascimento de Andersen em 1960, quando fez uma palestra sobre o *Pai da Pintura Paranaense* na Biblioteca Pública do Paraná. (Cf. PILOTO, Valfrido. *O acontecimento Andersen, op. cit.*).

129 Cf. CACCESE, Neusa. *Festa..., op. cit.*

130 MURICY, Andrade. *Emiliano Pernetta*: subsídios para a historia da poesia brazileira contemporanea. Rio de Janeiro: Edições América Latina, 1919.

131 Diário da Tarde, 1919, p. 2

132 Cf. CAVALCANTI, Carlos (Org.). *Dicionário brasileiro de artistas plásticos.* Brasília: INL, 1973. v.1. p. 74.

Na imagem, vemos um homem bastante jovem que, recém-formado bacharel, estava vestido formalmente, como um acadêmico. De cabelos negros, sobrancelhas grossas e boca carnuda, o retratado tem um olhar atento e uma fisionomia séria, compatível com as ambições de um aspirante a uma bem-sucedida carreira no campo literário nacional. Numa fotografia posterior, contudo, ele parece ter adequado sua imagem à de um intelectual já estabelecido, com os cabelos molhados penteados para trás, um óculos que dava menos realce às sombrancelhas grossas e o lábio levemente preso para dentro, compondo uma imagem mais elegante e refinada do que o retrato de Andersen (Figura 78).

Celebrado por seus companheiros paranaenses, o "jovem e talentoso crítico" Andrade Muricy foi homenageado em uma festa organizada por Emiliano Pernetta (1866-1921) em 1920, que, após o lançamento de "Ilusão",[133] consolida-se no campo literário nacional, conquanto estivesse morando na *periferia*. Dentro da lógica da reciprocidade e da troca e retribuição de favores, foram homenageados na ocasião os paranenses "que labutam na capital da república para erguer bem alto o nome do Paraná intelectualmente: Nestor Victor, Rocha Pombo, Silveira Neto e Tasso da Silveira" . Nesse mesmo ano, Andersen, que era um *habitué* dos eventos e que fazia parte das redes dos poetas e seus críticos, confecionou um busto do mentor da festa, Emiliano Pernetta.[134] O pintor fez ao longo da carreira alguns trabalhos de escultura, e numa carta de 1915 à sua família na Noruega comenta, jocoso, que as contingências financeiras o haviam transformado em escultor: havia recém-executado o busto do fundador da Universidade, Nilo Cairo, e estava satisfeito com o resultado do trabalho.[135] Ter uma obra exibida numa praça era motivo de orgulho para um escultor, concebida num momento de solidificar a universidade.

Quando da elaboração do baixo relevo de Pernetta, era ele um literato de calibre que optara por residir em Curitiba, diferentemente dos seus companheiros de geração, que se mudam para o Rio de Janeiro onde enfrentaram as agruras e as benesses de viver no centro dos debates literários do país. Alguns de seus poemas trazem elementos *paranistas*, como quando o pinheiro representa o povo paranense, atribuindo aos elementos do meio a representação de um povo.[136] Em 1921, quando da morte do *príncipe dos poetas*,

---

133 Ilusão, de 1911 marca o auge da produção poética de Emiliano, e a alcunha de Príncipe dos Poetas: "é a sua profissão de fé ao Simbolismo, publicado num momento em que o movimento estará exaurido em outros pontos do Brasil, mas em plena vitalidade em Curitiba". (BEGA, Maria Tarcisa. *Sonho e invenção do Paraná*: geração simbolista e a construção da identidade regional. Tese (Doutorado em Sociologia) - USP, São Paulo, 2001, p. 194).

134 Diário da Tarde, 08/12/1920. O busto de Emiliano, cujo paradeiro é desconhecido, participou de uma exposição do pintor em 1920, em que figuraram quase só paisagens.

135 Carta da Alfredo Andersen aos pais. Novembro de 1915. Acervo MAA.

136 Cf. BEGA, Maria Tarcisa. *Sonho e invenção do Paraná...*, *op. cit.*, p. 210.

seus amigos, entre eles Andrade Muricy, Santa Ritta e Alfredo Andersen, organizaram uma homenagem ao recém-falecido literato.[137]

Parte da "panelinha" sediada no Rio, mas que pela sua atividade literária residual não consta na literatura sobre o período, foi Moisés Marcondes de Oliveira e Sá (1859-1928), considerado um dos "fundadores" da *Festa*, por patrocinar a revista e provavelmente alguns dos paranaenses que lá residiam. Seu retrato (Figura 79) difere sutilmente dos demais, por nele o pintor ter empregado mais cor e uma pincelada mais leve do que nos anteriores já vistos: o modelo usa um terno azul marinho com gravata bordô e o fundo é sutilmente esverdeado. Desconhecida a data da fatura, a tela mostra um homem já de meia-idade usando monóculos, podendo ter sido realizada na década de 1920. Ele que era descendente dos mais antigos troncos de famílias paranaenses,[138] tinha laços familiares, de negócios e amizades com a família de Andrade Muricy, o que, somado a uma simpatia pelas letras,[139] tornou-o mecenas dos projetos literários de seus conterrâneos. De origem abastada, o Dr. Moysés Marcondes doutorou-se em medicina nos Estados Unidos e fez residência em Paris, mas, pelo que se sabe, não chegou a atuar como médico no Brasil. Exerceu, sim, alguns cargos políticos, como Diretor da Instrução Pública, sempre paralelamente às suas atividades empresariais. Durante o período em que residiu em Lisboa, à frente de uma de suas empresas, pesquisou nos arquivos portugueses documentos e mapas que pudessem ajudar na resolução da Questão do Contestado.[140] Casado com a prima Silmira Alves de Araujo, da elite luso-brasileira local, teve nas atividades empresariais e industriais sua principal fonte de renda. Em 1908 publicou três livros de poesia: *Claro-escuro*, *Telas do Paraná* e *Campo Santo*, sem grande repercussão. Assim, esse empresário bem-sucedido, com interesses pela história e pela literatura, opta também por auxiliar seus conterrâneos, os simbolistas paranaenses sediados no Rio de Janeiro.

---

137 Diário da Tarde, 18/02/1921.

138 O pai, o Conselheiro Jesuíno Marcondes (1827-1903), era filho do Barão e da Viscondessa do Tibagi, formado em Ciências Jurídicas e Sociais pela Academia de Olinda em 1849. Foi deputado na Assembleia Provincial nos biênios 1854-55, 1856-57 e 1860-61, deputado geral por diversas legislaturas e 2º vice-presidente da Câmara dos Deputados. Foi diversas vezes vice-presidente da província, assumindo a presidência algumas vezes, inclusive em 1889, quando a República foi proclamada. Foi o chefe do Partido Liberal no Paraná entre 1853 e 1889 (Cf. WESTPHALEN, Cecília. Clube Literário de Paranaguá, *op. cit.*, p. 422-423).

139 Era membro da Academia paranaense de Letras, fundada em 1922.

140 A pesquisa realizada em Portugal deu origem a uma importante obra para pesquisadores da história do Paraná colonial: "Documentos para História do Paraná", que compila uma rica documentação transcrita e anotada de originais que estão no Conselho Ultramarino. Publicado no Rio pela Tipografia do Anuário do Brasil.

Da tríade simbolista paranaense composta por Emiliano, Silveira Neto e Dario Vellozo, o último publica, em 1913, na *Revista Patria e Lar*, um artigo sobre Andersen, exaltando a sua figura, seus méritos estéticos e sua importância para a arte local. Mas foi, sem dúvida, Silveira Neto (1872-1945), retratado em 1905,[141] o literato paranaense mais próximo do pintor, e que buscou, na medida do possível, agenciá-lo no Rio de Janeiro. Como mostrou Bega, Manuel Azevedo da Silveira Neto era oriundo de uma família operária do litoral paranaense e, sem um casamento que lhe rendesse capital social e sem formação acadêmica até os 40 e poucos anos, sua inserção no campo literário nacional se deu por uma conjunção de fatores que inclui talento, contexto social favorável, senso de oportunidade, rede de relações com literatos e um emprego público que lhe garantia o básico da sobrevivência para sustentar sua prole de oito filhos.[142]

Silveira Neto foi aluno do curso de desenho de Andersen no começo do século XX, e sua ligação com as artes plásticas ficou impressa em sua trajetória de diversas formas. Segundo Bega, sua poética "será sempre associada ao trabalho artístico na pintura, [...]: há um cuidado em burilar os versos com se retocasse uma tela; há uma busca de expressões altamente sugestivas, muito própria de quem maneja o pincel".[143] Mas as oportunidades que apareceram, como no período considerável de trabalho junto à Biblioteca Pública, fê-lo optar pela literatura, abrindo mão de investir no aprendizado das artes plásticas, que havia lhe seduzido na juventude. Neto acaba compensando essa eventual frustração com uma atividade enviesada de crítico de arte, privilegiando os artistas paranaense das suas redes de relações. É muito provável que uma exposição de Andersen realizada em 1918 na Galeria Jorge,[144] no Rio de Janeiro, tenha sido intermediada pelos poetas paranaenses ali sediados, especialmente Silveira Neto, que escreveu sobre a mostra na imprensa que "mau grado a impertinência do tempo chuvoso nos primeiros dias da abertura, tem acorrido a exposição as primeiras sumidades da arte brasileira e

---

141 O paradeiro dessa tela é desconhecido. Sabemos da sua existência em 1905 mediante um artigo publicado no jornal.

142 Cf. BEGA, Maria Tarcisa. *Sonho e invenção do Paraná, op. cit.*

143 *Ibidem*, p. 264.

144 Além do Salão Nacional de Belas Artes, ao qual ocorriam artistas de todo o País, a capital federal, no final do XIX, já contava com um certo número de galerias. Segundo Rossi, "Na primeira década do novo século estabelece-se a Galeria Jorge, de propriedade de Jorge de Souza Freitas, inaugurada em 1908 na Rua do Rosário, em substituição à Galeria Rembrandt, fundada em 1901. Tido pela crítica carioca como um "acatado connaisseur d'art", um homem de "fino gosto", "inteligente", "escrupuloso", que em mais de vinte anos de trabalho com arte educou o seu "senso artístico", Souza Freitas inauguraria, em 1923, uma filial de sua loja na capital paulista, à Rua de São Bento." (Cf. ROSSI, Mirian. Circulação e mediação da obra de arte na Belle Époque paulistana. *Anais do Museu Paulista*, São Paulo, v.6/7, n.7, p. 101, 2003).

numerosos dos seus devotados". Na lista de visitantes estavam os irmãos Bernardelli, Rodolfo Amoedo, Batista da Costa, Pedro Alexandrino[145] "e quantos outros, de longa enumeração [...] levando ao nosso artista o nobre estímulo das suas presenças, em visitas renovadas por muitos deles, num testemunho de interesse...".[146] A Galeria Jorge, comandada pelo *marchand* Jorge de Souza Freitas, era uma das principais comerciantes de arte acadêmica do Rio de Janeiro, e trabalhava com pintores nacionais e estrangeiros.[147]

Apreciador de desenho e de pintura, mas também em busca constante de auxiliar o amigo, Silveira Neto previa utilizar o cliché do seu retrato executado por Andersen na edição de *Ronda Crepuscular,* de 1923, que contava com introdução de Nestor Vítor e nota historiográfica de Andrade Muricy. Ao enviar o exemplar do recém-lançado livro ao amigo, comenta que

> com muito pesar não pode ser aproveitado o cliché do meu retrato no livro... para não perder o desenho, retoqueio-o a carvão, como pude, e meti-o numa moldura. O livro ficou assim imcompleto, mas tive de resignar-me a isso para não retardar ainda mais a publicação.[148]

Autor de uma obra simbolista expressiva, atuava na imprensa carioca e foi intermediador de diversos artistas paranaenses na capital da República. Valia-se do seu prestígio como poeta consagrado e jornalista articulado para suas tomadas de posição em direção à divulgação da arte do seu estado de origem. Em 1929, Silveira Neto publica uma reportagem de folha inteira sobre Andersen n'O Jornal, do Rio de Janeiro, na qual constam dois desenhos: *Lavando sardinhas* e do presidente do Paraná, Affonso Alves de Camargo. Este inaugurou, em 1929, um Centro Paranaense na Rua do Ouvidor, no Rio de Janeiro, ocasião em que foram inaugurados bustos de Emiliano Pernetta e Emílio de Menezes, executados por João Zaco Paraná e João Turin, respectivamente. Discursaram Silveira Neto, presidente do Centro, Hugo Simas, Leôncio Correia e Tasso da Silveira,[149] principais intelectuais paranaenses fixados na capital da República.

Mas a criação de um Centro Paranaense no Rio de Janeiro com verbas do Governo do Estado não foi bem vista por escritores locais que viviam em situação precária. O jornalista e chargista Alceu Chichorro, indignado com o fato, escreveu com sarcasmo a inutilidade da entidade carioca, fazendo pouco caso do valor literário de seus integrantes:

---

145 De Pedro Alexandrino, Andersen recebeu um retrato fotográfico, com uma dedicatória. São Paulo, 12-07-1921. Acervo MAA.

146 Silveira Neto, em Comércio do Paraná *apud* PILOTO, Valfrido. *O acontecimento Andersen, op. cit.*, p. 60-61.

147 DURAND, José Carlos. *Arte, privilégio e distinção, op. cit.*, p. 45.

148 Carta de Silveira Neto a Alfredo Andersen. Rio, 10.03.1923.

149 Diário da Tarde, 23/02/1929.

> Na tal Quitanda Desconhecida no Rio e conhecida do Tesouro do Estado, reúnem-se todas as noites, os maiorais da colônia, a saber: Silveira Careca Netto, o poeta macumbeiro do "Luar do Inferno" e da "Ronda que quis pular". [...]; Nestor Victrola Ortophônica o xaroplástico autor de "Elogio do Umbigo", todo, ele é feito de cimento armado, possuindo um fraque cuja casimira está virando folha de flandres. Usa bigodes postiços e anda com os bolsos cheios de naftalina; Rocha Pombo (Zé Chico), famigerado contador de lorotas históricas, companheiro inseparável de Moisés, o bíblico, na espinhosa jornada do Monte Sinai. Usa ainda o mesmo fraque do Nho Zaca, quando instalou a província do Paraná e dizem que é hábil na confecção de bruxedos e feitiços. [...] Falemos agora, um pouco dos tristíssimos rabanetes ou satélites sem luz alguma: Tasso Mula sem Cabeça, o babão, orangotango de primeira classe, poeta da "Água Desafinada" e sacristão da "Igreja Barulhenta" [...]. Deputado nomeado [...] é autor de um único projeto "O elogio da Porcolândia"; Andrade Bochecha Muricy, nanico romancista de sobretudo, galochas e guarda-chuva, autor de "Festa de cuecas", moço bonito, sem espinhas, usa sapato 34 e tem medo de aranha caranguejeira. Os outros não merecem que se gaste muito tempo com eles [...] Na Quitanda Desconhecida, subvencionada pelo Estado do Paraná, tomam Mate e mastigam biscoitinho "Lucinda", todas as tardes, os bípedes acima citados.[...] Nunca trabalharam em benefício da nossa terra e da nossa gente. Nunca se interessaram pelo Paraná, em caso algum.[150]

Deixados de fora da *festa* e vivendo o dia a dia da aridez de apoio na capital paranaense, o financiamento a literatos que sequer moravam no estado era motivo de indignação. Eles que eram, contudo, articulados e relativamente bem posicionados no campo nacional faziam a *cultura paranaense* ultrapassar as fronteiras regionais, dando um pouco da visibilidade almejada pela *inteligentzia* paranista.

Silveira Netto, na impossibilidade do comparecimento físico de Andersen, representou-o no Salão de Belas Artes de 1933, onde o norueguês expôs uma tela a óleo da Sra. Amélia da Silveira, esposa do poeta, e uma paisagem norueguesa, que recebeu medalha.[151] Comenta ele, em primeira pessoa: "expuz também o baixo relevo do Turim que eu trouxe [...] faço votos que as suas telas e o gesso do Turin sejam bem conpensados pelo

---

150 CHICHORRO, Alceu (assinando Eloy de Montalvão). O centro paranaense do elogio mútuo e das inutilidades, do Rio, está requerendo vassoura e creolina... *O Dia*, Curitiba, 14 nov. 1930. p. 2. *apud* IORIO, Regina Elena. *Intrigas e novelas*: literatos e literatura em Curitiba na década de 1920. Tese (Doutorado em Letras) – UFPR, Curitiba, 2003, p. 219-220.

151 Rio, 31.8.1933. O retrato da esposa de Silveira Neto esta desaparecido, enquanto a paisagem que ganhou prêmio foi *Cemitério Norueguês*.

Jury do Salão [...] estou trabalhando no artigo sobre as artes plásticas no Paraná...".[152] O texto mencionado ficou pronto na oportunidade da morte de Andersen e que resultou numa conferência intitulada "Alfredo Andersen e as artes no Paraná", na Academia Carioca,[153] além de ter publicado outras homenagens póstumas na imprensa.[154]

As elaborações de imagens de literatos paranaenses sediados no Rio de Janeiro incluem também um desenho de 1933 do recém-falecido Rocha Pombo (Figura 80), capa da única edição da Revista Paranista, dirigida pelo pintor em parceria com Romário Martins. Pombo era considerado o precursor daquela geração de literatos e, embora tenha morrido em situação financeira muito difícil, sua escolha para compor a capa da publicação é significativa da importância que teve no campo literário nacional, assim como para a cultura paranaense.

Ainda na esteira de amigos no Rio de Janeiro, a jornalista e escritora paranaense Rachel Prado[155] também buscou auxiliar Andersen na capital da República.[156] Com quatro filhos para

---

152 Carta de Silveira Neto para Alfredo Andersen. Rio de Janeiro, 17.08.1933.

153 Falou também na ocasião Nogueira da Silva, crítico que conhecia Andersen, e que colaborou com um depoimento para a biografia realizada por Carlos Rubens. Correio da Manhã, 01.09.1935. A íntegra da conferência foi publicada na Revista do Centro de Estudos Bandeirantes.

154 Diário da Tarde, 24/08/1935.

155 Virgília Stella da Silva Cruz ou Rachel Prado, pseudônimo pelo qual ficou conhecida, nasceu em Curitiba, em 1891. Era filha de Joaquim Antônio da Silva, fundador do periódico *A República* e muito cedo demonstrou interesse pelas letras. Em 1909, aos 18 anos, a família mudou para o Rio de Janeiro onde, por seu autodidatismo, conseguiu, aos poucos, uma inserção. Assim como os demais escritores de que estamos tratando, manteve ela também forte ligação com o Paraná, como podemos ver por textos publicados em revistas locais como Luz de Krótona e Marinha e na imprensa local. Em 1934, fundou a Empresa Editora Rovaró, que publicou *O cerco da Lapa e seus heróis* sobre a Revolução Federalista no Paraná, do historiador David Carneiro (filho do casal Carneiro tratado nesse capítulo). Frequentava o Centro Paranaense no Rio de Janeiro e deve ter conhecido Andersen em 1932, numa das suas vindas a Curitiba. Trabalhou em diversos jornais no Rio de Janeiro, e foi autora de uma obra considerável, que inclui muitos livros infantis. (Cf. BRANTES, Carlos Alberto. *Quem foi Rachel Prado?* 30 out. 2005. Disponível em: <http://www.parana-online.com.br/editoria/almanaque/news/146737/?noticia=QUEM+FOI+ RACHEL+PRADO>. Acesso em: 30 ago. 2009).

156 A elaboração do retrato de da escultora D. Margarida Lopes de Almeida em 1925 pode ser lida também como uma estratégia de Andersen ampliar a circulação e o conhecimento do seu trabalho para além das fronteiras paranaenses. A confecção da imagem foi comentada na imprensa, ela que havia sido realizada "durante a última estadia desta artista em nossa capital e em uma unica sessãode pose... Margarida ficou maravilhada com o trabalho de Andersen, não contendo as suas exclamações de jubilo quando, apos a pose, contemplou o seu retrato" (Gazeta do Povo, 25.12.1925).

criar e vivendo em dificuldades financeiras, o pintor buscava um comprador para a sua querida tela *Porto de Cabedelo* (Figura 30), tarefa em que a jornalista tentou auxiliar por meio da sua rede de contatos e da sua inserção na imprensa:

> estou fazendo pelos jornais daqui primeiro uma campanha em seu favor para depois abrir a subscrição entre os ... e no Ministério para vermos se chega a quantia que o Sr. quer pelo quadro. [...] O Sr. já deve ter vistou ou lido o que o Dr. João Itiberê[157] escreveu a seu respeito no Correio da Manhã, enviei o jornal ao Walfrido Piloto, pedindo que lhe mostrasse e publicasse aí na Gazeta. Hoje vai o que o Dr. Carlos Rubens escreveu – na próxima semana sairá um artigo meu a respeito. Após uma certa propaganda creio que venderemos o quadro [...].[158]

Toda essa movimentação na área das letras e das artes plásticas se fazia justamente no momento da consolidação da Academia de Letras do Paraná, uma instituição de molde tradicional. O enaltecimento dos grandes escritores do passado e de suas obras era uma das principais diretrizes da Academia recém-inaugurada, o que indignava os jovens literatos, em busca de maiores espaços e oportunidades no campo literário que se configurava.[159]

Entre os criadores da Academia Paranaense de Letras, encontramos muitos escritores com uma trajetória duvidosa, no sentido de que se tratavam mais de políticos com pretensões literárias do que escritores consolidados. Era o caso de Alcides Munhoz, também retratado (Figura 81) e eleito presidente da instituição no início de 1926, ao mesmo tempo em que exercia o cargo de Secretário Geral do Estado. Sua altivez está insinuada na tela a óleo, confeccionada com pinceladas mais grossas do que o normal, talvez por uma demanda de uma aparência mais moderna. Sua incursão nas letras se deu especialmente pelo teatro e sua eleição para a presidência foi bastante combatida, com a argumentação de que a instituição passaria a ter uma conotação política, o que de fato aconteceu. Numa configuração em que o meio literário e artístico ainda carece de um

---

157 João Itiberê da Cunha (1870-1953) nasceu no Paraná em uma familia de músicos. Estudou na Bélgica, e lá toma contato com o movimento simbolista belga, influência que traz quando retorna ao Brasil em 1893. Teve importante papel para a consolidação da tendência simbolista no Paraná, segundo os estudiosos da literatura. Exerce a carreira diplomática por um curto período até mudar-se para o Rio, quando se especializa em crítica de arte e musical, colaborando ativamente na imprensa da capital republicana. (Cf. CAROLLO, Cassiana Lacerda. Correspondência inédita de Nestor Victor dos Santos a Emiliano Perneta, *op. cit.*, p. 311).

158 Carta de Rachel Prado a Alfredo Andersen. Rio de Janeiro, 14.04.1933.

159 IORIO, Regina Elena. *Intrigas e novelas...*, *op. cit.*

alto grau de institucionalização, as influências do campo político se faziam presente e, mesmo, determinavam as regras do jogo.

Do rol dos escritores mais novos, Raul Gomes[160] foi um dos articuladores do título de cidadão honorário de Curitiba que Andersen recebeu em 1931 e publicava textos na imprensa, sempre muito elogiosos. Sobre a convivência entre diferentes gerações de artistas, comenta que Andersen

> por ser assim calmo, pacífico, controlado, talvez lhe comprouvesse ao temperamento cultivar a estima de pessoas de psicologia diferente, diametralmente opostas à sua. Incluo-me neste número, pois sou uma exemplificação de impulsividade, de vibração, de entusiasmo.[161]

Outro jovem literato, Otávio de Sá Barreto,[162] também foi retratado, numa tela inconclusa e desconhecida. Intelectual e jornalista, prestava serviços aos artistas plásticos locais: foi secretário da Sociedade de Artistas e convidado a redigir o texto do catálogo do III Salão Paranaense em 1934, em que rasgava elogios ao pintor norueguês. Odilon Negrão foi outro literato da nova geração com ligações fortes com Andersen e com o ambiente artístico paranaense. Muda-se para São Paulo na década de 1920 para trabalhar na editora Cultura Brasileira e atua também na imprensa, em prol de seus conterrâneos.

* * *

A análise dessas redes e das trocas de favores, textos, retratos e homenagens entre literatos e o pintor permite pensarmos algumas questões importantes. Ao adquirir visibilidade local por sua competência artística, Andersen atrai a atenção e os cuidados dos literatos que, assim como ele, buscavam junto ao campo político a viabilização de seus

---

160 Raul Rodrigues Gomes (1889-1975) formou-se professor no Ginásio Paranaense e foi professor normalista no município da Lapa. Retornou a Curitiba e ingressou nos Correios. Ao mesmo tempo, mantinha em sua residência uma escola de guarda livros. Na década de 1930 ingressou no curso de Direito da UFPR. Depois de formado, tornou-se professor e catedrático da Universidade e, segundo diversos depoimentos, suas aulas e seu método de ensino participativo marcaram época nessa Instituição. Foi contista, jornalista e crítico literário. Colaborou intensamente na imprensa curitibana. Possui diversos títulos publicados na área literária e de educação, entre eles destacam-se *Histórias Rudes* – contos (1915); *O Desespero de Chan* – romance (1926) e *Sugestões para a História Literária do Paraná* (1936). (Cf. *Ibidem*, p. 24-25).

161 GOMES, Raul. O dia, 18-07-1944, *apud* PILOTO, Valfrido. *O acontecimento Andersen*, op. cit., p. 53.

162 Segundo Iorio, Octávio de Sá Barreto publica em 1922 *Nuvem que passa*, considerado pelos críticos da década de 1920 como o primeiro livro paranaense a seguir os influxos da literatura moderna. (Cf. IORIO, Regina Elena. *Intrigas e novelas*: literatos e literatura em Curitiba na década de 1920. Tese (Doutorado em Letras) - UFPR, Curitiba, 2003).

projetos estético-artísticos. Aqueles sediados no Rio, melhor posicionados e com um capital de relações sociais maior, colocam os seus conterrâneos que ambicionavam melhores posições numa relação de dependência, por terem maiores possibilidade de inserção e relações mais próximas com o poder. Por outro lado, Andersen negocia sua inserção no Rio em troca de favores plásticos que prestava a esses grupos, seja na forma de retratos, seja na confecção de paisagens que criavam uma identidade e um reconhecimento local entre eles.

As tentativas de inserção de Andersen na cena artística carioca também permitem pensarmos questões relativas ao desenvolvimento da sua trajetória no Paraná. Um tema recorrente entre os biógrafos e comentadores da sua obra refere-se às motivações que o teriam levado a permanecer em Curitiba, ao invés de buscar melhores oportunidade em centros como o Rio de Janeiro ou São Paulo. A resposta encontrada pelos *paranistas*, de um amor pelo estado e por uma suposta fidelidade ao desejo de vê-lo progredir, foi, de certa forma, também sinalizadas pelo pintor. Em mais de uma ocasião, explicava que havia decidido permanecer por ter recebido pedidos e promessas de políticos – como Vicente Machado e Affonso Alves de Camargo – para que ficasse em solo paranaense a fim de aqui desenvolver o gosto artístico, o progresso cultural e dirigir a prometida escola de belas artes. Assim, teria permanecido com o intuito de contribuir para o desenvolvimento do *povo paranaense*.

A atração que o centro exercia era inequívoca, mas havia, no caso de Andersen, algumas recompensas simbólicas que decorriam desse suposto exílio que se autoimpôs na *periferia*. Distante dos ambientes de maior competitividade do país e com muitos admiradores locais, entre ser o *pai da pintura paranaense* ou mais um pintor lutando por seu espaço no centro, Andersen, com uma prole de quatro filhos para sustentar, precisava equacionar os prós e os contras que uma mudança radical poderia trazer. Dotado de capital simbólico que o colocou como parceiro de literatos e políticos de calibre, Alfredo Andersen tinha consciência do valor e do sentido do seu trabalho no Paraná, e daí podemos entender suas frustrações e decepções com a falta de um suporte maior para a sua trajetória no estado. Mas, apesar dos pesares, o ambiente curitibano conhecido trazia algum conforto, mesmo com as dificuldades que enfrentou, mas longe das acirradas disputas do centro, que a essa altura já se polarizava entre São Paulo e Rio de Janeiro.

Assim, a construção romântica de que teria ficado no aguardo da criação da Escola de Belas Artes esconde uma racionalidade em gerir sua posição no campo das artes plásticas. A década de 1920, com a febre modernista e a crise da arte acadêmica e da Escola Nacional de Belas Artes, deve tê-lo feito ponderar entre vantagens e desvantagens de permanecer na *província* onde, embora com imensas dificuldades, que serão abordadas no capítulo seis, conseguia viabilizar o mínimo para uma existência modesta. Como vimos, Andersen trocava correspondências, pedia jornais, recebia catálogos das exposições realizadas no Rio e em São Paulo, encomendava livros, comprava revistas especializadas, evidências concretas do seu interesse e do seu conhecimento do que se passava nos principais centros nacionais e na Europa.

Os retratos foram a porta de entrada para visualizarmos como se dava a relação entre cultura, arte e política a partir de uma análise do caso Andersen. Em muitos casos, as faturas trazem à tona as imbricadas relações entre políticos, literatos e artistas plásticos, mas também dizem sobre um gosto artístico difundido e muito ligado à emergência da fotografia e o seu encantamento. Afeito a uma representação acadêmica e realista de seus retratados, no sentido de corresponder a uma maior objetividade na representação do modelo, esse tipo de fatura era critério de excelência para os apreciadores locais, como indicam as críticas sobre os retratos na imprensa que eram, em geral, muito bem vistas.[163] Parafraseando a análise de Miceli sobre Portinari,[164] podemos dizer que a fórmula de Andersen obteve sucesso e que soube atender às expectativas de representação simbólica das elites locais. Ao mesmo tempo, valeu-se da retratística como uma moeda de troca pelos favores que pedia e recebia dos intelectuais sediados no Rio, o que dava a essas imagens uma função difusa. Mas, se a confecção dos retratos trouxe à tona a questão da dominação simbólica, colocando a *periferia* como sombra do *centro*, em outros gêneros, como a paisagem, Andersen conseguiu construir uma solução local criativa, o que se deu, inclusive, pela circulação do pintor e pelo contato com a obra de outros pintores brasileiros.

---

163   O jornal A República de 1926, Raul Gomes comenta: "Nos trabalhos do professor eminente não há o que preferir. No retrato, difficilmente se encontrará hoje, em todo o nosso paiz, quem se aproxime do seu pincel maravilhoso que faz viver a figura, que ella imprime o caráter personalíssimo que lhe é próprio, a par de uma técnica magistral do desenho e colorido." (28.07.1926) A Revista Festa, de 1928, também trata do assunto: "Como retratista Andersen é muito pessoal no que se refere ao colorido. Quase nunca vê as cores que nós, brasileiros temos. Vê-nos vermelhos, como são os seus patrícios escandinavos. Em compensação, a construção, o desenho são sólidos e acertados. A psicologia, excelente" (Festa, ano I, n. 11, Rio, 1928, p. 15). E a Illustração Paranaense, de 1930, coloca que " Este mesmo artista, que desde o início de sua gloriosa carreira pendeu por excellencia para o lado do difficilimo retrato, no qual se revelou um profundo pesquisador de segredos no caracter physionomico, conseguindo realizar neste campo da arte inconfundíveis produções..."

164   MICELI, Sérgio. *Imagens negociadas..., op. cit.*, p. 118.

Capítulo 4

Retratos da terra, paisagens do mar

Para o senso comum, a paisagem é frequentemente considerada um equivalente ou uma representação verdadeira da natureza. O caminho que seguiremos aqui é oposto, e busca entendê-la como uma construção, que resulta tanto de um aprendizado quanto de um diálogo com as tradições pictóricas e literárias, e, portanto, carregada de valores sociais e culturais.[1] Este capítulo pretende discutir a produção paisagística de Andersen, compreender seus significados no ambiente em que foi recebida e estabelecer alguns diálogos com outros pintores, como forma de perceber a sua especificidade. Considerado um regionalista, a análise circunstanciada das telas mostra um pintor que supera este rótulo, isso porque, para além de ter sido um intérprete dos temas canonizados pelas elites locais, que configuram verdadeiros *retratos da terra*, outras paisagens mais prosaicas mostram sua preocupação em captar a luz e a atmosfera de pequenos lugarejos dos arrebaldes de Curitiba e do interior do estado, mas principalmente pelas *paisagens do mar*, onde o pintor se permitiu uma maior liberdade estética e compositiva. Trata-se de uma produção híbrida e heterogênea, e não há um

---

1   Em *A invenção da paisagem,* Anne Cauquelin busca desconstruir a noção idealizada da paisagem como um equivalente da natureza, e para tanto percorre a história da arte e o conceito de representação, demonstrando que a paisagem é uma construção mental criada pelo artifício da perspectiva. Em suma, o olhar está sempre imbuído de filtros culturais. Esta perspectiva se aproxima àquela de Gombrich, que coloca que o pintor parte de *schematas* para construir as suas representações pictóricas, neste caso as da natureza. Essa teorias também dialogam com a de Simon Schama em *Paisagem e Memória,* onde o autor desenvolve a ideia de que o que os olhos veem nas "paisagens" são filtrados pelas referências culturais, que as produzem. Esses referenciais perpassam a análise deste capítulo Ver: CAUQUELIN, Anne. *A invenção da paisagem*. São Paulo: Martins Fontes, 2007; GOMBRICH, Ernst. *Arte e ilusão...*, *op. cit.*; SCHAMA, Simon. *Paisagem e memória*. São Paulo: Companhia das Letras, 1996.

desenvolvimento linear que possa ser apreendido, mas antes idas e vindas, avanços e recuos que vão de uma estruturação do espaço nos moldes acadêmicos até chegar a uma poética com pinceladas mais soltas e aparentes.

Partindo de um posicionamento dos significados que a paisagem no Brasil teve desde os artistas viajantes, passando pela Academia Imperial de Belas Artes até chegar ao Grupo Grimm, busquei situar a produção de Andersen mediante algumas divisões: os pinheirais e outras telas encomendadas pelas elites locais, retratos a partir de fotografias da estrada de ferro em contraposição às composições mais livres da Serra do Mar e, por fim, as imagens do litoral entre as quais se destacam as Séries do Rocio, tanto pelo diálogo alinhado com as representações dos intelectuais parnanguaras como pelas possibilidades plásticas que trouxeram ao pintor. Em todas elas, dois temas saltam aos olhos e orientam as leituras dessas imagens: a apreensão da luz e seus efeitos no céu, na água e na paisagem, e a atenção aos personagens populares que habitavam o país que, como veremos, são representados de formas mais livres e autorais do que nos retratos e nas paisagens encomendados.

Pintura de Paisagem no Brasil: da Academia Imperial de Belas Artes ao Grupo Grimm

As pinturas de paisagem no Brasil foram, até mesmo depois da chegada da popularmente conhecida *Missão Francesa*[2] em 1816 e da consequente criação da Academia Imperial de Belas Artes em 1822, realizadas por artistas estrangeiros e viajantes, que em seus cadernos ou mesmo em pranchas retratavam a natureza brasileira, frequentemente com pretensões "científicas" de registro da fauna e da flora, mas também da população local.[3] O fundo cultural do qual partem os artistas-viajantes, com seus olhares treinados, com a busca do singular, do específico, permite que eles apreendam o mundo como paisagem pois

> a quintessência do olhar paisagístico, que a história fixou na particular sensibilidade inglesa do século XVIII, não partiu da tênue luz da ilha, nem das ovelhas recortando parelhamente o pasto, ou de turistas

---

[2] A versão oficial da "missão" foi contestada por Schwarcz como algo supostamente planejado pelos portugueses que pretenderiam "convidar" destacadas figuras do meio cultural francês, a fim de criar uma escola profissional não só de artistas como de trabalhadores industriais. (ver: SCHWARCZ, Lilia Moritz. *O sol do Brasil...*, op. cit.).

[3] Em *O Brasil dos Viajantes*, Belluzzo faz uma bela recomposição dessa história, que começa ainda no século XVI, quando o *Novo Mundo* era representado como um paraíso, com seus homens selvagens e florestas exuberantes. (BELLUZZO, Ana Maria de Morais. *O Brasil dos viajantes*. 3.ed. Rio de Janeiro: Objetiva/Metalivros, 2000).

entusiasmados que percorriam na Itália os rastros dos antigos: partiu da viagem e da ausência de raízes.[4]

Com o início do ensino artístico acadêmico, a pintura de paisagem era aquela praticada pelos franceses de então, a neoclássica. Tratava-se de uma arte pomposa, afeita à narrativa, em que a paisagem era o cenário para os temas históricos, estes sim fundamentais para um império europeu recém-instalado nos trópicos, onde a corte portuguesa precisava criar uma história. Esse tipo de abordagem preponderou no ensino da AIBA até a Reforma Pedreira de 1855 comandada por Araújo de Porto-Alegre,[5] quando a paisagem passou a ter maior importância, ainda que se considerasse indiscutível a preponderância da pintura histórica, central para o neoclacissismo.

Uma tela que exemplifica bem a pintura acadêmica da paisagem é *Mata reduzida a carvão*, de Félix Taunay, que, além de pintor, foi diretor da Academia. Segundo Elaine Dias, a pintura "concentrava as características principais da pintura de paisagem a ser desenvolvida no Brasil, qual seja a correta e fiel representação da flora brasileira e, ao lado dela, a importância dos trabalhos de viajantes e naturalistas".[6] Num país com uma natureza exuberante e tropical, era tarefa de um bom paisagista entrar em contato com a natureza para conhecê-la, classificá-la e estudá-la, baseado na aproximação existente entre conhecimento científico e arte, pilar da tradição neoclássica.

Araujo Porto-Alegre, autor de uma importante produção intelectual, que buscou pensar o Brasil, foi quem desenvolveu uma discussão sobre a paisagem como elemento identitário nacional. Na verdade, as questões que envolviam a elaboração de uma cultura propriamente brasileira foi um dos eixos principais para o qual a elite intelectual brasileira dos Oitocentos se voltou.[7] Nesse ambiente, Porto-Alegre se mostrou um entusiasta da paisagem, e, ao elaborar uma definição de arte brasileira, defendeu que

---

4   ALIATA, Fernando. *A paisagem como cifra da harmonia*: relações entre cultura e natureza através do olhar paisagístico. Curitiba: Editora UFPR, 2008, p. 12.

5   A gestão de Manoel de Araújo Porto-Alegre (1806-1879) foi marcada pela tentativa de modernização da academia, com ênfase no estabelecimento de bases teóricas para o ensino, na ideia de nacionalização da biblioteca (transformando-a na memória pictórica brasileira) e na criação de coleções de arte brasileiras. Para ele, a pintura de paisagem deveria sair da cópia de estampas e dos quadros da pinacoteca e voltar-se para o registro da natureza nacional. Porto-Alegre foi o primeiro brasileiro a dirigir a instituição, e suas determinações vão orientar o funcionamento da academia até o fim do Segundo Reinado. (ver: DIAS, Elaine. *Paisagem e academia*: Félix-Émile Taunay e o Brasil (1824-1851). Campinas: Editora da Unicamp, 2009; SQUEFF, Leticia. *O Brasil nas letras de um pintor*:Manuel de Araújo Porto-Alegre (1806-1879). Campinas, SP: Editora da Unicamp, 2004).

6   DIAS, Elaine. *Paisagem e academia...*, op. cit., p. 336.

7   SQUEFF, Leticia. *O Brasil nas letras de um pintor...*, p. 24.

esta não se daria por estilo, mas pela pintura de motivos relativos à natureza. Assim, a missão civilizatória da pintura se daria com a paisagem, essencial para a definição da identidade brasileira.

Essa abordagem tinha uma evidente filiação com os ideais do romantismo, que defendia que "a paisagem, em sua manifestação natural, ou seja, as florestas e acidentes geográficos, era o que devia marcar a arte nacional".[8] De sobra, essa escolha tirava do foco questões delicadas, como a variedade étnica e cultural dos grupos que conformavam a nação brasileira, e especialmente a escravidão.[9] Para os naturalismos oitocentistas a definição das identidades viria com o meio e a raça. Este último elemento, desconfortável no caso brasileiro, levaria no máximo a uma romantização da imagem do indígena, o que ocorre com mais força na literatura. A aposta brasileira inicial no meio atendia a uma possibilidade civilizatória sem os desconfortos da miscigenação.

A historiografia considera que uma mudança na forma de encarar a paisagem teria sido desencadeada pela atuação do imigrante alemão Georg Grimm,[10] quando o gênero ganhou um lugar de maior visibilidade no campo das artes plásticas nacional. Em 1882, Grimm apresentou 122 paisagens na exposição do Liceu de Artes e Ofícios do Rio de Janeiro, bastante diversas das comumente conhecidas e vinculadas à produção acadêmica, e foi muito bem recebida por críticos como Gonzaga Duque, que elogiava a claridade da palheta do alemão. Embora não rompesse com os cânones de representação, trazia inovações dentro do que se fazia na capital do Império: "a paisagem deixava de ser elemento complementar do quadro, contribuição subsidiária, acessório e ganhava a importância de uma motivação que por si só justificava a obra, constituindo, então, motivo integral e independente",[11] como, por exemplo, em *Paisagem* de 1883 (Figura 82). É uma tela realizada *en plein air*, como defendia Grimm, com maior sensibilidade à luz, algo diverso do modelo acadêmico vigente, assim como cores mais fortes, conquanto seja igualmente fiel à verossimilhança. O trabalho paisagístico de Andersen, ainda que possua variações, tem muito em comum com aquele desenvolvido pelo imigrante alemão e seus discípulos, como se vêem *Paisagem* (Figura 83) e em outras que comentaremos no decorrer deste capítulo.

---

8   *Ibidem*, p. 215.

9   *Ibidem*, p. 221.

10 Segundo Levy, Grimm (1846-1887) teria chegado ao Brasil em 1878, por motivos que até agora não foram confirmados (religião, doença, prêmio viagem). Estudou arte em Munique, dentro dos cânones do realismo naturalista. (LEVY, Carlos Roberto Maciel. *O grupo Grimm*: paisagismo brasileiro o século XIX. Rio de Janeiro: Edição Pinakotheke, 1980).

11 CAMPOFIORITO, Quirino. Prefácio. In: LEVY, Carlos Roberto Maciel. *O grupo Grimm*: paisagismo brasileiro o século XIX. Rio de Janeiro: Edição Pinakotheke, 1980, p. 11.

Eram inovações importantes no ambiente artístico da corte, o que rendeu a Grimm uma boa popularidade, como no fato de ter sido convidado pelo Imperador a lecionar pintura de paisagem na Academia Imperial de Belas Artes naquele mesmo ano de 1882. Sua atuação como professor foi marcante para diversos alunos,[12] dos quais se destacaram Giambattista Castagneto e Antonio Parreiras. Segundo Levy, 1884 marcaria o apogeu de Grimm, que na Exposição de Belas Artes daquele ano teve vários de seus alunos premiados, comprovando a crescente aceitação de um modelo de pintura de paisagem diverso do acadêmico, mais livre e sensível à luz.[13] Da mesma forma, as encomendas que recebia são também indicativas do prestígio que suas telas adquiriam junto ao público em geral e às elites em particular.[14] Com seu capital simbólico em alta, e tendo enfrentado oposições e dificuldades dentro da Academia, Grimm decide abandonar sua cadeira. O fato de seus alunos mais promissores terem igualmente deixado a instituição para acompanhar o professor é indicativo da sua liderança e da identificação afetiva e artística que tinham para com o pintor alemão.[15]

Belluzo vai diferenciar em *O Brasil dos Viajantes*[16] duas grandes tradições paisagísticas: aquela poética e arcádica, e uma outra, que abandona essas idealizações e volta-se para uma apreensão *naturalista* da paisagem, e que coloca a luz e a subjetividade da visão como questões centrais. O Grupo Grimm,[17] como ficou conhecido, inaugura a se-

---

12   Hipolito Caron, Domingo Garcia e Vasquez, Gomes Ribeiro, França Júnior entre tantos outros. Mais sobre seus discípulos pode ser encontrado no já referenciado livro de Levy. *O Grupo Grim*....

13   LEVY, Carlos Roberto Maciel. *O grupo Grimm...*, op. cit., p. 28.

14   Como nos mostra, por exemplo, o estudo de Rafael Marquese sobre as pinturas de paisagem encomendadas ao pintor pelos cafeicultores do Vale do Paraíba (Cf. MARQUESE, Rafael. A paisagem da cafeicultura na crise da escravidão: as pinturas de Nicolau Facchinetti e Georg Grimm. *Revista do IEB*, n.44, p. 55-76, fev. 2007). Levy também tece comentários sobre encomendas: Grimm teria produzido "documentação das ricas fazendas do ciclo do café, nas quais o artista se hospeda e reproduz em telas um tanto convencionais, porém assinaladas por seu profundo conhecimento da pintura de paisagem e por um curioso sistema de representação simbólica que procura registrar o caráter eminentemente feudal destes agrupamentos sociais de produção agrícola" (LEVY, Carlos Roberto Maciel. *O grupo Grimm...*, op. cit., p. 32).

15   Em 1884, Grimm muda-se para Niterói, e fazem o mesmo alguns de seus alunos.

16   BELUZZO, Ana Maria. *O Brasil dos viajantes, a construção da paisagem*. São Paulo: Metalivros, 1994.

17   Enquanto grupo dedicado às atividades da pintura de paisagem permaneceram juntos entre 1882 e 1886. Outro dado importante é a grande quantidade de integrantes estrangeiros: Thomas (alemão), Domingo Garcia (espanhol), Francisco Joaquim Gomes Ribeiro (portugues) e Castagneto (italiano). Dentre os brasileiros, temos Hipolito Caron, Joaquim Jose da França Junior e Parreiras.

gunda tradição, ao buscar novos caminhos para o paisagismo no Brasil e representava uma alternativa ao que se praticava dentro da academia.[18] Sobre a produção desses artistas no litoral fluminense, nota-se que "ainda não havia sido possível, no contexto da arte praticada no Brasil, a obtenção de um proveito estético tão significativo em relação à potencialidade paisagística do nosso litoral".[19]

O imigrante norueguês Alfredo Andersen, ainda no final do XIX em Paranaguá, foi igualmente adepto das paisagens realizadas *en plein air*[20] e desenvolvia, também, uma obra alternativa àquela da Academia de Belas Artes, mas que, pela posição geográfica periférica de onde partia, demorou a ser incluída na história do paisagismo brasileiro. Enquanto isso, na capital da República, ao lado dos alunos de Grimm, ganhavam notoriedade os pensionistas da Academia que retornavam de seus estágios no exterior: Rodolfo Bernardelli, Rodolfo Amoedo, Almeida Jr., entre outros. Todos, em maior ou menor intensidade foram vinculados ao naturalismo ou realismo disseminados na Europa e, de início, não realizaram experiências que arriscassem a relação entre pintura e verossimilhança que tanto agradava ao gosto da burguesia. A influência impressionista também se fazia notar, como no caso de Eliseu Visconti. Mas foi, sem dúvidas, Castagneto o primeiro a realizar inovações estéticas significativas nas suas pinturas de marinhas, cujos experimentos com a luz o levaram até numa síntese autoral, na qual a subjetividade invade suas interpretações do litoral.[21]

Uma outra característica interessante é que o paisagismo brasileiro do final do século XIX, e de parte do início do século seguinte, não era especialmente afeito a retratar cenas urbanas, e "tinha como tema principal o exotismo da flora, da topografia, da

---

18   Essa afirmação foi contestada pela historiadora Ana Cavalcanti, que afirma que "O discurso que se fixou foi o de que a Academia era contrária à prática da pintura ao ar livre e de que os mestres inibiam a individualidade dos alunos, apresentando-lhes modelos que deviam ser fielmente imitados. Acontece que era necessário fomentar a imagem de uma Academia repressora, contra a qual se expressasse a revolta." Segundo a autora, a pintura de paisagem ao ar livre era praticada pelos alunos desde o início da Academia. A diferença estaria na ênfase dos «não» acadêmicos em não se limitar a retratar o que viam na natureza, mas transmitir sua emoção diante dela. (Cf. CAVALCANTI, Ana Maria Tavares. A pintura de paisagem ao ar livre e o anseio por modernidade no meio artístico carioca no final do século XIX. *Cadernos da Pós-Graduação do Instituto de Artes*,. v.6, n.1, p. 28-34, 2002).Vale notar que após a saída de Grimm, é Vitor Meirelles quem passa a ocupar a cadeira de pintura de paisagem.

19   LEVY, Carlos Roberto Maciel. *O grupo Grimm...*, op. cit.

20   O que não era uma regra, pois pintava paisagens também a partir de fotografias, e realizava cópias e versões das suas telas no interior do seu estúdio.

21   CHIARELLI, Tadeu. Entre Almeida Jr. e Picasso. In: ____. *Arte internacional brasileira*. 2.ed. São Paulo: Lemos-Editorial, 2002.

luz",[22] ao contrário do que aconteceu em outros países, onde as cidades e seus habitantes eram temas recorrentes. Na leitura de Mario de Andrade, por exemplo, tanto o paisagismo acadêmico como aquele realizado pelo Grupo Grimm tinham uma característica burguesa, condescendente por satisfazer-se em perpetuar uma descrição da luz e da paisagem da região. O caso de Andersen era um pouco mais complexo, por trazer nas paisagens pintadas no litoral personagens populares, frequentemente em alguma atividade laboral; já nas imagens encomendadas, a maioria excluía as figuras humanas.

Paisagem, regionalismos e identidade

Uma das razões pelas quais Andersen é considerado *pai da pintura paranaense* é pelo fato de ter sido o primeiro grande intérprete da paisagem local. Podemos ir além, e pensar que Andersen difunde a própria ideia de paisagem, seja na grande produção de telas, seja ensinando o ofício aos seus alunos. Como explica Simmel, é o olhar moderno que permite que a paisagem exista, porque ele recorta uma parte da natureza, inteira:

> Para que exista uma paisagem não basta que exista 'natureza'; é necessário um ponto de vista e um espectador; é necessário, também, um relato que dê sentido ao que se vê e experimenta; é consubstancial à paisagem, portanto, à separação entre o homem e o mundo.[23]

A paisagem tinha um lugar simbólico importante na constituição do regionalismo paranaense, especialmente na representação do pinheiro. Logo, a avaliação dessas imagens requer um entendimento deste contexto. O fenômeno regionalista é uma manifestação típica do período da descentralização política que se inicia na Primeira República, na qual as classes dominantes buscavam manter a dominação interna ou então se fortalecer para os enfrentamentos no âmbito federal, mediante suas manifestações ideológicas.[24] Clássicos estudos retratam o caso do Rio Grande do Sul,[25] de Minas Gerais,[26] do Nordeste[27] e do Paraná.[28] Nesse contexto, as relações entre arte e identidade terão um

---

22 CHIARELLI, Tadeu, *Pintura não é só beleza...*, op. cit., p. 231.
23 ALIATA, Fernando. *A paisagem como cifra da harmonia...*, op. cit., p. 12.
24 ARRUDA, Maria Arminda. A temática regional: considerações historiográficas. *Anais do Museu Paulista*, São Paulo, n.35, p. 155, 1987.
25 LOVE, Joseph. *O regionalismo gaúcho*. Rio de Janeiro: Perspectiva, 1975.
26 ARRUDA, Maria Arminda. *Mitologias da mineiridade*. Rio de Janeiro: Brasiliense, 1990.
27 ALBUQUERQUE JÚNIOR, Durval Muniz. *A invenção do nordeste e outras artes*. Recife: FJN, Ed. Massangana; São Paulo: Cortez, 2001.
28 PEREIRA, Luis Fernando Lopes. *Paranismo...*, op. cit.

peso especial, com a pintura e a literatura refletindo, mas também criando, esses imaginários locais.[29] A produção artística adquire uma nova função, vinculada às mudanças do desenvolvimento histórico em curso, com o federalismo e a consequente busca dos estados por melhores posições no campo nacional.

Na prática isso ocorre em meados da década de 1920, já no final da vida do nosso pintor, e se estende pelas décadas seguintes. Se observarmos de forma restrita, são pintores de uma geração mais nova, alguns deles ex-alunos, como Lange de Morretes e João Ghelfi, que irão se engajar e criar o estilo *paranista* (ao lado também de João Turin). Andersen, que não participa *stricto sensu* desse movimento, estava, contudo, imbricado nas redes, circulava, interagia e atendia a encomendas vinculadas ao paranismo num sentido mais amplo. A complexa relação de Andersen com os personagens centrais do movimento será tratada no capítulo seis.

Em termos sociológicos, as reflexões de Bourdieu sobre o discurso regionalista fornecem alguns parâmetros para a compreensão desse produto simbólico, que é a região. Partindo de uma necessidade de diferenciação, os discursos buscam impor como legítimos uma definição e fazer reconhecer a região contra a definição dominante – já reconhecida e legítima. A região onde hoje é o Paraná estava vinculada à capitania – depois província – de São Paulo, sendo Paranaguá a sua 5ª Comarca até 1853. Mesmo depois da emancipação continuou exercendo grande influência sobre o estado vizinho, o que exigia das elites locais a necessidade de construção de uma especificidade que o diferenciasse. Os critérios de definição de uma identidade regional são, na prática, objetos de representação, com vistas a determinar a representação mental que os outros podem ter destas propriedades e dos seus portadores. Nesse sentido, a história, a literatura e as artes visuais *regionais* trabalharam na construção de um Paraná branco e europeu, sendo que no plano pictórico o tema privilegiado foi a paisagem. A descentralização política afeta a geografia artística, com os estados tomando consciência do papel das artes na demarcação das suas especificidades culturais, buscando produzir expressões a partir de diferenças.[30]

Se tomarmos as primeiras paisagens encomendadas a Andersen pelo poder público, vemos que o pinheiro não era, no início do século, o tema principal. O fato de Romário Martins ter sido o intermediador dessas encomendas é um instrumento de controle que permite estipular melhor as interpretações possíveis,[31] pois deve ter tido papel central no desenvolvimento dos conteúdos. A duplicidade do título da primeira delas, *A queimada ou lavadeiras* (Figura 84), encontra seu referente nas duas temáticas da com-

---

29 BOURDIEU, P. *O poder simbólico*. Lisboa, Difel/Rio de Janeiro, Bertrand Brasil, 1989.
30 ARRUDA, Maria Arminda. A temática regional..., *op. cit.*,
31 GINZBURG, Carlo. *Indagações sobre Piero, op. cit.*

posição: no primeiro plano, uma camponesa estende as roupas para quará-las ao sol, e ao fundo vemos a fumaça de uma queimada. O primeiro foi um tema muito explorado na história da arte,[32] que trazia mulheres em suas atividades do cotidiano, um retrato de tipos populares que agradavam tanto as classes altas como o público em geral. A lavadeira de azul ocupa o primeiro plano da composição e o incêncio destaca-se no segundo, que pode ter sido inserido como uma denúncia da devastação ambiental resultante das frequentes queimadas realizadas para preparar o solo para a agricultura. A perspectiva panorâmica da composição apresenta a topografia da região de Palmeiras, com uma floresta de pinheiros como pano de fundo do lado esquerdo da tela, por cima dos quais vemos a fumaça.

Essa linha de crítica ambiental pela pintura existia desde os tempos da Academia Imperial de Belas Artes, como se observa na tela já mencionada de Félix Taunay, *Mata reduzida a carvão*, em que o pintor se deixou sensibilizar pelo desmatamento que presenciou no Rio de Janeiro.[33] O pintor italiano Nicolau Facchinetti[34] e o filho de imigrantes Pedro Weingärtner[35] também denunciaram em pinturas a óleo agressões ao meio ambiente como derrubadas, queimadas e a erosão do solo causada pelas plantações de café. Os fundamentos da crítica ambiental da tela de Andersen vinham da interlocução com Romário Martins,[36] o primeiro a introduzir esse tipo de reflexão de maneira sistemática no Paraná.[37] Delator da dilapidação dos pinhais, o amigo literato e *inventor* do

---

32 Apenas para citar alguns exemplos, no Brasil o tema aparece em *Lavadeiras* (1921) de Weingärtner, também com Cândido Portinari em *As Lavadeiras* (1944), Anita Malfati e a sua *A Lavadeira* (1920). Na arte europeia foi igualmente um *topus* entre pintores canônicos, desde Francisco Goya com *As Lavadeiras* (1780), passando por *Ponte em Langlois com Lavadeiras* (1888), de Van Gogh, *Lavadeiras de Arles* (1888) de Gaugin, *A Lavadeira* de Honoré Daumier (1860) e *Lavadeiras nas margens do Rio Touques* (1890) de Eugène Boudin.

33 Cf. DIAS, Elaine. *Paisagem e academia...*, op. cit.

34 Ver: MARQUESE, Rafael. A paisagem da cafeicultura na crise da escravidão..., *op. cit.*

35 Ver: VALLADÃO DE MATTOS, Claudia. O enfrentamento entre homem e natureza na pintura de paisagem do Brasil do século XIX. *Anais do XXIX Colóquio do Comitê Brasileiro de História da Arte*, 2009, p. 286-296.

36 Sobre o assunto, ver: MARTINS, Romário. *O livro das árvores do Paraná*. Curitiba: Diretório Regional de Geografia do Estado, 1944 e CARNEIRO, Newton. O pioneirismo florestal de Romário Martins. *Boletim do Dehis*, Curitiba, 1974.

37 O Paraná é o primeiro estado brasileiro a aprovar um código florestal, em 1907. Embora a proposta deste código tenha caído em descrédito, por ter sido pouco aplicado, ele será reelaborado pelo então depudado estadual, Sr. Alfredo Romário Martins, nos anos de 1919 e 1926. (Cf. AMADIGI, Fausto. *Legislação florestal no Paraná*: a "preocupação ecológica" de Romário Martins (1907-1944). Monografia em História, UFPR, Curitiba, 1999).

paranismo foi autor da legislação estadual para o reflorestamento e a desapropriação de áreas para conservação.[38]

Da mesma safra de proposições oficiais, *Sete Quedas* (Figura 85), famosa por ter sido a maior cachoeira do mundo em volume d'agua, é também uma execução vinculada às belezas naturais do Paraná, e pode ter exigido do pintor uma viagem até Guaíra. A tela tem um formato panorâmico pouco comum para pinturas a óleo, o que pode denunciar que o recurso fotográfico possa ter sido utilizado, afinal as vistas fotográficas panorâmicas foram bastante exploradas na virada do século XIX para o XX. Como vimos, a tela agradou o então governador do Paraná Vicente Machado da Silva Lima, que a comprou numa das exposições de Andersen.

Já *Sapeco da Erva Mate* (Figura 86) retrata a extração da planta que viabilizou a modernização de Curitiba e o aburguesamento das elites, da qual Martins era uma espécie de intelectual orgânico.[39] A tela traz um grupo de homens trabalhando num erval, na etapa da poda já em processo avançado, tendo em vista a pilhagem que vemos do lado esquerdo da imagem. O pintor utilizou várias tonalidades de verde, que vão se definindo de acordo com a luz que é filtrada pela floresta e que incide sobre a vegetação e os homens, gerando uma imagem viva e ao mesmo tempo sombreada. O tipo de trabalho que vemos retratado dispensava a mão de obra escrava por ser sazonal, e era conduzido pelos imigrantes, fundamentais para a extração da erva e também para a agricultura. O tipo de fatura do *Sapeco* assemelha-se a algumas composições de Weingärtner como *Paisagem (Rio Grande do Sul)*, de 1900 (Figura 87), em que a luz é igualmente filtrada pelos troncos das árvores, e que traz uma espécie de clareira no centro do bosque.

A produção artística brasileira, que tinha no eixo Rio-São Paulo as manifestações de maior peso, fez com que as cenas artísticas de estados, como o Paraná, recebessem pouca atenção por parte de historiadores e críticos de arte em geral – até mesmo por relegar ao que está fora do centro (político e artísitico) como regional, rótulo atribuído pelo polo dominante do campo artístico. Contudo, estudos recentes têm mostrado cada vez mais a relevância artística e social dessas produções, como no caso de Pedro

---

[38] A devastação das florestas paranaenses merece especial destaque pela história regional na medida em que o Paraná é um estado onde o exploração vegetal foi particularmente acentuada. Para se ter uma ideia do grau desta atividade, temos originalmente 84,72% da superfície do território do Paraná ocupada por matas; no ano de 1912, 83,37% desta área ainda estavam intactos; no ano de 1930, a porcentagem baixa consideravelmente para o índice de 65,13%. (Cf: AMADIGI, Fausto. *Legislação florestal no Paraná...*, op. cit.)

[39] Segundo a leitura de Svarça (SVARÇA, Décio. *O forjador*: ruínas de um mito. Romário Martins (1893-1944). Dissertação (Mestrado em História) - UFPR, Curitiba, 1993, p. 15).

Weingärtner,[40] cuja obra tem sido rediscutida e reavaliada. Um dos temas pelo qual ficou conhecido foi sua paisagem, e aqui nos interessa especialmente aquelas tematizando o Rio Grande do Sul. Mesmo tendo passado parte considerável do seu período artístico produtivo no exterior, o pintor nascido em Porto-Alegre aproveitava viagens à terra natal para produzir estudos, croquis e paisagens gaúchas, que muitas vezes concluía em seu ateliê em Roma. Era, assim como Andersen, um adepto da fotografia como recurso para suas pinturas.

Mas a obra de Weingärtner ficou conhecida também pelo caráter documental de registro do modo de vida e dos costumes no Sul do país,[41] diferentemente do que se deu com o pintor norueguês. Havia uma demanda de registro do papel da tradição e dos costumes, o que é muito frequente nas suas pinturas, tal como vemos em *Gaúchos chimarreando* de 1911 (Figura 88), em que no canto direito da tela, após trabalharem na derrubada que precede o plantio, os trabalhadores unem-se para tomar o seu chimarrão, num tipo de sociabilidade comum entre os colonos. Weingärtner realizou muitas telas em que os gaúchos e seus costumes têm espaço privilegiado na paisagem que é, na verdade, um cenário para retratá-los. Tanto que *Tempora Mutantur* (Figura 89), tela encomendada pelo governo do Rio Grande do Sul, se tornou emblemática da identidade local, cujo tema é o casal de imigrantes europeus transplantados para o Sul do Brasil e as dificuldades que enfrentaram para sobreviver.[42] É interessante pensar, nesse sentido, na orientação distinta que direcionava as pinturas que foram vinculadas às identidades no Sul do país. As imagens em que Andersen trazia esse tipo de registro popular tiveram pouca acolhida, e serão tratadas com mais vagar no capítulo seis. Já as paisagens da natureza local, especialmente aquelas que tematizam os pinheiros eram especialmente bem recebidas, e raramente trazem figuras humanas.

Esse tipo de comparação entre as pinturas eleitas como regionalistas de Andersen e Weingärtner nos mostram como, no caso do Paraná, última província criada no Império, a "geografia criou a história",[43] pela ausência de uma tradição que gerasse um sentimen-

---

40 Gaúcho e filho de imigrantes alemães, Pedro Weingärtner (1853-1929) estudou na Alemanha e na França, e viveu por muitos anos na Itália. Chegou a lecionar na Escola Nacional de Belas Artes por um curto período, e realizou diversas exposições, frequentemente bem – sucedidas, em São Paulo e no Rio de Janeiro.

41 TARASANTCHI, Ruth Sprung. O Brasil de Pedro Weingärtner. In: TARASANTCHI, Ruth Sprung *et al*. *Pedro Weingärtner (1853-1929)*: um artista o Velho e o Novo Mundo. São Paulo: Pinacoteca do Estado de São Paulo, 2009, p. 81

42 BOHNS, Neiva. Realidades simultâneas: contextualização histórica da obra de Pedro Weingärtner. *19&20*, Rio de Janeiro, v.3, n.2, abr. 2008. Disponível em: <http://www.dezenovevinte.net/artistas/ artistas_nb_weingartner.htm>. Acesso em: 10 out. 2009.

43 DIAS, Elaine. *Paisagem e academia...*, op. cit., p. 15.

to identitário significativo. O Rio Grande do Sul, ao contrário, tinha no meio rural, nas lidas com o gado e na Revolução Farroupilha (evento central na sua história, com seus episódios de bravura contras as injustiças do governo central) elementos fatuais que foram articulados na construção da imagem do gaúcho. Além disso, o tratamento dado ao relacionamento entre colonos e elites tinha outra tonalidade no Rio Grande do Sul, onde diversas famílias descendentes de alemães haviam adquirido forte poder econômico e alçado posições importantes na configuração social local. Com um governo empenhado em consolidar as bases simbólicas de uma tradição regional, era vantajoso o incentivo da produção de imagens capazes de narrar as façanhas que colaboraram para a constituição do imaginário do povo gaúcho.[44] Assim, Weingärtner, que era afeito a narrativas, mesmo em paisagens, encontrou rico material ao tratar do cotidiano de imigrantes – tais como seus pais –, que construíram suas vidas em terras novas.[45]

Não possuindo um herói de destaque, um evento histórico singular[46] ou uma figura exemplar e de repercussão maior que explicasse o caráter regional, como os paulistas tinham nos bandeirantes e os mineiros, em Tiradentes,[47] restavam poucas alternativas para o regionalismo local, que por sua vez precisava dialogar com o que acontecia no centro. Com uma tensão social que marcava a relação entre elites *estabelecidas* e imigrantes *outsiders*, ao lado de uma dificuldade em assumir o caráter híbrido da população, não convinha igualmente tomar o homem como tema. Este era justamente o argumento que levava Mario de Andrade a negar esse tipo de produção como significativa para o imaginário brasileiro: "pitorescas demais, preocupadas apenas com a captação da realidade física do país, omitiam o elemento fundamental da nação brasileira, sua realidade humana".[48] A preferência pela paisagem, com figuras humanas com pouca importância na composição ou então ausentes, pode ser, grosso modo, vinculada ao modelo de pintura de paisagem praticado no Brasil na virada do XIX para o XX. Algo bastante distinto, por exemplo, da produção modernista da década de 1930, que buscava registrar "o homem brasileiro", e que teve suas origens nos caipiras de Almeida Jr.

---

44 BOHNS, Neiva. Realidades simultâneas..., *op. cit.*

45 Vale lembrar que a presença de trabalhadores imigrantes em imagens oficiais era pouco frequente – pelo menos até a década de 1950, e neste sentido *Sapeco* é uma tela atípica dentre as encomendadas a Andersen.

46 Foi apenas nos anos 1950, por ocasião das comemorações ao centenário da emancipação política do estado, que telas históricas, como da fundação da província e da cidade de Curitiba, seriam encomendadas a artistas locais, como Teodoro de Bona e Arthur Nísio.

47 Os elementos mais significativos da construção do mineiro estão num evento histórico: a Inconfidência, e num personagem, o Tiradentes. (ver: ARRUDA, Maria Arminda. *Mitologias da mineiridade, op. cit.*).

48 CHIARELLI, Tadeu, *Pintura não é só beleza...*, *op. cit.*, p. 223.

Mas o fato é que, como mostra Camargo, os paranistas não se reconhecem no retrato do "povo" brasileiro como proposto por Andrade e por seus epígonos nas artes visuais – como Tarsila do Amaral, Di Cavalcanti ou Portinari – e trabalham pela construção de sua alternativa. Por isso, a recorrente representação da topografia local e especialmente do pinheiro, eleito "logotipo" regional.[49]

Mas antes da consolidação do modernismo paulista como ícone da *brasilidade*, São Paulo teve também pintores que ficaram conhecidos como regionalistas.[50] Ruth Tarasanchi mostrou em seu estudo sobre pintores paisagistas em São Paulo uma rica produção, que ficou por muito tempo ofuscada pelo modernismo e suas inovações.[51] A autora observou a estreita relação entre pintura de paisagem e identidade regional como elemento unificador da produção da maioria dos pintores e como preocupação cultural dominante no começo do século XX. Havia uma demanda paisagística, e pintores locais e estrangeiros, especialmente italianos, incumbiram-se dessa tarefa, retratando cenas do litoral, rurais e mesmo da cidade. Contudo, a própria "redescoberta" dessa produção testemunha que ela teve muito menos impacto na construção da identidade paulista e nas discussões artísticas do período do que as telas regionalistas de Almeida Jr. A tradição paisagística era por demais vinculada ao Império para que fosse considerada pela cúpula republicana paulista ideal para a representação da nação.

As instituições oficiais tinham necessidade de estabelecer imagens de identidade do Paraná que se diferenciasse de São Paulo, e do resto do país, em cuja composição política precisava se estabelecer,[52] e, para tanto, adotou a paisagem como discurso para contrapor-se aos paulistas em sua busca por um tipo brasileiro. Dessa forma, o estado permanece vinculado conceitualmente aos parâmetros artísticos estabelecidos por Araujo Porto-Alegre:

> A paisagem natural aparecia, então, como estratégia para afirmar a peculiaridade 'brasileira', sem no entanto enfrentar a variedade étnica e cultural da sociedade e, principalmente, a escravidão. A paisagem pitoresca – vazia de sujeitos como o índio e o negro – adequava-se perfeitamente ao

---

49 CAMARGO, Geraldo Leão Veiga de. *Paranismo...*, op. cit., p. 10.

50 Ainda na esteira de uma paisagística com características regionais com uma produção que destaca elementos típicos, como a vegetação, a geografia, a fauna e a flora, há também o pernambucano Telles Junior, do qual sabemos pouco. Recentemente, um estudo sobre a produção artística no Espírito Santo mostrou como os temas capixabas dominaram a produção dos artistas locais até meados da década de 1950. Mas ali cenas da capital Vitória, tinham espaço privilegiado nas pinturas (MARGOTTO, Samira. *Cousas nossas...*, op. cit.).

51 TARASANTCHI, Ruth Sprung. Pintores paisagistas: São Paulo, 1890-1920. São Paulo: Editora da Universidade de São Paulo; Imprensa Oficial do Estado, 2002.

52 CAMARGO, Geraldo Leão Veiga de. *Paranismo...*, op. cit., p. 15.

projeto de um Brasil civilizado, branco e europeizado, pois evocava apenas um aspecto pitoresco, fornecendo uma visão exótica e tranqüilizadora de um país marcado por grandes contrastes.[53]

Pinheiro, metáfora do homem

Mas a paisagem eleita como representativa do estado precisava ter presente o pinheiro, e a insistência nesta iconografia tinha também o dedo de Romário Martins. Sob suas formulações, mas também de outros intelectuais locais, a árvore adquire um alto valor simbólico, tornando-se, além de símbolo da terra, metáfora do homem paranaense:

> O Pinheiro alto, eril, de longos braços estendidos para os horizontes, – é o Paraná transfigurado no símbolo verde das esperanças que se realizam, da hospitalidade acolhedora dos advindos de todos os quadrantes do mundo, da afirmação de fôrça e de altura incitadora das resistencias para o trabalho e para as preocupações altruísticas.[54]

Para Martins, o pinheiro com suas vigorosas qualidades é o ideal que passa a caracterizar o tipo humano do Paraná, e por isso não haveria necessidade de explorar os tipos locais, motivo pelo qual as paisagens não têm homens. Com dificuldades de equacionar o peso da mestiçagem e com a ambição de construir a ideia de um Paraná europeu, a ausência de personagens leva a pensar na função político-ideológica das paisagens, pois o fato de serem representadas como espaço despovoado de relações humanas, tornou-a local privilegiado para a naturalização delas.[55]

O pinheiro se transformou em um tema explorado pela maioria dos pintores do estado, consistindo na tópica visual por excelência das elites locais. Essas paisagens canonizadas constituem verdadeiros retratos do Paraná, adquiridas tanto para figurarem em acervos oficiais quanto para enfeitar as salas da burguesia em ascensão. Os comentários sobre as exposições de Andersen frequentemente se voltavam para a valorização dessas telas: "o vigoroso pintor, que é o chefe da escola de pintura do Paraná, escola que se acentua principalmente nas paisagens em que a formosa araucária, sempre como um sinal heráldico, se ergue na atmosfera límpida desta terra".[56] Bento Munhoz da Rocha Neto, político paranaense de carreira, mesmo reconhecendo que os pinheiros podem

---

53 SQUEFF, Leticia. O Brasil nas letras de um pintor..., *op. cit.*, p. 215-216.
54 MARTINS, Romário *apud* SVARÇA, Décio. O forjador..., *op. cit.*
55 VALLADÃO DE MATTOS, Claudia. O enfrentamento entre homem e natureza na pintura de paisagem do Brasil do século XIX, *op. cit.*
56 Pamphilo Assumção. In: Comércio do Paraná, 15 e 16 de setembro de 1923.

ser encontrados em outros estados, defende a singularidade daqueles que compõem a paisagem local:

> [...] É inteiramente falso que não tenhamos uma "natureza característica". Aí está o pinheiro. Ergue-se raquítico, tímido, hesitante, quando as terras paulistas se avizinham. Estende-se largamente pela faixa catarinense até rarear e extinguir-se no território gaúcho. Mas o pinheiro grande, nobre e altivo é o nosso pinheiro. Grande e nobre como o paranaense que agasalha o forasteiro com todo o seu carinho, dá-lhe o melhor que tem [...] O pinheiro ereto e dominador simboliza o Paraná.[57]

Presença comum na literatura e no imaginário artístico local, o pinheiro deveria ser especialmente apreciado pelos turistas: "em todos os recantos das circunvizinhanças da capital o turista encontrará os mais sugestivos e lindos panoramas que possa imaginar, sempre acentuados com os característicos pinheiros do Paraná, que indiscutivelmente são os mais belos do mundo".[58] O engajamento de Andersen na produção dessa iconografia, que encontravava um lugar certo no gosto local é inquestionável. Pintou dezenas de telas com pinheiros, com enfoques e enquadramentos diversos, ora com pinceladas mais soltas (Figura 90), ora retratando um bosque mais fechado (Figura 91), mas também sob a luz do luar (Figura 92) ou vistos à distância (Figura 93). Realizadas para atender à clientela local, esses *retatos da terra* – assim como aqueles das elites – foram os principais responsáveis pelo seu encaixe no meio que o acolheu.

A produção paranista *stricto sensu* explorou todas as possibilidades do pinheiro, como na capa da Ilustração Paranaense,[59] publicação por excelência das ideias regionalistas, realizada por Turin, que responde exatamente aos preceitos de Martins: o homem é a consubstancialização do pinheiro (Figura 94). Lange de Morretes, um dos artistas da tríade paranista, levou ao limite a esterotipia da árvore, até chegar a sua estilização (Figura 95). O ex-aluno de Andersen também escreveu textos, fez estudos científicos, chegando a pedir para que fosse enterrado debaixo de um pinheiro. Num texto seu, relatou que

---

57 MUNHOZ DA ROCHA, Bento. A significação do Paraná. Diário da Tarde, Curitiba, 4 abr. 1930, p. 1-2.

58 Illustração Paranaense, jan. 1930.

59 No primeiro número, Martins coloca: "Ao transpor a Serra do Mar, vindo dos litorais, o homem branco estacou ante a imensidade da coxilha ponteada de capões de altíssimos pinheiros. [...] O pinheiro era o rei desse país, – rei de bondade, altivo, na sua estrutura, mas fraternalmente acolhedor nos largos braços sempre abertos de sua ramada. [...] E assim, a figura será também para a população de todas as origens que aqui habita, o símbolo integrador do passado ao presente e a alvorada promissora de nossa atualidade a esse futuro que há de ser fatalmente grandioso, porque grandiosos também são as linhas da estrutura física e moral da nossa terra e da nossa gente (Ilustração Paranaense, v.1, n.1, nov. 1927).

quando um artista paranaense está só, pensa no pinheiro, quando está em companhia de outro artista, fala do pinheiro e quando os artistas reunidos são mais de dois, discutem sobre o pinheiro ... discutiamos suas qualidades, suas dificuldades e suas novas possibilidades para o campo da arte.[60]

Em termos compositivos, algumas telas de Lange seguem os esquemas de Andersen, como vemos em *Paisagem [Pinheiros]* (Figura 96) do professor e *Paisagem com pinheiros* (Figura 97) do aluno; o filho do engenheiro faz também, como o ex-professor, alguns *closes* da árvore, mas a elas atribui títulos que dizem do caráter excepcional que atribuía ao pinheiro, como *Rei Solitario* (1953) e *Dominadores solitários* (1930). Até aqui existiriam mais semelhanças do que diferenças, mas estas se tornam gritantes quando Lange decide criar um simbolismo entre a figura feminina e o pinheiro, como em *Alma da floresta* (1927-1930) (Figura 98), na qual uma mulher nua está deitada em desespero sob o tronco de um pinheiro cortado. A tentativa de realizar alegorias aparece também em *A natureza* (Figura 99), que tem em seu centro uma mulher nua deitada, com a natureza paranaense no segundo plano da tela com as cataratas, o litoral, a serra do mar e, em destaque, o pinheiro. Esse tipo de composição agradava: foi bem recebida por críticos e adquirida pela Assembleia Legislativa do Paraná e pela Escola de Belas Artes, respectivamente. Colocados lado a lado, talvez para Andersen o pinheiro não tivesse um significado intrínseco, mitológico, um valor simbólico diferenciado; era parte da paisagem que observava, e, embora as paisagens de Andersen também estivessem vinculadas ao consumo local, seguindo formatos convencionais, suas telas não chegam à estereotipia realizada por Lange.

Outro dado interessante para se pensar essa diferenciação diz respeito à quantidade de paisagens com pinheiros pintados por Andersen: das 195 telas catalogadas como paisagens,[61] 33 trazem pinheiros, nem sempre como tema central. O que indica que talvez não fossem seu tema predileto, como nas leituras correntes que viam nessas imagens uma expressão do amor de Andersen pelo Paraná. Contudo, mesmo não abraçando um simbolismo afetado como o de Lange, os pinheirais de Andersen, por atender ao gosto da clientela local, tiveram destaque na sua produção.

A Serra do Mar e a estrada de ferro

A estrada de ferro e a Serra do Mar que ela precisou transpor foram, como vimos, uma tópica importante dos discursos de modernização, e também itens que faziam

---

60   MORRETES, F. Lange de. O pinheiro na arte. Ilustração Brasileira, Rio de Janeiro, edição comemorativa do Centenário do Paraná, n.224, p. 168, 169 e 274, dez. 1953.

61   BALLÃO, W.; BASSLER, R.; GRAÇA, R. (Orgs.) Alfredo Andersen..., *op. cit.*

parte do imaginário local. A análise comparativa de algumas dessas imagens realizadas por Andersen permitem pensar a diferença que marcava as obras encomendadas daquelas que ele realizou de uma forma mais livre, uma delas com a função de ser enviada aos parentes na Noruega, prática recorrente do pintor, que em alguns casos traz elementos importantes da imagem que ele buscava construir do país onde morava.

Paisagem serrana com personagem de 1918 (Figura 100) é uma bela amostra, que tem, ao fundo, a Serra, e um gramado verdejante por onde um caminho de terra batida está sendo percorrido por um caboclo que carrega um carrinho. Andersen fez uma versão com um enquadramento um pouco diferente, que privilegia a vista da Serra e que chamou de *Houmboldstrasse* (Figura 101), pois foi elaborada para ser enviada aos parentes na Noruega, mostrando como via e como queria que fosse visto o país em que morava, colorido, ensolarado e com uma bela paisagem. Provalvemente na mesma ocasião, mas possivelmente no final do dia, quando a neblina ja tomava conta da montanha, pintou *Mulher ao pé do morro do Marumbi* (Figura 102), que destaca o pico mais alto do estado, que separa Curitiba do litoral. Note-se que as três imagens trazem personagens locais, embora o foco esteja na paisagem.

Já as telas que, embora ambientadas também na Serra, tinham como tema a ferrovia, são bem distintas. Os principais registros iconográficos da ferrovia são fotográficos, como as famosas imagens de Marc Ferrez e Arthur Wischral, que destacam o imenso grau de dificuldade e a magnitude da técnica necessária para a sua construção. As três telas pintadas por Andersen retratando a estrada de ferro foram feitas a partir de fotografias, duas delas tematizando construções que abrigavam os engenheiros e demais trabalhadores, e a outra, que possui duas versões, um viaduto que reflete os desafios de sua construção, mas também a paisagem que o rodeia. Os temas, as prováveis datas de fatura e o fato de terem sido originadas num referente fotográfico indicam que Andersen as confeccionou para atender a encomendas. Infelizmente não temos fontes que indiquem os comitentes, mas é provável que tenham sido os próprios engenheiros, que faziam parte da clientela de Andersen, como vimos no capítulo anterior.

A dinâmica gerada pela estrada de ferro alimentava os anseios de modernidade ao trazer movimento, pessoas, materiais, tecnologia, incitando sonhos de progresso. A ferrovia era vista não apenas como um meio de transporte necessário para o desenvolvimento do Paraná, mas também como uma maravilha da técnica. Após sua construção, diversos autores celebraram a ferrovia nesses termos, enxergando nela um ícone da modernidade.[62] A locomotiva foi tratada na imprensa local como metáfora do progres-

---

62 Em Trem Fantasma, Hardman descreve como se deu a expansão dos trilhos pelo mundo no século XIX, em especial a Estrada de Ferro Madeira-Mamoré e o impacto social e mental que atingia os indivíduos de maneiras variadas e como reagiam com indignação, espanto e

so, ainda mais considerando os desafios técnicos enfrentados e superados ao fazê-la cruzar a Serra do Mar. Numa obra marcadamente paranista, *A terra do futuro*, Nestor Victor disserta:

> Torna-se cada vez mais famosa a linha férrea de Paranaguá a Curitiba, e seu renome crescerá com o tempo, quanto mais avulte a corrente de touristes que venham de toda parte do mundo testemunhar a incomparável maravilha panorâmica que ela proporciona e ao mesmo tempo o milagre de arte que ela representa ...[63]

Na imagem do Viaduto Carvalho (Figura 103) temos uma paisagem preocupada com a fidelidade à imagem fotográfica, mas que buscou ressaltar seu entorno, com a cadeia de montanhas da Serra do Mar ao fundo, envolta numa névoa que lembra aquela da *Mulher ao pé do Morro do Marumbi*. O local, segundo a descrição de Vitor, "é a mais perigosa dentre todas as arcadas naquela linha, pois que encosta por uma parte a um imenso rochedo, dando pela outra sobre um medonho despenhadeiro, sem parapeito algum que separe o trem do abismo sem fundo que transpõe".[64] A fotografia que deu origem à tela (Figura 104), contudo, é mais centrada na estrada, sendo que o pano de fundo da paisagem parece ter sido uma opção do pintor.

A *Vista da curva do Cadeado* (Figura 105) tem um aspecto documental de representar a construção que funcionou como escritório da comissão construtora, que dali desfrutava de um panorama privilegiado da serra e das obras em andamento. A imagem do Cadeado foi encomendada por engenheiros para presentear Teixeira Soares, um dos diretores da obra. Vale a pena observá-la ao lado da fotografia que deu origem à encomenda (Figura 106). Nela, a locomotiva que ocupa o canto direito da tela é o seu tema, circundada pela paisagem, enquanto na pintura a óleo ela foi banida. Em lugar dela, um homem e um cachorro andando sobre os trilhos poderiam passar despercebidos ao observador desatento, uma vez que, pequenos, têm pouca visibilidade na composição; ainda menor é um homem que aparece, quase insignificante, ao lado da casa, afinal, o que chama atenção ao olhar é a magnitude da paisagem, com o Pico do Marumbi ao fundo, que rouba a cena e que lembra uma paisagem nórdica, pelos tons e pela atmosfera que ela traz.

Mais preocupado com a paisagem do que com a ferrovia, ela está longe de caminhar junto às representações literárias formuladas pelos parnanguaras que enalteciam

---

encantamento ao mesmo tempo. (FOOT HARDMAN, Francisco. *Trem fantasma: a modernidade na selva*. São Paulo: Companhia das Letras, 1988).

63   VÍTOR, Nestor. A terra do futuro..., *op. cit.*, p. 55.
64   VÍTOR, Nestor. A terra do futuro..., *op. cit.*, p. 59.

a estrada como um ícone de modernidade e do progresso. Para sua execução o pintor acionou uma palheta de cores frias e, ao retirar da cena a locomotiva, Andersen reinterpreta a fotografia a partir de uma leitura sua, dando as costas ao tão aclamado progresso, elaborando uma imagem pacata e sem movimento.[65]

E, de fato, o ideário moderno associado à ferrovia se quebrava quando se observam as notícias que os jornais locais veiculavam, que reportavam com frequência inconveniências, atrasos e reclamações. Os sonhos de progresso e modernidade tiveram também uma trágica contrapartida humana, com centenas de mortes e tragédias, "uma senda de equívocos, em que a ilusão já aprece entranhada nas coisas e nos ideários".[66] Imagens de barbarie semelhante às ocorridas na Amazônia aconteceram também no *Brasil diferente*: durante sua gestão, Teixeira Soares pede à direção da companhia que lhe envie 6.000 homens para garantir que, ao final, tivesse ao menos 3.000. Parafraseando Hartman, entre a perspectiva do progresso e sua efetivação, havia um imenso abismo, e as tentativas de romper com os valores tradicionais esbarravam em estruturas invisíveis mas persistentes.[67]

As lentes de Andersen viam mais o tradicional do que o moderno, e, nessas leituras, um abismo de cores e luzes mostra um pintor que via nas cenas rústicas a beleza que a civilização destruía. Ao mesmo tempo, os habitantes dessas paisagens são sempre pequenos diante da grandeza da natureza, mas suficientes para registrar elementos que compunham uma iconografia da simplicidade das suas vidas, seja no carrinho empurrado pelo caboclo, seja no chapéu do menino, seja no cercadinho de madeira que delimitava a casa da mulher das cenas da Serra.

O gênero paisagem corresponde numericamente à maior produção de Andersen, mas mesmo tendo vivido mais de trinta anos em Curitiba, cidade em processo de modernização, Andersen fez poucos registros visuais de cenas urbanas. E mesmo as telas que retratam a cidade parecem enfatizar mais um aspecto "semiurbano" do que o caráter moderno da cidade. A preferência do pintor era mesmo por cenas prosaicas, como as paisagens onde podia explorar os efeitos da luz na água, o que fez em dezenas de telas. Para autores

---

[65] Bastante diferente, por exemplo, de clássicas vistas da estrada de ferro como ícones da modernidade, como em *Chuva, vapor e velocidade* (1844) de Turner e na série de Monet da *Gare Saint-Lazare* (1877), em Paris. Segundo Hartman, para além da coincidência temática, há o modo de representar as estradas de ferro como *trens fantasmas*, "cujo aparecimento fugaz já significa também a próxima desaparição, cuja luz estranha já carrega a inevitabilidade melancólica da sombra" (HARTMANN, Francisco Foot. *Trem fantasma...*, *op. cit.*, p. 36).

[66] *Ibidem*, p. 96.

[67] *Ibidem*, p. 35.

como Simmel, a preferência por cenas como essas encontra sua justificativa justamente nos efeitos trazidos pela modernidade:

> que somente a época moderna tenha desenvolvido a pintura de paisagem – que enquanto arte, só pode viver em distância com o objeto e fraturando a unidade natural com ele – e que também somente essa época conheça o sentimento romântico da natureza, são consequências daquele distanciamento da natureza (que a vida citadina baseada no dinheiro nos levou).[68]

Pintando o litoral

Embora as imagens de matas e da natureza tropical tenham sido especialmente privilegiadas nos ideais de construção da nação do século XIX, as marinhas tiveram também o seu lugar de destaque, afinal, o coração do império batia no Rio de Janeiro, com sua exuberante baía. Vistas da cidade foram fartamente retratadas por artistas estrangeiros, desde Leandro Joaquim, passando por Nicolas Taunay, Jean Baptiste Debret e Rugendas. Se a paisagem brasileira era central para a consolidação da nação e o Rio de Janeiro sede do poder e da produção artística, então as marinhas também faziam parte do processo de consolidação simbólica da capital nacional.[69] Essa colocação faz pensar em que medida podemos situar as imagens do litoral paranaense de Andersen na construção da identidade regional, e que papel teria tido no imaginário local.

O litoral teve, como já comentado no capítulo três, uma importância crucial no desenvolvimento do estado na primeira metade do século XIX, e foi alvo das primeiras pinturas realizadas pelos artistas viajantes como Debret,[70] William Loyd e William Michaud, geralmente com um caráter documental e etnográfico, mas que contavam também com inegáveis méritos artísticos. Apesar de esparsa e pequena, foi uma produção importante e que era desconhecida até a década de 1950, quando os trabalhos de pesquisa do Prof. Newton Carneiro trouxeram à tona esse material.[71] De fato, a *imagerie litoranea*,

---

68 WAIZBORT, Leopoldo. *As aventuras de Georg Simmel*. São Paulo: Ed. 34, 2000, p. 191.

69 ALVES, Caleb. Mar paulista! In: CALIXTO, Benedito; SOUZA, Marli Nunes (Coord.). *Benedito Calixto*: um pintor à beira-mar. Santos, SP: Fundação Pinacoteca Benedito Calixto, 2002, p. 43-45.

70 Há quatro ilustrações de Debret do litoral do que hoje é conhecido como o Paraná: *Paranaguá vista do sul, a três léguas*; duas intituladas *Paranaguá* e *Guaratuba*. Existem dúvidas, contudo, sobre a veridicidade da sua passagem pelo sul do Brasil. Para Newton Carneiro, a inverossimilhança dessas imagens seria o motivo dese questionamento. (CARNEIRO, Newton. *Iconografia paranaense* (anterior à fotografia). Curitiba: Impressora Paranaense, 1950, p. 11).

71 Ver: CARNEIRO, Newton. *Iconografia paranaense...*, op. cit.; _____. *Pintores da paisagem paranaense*. Curitiba: Solar do Rosário, 2001.

como ele a chamava, era bem mais abundante que aquela de serra acima, pela facilidade geográfica para a chegada de artistas e viajantes.

Foi Andersen quem deu início à exploração pictórica do litoral de uma forma sistemática. Não apenas por ter vivido em Paranaguá, pois mesmo depois de instalado no planalto curitibano fez várias viagens ao litoral, tendo pintado marinhas até o fim da vida. As afinidades com o tema vinham não só do casamento com uma cabocla do litoral, mas por todo seu histórico de ter vindo de um país com forte vínculos com o mar, nascido numa cidade portuária, filho de marinheiro e viajante transatlântico na juventude.

Andersen soube aproveitar o potencial paisagístico do litoral e teve nas marinhas um espaço privilegiado de experimentação estética, de forma mais livre e solta do que nos retratos e mesmo nas paisagens do planalto. Também, em várias telas ele buscou privilegiar os efeitos atmosféricos da luz sobre a água, como nas famosas telas das *noites de verão* norueguesas. Esse olhar foi transplantado e encontrou na costa brasileira um objeto ideal, nas vistas do Porto e do Rocio de Paranaguá, mas também de praias como Guaratuba e da Ilha do Mel.[72] Em todas elas, o tratamento da luz e a inserção de elementos humanos na paisagem são elementos-chave para a sua compreensão.

Tal é o caso de *Entrada da Barra do Sul [Pôr-do-Sol]* de 1930 (Figura 107), que tem como tema as cores e a luminosidade do pôr do sol, que contrasta com a faixa de terra mais escura que ocupa o primeiro plano. Os reflexos do entardecer nas nuvens chamam o olhar, e a gradação das cores configura a perspectiva que traz a distância e a profundidade do quadro.[73] O tratamento da luz e a sua centralidade mostram um pintor mais aberto às emoções da paisagem, o que vai se tornar ainda mais presente nas imagens do Rocio.

Com apreço visível pelo ambiente de pescadores, o pintor norueguês retratou cenários que apresentam os ícones de uma economia voltada para a pesca com barcos ancorados, mar calmo, vegetação costeira, casa humildes. Em *Barra do Sul*[74] (Figura 108); por

---

72 As praias que Andersen pintou, hoje bastante exploradas pelos turistas, tinham no início do XX pouco estrutura, um acesso difícil e eram povoadas por comunidades pesqueiras. É interessante, assim, pensar que ele tenha viajado em busca dessas paisagens, descobrindo nelas motivos que permitiam executar suas habilidades e testar novos esquemas. A maioria dessas praias esta situada na Baía de Paranaguá, como a Ilha do Mel, Guaraqueçaba e, um pouco mais ao sul, Guaratuba. A inviabilidade de analisar todas elas exigiu o seleção de apenas algumas mais representativas.

73 Interpretações como essa começam a ser difundidas com uma tela de Monet que teria inspirado o nome do movimento impressionista *Impressão-sol nascente,* de 1869.

74 A Bahia de Paranaguá liga-se ao oceano através de três barras: a de Superagui, ao norte, entre a praia desse nome e a ilha das Peças; a barra Grande, entre a ilha das Peças e a do Mel; e a barra do Sul, entre a ilha do Mel, uma das principais atrações turísticas da região, e o continente. Esta última é a maior de todas, por onde entravam grandes embarcações.

exemplo, o pintor retratou toda uma comunidade de pescadores com homens, mulheres e crianças usando chapéus de palha e que faziam um círculo envolta do pescado. Se tomarmos como base cerca de quarenta dessas pinturas, pelo menos metade delas tem em seus conteúdos pescadores e trabalhadores populares, evidência de um interesse por esses caboclos e seus modos de vida. O caráter mestiço dessa população, foi notado em 1858 pelo alemão Robert Avé-Lallemant, que nem mesmo chegou a desembarcar na cidade de Paranaguá quando da sua passagem pela baía:

> Na manhã seguinte olhamos para todas as particularidades que a baía oferece. Canoas de pescadores sulcavam a superfície; pequenas embarcações traziam lenha para aquecer as nossas caldeiras, outras traziam carga, especialmente sacos de arroz. O que parecia mais maravilhoso era uma canoa familiar, reacionária da proa a popa, da frente até atrás, um quadro dos tempos antigos, que, com a cessação do tráfico de negros da costa da África, está agonizando e, querendo Deus, breve desaparecerá [...]. Na frente da canoa, duas vigorosas negras, que remam virilmente. Uma delas tinha um genuíno rosto da Costa, sem dúvida procedia de Moçambique. Em torno da robusta rapariga tremulava admiravelmente um vestido de chita de cor, cujas dobras supérfluas ela prendia entre joelhos para melhor poder usar o remo. Sobre a cabeça lanzuda um gigantesco chapéu de palha. [...][75]

Das Séries do Rocio

O Rocio de Paranaguá foi provavelmente o tema mais explorado por Andersen no litoral, e sua representação foi mudando com o passar dos anos até chegar a uma síntese figurativa que ultrapassou a representação da geografia local. O local foi alvo de muitas representações literárias, articuladas por parte de literatos nascidos na cidade, que, saudosos e ansiosos por ver Paranaguá progredir, se engajaram para influenciar o destino da cidade. É interessante ver como essas representações dialogam, e a sintonia que se deu, no mais das vezes, entre imagem e texto.

Das paisagens pintadas nos anos iniciais da sua estada em Paranaguá, chamam atenção três telas muito semelhantes do Rocio, que reconhecemos pela Igrejinha ao fundo.[76]

---

75 AVÉ-LALLEMANT, Robert. *1858, viagem pelo Paraná*. Curitiba: Fundação Cultural, 1995, p. 95-96.

76 Trata-se de uma igreja muito simples e artisticamente pobre – não há vitrais ou afrescos. Segundo cronistas locais, ela foi originalmente construída com esmolas dos devotos no início do século XIX e destruída durante a revolução federalista de 1893-1894. Segundo depoimento de Alzira Odília Andersen, filha do pintor, "Na Igreja do Rocio deverão ter 2 ou 3 telas de pessoas doentes retratadas por meu pai, feitas para pagamento de promessas".

Nestas imagens (Figuras 109, 110 e 111), todas de 1896, o mar ocupa um pedaço pequeno do lado direito da composição, e a ênfase recai sobre a paisagem que abriga a igreja e as canoas estacionadas sobre a terra. Na menor das telas, um homem com um cesto na cabeça caminha por entre a paisagem, o que desaparece nas seguintes. Mas a diferença que salta aos olhos entre as três imagens são a luz e o colorido. Se tomarmos o crescimento do tamanho das telas como ordem, a primeira tem tons mais sóbrios, até o verde é quase pastel, e o céu está bastante nublado, prenunciando chuva. A segunda tem cores mais quentes, as nuvens sumiram, o verde da grama ganhou luz e o homenzinho foi substituído por uma estaca. Da segunda para a terceira, a maior de todas, novos ajustes na tonalidade e nas pinceladas: as cores estão melhor equacionadas – nem tão sóbrias, nem claras demais –, o gramado ganhou um colorido impressionista, o céu está quase limpo e bem ao fundo a Serra do Mar traz maior profundidade para a cena, que em termos compositivos é essencialmente a mesma das outras duas.

Estudos da luz como esses foram recorrentes na prática dos impressionistas, cujo maior exemplo na história da arte são as catedrais do Monet. A sequência das imagens de Andersen pode ter sido um retrato das estações do ano: a primeira corresponde a um verão tipicamente chuvoso; a segunda tem tonalidades mais outonais, com tons ocres e as folhas caídas; já na terceira as cores explodem, e as flores da primavera se espalham pelo gramado.

Embora não seja possível atribuir *stricto sensu* a essas imagens o conceito de série elaborado por House[77] – obras realizadas ao mesmo tempo, com procedimentos técnicos semelhantes, desde que intencionadas pelo artista e exibidas em conjunto –, afinal não temos evidências para verificar esta última característica, elas mostram que o artista voltou ao mesmo tema como forma de refinar a sua observação dos efeitos naturais. Podemos, todavia, tomar o conceito de série num sentido mais amplo: tratamento de um motivo único, repetido pelo artista em diversas ocasiões, cujas motivações poderiam ser tanto de ordem técnica como de ordem subjetiva.[78] Com o passar dos anos, a variável mercado também passa a fazer parte das motivações das séries do Rocio, notavelmente quando elas começam a se vincular ao saudosismo dos intelectuais paranaguaras vivendo longe de sua terra natal.

Entrevista realizada em 22/05/1988 por Neida Peil de Oliveira. Cf. Museu Andersen, pasta 001 D – dados biográficos/árvore genealógica.

77 Cf. HOUSE, John. *Monet*: nature into art. New Haven and London: Yale University Press, 1986, p. 193.

78 Obviamente que réplicas e repetições de telas com poucas variações era uma pratica artística de mercado realizada há seculos, para satisfazer aos mecenas e ao mercado.

Mas, por mais que as demandas do mercado tenham impulsionado a produçãode telas do Rocio, o que é significativo são os avanços rumo a faturas mais subjetivas e marcadas pela luminosidade. A mera existência de telas objetivamente diversas quanto a sua luminosidade levam à reflexão sobre a questão da representação. Embora não rompa com a questão da semelhança com o real, insere nele uma interação subjetivade, um artista que enxerga a luz e que, portanto, atua sobre a tela. A luz e as variações de cores da paisagem são o objeto, o motivo, um ponto de partida: como nas telas de 1896, nas quais de um colorido *escandinavo* passando por tonalidades excessivamente claras, o pintor chega a uma equação de cores que compõem um dia de sol numa paisagem tropical.

Numa outra série de três imagens intituladas de *Rocio*, a incidência da luz e seus reflexos são novamente centrais para sua leitura. Nelas não há mais a referência da Igrejinha como indicação do local, substituída pela Serra do Mar, que serve de pano de fundo das telas. Assim como nas primeiras três, aqui novamente elas crescem de tamanho: a primeira de 1894 tem 20 x 30cm (Figura 112), a segunda do ano seguinte 26 x 40cm (Figura 113) e a terceira de 1901, 28 x 48cm (Figura 114). O esquema compositivo é essencialmente o mesmo: uma cabocla dentro de uma canoa e um homem de chapéu voltado para ela. Alternam-se, contudo, o tipo de pincelada, as cores, a luminosidade e o registro de detalhes. O fato de a primeira imagem ter sido realizada de forma mais rápida, com uma pincelada mais grossa poderia ser indicativa de um estudo. O sol se dissolve na atmosfera nublada, mas reflete seu amarelo na água, e minguados raios vermelhos sobre as nuvens se espalham pelo céu. Mal se pode diferenciar onde o mar e as montanhas ao fundo se juntam. A segunda imagem já tem mais evidentes as cores de um entardecer, que o pintor compõe com gradações do azul; o céu continua repleto de nuvens, a Serra do Mar ao fundo está mais delineada, assim como a faixa de mar que liga o canal de água onde está a canoa. A terceira imagem é novamente de um entardecer, que enfatiza o reflexo amarelo no mar para sugerir o momento do dia. As pedras da margem direita da canoa estão bem delineadas, o que não se deu nas outras imagens, e a pincelada é bem mais fina e detalhada. As telas têm ares de uma noite de verão escandinava, com uma coloração misteriosa, com predominância de uma mistura de amarelo e do violeta refletindo na água.

O intervalo de quase sete anos entre a primeira e a terceira tela, assim como o refinamento da pintura, pode indicar que as duas últimas foram pintadas dentro do ateliê, talvez sob encomenda. O impacto da luminosidade, que marcou a vida e a obra de tantos pintores (como, por exemplo, Van Gogh, que em sua fase inicial de denúncia social faz uma pintura escura e triste; que se altera radicalmente depois do contato com a luz no sul da França),⁷⁹ se faz evidente também nas telas de Andersen. A ênfase nos contrastes de luminosidade do fim do dia, que aparece de forma difusa, por entre as nuvens, com o delicado reflexo na água lembra a poética do entardecer destacada por Belluzzo ao tratar dos pintores viajantes, que se valiam desses momentos especiais de luz para explorar a natureza local.⁸⁰

Aqui, mais do que retratos do Rocio, essas experimentações da luz são formas de apreender as novas experiências visuais de um nórdico no Sul do Brasil. Esses estudos possuíam fundamentação teórica, que fazia parte da formação acadêmica do século XIX, como sintetizado num fragmento escrito pelo pintor de paisagens Philip Hackert:

> É necessário que o artista não só tenha escolhido o seu ponto de vista, a partir do qual os objetos se encontrem em boa relação uns com os outros e produzam assim grupos agradáveis no detalhe, mas também que espreite a natureza para saber em que luz ela faz o melhor efeito, se de manhã cedo, ou um pouco mais tarde, por volta do entardecer, ou no pôr do sol. Tendo definido isso, então será necessário que ele estabeleça pelo menos a massa das sombras no momento em que a natureza estiver belamente iluminada, para depois trabalhar seguindo a sua memória. Poderá ainda voltar a posicionar-se à mesma hora do dia seguinte, para espreitar mais e mais o efeito, até o ponto de acreditar poder terminar o quadro seguindo a força de sua imaginação [...].⁸¹

Além disso, ao descrever uma cena com muitas semelhanças com as que estamos tratando, Clark esclarece que esse tipo de representação atingia um lugar seguro no gosto do público:

> Uma cena calma com água em primeiro plano refletindo o céu luminoso e enquadrada por árvores escuras era algo que toda a gente estava de acordo em reconhecer como belo, exatamente como em épocas anteriores estavam de acordo acerca de um atleta nu ou uma santa com mãos cruzadas sobre o peito.⁸²

---

79   Das cartas de Van Gogh ao irmão Théo vemos como ele fica fascinado e embevecido com a atmosfera em Arles e no sul da França, o que traz para a sua pintura.

80   BELLUZZO, Ana Maria de Morais. *O Brasil dos viajantes*, op. cit.

81   Fragmentos teóricos de Jakob Philipp Hackert revisados e publicados por Goethe em 1811 como parte de uma biografia do artista. (MATTOS, Claudia (Org.). *Goethe e Hackert*: sobre a pintura de paisagem na Europa e no Brasil. Cotia, SP: Ateliê Editorial, 2008, p. 139).

82   CLARK, Kenneth. *Paisagem na arte*. Lisboa: Editora Ulisseia, 1961, p. 100 *apud* CHIARELLI, Tadeu, *Pintura não é só beleza...*, op. cit., p. 221.

Mas, para além de serem aprazíveis paisagens, essas telas encontravam um terreno social fértil no contexto em que foram produzidas, quando, no início do século XX, uma forte nostalgia tomava conta dos discursos da cidade e o olhar para o passado foi usado como forma de desviar a atenção das dificuldades pela qual Paranaguá estava passando, valorizando um idílico litoral que foi o berço de boa parcela das elites paranaenses. Ora alterando o ponto de vista, ora a forma de pintar, as imagens do Rocio têm em comum um aspecto plácido, de imanência, como se a passagem dos anos não tivesse afetado a calma e a tranquilidade do local e, nesse sentido, contribui para a conformação da nostalgia do discurso.

O Rocio tinha um lugar privilegiado no imaginário da cidade. Conhecido como "poético arrebalde parnagüense",[83] é um bairro onde originalmente pescadores viviam de forma bastante simples, localizado na periferia de Paranaguá, defronte a sua baía. A comunidade vivia de forma bastante precária, e o poder público, quando presente, se fazia sentir na cobrança de impostos, sem garantir condições mínimas de salubridade e segurança. A esses fatores somavam-se a dependência de marés, vento e outras variáveis impossíveis de serem controladas, o que contribuía para o alto índice de mortalidade dos homens da comunidade, que frequentemente ficavam embarcados por longos períodos, sempre vulneráveis aos perigos do mar e do mau tempo. Todos esses fatores explicam a forte relação que essas comunidades tinham com o sobrenatural e com o divino, e ajudam a entender o fato do Rocio ser considerado "sagrado" por ter sido palco das duas lendas do aparecimento da Virgem do Rocio,[84] hoje padroeira do Estado do Paraná.

Numa região colonizada por portugueses e erguida sobre os preceitos católicos, esse ponto da cidade passou a ter uma importância central na organização das crenças e no imaginário local. A devoção iniciada no subúrbio parnanguara expandiu-se para todas as classes sociais, incluindo os intelectuais, que dedicaram muita tinta ao tema, e com

---

83 VAN ERVEN, Herbert Munhoz. *Rossio*: a fantasia e a realidade em torno de uma imagem miraculosa. Curitiba: Edição do Autor, 1946.

84 São duas as lendas do aparecimento da imagem: na primeira – a mais aceita –, um pescador teria encontrado a imagem no mar, a quem foi atribuída uma série de milagres. Já a segunda, "A lenda das rosas loucas, ligada à tradição da origem do culto à Virgem do Rossio, em contraposição à do achado da imagem pelo Pai-Berê, se reveste de estranha poesia e dum indizível encanto. Assim é que, dizem os antigos, existia no terreiro dum sítio de pescadores, no mesmo local onde hoje se ergue o Santuário, uma moita de rosas loucas." (*Ibidem*, p. 28) que escondiam a imagem da santa. Assim, já no século XVII, espalha-se entre a população a fama dos milagres e a devoção começa a se sedimentar na vila. Seu culto originalmente não era ligado à Igreja católica, e o templo (a igrejinha que vemos) teria sido construído às custas de esmola dos devotos, com início pouco antes de 1800 e finalizado em 1813.

isso "formou-se, esparsamente, uma verdadeira literatura ao redor dos dados ocorridos no Rossio".[85] A força da religiosidade da comunidade as tornava ainda mais exóticas para os observadores de fora, como Andersen, que guardou um negativo em vidro de uma fotografia da procissão, que pode ter sido tirada por ele.[86] Numa delas (Foto 11), vemos que a festa do Rocio mobilizava em seus participantes suas melhores indumentárias, e que seu apelo ia muito além das comunidades pesqueiras; mesmo as crianças estão vestidas formalmente, as mulheres estão usando vestidos longos e os homens, terno, colete e até chapéu. É um fato relevante, especialmente considerando que a festa é comemorada em novembro, mês já bastante quente no litoral paranaense.

Foto 11 – Procissão de Nossa Senhora do Rocio, Paranaguá, c. 1895. Fonte: Acervo MAA

De fato, os homens de letras tiveram, por meio da imprensa, papel central na divulgação do local e na construção de uma visão romântica em torno dele, promovendo um aburguesamento das histórias populares, apropriadas pela cultura letrada das elites. Como na busca de valorização de um passado áureo, ao lado da exaltação da natureza

---

85 VAN ERVEN, Herbert Munhoz. *Rossio...*, *op. cit.*,, p. 29.
86 O negativo em vidro da primeira faz parte do acervo do pintor.

local e da popularidade que o santuário ganha junto aos fiéis de todo o estado o que resultou no surgimento de algumas revistas: no final dos anos 1920, a publicação da *Revista Santcuarium*, editada pelas elites clericais que passaram a comandá-lo, evidencia a força política adquirida pelo Santuário através dos anos.[87]

A mais interessante para nosso estudo, a publicação mensal *O Itiberê*,[88] tinha igualmente essa clara intenção de reviver o passado. Sobre a festa do Rocio, comenta:

> e não é o menor dos bens a faculdade de recordar, de viver da saudade do passado – embaladora saudade da alma, que nos enche no presente de uma casta suavidade de luar melancólico. E, como pelas colunas desta interessante revista desfilam, em procissão augusta, sombras veneráveis de um esplendido passado, e transita a vigorosa intelligencia paranaense – e mais particularmente paranaguense – contemporanea, serão bellas focalisadas scenas de minha meninice, quadros da minha adolescencia, que tanto mais se derouram no meu espirito quanto mais se prateiam os meus cabellos.[89]

Essas representações do Rocio estavam presentes também na imprensa curitibana, afinal vários intelectuais sediados na capital tinham suas origens no litoral. A Revista *Prata da Casa*, autointitulada Revista *Paranista*, de nov./dez. de 1929, dirigida por Leo Junior, tem na capa um texto dedicado à Festa do Rocio: "Rocio! Rocio!! Rocio de Paranaguá!!! Conheceis o Rocio? O arrebalde mais lindo, mais poético de todo o litoral".[90]

Objeto dos poetas locais, os primeiros versos sobre o Rocio eram voltados para o seu caráter sacro e religioso; já aqueles do século XX devem ser lidos pelo viés da glorificação de um suposto passado "áureo", e os "bons tempos" ali vividos renderam linhas e linhas: "O Rocio éra o encanto e o enlevo dos devotos paranaguenses: recordal-o, relembrando a mocidade, valia, como o resurgir das ruinas dos tempos, para o fausto da

---

87 Na década de 1940 aparece a revista *Marinhas*, igualmente comandada por poetas e intelectuais empenhados em recuperar o orgulho do passado, difundia uma visão superlativa da natureza, uma posição romântica e o culto a saudade, com destaque para as beleza do litoral.

88 Publicada em Paranaguá entre 1919 até 1930, foi concebida por um grupo que buscava colocar a cidade no "rumo certo" e levá-la ao progresso. Dirigida por Zenon Pereira Leite, funcionário da Receita Federal e escriturário da Alfândega. Esta publicação era apoiada financeiramente pelo Club Literário e, consequentemente, por comerciantes locais, funcionários públicos (sobretudo ligados às atividades do Porto), intelectuais e jornalistas. (Cf. SCHEIFER, Bruna. *Paranaguá, cidade portuária...*, op. cit.).

89 CORREIA, Leoncio. A festa do Rocio. *O itibre*, v.1, n.7-8; nov./dez. 1919.

90 FESTA DO ROCIO. *Prata da Casa – Revista Paranista*, v.3, n.32/33, p. 2, nov./dez. 1929.

eternidade".[91] Isso porque, além do peso simbólico dos referentes *sagrados* do local, ele foi também um lugar de lazer e passeio para aqueles que viviam na cidade. O bairro à margem da baía ficava longe da confusão do centro, que as elites queriam modernizar a todo custo.[92] Assim, passa a ser visto como um contraponto à "febre" modernista: "quem não ha de, filho das plagas decantadas, sentindo um recolhimento de saudade, passageiramente embora, maldizer do progresso que tudo esbarronda com as suas passadas para o aperfeiçoamento?!...".[93]

Vida Tranquila (Figura 115) que tem bem ao fundo, em destaque, a torre do Santuário do Rocio, traz à tona essa iconografia de um modo de vida tradicional, também presente em *Rocio* (Figura 116), em que, à sombra de uma grande árvore, duas mulheres sentadas realizam um trabalho manual, e outra carrega um cesto sobre a cabeça que, assim como *Rocio com Canoas* (Figura 117), compõe singelos retratos do cotidiano dos pescadores e suas famílias. Pode ser que esses modelos tenham resultado de algum tipo de troca ou pagamento, o que melhorava um pouquinho a sua vida difícil, afinal a personagem feminina ganhou um enfoque específico no quintal de casa na tela *Maria Café* de 1898 (Figura 118). É interessante observar que esses tipos populares constantes na produção de Andersen, com características absolutamente distintas dos retratos encomendados, quase não foram notados pelos críticos e historiadores que se ocuparam dele. A paisagem é lembrada, e de fato foi apropriada pela cultura letrada, mas seus habitantes constantemente esquecidos.

De todas as imagens que referenciam a Igreja ou o Santuário,[94] nenhuma teve o destaque da composição de 1930 (Figura 119), que obedece ao mesmo esquema de

---

91 LARA, Ebano de. "Sanctuarium". *Revista Catholica Paranaguense*. Orgam do Santuario do Rocio. Diretor responsável: Padre José Adamo. Paranaguá, fev. de 1931.

92 O próprio poder público admitia as dificuldades e os limites desses ideais: "Se alguns melhoramentos de grande utilidade, reclamados pela conveniência da população, como pela higiene, principalmente para a boa salubridade da cidade, tais como a canalização de água para o abastecimento da população, e os esgotos de materiais fecais e de águas pluviais, não foram ainda levados a efeito, não é pela falta de lembrança e de boa vontade desta ilustre Corporação, porém sim pela falta de recursos para esse tão útil serviço, achando-se os cofres sobrecarregados de compromissos a satisfazer e para cuja liquidação está aplicando toda a sua atenção. Os estudos, que já consumiram uma não pequena verba, estão feitos. Os primeiros ensaios já foram realizados para, em tempo oportuno, serem postos em prática." (Ofício enviado pelo Prefeito municipal a Câmara de Paranaguá em 1905. Ata da Câmara Municipal de Paranaguá, 1905, *apud* SCHEIFER, Bruna. *Paranaguá, cidade portuária...*, op. cit., p. 69).

93 LARA, Ebano de. "Sanctuarium", *op. cit.*

94 Para Machado, "em cumprimento de uma promessa feita em 1901, quando pedira a intersecção de Nossa Senhora do Rocio para salvar o povo da peste bubônica, o Padre Sebastião

1896, mas passa a ser o elemento central da tela. Ela foi uma encomenda do jornalista De Plácido e Silva,[95] coeficiente dos interesses das elites curitibanas na canonização da santa, e que foram os responsáveis pela transformação da capela em Santuário, salto de importância que a imagem buscou trazer. Afinal, o mercado para essas representações não poderia estar desvinculado da farta literatura produzida pela *inteligenzia* parnanguara sobre o local:

> Fazia-se excursão ao Rossio, no período que antecedeu à estrada de ferro, em carretas e *trolys* pela estrada ensombrada de arvoredo ou em faluas pelo mar. E mais tarde pelos vaporzinhos "Marumbi" e "Iguaçú", da "Companhia Progresso". As cavalgadas saídas do Campo Grande (centro da cidade) eram notas de relativa elegância, pois que dela participava a elite citadina.[96]

A confecção, no mesmo ano, do Retrato do Monsenhor Celso Itiberê da Cunha,[97] figura central do clero paranaense – e descendente de uma importante família parnanguara –, é também indicativo das redes de relações entre capital e litoral, e dos interesses em torno da construção do Santuário, aspectos que merecem um estudo à parte.

Outro parnanguara bem-sucedido longe de casa era Leôncio Correia, que mesmo vivendo no Rio de Janeiro participava assiduamente da vida intelectual do Paraná. Ele escreve no editorial da Revista *O Itiberê* de 1929 um texto intitulado "Revendo o berço Natal" em que narra suas emoções ao revisitar Paranaguá:

> Estava em minha terra! Que mundo de recordações turbilhando na minha imaginação! Que procissão de vultos extinctos passeando pela minha alma! Que hymnos triumphaes e que marchas funebres resoando em meu coração! [...] Do Rocio, onde quedei em companhia de minha querida irmã e seu esposo, á cidade, tudo, á minha passagem, estava assignalado, ora

---

Gastaud iniciou a construção da nova Igreja, que teve como autor da Planta o grande pintor Andersen (MACHADO, Sirlene. *Nossa Senhora do Rocio*: a padroeira do Paraná. Curitiba: Edição do Autor, 2002).

95 O mesmo corresponsável pela publicação de *Andersen, pai da pintura paranaense*, tratado na introdução.

96 VAN ERVEN, Herbert Munhoz. *Rossio...*, op. cit., p. 49.

97 Nascido em Paranaguá, seu pai, João Manuel da Cunha, decide incorporar o nome do rio à beira do qual os filhos nasceram em seus nomes, que ficam Celso Itiberê e Brasílio Itiberê da Cunha, que se tornou diplomata e compositor. Celso foi ordenado sacerdote em 1872, em 1900 foi nomedo vigário da Arquidiocese de Curitiba e, em seguida, Cônego Honorário da Catedral Metropolitana de Curitiba. Sua morte em 1930 foi um grande acontecimento na cidade, e a confecção do seu retrato alvo de disputas entre Andersen e Guido Viaro. Sobre esse episódio, ver OSINSKI, Dulce. *A modernidade no sótão*: educação e arte em Guido Viaro. Curitiba: Editora UFPR, 2008.

com a machicada eloquencia de uma flor, murcha marcando uma pagina feliz da vida, ora com a expressão sombria de uma cruz focando a morte de uma particular do coração.[98]

Na mesma edição, encontra-se um *Hymno á Virgem do Rocio*, com música de José Itiberê de Lima e letra de Leocadio Correia. Do outro lado da página, como que para ilustrar o saudosismo e uma suposta ingenuidade dos tempos que não voltam, vê-se um crayon de Andersen intitulado "Preparando a Cambirra – salga do pescado, na ilha do Mél – Paranaguá".[99] Desta composição, são conhecidos um estudo e duas versões: na primeira, de 1912 (Figura 120), as mulheres têm os pés na água e, reclinadas, lidam com o pescado. Duas crianças participam da cena interagindo com elas de dentro de uma canoa. Enquanto boa parte da população masculina trabalhava na agricultura de subsistência ou então nas atividades pesqueiras, muitas das mulheres realizavam atividades de pesca na maré baixa, o que podiam fazer acompanhadas de seus filhos. Esta primeira versão lembra especialmente uma paisagem de Isaachsen de 1887 (Figura 121), que também traz o trabalho com a luz e seus reflexos na água, um menino agachado e o outro de chapéu, acompanhando acena. Já na versão de 1921 (Figura 122), são as jovens meninas que estão agachadas limpando as sardinhas. Houve também um rearranjo na postura do menino na proa da canoa, que agora olha para a outra criança de chapéu. A água perdeu espaço para o verde, que cobre boa parte do fundo da tela, que tem como tema central as personagens populares, não como figuras exóticas e tampouco românticas, mas em atividades do seu cotidiano.

Em todas essas telas há uma iconografia da simplicidade e do popular. Os primeiros anos de Andersen no Brasil foram no Porto d'Água em Paranaguá, um bairro pobre nas imediações do porto, onde teve a oportunidade de conviver com os personagens que habitam tantas das suas telas, envolvimento que culmina com seu casamento com uma cabocla. Assim, além de se prestar à apreensão da luz tropical, a recorrência de representações do Rocio de Paranaguá permitiu a ele apreender a simplicidade e o modo de vida dos caiçaras do litoral, em imagens que atraíam uma plateia de consumidores pequenos burgueses, afinal as telas eram reelaboradas com um espaço de tempo considerável entre elas, indicando encomendas.

O último grupo de imagens é o que traz algumas experimentações estéticas inspiradas e sintetizadas nas canoas que, embora já presentes em quase todas as telas mencionadas, ganham vida própria e passam a ocupar a posição de protagonista das composições. Produzidas por pescadores e caiçaras, as canoas eram instrumento de trabalho, meio de

---

98   O Itiberê, Ano XI, n.127, 1929.

99   Que hoje, por motivos desconhecidos, chama-se "Limpando sardinhas".

transporte, e agora uma iconografia explorada por Andersen. Nessas pinturas, embora o título indique o lugar retratado, não há nada que caracterize, de fato, que seja o Rocio de Paranaguá. Essa característica a-geográfica de cenas marítimas protagonizadas por canoas é um ponto em comum com muitas obras de Giambattista Castagneto, o mais famoso marinhista brasileiro da virada do XIX para o XX, adepto das representações de uma vida simples no litoral, motivos prosaicos, como o ambiente de pescadores e, especialmente, barcos e botes sob a areia.[100] O aluno de Georg Grimm possuía algumas semelhanças biográficas com Andersen, como o fato de o pai ter sido marinheiro, com quem fez viagens que aguçaram sua relação com o mar. Filho de imigrantes italianos, frequentou a Academia de Belas Artes, mas não permanece muito tempo e seguiu seu próprio rumo. O artista desfrutava de fama considerável na virada do século[101] e, segundo Chiarelli, sua obra exerceu em seus contemporâneos um espantoso interesse, mesmo antes da sua precoce morte em 1900.[102]

Vejamos um exemplo lado a lado: *Marinha com barco*, de 1885[103] (Figura 123) de Castagneto e *Rocio*, de 1924 (Figura 124). Ambas têm o céu e o mar quase monocromáticos, Andersen com o pincel rosado e Castagneto com a palheta acastanhada, sem indicações que possibilitassem identificar o local onde foram realizadas. São sutis as diferenças compositivas: na primeira o reflexo na água e uma sutil linha azulada faz a divisão entre eles, enquanto na segunda essa separação é ainda mais tênue, feita apenas por um leve sombreado. Esssas embarcações, que já haviam chamado a atenção

---

100 Não há fontes que permitam precisar em que ocasião Andersen teria conhecido as obras de Castagneto. Sabe-se, contudo, que fez algumas viagens para Rio e São Paulo, que comprava livros e revistas de arte, e que seus amigos o mantinham informado das exposições que viam nos principais centros. Em 1925, por exemplo, o pintor e discípulo Waldemar Curt Freyesleiben conta num artigo de uma viagem que havia feito recentemente com o pintor norueguês para o Rio de Janeiro, "onde estivemos para observar e estudar a *arte nacional*" (grifos meus) (O Dia, 17.03.1925).

101 Na década de 1880 já expunha no Rio, e a imprensa dava atenção aos seus trabalhos. Foi premiado em 1884 na Exposição Geral de Belas Artes; em 1895, realizou mostra individual em São Paulo, com sucesso de crítica e de vendas. (Cf. LEVY, Carlos Roberto Maciel. *Giovanni Battista Castagneto* (1851-1900): o pintor do mar. Rio de Janeiro: Edições Pinakotheke, 1982).

102 CHIARELLI, Tadeu. *Benedito Calixto*: um pesquisador que pinta. In: CALIXTO, Benedito; SOUZA, Marli Nunes (Coord.). *Benedito Calixto*: um pintor à beira-mar. Santos, SP: Fundação Pinacoteca Benedito Calixto, 2002, p. 15. O autor menciona que tamanho era o interesse pela sua obra que o pacato mercado artístico brasileiro é tomado por falsas pinturas de Castagneto.

103 Sobre as obras de Castagneto aqui comentadas, ver: OLIVEIRA, Helder. *Olhar o mar*: um estudo sobre as obras 'Marinha com Barcos" (1895) e Paisagem com rio e barco ao seco em São Paulo "Ponte Grande" (1895) de Giovanni Castagneto. Dissertação (Mestrado em História da Arte), UNICAMP, Campinas, SP, 2007.

de Lallemant em 1858, eram muito comuns, e a grande maioria circulava "irregularmente", pertencentes a lavradores pobres, que circulavam vendendo ou trocando seus produtos.[104]

Essa poética das canoas[105] aparece também em *Rocio* (Figura 125), que novamente se aproxima das composições de Castagneto, embora este ressalte com frequência a materialidade da tinta, como em *Bote a seco na praia* (Figura 126). Já a tela *Paisagem com canoa na Margem* (Figura 127) de 1922, tinha no título original a palavra "melancolia", que permite uma chave de leitura para a obra. A linha do horizonte cinde a tela em duas metades: o céu com nuvens baixas por onde o amarelo do sol insiste em se fazer presente, até se tornar rosa e lilás. O reflexo na água é igualmente simétrico e o barco, à margem, é o protagonista da cena. A calma e a estabilidade da cena se confundem com uma experiência de tristeza e serenidade. Leocádio Correia, dos troncos tradicionais parnanguaras, registrou em poema a experiência de memória dos bons tempos que a tela lhe trazia:

> **Melancolia** (Diante de um quadro de Andersen)
>
> Lembro-te os sítios, terra minha amada,
> Todos envoltos em melancolia...
> E êsse "Rocio", que ao toque da alvorada
> Suspira e ri em ondas de harmonia
>
> Outrora a erminda, sempre bafejada
> De auras marinhas, suspirava e ria...
> E quando em festa toda engalanada,
> Eu, triste, a voz daquele sino ouvia...
>
> "Rocio" de crenças e de amor ... A vista
> Espraio pelo mar ... e, novo crente,
> Prece saudosa dos meus lábios voa ...
>
> Doce, lindo recanto, onde o artista
> Palpita, vibra e, religiosamente,
> Deixa na tela uma lembrança boa![106]

---

104 LEANDRO, José Augusto. *Gentes do Grande Mar Redondo...*, op. cit., p. 287

105 As canoas representadas são conhecidas como "ubá", que em Tupi-Guarani significa "canoa de uma só peça escavada em tronco de árvore".

106 Leocádio Correia, In: Ilustração Brasileira: Edição Comemorativa do Centenário do Paraná, n. 224 Dezembro de 1953, p. 126.

Em 1930, outras duas telas também intituladas *Rocio* (Figuras 128 e 129) são mais experimentais e rompem com o aspecto mais tradicional das paisagens que realizava, já prenunciado na tela de 1922. O desenho parece ter sido abolido, dando lugar a uma orquestração de cores mais livres, que resultaram em faturas mais subjetivas e modernas. Desvinculadas de uma fidelidade ao real, elas respondem às impressões e às sensações que a paisagem despertava. Essas telas inabitadas trazem um tipo de experiência diferente das anteriores, que eram mais fiéis ao que se via e com personagens em cena. A exclusão de figuras das paisagens tinha razões defendidas por críticos como Maxime du Camp: "o que uma pessoa mais gosta numa floresta, no mar, é a absoluta solidão que permite que uma pessoa entre em comunicação direta com a natureza".[107] Dentro desta perspectiva, cenas como essas do Rocio trazem um lugar especial para o observador e convidam a compartilhar do sentimento de descoberta e excitação que o pintor teve com a paisagem.

O Rocio foi um terreno pictórico fértil para Andersen também por sua localização à beira de uma bela baía, com características que permitiam ao pintor explorar as experiências do amanhecer e do entardecer para o emprego da luz. Nesse sentido, verifica-se uma fusão entre a linguagem artística e literária, pois ambas procuram demonstrar em seu discurso a poética do lugar. Contudo, os dados da realidade, extraídos da imprensa local do período, são bastante contraditórios diante das representações bucólicas e apaziguadoras do Rocio difundidas pela imprensa. O bairro era, ao lado do Porto D. Pedro II, o mais pobre da cidade, com todas as mazelas que disso decorriam: insalubridade, doenças e violência. Certo que não era intenção do pintor retratar mazelas sociais, mas, a seu modo, criou representações da simplicidade e do cotidiano dessas pessoas. Tal fato não impediu uma leitura romântica das telas por parte da burguesia consumidora dos quadros do pintor, com uma mensagem de imanência e atemporalidade que perpassa todas elas, como se, por sua beleza natural, o Rocio pudesse ficar alheio às transformações e idiossincrasias que agitavam a cidade. Andersen, que desenvolveu uma evidente empatia com aquela paisagem, livre do tema canônico dos pinheirais, teve ali a oportunidade de retratar o que via de particular no Brasil, em sua realidade mais cotidiana.

---

107 Du Camp, Maxime. *Le Salon de 1861*, Paris, 1861 *apud* HOUSE, John. Representing the Beach: The View from Paris. In: _____. *Impressionists by the Sea*. Exhibition Catalogue. Royal Academy of Arts, London, 2007, p. 27.

Porto de Paranaguá, um sedutor[108]

Se o Rocio era um terreno virgem para a exploração pictórica, o Porto de Paranaguá possuía uma iconografia mais antiga,[109] sendo que as mais conhecidas foram as aquarelas de William Michaud (1829-1902), artista suíço que se estabeleceu em Superagui no ano de 1854, e que realizou um dos primeiros registros do local em 1892, um ano antes do navio tripulado por Alfredo Andersen atracar em terras brasileiras (Figura 130). A aquarela mostra as instalações portuárias, onde um navio à vela fazia o desembarque de mercadorias através de uma rampa, que estão sendo transportadas para os armazéns situados do lado esquerdo da tela. Trata-se de um registro simples que dá a ideia de um cais bastante modesto, onde não havia sequer um trapiche, mas fundamental para a economia local. Das telas que tematizam o porto, algumas se originaram nos esquemas nórdicos, outras absorvem alguns modelos nacionais como o de Castagneto, reelaborados a partir das suas habilidades pessoais e do gosto local.

O porto não podia comercializar com navios estrangeiros por interdição régia até 1722 quando, aconselhado pelo Ouvidor Pardinho, Sua Majestade concede aos moradores de Paranaguá liberdade de comércio. Entretanto, permaneceu até o final do século XVIII, nas trocas com as embarcações que por lá passavam e no comércio de farinha, em particular para a Colônia de Sacramento, além de arroz (em goma) e alguma madeira.[110] Desde o final do XVIII, os comerciantes parnanguaras buscavam organizar-se para garantir seus interesses ante o governo da Capitania, que privilegiava Santos. A rivalidade que o Porto de Paranaguá tinha com o paulista era antiga, tendo sido constantemente preterido.[111] As motivações, além de políticas, também se fundamentavam no atraso em que o paranaense se encontrava. Uma breve comparação entre as telas de

---

108 Trata-se do título de um trabalho clássico sobre o porto: WESTPHALEN, Cecília Maria. *Porto de Paranaguá*, op. cit.

109 Segundo as pesquisas de Newton Carneiro, a mais antiga representação do Porto de Paranaguá é de 1855, realizada por um pastor americano chamado "Fletcher", que desembarcou para uma estada de três dias na cidade. O esboço que executou foi posteriormente litografado por Van Ingen e Snyder para ilustrar seu livro sobre o Brasil, feito em colaboração com o pastor Kidder. A reprodução feita no livro do Prof. Carneiro é de baixa qualidade, mas deixa ver a grandeza da serra do mar ao fundo, e as pequenas construções à beira mar. CARNEIRO, Newton. *Iconografia paranaense* (anterior à fotografia). Curitiba: Impressora Paranaense, 1950.

110 WESTPHALEN, Maria Cecília. *Comércio exterior do Brasil Meridional*, op. cit.

111 Segundo Scheifer, "na política do Governador da Capitania de São Paulo, o Porto de Paranaguá era preterido em relação ao Porto de Santos, que cobrava mais tarifas sobre as mercadorias embarcadas e, desde 1803 ocorriam protestos de comerciantes parnanguaras em relação à taxação do Porto de Santos." (SCHEIFER, Bruna. *Paranaguá, cidade portuária...*, op. cit., p. 23).

Andersen com uma do Porto de Santos realizada por Benedito Calixto (1853-1927) oferece um testemunho visual da discrepância de progresso e tecnologia existente entre eles,[112] embora uma ressalva fundamental tenha de ser feita: o paulista estava atendendo a encomendas, enquanto o norueguês o utilizava como tema para suas marinhas.

Em *Porto de Santos* (Figura 131), chama atenção a quantidade de grandes navios que podemos ver até o horizonte, bem como os trapiches por onde vários homens carregavam as embarcações. A preocupação de Calixto, também um adepto da câmara escura, com o registro documental, o torna uma fonte "fidedigna" do que mostrava. Santos era um porto mais moderno, que comportava maior quantidade de embarcações, localizado numa orla mais apropriada, mais urbana e menos provincial que o de Paranaguá. Na verdade, a posição geográfica de Santos, por onde escoava a produção do café de São Paulo, pela importância econômica que tinha, fazia do porto alvo de maiores investimentos. Como explica Pierre Monbeig,

> É preciso notar que (no caso) do café, as grandes firmas exportadoras e os serviços anexos (classificação, prova, etc.) estão localizadas em Santos precisamente porque os seus armazéns é que concentram todos os tipos de café provenientes de regiões diferentes. E, portanto, em Santos que se acham reunidos os escritórios das firmas exportadoras.... a preponderância de Santos retardou o desenvolvimento do porto de Paranaguá.[113]

As obras do Porto de Calixto foram pintadas por encomenda da companhia que promoveu as obras de modernização do porto, e mostram um clima plácido de ordem e progresso. Mas, segundo Alves, "essas paisagens escondem longos conflitos, investimentos vultuosos (sic), desentendimentos políticos e uma imagem de cidade nada convidativa".[114] Assim como Paranaguá, Santos também enfrentava graves problemas de higiene e insalubridade, conflitos que as paisagens não trazem à tona, seja por enfatizar sua modernidade, no caso paulista, seja pela opção de Andersen de tomar o porto mais como pretexto para a execução de marinhas e estudos de luminosidade.

Nesse sentido, Andersen e Calixto apresentam, ambos, uma imagem de positividade do litoral e do porto, embora as telas de Andersen, tal como no caso da estrada de

---

112 A oposição entre as duas regiões portuárias foi considerada por alguns autores peça central na definição da viabilidade econômica da identidade paranaense. (Cf. OLIVEIRA, Ricardo Costa de. Identidade do Paraná. *Cadernos Paraná da Gente*, n.4, 2003).

113 MONBEIG, Pierre. *Novos estudos de geografia humana brasileira*. São Paulo. 1957. p. 171 *apud* KROETZ, Lando Rogério. *As estradas de ferro do Paraná*: 1880-1940. Tese (Doutorado) - USP, São Paulo, 1985.

114 ALVES, Caleb Faria. *Benedito Calixto e a construção do imaginário republicano, op. cit.*,p. 211.

ferro, buscassem passar longe dos aspectos modernizantes. Aqui, novamente, houve uma dicotomia entre discursos e imagens, num momento em que Paranaguá, que havia perdido a posição de capital para Curitiba em 1853, com a emancipação da Província, passa a se definir como cidade portuária, a *Princesa do Litoral*. Mais do que nunca, o porto adquire um peso central: "Paranaguá nasceu porto, vive e respira porto, e continuará porto, centro da prosperidade, da riqueza, do desenvolvimento e da cultura local".[115] Com isso, além da necessidade de reafirmação por ter perdido o *status* de capital do Paraná, Paranaguá precisava negar um passado ligado a São Paulo e ao Porto de Santos e construir um presente que pudesse valorizar seus elementos locais.[116] Para Oliveira,[117] a rivalidade entre Santos e Paranaguá foi uma peça central na construção da identidade paranaense. De fato, mas apenas na medida em que a burguesia ervateira do litoral tinha peso importante no campo político do estado, e que uma diferenciação com relação à província de origem, São Paulo, foi constantemente acionada como um elemento definidor do que seria o *paranaense*.

O Porto era diretamente atrelado à dinâmica da burguesia da cidade, "catalisador e irradiador das novidades e mercadorias chegadas de outros locais".[118] Em 1850, Cecília Westphalen comenta que "Antonio Pereira da Costa, Joaquim Américo Guimarães, Manuel Antônio Pereira, Manuel Francisco Correia e a Casa de D. Isaías d'Elia controlavam praticamente todo o comércio paranaense através do Porto de Paranaguá".[119] Essas elites, ansiosas por modernizarem-se, como já tratado no capítulo 3, precisavam que melhorias fossem realizadas.

Era preciso, por exemplo, que trapiches modernos fossem construídos, o que gerava expectativas sociais: "O que era feio com alguns trapiches de madeira vai mudar, dando lugar a imensos trapiches até que os olhos percam de vista no mar. Tudo que não possuía eficiência vai funcionar no ritmo do progresso com as novas obras".[120] Elas foram acontecendo, contudo, de forma bastante lenta e paulatina. A concessionária *Compagnie Générale de Chemins de Fer Brésiliens*, responsável pela construção da estrada de ferro, realizou algumas mudanças na área urbana de Paranaguá, inclusive no

---

115 BENTIN, A. Trechos de minha terra II. *Revista O Itiberê*, Paranaguá, v.6, n.68, p. 7, dez. 1924 *apud* SCHEIFER, Bruna. *Paranaguá, cidade portuária...*, op. cit., p. 23.

116 SCHEIFER, Bruna. *Paranaguá, cidade portuária...*, op. cit., p. 7.

117 OLIVEIRA, Ricardo Costa de. Identidade do Paraná, *op. cit.*

118 LEANDRO, José Augusto. Devastação e tráfico de madeira no litoral do Paraná Provincial. *Revista de História Regional*, v.4, n.2, inverno de 1999.

119 WESTPHALEN, Cecília Maria. *Porto de Paranaguá...*, op. cit.

120 Exaltemos. Jornal *Dezenove de Dezembro*, Curitiba, 22 dez. 1873 *apud* SCHEIFER, Bruna. *Paranaguá, cidade portuária...*, op. cit., p. 32.

Porto Dom Pedro II. Construiu um ancoradouro, com um trapiche feito de pedras até o baixa-mar e, daí em diante, de madeira: "o mais sólido trapiche construído no porto e dele dependia a companhia para recebimento de todos os materiais importados, inclusive telhas de coberturas de armazéns e estações, legítimas merselhescas, vindas da França".[121]

Ele pode ser visto em *Marinha* (Figura 132), que além de mostrar a ancoragem de uma embarcação de grande porte no trapiche, que contrasta com uma pequena canoa no primeiro plano, tem um rico colorido composto pelo céu azul entre nuvens e seus reflexos e os do navio no mar. Já *Vista do Porto* de 1895 (Figura 133) traz uma visão mais panorâmica do longo trapiche que servia ao desembarque de grandes navios.[122] Aqui, novamente vemos aproximações entre as pinturas de Andersen e Castagneto, tanto na composição e na perspectiva a partir da qual *Embarcações atracadas a um cais na Baia do RJ* (Figura 134) foi realizada, mas também nas pinceladas soltas que conformam o reflexo na água.

Os pontos de contato com as marinhas de Castagneto aparecem também numa das duas versões das telas do Cais do Itiberê (Figura 135). A tela traz a movimentação de pessoas no cais reduzido a alguns poucos personagens apenas esboçados com traços rápidos que ficava em frente ao mercado, "onde abicavam canoas e botes a remes e velas, atufados de peixes, bananas ou laranjas mimosas".[123] Uma vibração luminosa dispersa toma conta da composição, configurando uma atmosfera inundada pelo nascer do sol que se fazia presente mesmo por entre a forte neblina. Com tonalidades pastéis de bege e areia resultante de uma nebulosa manhã, vemos canoas que se sucedem até onde mar e o céu se fundem, instigando uma sensação de vastidão, como em algumas das telas já mencionadas de Castagneto.

Alçado a ícone da modernidade pretendida por Paranaguá ao lado da estrada de ferro, o Porto tinha, na verdade, uma estrutura precária e repleta de carências, como se vê nas incontáveis reclamações e críticas que apareciam na imprensa local,[124] cujas descrições não traduzem uma cidade especialmente aprazível:

---

121 Rede de Viação Paraná – Santa Catarina. *Cincoentenário da Estrada de Ferro do Paraná* (1885 - 5 de fevereiro - 1935). Curitiba: Impressora Paranaense, 1935, p. 99 *apud* SCHEIFER, Bruna. *Paranaguá, cidade portuária...*, op. cit., p. 41

122 A poética do ambiente portuário foi posteriormente explorada por outros pintores, como Miguel Bakun, Ricardo Koch, Estanislau Traple, Ricardo Krieger, entre outros, por meio de diversas técnicas e abordagens, e tinham uma boa acolhida entre o público. É o que pode ser observado na exposição "Séries do Poro" comemorativa aos 75 anos do Porto, realizada em 2010 no Museu Oscar Niemeyer em Curitiba e no MAE-UFPR de Paranaguá.

123 Jornal *Diário do Comércio*, Paranaguá, 21 ago. 1912, v.1, n.179 *apud* SCHEIFER, Bruna. *Paranaguá, cidade portuária...*, op. cit., p. 57.

124 SCHEIFER, Bruna. *Paranaguá, cidade portuária...*, op. cit.,

no ano de 1900, amargava Paranaguá uma decadência material nascida há quase 50 anos antes, quando Curitiba foi escolhida para Capital da Província do Paraná [...] por estes e outros muitos fatos, foi que a velha Paranaguá viveu de glórias passadas, ciosa de sua importância histórica isolada do progresso vertiginoso da capital, relegada ao ostracismo, por falta de meios materiais com que enfrentar o futuro, assim chegando ao século vinte.[125]

A modernidade era muito mais uma retórica das elites do que uma realidade concreta, e embora alguns sinais da chegada de elementos modernos estivessem presentes, Andersen preferiu, como em outros momentos, explorar o potencial paisagístico do porto e de praias da baía. Nesse sentido, estava muito mais próximo dos esquemas de Castagneto do que daqueles de Calixto. Assim como o Rocio, a vista do Porto serviu de pretexto para estudos da luz, de cores e experimentações estéticas. A mais importante é *Porto de Paranaguá*, de 1926 (Figura 136), que traz a uma grande distância o movimento portuário dos navios. Nela há fumaça, indicativo de um processo de modernização com a instalação de fábricas, embora a sempre presente canoa não tenha desaparecido. Esta tela é a que mais se aproxima de uma concepção moderna de pintura, no sentido de obedecer a "urgências intrínsecas da própria pintura, sendo os elementos de representação meros pretextos para a própria execução de cada obra".[126] Esta é, segundo Chiarelli, uma das chaves de leitura da produção de Castagneto da década de 1880 e 1890:

> produzindo manchas sobre a tela ou madeira, esse artista alcançou uma forte singularidade no âmbito da arte do período, por aglutinar em seus melhores trabalhos um procedimento pictórico que radicalizava o gesto e a realidade bidimensional do suporte, a uma subjetividade extremamente romântica, capaz de transfigurar a representação de qualquer barco no mar – ou a seco, na praia –, em metáforas da solidão e da incomunicabilidade.[127]

Porto de Paranaguá é uma pintura singular na produção de Andersen, o que pode refletir tanto o caráter de experimentação quanto a pouca aceitação que esse tipo de pintura tinha no meio local, pois traz as espatuladas visíveis, numa ruptura estilística que deixa ver os desafios plásticos com os quais se confrontava, ao colocar a expressão, antes da forma.

---

125 RIBEIRO FILHO, Anibal. Paranaguá ano 1900. *Quilote*: Órgão de divulgação das Entidades Culturais de Paranaguá, Parabaguá, v.1, n.1, ago. de 1989, p. 1.

126 CHIARELLI, Tadeu. Entre Almeida Jr. e Picasso, *op. cit.*, p. 51.

127 CHIARELLI, Tadeu. *Benedito Calixto...*, *op. cit.*, p. 25.

Retornemos aos questionamentos iniciais que colocamos quanto ao lugar do litoral no imaginário e no gosto local. Se seguirmos as reflexões de John Ruskin, um dos principais críticos de arte do século XIX, a apreciação da paisagem estava ligada à burguesia citadina e, nesse sentido, as marinhas atendiam a esta clientela trazendo as belezas naturais do litoral para a cidade. Mas havia mais que isso. Ao mesmo tempo em que serve para o burguês transcender dos aspectos materiais da existência, também evoca sinais de orgulho e pertencimento.[128] Berço da colonização portuguesa, o litoral e especialmente Paranaguá perderam, com a ascensão de Curitiba, o lugar privilegiado que tiveram na administração do período colonial e imperial, mas a importância no imaginário da *inteligenzia* local permaneceu, tanto por carregar a origem dos principais troncos genealógicos do estado quanto pela sua centralidade na configuração das crenças religiosas. Esteticamente aprazíveis, essas telas traziam uma imagem apaziguadora e criavam um desejo de experienciar o litoral.

No caso específico do Rocio, o mais explorado pelo pintor e também por diversos escritores, o tema central era o caráter poético do local, que Andersen transformou em paisagem. Mas toda essa forma de concebê-las como algo para ser visto esteticamente, certamente era inédito e não fazia sentido para os locais, que viam o lugar como fonte de sobrevivência.[129] Vale lembrar, contudo, que essas comunidades não eram tão isoladas e autênticas como queria a imaginação romântica que se projetava sobre elas, afinal estiveram desde muito tempo em contato com outros povos através dos mares.

* * *

Este capítulo buscou pensar a produção paisagística de Andersen e entender alguns de seus signifcados sociais. Podemos pensá-las, grosso modo, a partir de três recortes: os temas canônicos locais, como o erval, as sete quedas e os pinheirais, que tinham um formato mais convencional e que encontravam um lugar certo no gosto local. O segundo viria com as imagens da serra, que fazem uma espécie de transição, pois ali percebemos tanto as diferenças que marcavam encomendas de outras paisagens mais livres, e uma certa relutância em retratar a *modernidade* que contaminava os discursos locais. Como vimos, o paisagismo brasileiro teve essa característica de privilegiar a natureza em detrimento de cenas urbanas, e a produção de Andersen segue essa regra, conquanto inserisse com certa regularidade os personagens locais nessas representações. Num terceiro momento, vemos como o conhecimento do paisagismo brasileiro atua nos seus esquemas e nos modos de conceber suas telas, onde cria uma alternativa própria através da iconografia singela do Rocio de Paranaguá.

---

128 BAUDELAIRE, Charles. *Paisagem moderna*:Baudelaire e Ruskin. Introdução, tradução e notas/ Charles Baudelaire, John Ruskin e Daniela Kern. Porto Alegre: Sulina, 2010.

129 HOUSE, John. Representing the Beach..., *op. cit.*

Capítulo 5
Exposições e ensino artístico na *Belle Époque* curitibana

A chegada da República trouxe aos principais centros do país uma esperança de mudança e de progresso, e Curitiba também vivenciou esse estado de espírito que caracteriza a *Belle Époche*, viabilizado economicamente pelo crescimento da indústria do mate e da madeira, pela maior liberdade de comércio trazida pelo sistema federativo e por uma incipiente industrialização. Em termos urbanos, os primeiros passos rumo ao progresso se davam com a ampliação dos calçamentos e da iluminação elétrica que se difunde e chega aos teatros, possibilitando as apresentações do cinematógrafo; a instalação de saneamento básico; o sistema de tração elétrica implementado na rede viária dos bondes, antes de tração animal, e mesmo o já mencionado deslumbramento com a ferrovia que ligava a capital ao litoral. A essas transformações urbanas somava-se um primeiro surto cultural, com o crescimento das gráficas e as primeiras gerações de intelectuais e artistas.

O fascínio que as engenhocas mecânicas despertavam abriu campo para o comércio de tais artefatos, como o fonógrafo, que era encontrado em Curitiba em uma loja especializada chamada "Casa de Novidades". Mas a *Belle Époque* brasileira não pode ser entendida sem suas vinculações com a França, e também em Curitiba, o "francesismo" tomava conta da moda e dos costumes da virada do século. O mercado editorial cresceu muito e o elogio à técnica podia ser visto na chegada do cinema, da fotografia ou mais explicitamente nas exposições.

Sob o pano de fundo desse contexto, este capítulo tem como objeto de análise as exposições de arte no Paraná nas primeiras décadas de século XX, o papel de Andersen na conformação deste meio artístico, e a forma como a arte vai adquirindo cada vez mais um estatuto de distinção social.[1] Mas, para demonstrar essa hipótese, é preciso também olhar para o ensino artístico na capital paranaense, e a clientela que frequentou o ateliê do pintor norueguês. Os dados morfológicos dos principais discípulos, somados à produção de cenas de ateliê e de retratos dos alunos, ajudam a compreender tanto a posição social de artista naquela sociedade quanto a construção de uma imagem de distinção da profissão.

A Escola de Artes e Indústrias e as primeiras exposições

Quando Andersen visitou a capital paranaense pela primeira vez, surpreendeu-se positivamente ao encontrar em funcionamento na cidade uma escola artística, sobre a qual comentou:

> Quando cheguei ao Paraná, em 1893, visitei em Curitiba a Escola de Artes e Indústrias dirigida pelo Sr. Mariano de Lima, impressionando-me bem essa ligeira visita. Encontrei as diferentes classes cheias de alunos: crianças, moças, rapazes e homens, todos trabalhando na melhor ordem. Esta breve visita fez de mim um admirador do Paraná progressista![2]

De fato, já no final dos anos 1880 um ambiente artístico se configurava na capital paranaense, resultado dos esforços do imigrante português Mariano de Lima, que conseguiu viabilizar mediante auxílio governamental e de alguns particulares a criação de uma escola de artes no Paraná.[3]

Por mais que as transformações verificadas nos grandes centros urbanos europeus e norte-americanos parecessem distantes, o discurso modernizador ganhava força, e as elites paranaenses sonhavam com um estado alinhado às modificações econômicas e científicas em curso. O presidente da província à época, o Dr. Joaquim D'Almeida Sobrinho, atribuía às belas artes um papel relevante para o progresso, num momento em que a mão de obra escrava pretendia ser substituída pela técnica industrial:

> A pintura que em todos os tempos foi considerada com fazendo parte da educação de um povo, e que sempre contribuiu com seu contingente para o engrandecimento de uma nação, que levou ao apogêo da gloria Miguel

---

1 Sobre o assunto, parti de algumas reflexões presentes em BOURDIEU, Pierre. *A distinção...*, *op. cit.*

2 RUBENS, Carlos. *Andersen...*, *op. cit.*, p. 50.

3 SANTANA, Luciana. *Escola de Belas Artes e Indústrias do Paraná*: o projeto de ensino de Artes e Ofícios de Antônio Mariano de Lima. Curitiba, 1886-1902. Dissertação (Mestrado em História) - UFPR, Curitiba, 2004.

Angelo, Raphael, Murillo, Victor Meirelles e tantos outros, não podia passar desapercebida para nós que trilhamos a senda do progresso.[4]

Antonio Mariano de Lima[5] chegou a Curitiba em 1884 para fazer a "pintura excenográfica" do *Theatro São Theodoro*.[6] Durante a realização do trabalho, aproximou-se do então presidente da Província Joaquim Sobrinho que, ao que tudo indica, o incentivou a ficar para coordenar um curso de desenho e de pintura na cidade. Na verdade, governo e burguesia – grupos que em grande parte se confundiam – buscavam articular uma infraestrutura que desse sustentação ao crescimento do estado viabilizado pelo comércio do mate, incluindo o incentivo às artes visuais.[7] Além disso, o rápido enriquecimento estimulava a busca de diferenciação social, que se dava em grande parte pelo consumo e pela ostentação. Inspiradas pelo modelo francês de sociabilidade, a pretensão desses grupos de serem "modernos", no sentido de estarem ligados às novidades, fez crescer na cidade lojas como a *Louvre* de roupas, inspiradas na moda europeia e a já mencionada *Loja de Novidades*, onde podiam ser encontrados artefatos mecânicos como rádio, gramofone etc.

No ano de 1886 iniciaram-se as aulas na escola de Mariano e a produção dos alunos resultou num primeiro *soirée* realizado no *Theatro São Theodoro* para apresentação de cerca de 70 trabalhos (óleos e crayons), acompanhados da apresentação de uma orquestra. O evento teve tamanha acolhida que a renda obtida permitiu que a escola sanasse parte de suas despesas.[8] Com um ano de funcionamento, a escola, que funcionava nas dependência do Instituto Paranaense, contava com 99 alunos, atendidos no período diurno e noturno.

---

4   PARANÁ. Relatório apresentando à Assembleia Legislativa do Paraná no dia 17 de fevereiro de 1887 pelo Presidente da Provincia Dr. Joaquim D'Almeida Sobrinho. Curityba. Typ. da Gazeta Paranaense, 1887, p. 81.

5   Há controvérsias sobre a sua data de nascimento: 1858 ou 1861, assim como do local: Cidade do Porto ou Trás os Montes. (DIEZ, Carmen Lúcia Fornari. *Mariano de Lima*: o olhar para além da modernidade. Curitiba: Museu Alfredo Andersen, 1995 (mimeo), p. 18).

6   Assim como a Escola de Artes e Indústrias, a construção do Theatro São Theodoro, o primeiro da cidade, foi uma iniciativa viabilizada pela parceria entre governo e sociedade civil para a concretização dos desejos de cultura das elites locais. Fechado em 1894, quando foi transformado em prisão, foi recuperado no início do século XX, quando foi reaberto com o nome de Guaíra. (Cf. DICIONÁRIO HISTÓRICO-BIOGRÁFICO DO ESTADO DO PARANÁ (DHBPR). Curitiba: Chain: Banco do Estado do Paraná, 1991, p. 484).

7   Sobre o assunto, ver PROSSER, Elisabeth Seraphim. *Cem anos de sociedade, arte e educação em Curitiba*: 1853-1953: da Escola de Belas Artes e Indústrias de Mariano de Lima à Universidade Federal do Paraná e a Escola de Música e Belas Artes do Paraná. Coleção Páginas Escolhidas, 150 anos da Criação Política do Paraná. Curitiba: Imprensa Oficial, 2004.

8   DIEZ, Carmen Lúcia Fornari. *Mariano de Lima*..., *op. cit.*, p. 32.

O caráter de novidade desse tipo de atividade na cidade virou febre, e os cursos passam a sofrer grande concorrência, o que animou a diretoria da escola a encabeçar a publicação do jornal *A Arte*, cujo primeiro exemplar aparece em março de 1888. A iniciativa se insere no contexto de um primeiro *boom* literário da cidade, com as impressoras, livrarias, pois, além do jornalismo diário, cresciam as publicações literárias e das colônias imigrantes. O periódico comandado por Lima tinha como objetivo divulgar e ampliar a abrangência da instituição, assim como abrir um espaço para discussões culturais em geral e, para tanto, contou com a colaboração de intelectuais de prestígio local, como Justiano de Melo, Emiliano Perneta, Nestor Vitor, Rocha Pombo, Silveira Neto, Leôncio Correia e Pamphilio d'Assumção.

Animado com o crescimento e a visibilidade que a instituição ganhava,[9] Mariano projetou um "Palácio da Cultura", que nos seus sonhos seria construído para abrigar todas as seções da escola. O projeto do novo edifício ganhou medalha de ouro na Exposição Universal de Chicago de 1893, uma participação sem precedentes no estado, especialmente em se tratando da falta de apoio apropriado mencionado pelos interessados.

As exposições surgiram na Europa na segunda metade do século XIX[10] com o intuito de elogiar a técnica e a ciência, divididas nos seguintes grupos: manufaturas, maquinarias, matéria-prima e belas-artes. Assim, funcionavam como espaços públicos para a reverência popular ao mundo técnico criado pela Revolução Industrial. Nesses espetáculos civilizatórios, as engenhocas fascinantes e mecânicas deslumbravam os passantes. Na mesma linha, Maria Inez Turazzi afirma que

> as exposições universais tornaram-se a síntese do cosmopolitismo que caracterizava a noção de modernidade. E como logo ficou patente, o cosmopolitismo nas relações culturais da era moderna assumiu a feição de espetáculo. O espetáculo de um mundo transformado em mercado imenso, por onde circulavam produtos, trabalhadores e capital.[11]

---

9   O espectro de atuação da escola crescia com novas modalidades e linhas de ensino, o que repercutiu na definição de um prédio exclusivo para o seu funcionamento, além da ampliação do corpo docente para 22 professores, dentre eles personagens célebres locais como Vitor Ferreira do Amaral e Ermelino de Leão. Em 1890, quando passou a ser chamada Escola de Artes e Indústrias do Paraná contava com quase duzentos alunos.

10   As origens das exposições datam do final do século XVIII, e as primeiras foram realizadas na Inglaterra e na França. Organizadas nacionalmente desde 1844, é só a partir de 1851 que se transformam em mostras internacionais, contando com a participação de representantes europeus, americanos, orientais e africanos. (ver: SCHWARCZ, Lilia Moritz. *As barbas do Imperador...*, *op. cit.*).

11   TURAZZI, Maria Inez. *Poses e trejeitos...*, *op. cit.*, p. 17.

O Brasil, desde o período do governo imperial, esteve presente nas Exposições Internacionais, afinal o Monarca pretendia passar uma imagem civilizada do Brasil no exterior, selecionando pessoalmente os pedidos de "privilégio industrial". A participação do Paraná em Chicago teve grande repercussão local,[12] motivo de orgulho para os paranaenses, pois representavam uma vitrine do progresso e da modernidade do estado. A Escola de Artes e Indústrias do Paraná, como foi denominada posteriormente, foi a única a representar o Brasil naquele evento, em um momento em que o ensino artístico e de ofícios estava em evidência em uma exposição internacional. Nesse contexto, Mariano de Lima ganha um inimigo, seu ex-aluno Paulo Assumção, que passa a criticá-lo na imprensa. Ele havia concluído seus estudos no Rio de Janeiro e após retronar a Curitiba torna-se concorrente do ex-professor: abre em 1894 o *Conservatorio de Belas Artes*, que no ano seguinte obtém consideráveis recursos públicos, ja contando com 40 alunos. Importa aqui visualizar que o mercado de ensino artístico já configurava um campo de disputas, atestando para a fertilidade do meio para tais empreendimentos e para a existência de uma clientela potencial, afinal os cursos eram gratuítos, o que colocava a dependência de auxílio estatal para sua viabilização.

Mas o Brasil realizou também suas Exposições Nacionais e regionais com o intuito de demonstrar como ele seguia a passos largos rumo a uma integração cultural com os países "desenvolvidos". Se, de um lado, a Inglaterra ainda era o parceiro comercial privilegiado, o modelo de civilidade e de fausto nas exposições era o francês, embora o fundamental fosse o elogio ao progresso, à técnica e à classe política. Era um momento em que se chamava a atenção para o país e para as suas regiões, realizando o benefício de integrar o território, expandindo as vias de comunicação, promovendo produtos nacionais e regionais e intensificando o comércio.

Em 1866, o Paraná realizou sua I Exposição Provincial, sob a direção de Cândido da Silva Muricy (avô de Andrade Muricy), com destaque para os produtos da "indústria" local, embora este conceito fosse diferente à época, pois, segundo Afonso Celso, "fazem parte da indústria a criação de todos os produtos úteis e sua apropriação aos usos do homem".[13] Daí a predominância de bens agrícolas e madeira, embora o grande destaque tenham sido os aparelhos mecânicos e as fotografias. Em 1897, o estado envia seus produtos para a participação na Exposição Nacional no Rio de Janeiro:

> Com destino ao Rio de Janeiro embarcou a quinze do corrente no vapor 'Itaperuna' o Exmo. Sr. Dezembargador Ermelino, que, como representante

---

12 Cf. SANTANA, Luciana. *Escola de Belas Artes e Indústrias do Paraná... op. cit.*

13 CELSO, Afonso. Exposições Industriais. In: _____. *Conferências populares*. Rio de Janeiro: Tupographia de J. Villeneuve & Cia, [s.d], p. 66.

do Paraná, leva 94 volumes de productos industraes e agricolas para serem exhibidos na Grande Exposição Brasileira, aberta no Rio de Janeiro.[14]

Manuel Vitorino, presidente da Exposição, elogiou a presença do estado, sucesso que parece ter sido grande, pois, em 1900, o Paraná contratou uma empresa comercial para expor permanentemente os produtos paranaenses na Capital Federal, com subvenção anual de no máximo 80:000$000 pelo prazo de dez anos.[15]

As Exposições fornecem materiais para a reflexão acerca daquele momento, são sinais de um espírito moderno, caracterizadas pela pressa, caça de emoções, grande quantidade de tendências, gêneros estilísticos. A primeira grande exposição local foi realizada em 1903, em comemoração ao Cinquentenário da Emancipação Política, denominada "Exposição Industrial", com a intenção de demonstrar os avanços técnico no estado, apesar da continuidade do domínio de produtos do setor primário como trigo, centeio, cevada, mate e madeira. O acesso era dado pela passagem inicial por um *stand* que destacava os mecanismos modernos, com engrenagens e máquinas em um espetáculo de técnica e ciência, para que as massas fossem atraídas pelos novos maquinários, sedutores por si só, por seu mero funcionamento.[16]

O evento idealizado e conduzido por Romário Martins teve grande concorrência, e foi instalada na praça Eufrasio Correia, iluminada com luz elétrica, em dezesseis pavilhões próprios, além de um teatro, três botequins e um pavilhão para divertimentos, onde foram alocados produtos dos principais municípios do estado.[17] Dentre os variados objetos expostos, que iam de máquinas a peças em bronze, passando por itens de marcenaria, velas e cerais, estavam também pinturas a óleo, aquarelas e fotografias.

---

14   Almanach Paranaense. Curitiba: Impressora Paranaense, 1897, p. 7.

15   PARANÁ. Decreto Lei n.o 366, de 11 de abril de 1900.

16   PEREIRA, Luís Fernando Lopes. *O espetáculo dos maquinismos modernos...*, op. cit. Segundo Foot Hardman, eventos como esses "Iluminam de forma ímpar aspectos do otimismo progressista que impregnava a atmosfera da sociedade burguesa em formação. Encontram-se ali expostos o ideal obsessivo do saber enciclopédico e o não menos conhecido europocentrismo, garbosamente fantasiado de cosmopolitismo liberal e altruísta. Tais exibições significaram também uma das primeiras amostras bem sucedidas de cultura de massas, com a montagem de espetáculos populares em que se alternam fascinantemente o mistério de territórios exóticos, a magia das artes mecânicas de suas criaturas que se põem em movimento, os símbolos do orgulho nacional e de adoração à Pátria, o simples desejo de entretenimento e, sobretudo, o transe lúcido do fetiche-mercadoria" (FOOT HARDMAN, Francisco. *Trem fantasma...*, p. 37).

17   CARNEIRO, Cintia. *O museu paranaense e Romário Martins...*, op. cit., p. 111.

Alfredo Andersen recebe uma das dez medalhas de ouro,[18] mas a obra premiada é desconhecida.[19]

No segundo ano de atividades da Escola de Artes e Indústrias, Mariano de Lima consegue que o governo institua prêmios para os melhores trabalhos com medalhas de ouro, prata e bronze.[20] Surgem assim as primeiras exposições de arte do Paraná, realizadas anualmente nas instalações da escola, onde eram mostrados os trabalhos realizados no ano anterior.

Essa tradição de salões artísticos[21] desembarca no Brasil junto com a *Missão Francesa* de 1916, que teve J. B Debret como idealizador da primeira mostra por ocasião da abertura da Academia no Brasil.[22] A gestão de Felix Taunay seguiria rumos semelhantes nesse quesito, dando continuidade com as exposições, que chegaram a onze durante os seus dezessete anos de gestão. Com o tempo elas foram sendo incrementadas com a distribuição de prêmios e com a participação de presenças solenes, como a do Imperador, o que simbolicamente ratificava a importância do evento para o Império, e animava o ambiente artístico. Na gestão de Araujo Porto-Alegre, terceiro diretor da AIBA, ele regulamenta a frequência com que os salões aconteceriam: todo ano dos alunos e a cada dois uma exposição geral aberta. Como praticamente inexistiam outras instâncias de consagração: "A Academia era, portanto, o campo de produção da obra de arte e o Salão, a sua primeira instância de consagração".[23]

---

18   Como coloca Turazzi, a criação de prêmios tendia a perpetuar a ideia de progresso, pois "não se pode esquecer que as medalhas simbolizavam e perpetuavam os critérios comparativos do espetáculo das exposições, transferindo para as mercadorias fabricadas em série um pouco do seu valor simbólico" (TURAZZI, Maria Inez. *Poses e trejeitos...*, op. cit., p. 67).

19   A exposição do Cincoentenario promovida pela Sociedade Estadual de Agricultura do Paraná sob os auspícios do Governo do Estado. Curytiba: Impressora Paranaense, 1905.

20   A oficialização desses prêmios se deu pela Lei n.o 925 de 6 de setembro de 1888. (Cf. DIEZ, Carmen Lúcia Fornari. *Mariano de Lima...*, op. cit., p. 36).

21   Cf. Fernandes, as exposições de belas artes tiveram início no século XVII na França onde eram conhecidas como *Salon*, com a intenção de mostrar os trabalhos dos artistas atuantes da Academia. Esse tipo de iniciativa incentivava o ensino e o progresso dos alunos, além de divulgar a estética oficial. Do outro lado, atuou no sentido da constituição de um público para a arte que ia além de especialistas e artistas. As academias, controladoras da vida artística, tinham total controle desde o ensino até a consagração, dirigindo o gosto e moldando a sensibilidade dos artistas segundo os valores acadêmicos que as regiam. (FERNANDES, Cybele. *A construção simbólica da nação*: a pintura e a escultura nas Exposições Gerais da Academia Imperial das Belas Artes. *19&20*, Rio de Janeiro, v.2, n.4, out. 2007. Disponível em <http://www.dezenovevinte.net/ obras/cfv_egba.htm#_ednref2>. Acesso em: 15 abr. 2009).

22   *Idem.*

23   *Idem.*

A vinda de Andersen para Curitiba no início do XX se deu nesse contexto, em que o ensino artístico e as exposições ganhavam um público cada vez maior, e foi rapidamente acolhido por esse mercado: "Fixei minha residência em Curitiba [...] e tive a agradável surpresa de ser logo procurado por particulares para os aceitar como alunos. Fundei então a minha escola de desenho e pintura".[24] A clientela das escolas era nesse momento bastante heterogênea,[25] e numa situação em que poucos artistas tiveram condições de estudar na Europa,[26] as aulas do pintor norueguês foram bem recebidas. Pouco depois foi contratado como professor e em 1909 passou a coordenar as aulas noturnas da Escola de Artes e Indústrias.

As exposições divulgavam o trabalho dos alunos, incentivando o aprimoramento das suas técnicas, ao mesmo tempo em que despertavam a curiosidade e ampliavam o gosto artístico para uma parcela maior da população. Algumas contavam com aberturas animadas por concertos de piano, cantos etc., o que configurava um espaço de sociabilidade apropriado para a nascente burguesia que se pretendia europeia. Como o leque de cursos ofertados era amplo, as exposições contavam com um espaço dedicado às artes decorativas, especialmente apreciadas pelas mulheres, que compunham uma parte importante da clientela da escola. Peças de decoração, bordados, pinturas em cetim etc. eram algumas das técnicas ensinadas, que elas poderiam utilizar nos afazeres do lar, embora muitas buscassem "alcançar uma certa sofisticação cultural, uma vez que lhes era vedado, das maneiras mais sutis possíveis, a profissionalização real no campo da arte".[27] A clientela masculina era composta em boa parte por filhos de imigrantes ou de membros das classes médias em busca de um aprimoramento cultural e com maiores possibilidades de sucesso na carreira artística. Já o curso noturno tinha um perfil social diferente de frequentadores, pois era voltado para trabalhadores das classes populares.

Em 1903, na já mencionada Exposição Industrial e Artística, dentre as centenas de objetos expostos, havia trinta e cinco telas de Andersen que receberam críticas muito favoráveis: "temos ouvido de competentes cultores da pintura em nosso estado, que as telas do sr. Andersen representam para nós o melhor conjunto até hoje em exposição".[28]

---

24   Entrevista ao Diário da Tarde em 1917 *apud* RUBENS, Carlos. *Andersen...*, *op. cit.*, p. 51.

25   Como fundador e diretor da escola, Mariano de Lima mantinha alguns dos pressupostos que julgava necessários para o funcionamento da mesma. Eles se assemelhavam aos do Liceu de Artes e Ofícios de Bithencourt da Silva: ensino gratuito, horário noturno e admissão de homens e mulheres para as aulas.

26   O estado passou a financiar alguns poucos pensionistas no exterior em meados da década de 1910, que quando retornaram e ampliaram o debate artístico cultural da cidade. Voltaremos a eles no próximo capítulo.

27   CHIARELLI, Tadeu. *Um jeca nos vernissages*. São Paulo: Edusp, [s.d.], p. 57.

28   Diário da Tarde, 15/05/1903.

O espírito de *Belle Époque* presente na moda das exposições se fez notar também na denominação do evento, que passa a ser chamado de *Salon* nos noticiários de 1906. Além da busca de um afrancesamento dos costumes, as reportagens mostram também o peso que o público feminino ia ganhando na configuração artística local, como na mostra daquele ano, na qual teve lugar de destaque "uma infinidade de prendas domésticas delicadamente confeccionadas".

Com seu prestígio em alta, o pintor passará a ocupar uma posição central na ampliação do meio artístico em Curitiba, com sua escola particular angariando alguns dos mais qualificados pretendentes ao posto de artista profissional na cidade. Em 1907 realizou no Museu Paranaense a primeira de várias exposições com seus discípulos:

> composta de quadros à óleo devidos ao adestrado pincel do mestre e de adiantados estudos de aquarela e *crayon d'aprés nature* dos seus discípulos, a magnífica exposição é mais uma eloquente afirmativa da comprovada competência do ilustre artista escandinavo que, ha muito, dignifica esta terra com os seus magistrais trabalhos de arte.[29]

Segundo Antonio, a exposição dos alunos se torna, desde então, uma tradição da escola de Andersen, funcionando como um ritual de apresentação para a sociedade e de avaliação do aproveitamento, mas também "um importante instrumento de divulgação do trabalho do ateliê, propaganda da escola e chamariz de novos alunos".[30]

O ano de 1908 foi particularmente movimentado em termos de exposições: primeiro houve a preparatória, em Curitiba, no pátio do Museu Paranaense, para a segunda, a Grande Exposição Nacional que comemorou o "Centenário da Abertura dos Portos às Nações Amigas". O Presidente do Estado era Francisco Xavier da Silva, mas foi Manoel Alencar Guimarães, neto do Visconde de Nácar e Presidente do Congresso Legislativo, quem nomeou uma Comissão para cuidar do assunto, com Romário Martins no cargo de secretário geral.[31] A ideia de promover uma exposição preparatória em Curitiba tinha com meta "ensaiar" a representação paranaense na Exposição Nacional do Rio de Janeiro, o que o público parece ter apreciado, como atestam o número de visitantes: segundo um levantamento do jornal *A República*, em 1908, ano da Exposição Preparatória da Nacional, a visitação pública ao museu, que abrigou em seu pátio o evento, chegou a 156.620 visitantes (contra os 11 mil do ano anterior e os míseros 2 mil do ano

---

29 Diário da Tarde, 10/03/1907.

30 ANTONIO, Ricardo. A utilização de fontes fotográficas e artísticas na investigação de procedimentos de ensino da arte.In: *Anais Congresso Brasileiro de História da Educação*. Disponível em: <http://www.sbhe.org.br/novo/congressos/cbhe3/Documentos/Individ/Eixo1/264.pdf>. Acesso em: 18 nov. 2009.

31 Lei n.o 786, de 20 de abril de 1908.

seguinte).[32] Concorrência que resultava muito mais do caráter de divertimento e entretenimento desses do que da própria apreciação do público, afinal "a exposição reúne as coisas em um labirinto no qual os modernos se perdem com prazer".[33]

Na exposição "oficial" realizada no Rio, o destaque ficou com a erva-mate, em especial o *stand* de David Carneiro e Companhia, que distribuiu provas gratuitas para os visitantes. A Seção de Artes Liberais era composta por vários departamentos, e duas delas contemplavam as artes plásticas: uma dedicada aos trabalhos da Escola de Belas Artes e Indústrias e outra para as nove telas de Alfredo Andersen, num esquema classificatório que o colocava como representante da arte paranaense.

Ainda no ano de 1911, outro evento artístico movimentou Curitiba: a exposição da Galeria Forza no Teatro Guaíra, cujo nome fazia alusão ao pintor cego Paulo Forza que, por seu imerecido infortúnio, "torna-o digno da proteção que os ilustres cavalheiros e as generosas senhoras desta capital lhe dispensaram". Compostas por obras de artistas italianos, muitas aquarelas e algumas pinturas a óleo,[34] a exposição foi patrocinada "por um grupo de distintas senhoras, elite intelectual de nossa culta sociedade, e sob os auspícios do consagrado artista o sr. Andersen". Embora a qualidade artística de alguns trabalhos tenha sido questionada pelo articulista, interessa aqui o peso das mulheres na formação de um público para as artes no Paraná e a articulação de Andersen na organização de exposições e de instâncias de consagração para si e para os seus.

Em 1914, apesar da crise econômica pelo qual o estado passava, fruto principalmente da queda das exportações de erva-mate, Andersen abre mais um *salon* junto a alguns de seus discípulos,[35] que contou, nos primeiros dias, com uma "pequena ainda, mas seleta concorrência".[36] Nessa ocasião, os retratos do ervateiro David Carneiro e de sua esposa Olympia, analisados no capítulo três, foram expostos, numa possível estratégia de se afirmar, ao menos simbolicamente, o poder do mate, que enfrentava uma das suas piores crises. Dois anos depois, em 1916, Andersen participa pela primeira vez da Exposição Geral de Belas Artes no Rio de Janeiro, onde recebe menção honrosa de 1º grau pelo retrato do Major José Candido da Silva, sobre o qual não há outras informações.

---

32   Cf. CARNEIRO, Cintia. *O museu paranaense e Romário Martins...*, op. cit.
33   WAIZBORT, Leopoldo. *As aventuras de Georg Simmel*, op. cit., p. 342-344.
34   Diário da Tarde, 24/07/1911.
35   Annibal Schleder, Gustavo Kopp. João Ghelfi, Germano Rossle, Ealter Hachemberg, Antonio M. Franco, H. Straub e senhoritas Maria e Mercedes R. de Miranda. (Diário da Tarde, 18/03/1914).
36   A República, 17/03/1914.

Arte para o proletariado

As exposições, como fenômeno do moderno, trazem divertimento pela quantidade de estímulos e um caratér de superficialidade *blasé* o que, para alguns, cumpre uma função de desviar o foco de questões políticas e sociais problemáticas:

> numa época como a que atravessamos, escandecida pela política, revolucionadapelo ímpero desmarcado das ambições partidárias, em que só se fala e pensa em candidaturas, em votos, em mesas (íamos dizer bancos) eleitorais, em chapas furadas, actos falsos, etc etc é precisamente de admiração, de muita admiração o sentimento que experimentamos em se falando de arte![37]

Foi nesse clima de insatisfação social que a Escola de Belas Artes abriu em 1910 ao público uma exposição de "inteligentes rapazes operários".[38] Vale a pena pensar mais a fundo sobre esta especificidade.

O contato do fundador da Escola, Mariano de Lima, com o arquiteto Bithencourt da Silva, diretor do Liceu de Artes e Ofícios do Rio de Janeiro, influenciou o projeto adaptado em Curitiba que defendia

> [...] a liberdade de ensino, horário favorável aos operários, cursos gratuitos, sem exigências burocráticas, sem distinção de religião, nacionalidade ou sexo e, sobretudo, defensora da necessidade do trabalho manual e do desenho imitativo desde a escola primária.[39]

Alfredo Andersen, durante sua trajetória, oscilou suas preocupações entre a formação de artistas e a capacitação do operariado para o trabalho na indústria, tendo encaminhado às autoridades da época projetos que contemplavam, ora a criação de uma Escola Técnica Primária ou de uma Escola Profissional de Arte Aplicada,[40] ora a criação de uma Escola de Belas Artes.[41] Em sua opinião,

---

37 Diário da Tarde, 07/03/1910.

38 Diário da Tarde, 07/03/1910.

39 BAPTISTA, Christine. Mariano de Lima e a escola de Belas Artes e Indústrias do Paraná. *Boletim do Arquivo do Paraná*, v.12, n.23, p. 21, 1988.

40 O Projeto de uma escola profissional de artes aplicadas escrito por Andersen foi publicado na Revista Patria e Lar – Orgão do Brazil Civico, de maio-junho de 1913, dirigida por Dario Velozo.

41 OSINSKI, Dulce. Os pioneiros do ensino da arte no Paraná. *Revista da Academia Paranaense de Letras*, Curitiba, v.63, n.41, p. 143-152, maio 2000.

> [...] Um curso de desenho para operários traria a felicidade ao Paraná, porque faria a grandeza das suas indústrias. Quando chegarmos a ter pelo menos uma simples Escola de Desenho para Operários, sem falar numa Escola de Artes Aplicadas, naturalmente mais dispendiosa, teremos atingido a primeira etapa verdadeiramente real do nosso progresso. É ainda pouco, mas, atualmente, não temos nada! A iniciativa particular ajudada pelo governo e pagando os alunos conforme seus recursos, não pagando nada os reconhecidamente pobres, já seria um passo dado com acerto.[42]

Quando Mariano de Lima deixou Curitiba, assume o comando da escola sua esposa Maria de Aguiar Lima, que em 1909 convida Andersen para dirigir as aulas noturnas, sobre elas comentou:

> A criação de um curso noturno de desenho foi excelentemente recebida pelo público, e em breve se tornou preciso reduzir a matrícula aos profissionais de ofício e indústria, excluindo-se os *dilettanti*. Assim se conservou um total de 60 alunos, todos operários...[43]

Era um pensamento que se difundia na Europa do XIX, onde cresciam os cursos profissionalizantes direcionados às classes populares, com liceus de artes e ofícios, escolas politécnicas, colônias agrícolas, dentre outras instituições voltadas para o aprimoramento da mão de obra. Isso porque o desenvolvimento industrial era atribuído, também, às habilidades de desenho daqueles que projetavam as máquinas e os equipamentos, o que o tornava uma habilidade necessária ao operariado.[44] O modelo que Andersen tinha em mente era o alemão, como explicitou na mesma entrevista:

> Preparou pois a Alemanha o seu grandioso plano do ensino de desenho, tendo por objetivo uma educação em harmonia com o indivíduo. Daí nasceram a sua arte suas indústrias modernas – quer dizer – o seu imenso progresso nesses dois ramos da conquista humana.[45]

Andersen lecionou desenho e pintura no curso noturno para operários entre 1909 e 1917, e empenhou-se, ao menos no início, em divulgar essa vertente do seu trabalho didático. Organizou pessoalmente uma mostra dos trabalhos executados pelos operários que parece não ter atraído a curiosidade do público, pois "a não ser meia dúzia de

---

42 RUBENS, Carlos. *Andersen...*, *op. cit*, p. 53.
43 *Ibidem*, p. 70.
44 DIEZ, Carmen Lúcia Fornari. *Mariano de Lima...*, *op. cit.*, p. 8.
45 Alfredo Andersen, entrevista ao Diário da Tarde, 1917, *apud* RUBENS, Carlos. *Andersen...*, *op. cit*, p. 52.

pessoas devotadas, que mais de perto se afeiçoam ao nosso desenvolvimento artístico, ninguém mais lá tem aparecido!".[46] Se, como vimos, frequentar exposições estava *na moda*, há duas possíveis explicações para a pouca concorrência que teve a mostra das obras dos trinta e quatro expositores operários (marceneiros, carpinteiros, alfaiates etc., pois "o regulamento atual da escola dá-lhes preferência na matrícula"): a baixa qualidade artística dos trabalhos – o que não se pode verificar devido à inexistência de registros visuais desse evento –, ou então, mais provável, o pouco interesse que esse tipo de projeto educacional despertava.

O articulista da reportagem em questão considerava louvável a força de vontade desses artistas operários, que residiam longe da cidade, e que diante de inúmeras dificuldades realizaram obras de muito mérito. Os entraves vinham da escassez de recursos da escola, o que levava o professor a focar o desenho a *fusain* (carvão) no estudos de cabeças, e menos nos nus:

> que estudem eles cabeças do natural e muitas, já que não lhes é dado, por via dos apuros com que luta a Escola devido a escassez de recursos, dispor de perfeitos modelos, sadios, robustos, onde a anatomia exuberante possa ser estudada com proveito [...] um tal modelo tem que ser pago, e às vezes, bem pago; e para tal se faz mister portanto: dinheiro – *si ne qua non* – como dizem os italianos [...] adistritos, portanto, se acham os alunos do Sr. Andersen a estudos de indivíduos com os que ali vemos: aletudinários, raquíticos, de musculatura reles, exibindo caixas toráxicas que mais se assemelham a arcabouços fósseis, braços enfesados, descarnados, secos, que bem atestam toda uma pobreza orgânica [...] mas se notamos pobreza em taes modelos, alias, tão bem estampados, tão precisamento desenhados, é fácil de se atentar que tal se infere em proveito do mérito dos inteligentes novos artistas que com recursos de talentos admiráveis, com uma perfeita precisão instantânea, nos põe de chofre com taes misérias da rua.[47]

A citação revela aspectos do interessantes do gosto local, sua predileção por corpos atléticos e bem definidos, desenhos precisos e realistas, dentro dos moldes acadêmicos do ensino artístico. No ano seguinte, a divulgação da Exposição de Belas Artes na imprensa não fez qualquer alusão aos operários, e a edição foi considerada a "melhor que até aqui se fez". É possível que eles ainda participassem, mas agora diluídos entre os outros participantes. Nesse ano de 1911 Andersen havia assumido a direção artística da

---

46   Diário da Tarde, 17/03/1910.
47   Diário da Tarde, 17/03/1910.

escola,[48] e as técnicas e os motivos apresentados se ampliaram: desenho a crayon, pastel, óleos, estudos de cabeça, natureza morta e modelo vivo. Contudo, as reclamações da falta de material continuavam: "a escola precisa de uma, embora modesta pinacoteca, e de material para estudos. Nesse particular, ainda essa lacuna é mais sensível...".[49]

A defesa de aulas para operários tinha também um caráter de justificar a utilidade da própria escola, ao colocar suas atividades como centrais para o progresso do estado, e Andersen defendia esse tipo de projeto pedagógico como fundamental:

> é inútil enaltecer os benefícios resultados do ensino do desenho aos operários, mas infelizmente este curso após 4 anos de funcionamento e de inestimáveis serviços prestados teve de ser sacrificado diante de remodelação e nova orientação da antiga escola que passou a profissional feminina, exclusivamente.[50]

Essa mudança radical na orientação da clientela da instituição merece ser observada mais de perto.

Em 1917, a Escola de Belas Artes encerrou, supostamente por questões financeiras, o atendimento do período noturno, direcionado para a clientela masculina, diga-se, operária,[51] e passou a ser denominada "Escola Profissional Feminina", agora atendendo a um público exclusivamente feminino.[52] Ao desviar a linha de atuação de um caráter profissionalizante e popular para focar na clientela feminina, a escola afastava-se de questões controversas que poderiam prejudicar o já precário apoio que recebiam dos governantes. Andersen lamentava na mesma entrevista que uma cidade que se industrializava como Curitiba não possuísse um curso público de desenho, base de toda atividade operária. Não menos importante, "o ensino de desenho desenvolve o sentimento estético e por conseguinte o bom gosto, ensina a ver". Se arte e o desenvolvimento industrial eram associados, então uma escola de desenhos para operários seria um passo rumo ao progresso.[53]

Esse tipo de declaração, feita em 1917[54] não deve ter soado bem na Curitiba do período, uma vez que os cronistas locais, ecos da memória dominante, não vislumbram

---

48   Diário da Tarde, 31/03/1911.

49   Diário da Tarde, 04/04/1911.

50   Alfredo Andersen, entrevista ao Diário da Tarde, 1917, apud RUBENS, Carlos. *Andersen...*, op. cit, p. 52.

51   DIEZ, Carmen Lúcia Fornari. *Mariano de Lima...*, op. cit., p. 56.

52   ANTONIO, Ricardo. *O ateliê de arte do Museu Alfredo Andersen (1902-1962)*, op. cit., p. 32.

53   Diário da Tarde, 08/01/1917.

54   Diário da Tarde, 17/01/1917.

a existência dos trabalhadores como classe social, "como se a ordeira e pacata Curitiba fosse infensa a todos os graves conflitos que eclodiam no início do século".[55] Por detrás das dificuldades financeiras que fechou o curso noturno masculino estava a movimentação operárias da década de dez, que culminou com a greve de 1917.[56] Aquele foi um período marcado pelo aumento exponencial do desemprego, devido às crises que a erva-mate enfrentava, mas também com as consequências locais do período pós-guerra e pós-quebra da bolsa de Nova Yorque em 1919. O tom presente na imprensa local era de exerpação da vadiagem, buscando retirar da vista a incômoda massa de trabalhadores sem emprego. Nesse contexto, a ascensão do movimento operário, que culminou com as greves de 1917-1920, era motivo de grande preocupação para o empresariado. Não era de admirar que o curso tivesse sido extinguido e substituído sua clientela pelas mulheres, o que supostmente também garantiria um direcionamento para as aspirações de partirem cada vez mais para a cena pública, em busca de realizações que não mais encontravam em seus lares. Por outro lado, dificultava o acesso das classes baixas ao ensino artístico, com a arte e seu consumo cada vez mais predispostos a desempenhar uma função social de legitimação das diferenças sociais.[57]

Andersen e Lechowski

Embora ainda bastante acanhado, algumas novidades começam a despontar no meio artístico local, como a exposição individual do pintor e desenhista polonês Bruno Lechowski (1887-1941), um personagem interessante e controverso que atraiu a atenção dos artistas locais. Famoso por suas aquarelas, Lechowski era "contrário à dependência do artista aos critérios convencionais das galerias de artes, [e] apresentou propostas alternativas para a democratização da linguagem artística"[58] o que na prática se concretizou na sua original tenda portátil, uma estrutura armada nos mais diferentes

---

[55] FONSECA, Ricardo; GALEB, Maurício. *A greve geral de 17 em Curitiba*: resgate da memória operária. Curitiba: IBERT, 1996, p. 16. Os autores resgatam a história do operariado local, o que não aparece em obras como *Terra do Futuro*, de Nestor Victor e mesmo no *Paraná no Centenário*, de Rocha Pombo (que esteve envolvido com o anarquismo no Rio de Janeiro). Já no final do XIX surgem grêmios e associações, e mesmo um jornal intitulado "Operário Livre". É de 1906 a fundação da Federação Operária Paranaense, que abarcava diversas correntes do movimento (p. 17 e segs.).

[56] *Idem*. Os autores resgatam a história do operariado local, o que não aparece em obras como *Terra do Futuro*, de Nestor Victor e mesmo no *Paraná no Centenário*, de Rocha Pombo (que esteve envolvido com o anarquismo no Rio de Janeiro).

[57] BOURDIEU, Pierre. *A distinção...*, *op. cit.*, p. 14.

[58] BRUNO LECHOWSKI. *Catálogo MON*. Curitiba: Asssociação dos Amigos do Museu Oscar Niemeyer, 2006, p. 15.

locais públicos que servia tanto para expor suas telas quanto para dormir.[59] Era de fato um novo conceito de exposição, que se aproximava do público, amenizando a austeridade e a distância popular das clássicas salas de exibição.

Em Curitiba, o pintor nascido em Varsóvia contou com a solidariedade da comunidade polonesa, que o acolheu e de pronto viabilizou outra mostra no consulado da Polônia. Desta temos pouco registro, o que não foi o caso com a seguinte. No dia 1º de maio de 1926 Lechowski inaugurou sua exposição portátil em Curitiba num terreno da Praça Zacarias com 116 obras e o custo de mil reis de entrada. De personalidade enigmática, inovador e desde cedo preocupado em permitir a jovens sem recursos formas de viabilizar uma carreira artística,[60] atraiu de imediato a atenção dos pintores da cidade, aproximando-se de Andersen, Traple, Turin e Lange. Num depoimento sobre a passagem de Lechowski pelo Paraná, Marcinowska comenta que "não faltavam pessoas interessadas no estilo e na fatura pictórica exótica do visitante. Lange de Morretes, Turin e Andersen foram os visitantes mais frequentes da exposição...".[61]

Uma série de pistas sugere que uma aproximação entre Andersen e Lechowski pode também ter deixado marcas em algumas telas do pintor norueguês. Em comum, ambos tinham um discurso de ampliação do ensino artístico para camadas populares, e eram também originários de países europeus *periféricos*. De fato, a forte acolhida da parte da comunidade polaca local foi determinante para a permanência prolongada, de quase dois anos, de Lechowski no Paraná, e a família Andersen, como veremos no próximo capítulo, possuía laços estreitos com esses imigrantes. Sabe-se que o pintor polonês viajou muito pelos arredores da cidade, "demorando-se em núcleos coloniais", e é possível que alguma delas tenha sido realizada com Andersen. Um desenho intitulado *colono polonês*, em que vemos as casas típicas desses imigrantes, e um outro que focava no próprio personagem poderiam ter sido executados nessa ocasião.[62] Outros trabalhos

---

59   Segundo Theodoro de Bona, "Numa manhã, eu e Traple entramos na barraca a procura do pintor e, entre os quadros no chão de terra batida, uma grande caixa de dois metros por uns oitenta centímetros de largura. A caixa estava com a tampa semi-aberta por um livro que lhe servia de apoio e, dentro dela, Lechowski, dormindo. Era a caixa da embalagem dos quadros mas servia também de cama para o artista". (BONA, Theodoro. *Curitiba, pequena Montparnasse*. Curitiba: Secretaria do Estado da Cultura, 2004).

60   MORAIS, Frederico. *Núcleo Bernardelli*: arte brasileira nos anos 30 e 40. Rio de Janeiro: Pinakotheke, 1982, p. 91.

61   MARCINOWSKA, Halina. Original em polonês extraído do artigo Sztuka, publicado no "Kalendarz Ludu", Curitiba, 1972, p. 178-179 *apud* LECHOWSKI, Bruno. *A arte como missão*: homenagem aos 50 anos de falecimento do artista e aos 120 anos da imigração polonesa. Curitiba: Banestado/Museu de Arte do Paraná, 1991, p. 24

62   As imagens não são datadas, mas a assinatura é compatível com o final dos anos 1920.

pouco usuais também possuem traços que podem ter vindo do contato com o pintor polonês, como uma aquarela da década de 1930 (Figura 137) e mesmo uma tela intitulada *Paisagem com tronco* (Figura 138), que apresentam o tom aquarelado e uma fatura fluída, que caracterizava as pinturas do polonês (Figura 139). A influência que Lechowski pode ter tido na obra de Andersen é apenas uma hipótese, que merece um estudo específico.

Em 1928, Lechowski parte para o Rio de Janeiro onde, na década de 1930, foi um dos fundadores do Nucleo Bernardelli, entidade que visava à democratização do ensino e maior liberdade criativa na sua prática. No depoimento de Quirino Campofiorito, um dos integrantes, ele comenta que

> até a década de vinte, nosso ambiente artístico apenas se voltava para os semblantes da arte que nos chegavam da França. Juntamente com outros artistas oriundos da Europa Central, Bruno Lechowski dá início ao contato com aspectos até então desconhecidos para nós e que também indicavam a extensão do horizonte maior que já se definia para a arte moderna. Foi nessa época que começamos a conhecer obras surpreendentes de artistas do norte europeu...[63]

Essa orientação e a aproximação entre os pintores em Curitiba no final da década de 1920 devem ter contribuído para que Andersen tenha participado da exposição do Núcleo Bernardelli de 1935,[64] pouco antes da sua morte.

De fato, a orientação do Núcleo era coerente com o histórico de envolvimento de Andersen com o ensino artístico para as classes populares. Segundo Morais, o Núcleo tinha como meta tornar a profissão artística menos elitizada, criando condições profissionais para o exercício artístico, e para um crescimento do trabalhador dentro da profissão, e a maioria dos integrantes era de origem humilde.[65] Sediados no Rio de Janeiro, conformaram uma espécie de ala moderada no Modernismo brasileiro da década de 1930.[66] Lechowski pode ter sido mais um dos que, comovidos com a pintura de Andersen e indignados com o seu isolamento, tentou articular um lugar para o pintor na capital federal.

---

63 Depoimento de Quirino Campofiorito, Rio de Janeiro, outubro de 1991 *apud* LECHOWSKI, Bruno. *A arte como missão...*, op. cit.

64 Cf. MORAIS, Frederico. *Núcleo Bernardelli...*, op. cit.

65 *Idem*.

66 Cf. LEITE, Jose Roberto Teixeira. Núcleo Bernardelli.In: BARDI, P. M. *Arte no Brasil*: cinco séculos de pintura, escultura, arquitetura e artes plásticas. São Paulo: Abril Cultural, 1979, p. 763.

A Associação Comercial do Paraná toma as rédeas (ervateiros no comando)

Retomando o contexto das greves e de convulsões sociais latentes do final da década de 1910, a Associação Comercial do Paraná (ACP) toma as rédeas e passa a abrigar as principais exposições artísticas locais, com um foco agora bem mais elitizado. Criada por um grupo de empresários paranaenses em 1890, a instituição teve entre seus primeiros comandantes o Barão do Serro Azul, David Carneiro e Coronel Zacarias Xavier, todos ervateiros[67] e com a manifesta intenção de gerenciar as crises que abalavam o mate. A entidade passa por uma reorganização em 1909, quando assume um presidente que não era ligado diretamente à industria ervateira, mas dotado de muito prestígio e um alto capital intelectual, o advogado Dr. Pamphilo D'Assumpção,[68] que presidiu a entidade por quatro gestões. Durante o seu comando o número de sócios cresceu exponencialmente, fruto de uma liderança que visava modernizar a instituição, com vistas a aumentar a sua eficácia.

A vinculação da ACP com as artes casava com as disposições individuais do então diretor Pamphilo D'Assumpção: homem de letras, era irmão de Paulo Assumpção, fundador do Conservatório de Artes Plásticas, e participava, desde o início do século dos eventos artísticos da cidade. Crítico, foi colaborador do já mencionado jornal *A Arte*, órgão da

---

[67] Em sua maioria os empresários – comerciantes e industriais – envolvidos na associação eram ervateiros, como constatou Luz: "ao se observar o quadro de presidentes da Associação Comercial do Paraná, no período que se estende de 1897 até meados da década de vinte, chama a atenção a nítida preponderância dos empresários ervateiros", e portanto "os problemas relativos à produção, beneficiamento e comercialização da erva-mate tendiam a se transformar nos objetivos prioritários da atuação da nova Associação". (LUZ, Regina. *A modernização da sociedade no discurso do empresariado paranaense*: Curitiba 1890-1925. Dissertação (Mestrado em História) - UFPR, Curitiba, 1992, p. 27; 36).

[68] Nascido em 1868, Pamphilo formou-se em Direito em São Paulo em 1889 e, em 1897, torna-se doutor em ciências jurídicas pela mesma instituição. Retorna a Curitiba no início do século XX com seu prestígio em alta, tendo sido um dos mais proeminentes intelectuais da sua geração. Desempenhou um papel importante na vida cultural e política paranaense da primeira República: foi presidente do Centro de Letras, Professor do Curso de Direito da Universidade Federal do Paraná, fundador da OAB–PR entre tantas outras posições. Escrevia com frequência da imprensa local sobre temas que iam da crítica de arte à criminalidade. Sempre muito próximos das artes plásticas, deixou obras em aquarela e casa-se, em 1920, com a pintora Maria Amélia Barros. Suas declarações de fé acerca da capacidade da capital paranaense de erigir-se como modelo de civilização e de cultura modernas aparecem em diferentes textos. (Cf. GRUNER, Clóvis. Um nome, muitas falas. Pamphilo de Assumpção e os discursos jurídicos na Curitiba da *Belle* Époque. *Revista de História Regional*, v.14, n.1, p. 76-104, Verão 2009).

Escola de Belas Artes, com textos de marcante sensibilidade, como "A mulher artista",[69] além de ter se posicionado contra a estigmatização dos operários desempregados, considerados pela classe conservadora[70] como vadios.

Imbuídos de visões positivistas da sociedade, os discursos da ACP defendiam o desenvolvimento científico como um elemento central para a civilização curitibana. Contudo, não encontravam materialização na realidade. A falta de maior instrução seria um dos fatores que colocavam obstáculos ao progresso:

> na tentativa de contribuir para o preenchimento dessa lacuna, as entidades empresariais iriam envidar esforços para proporcionar, particularmente aos próprios empresários e aos empregados do comércio, oportunidades para se instruírem e, assim, conseguirem atingir um maior aperfeiçoamento social e profissional.[71]

Aqui, entram as artes plásticas e o incentivo às exposições, embora não de forma universal, e sem abarcar as classes populares.

A ideia de "civilização", tão em voga na virada do XIX para o XX, incluía o preceito de que o desenvolvimento econômico da região não estaria completo sem a ampliação

---

[69] "Quando a mulher desprende-se das faltalidades mundanas, e, fitando as regiões do bello, transpõe o pórtico alabastrino do templo das artes, a sua fronte como que aureola-se de uma luz divina; um todo de mysticismo celeste a envolve e como se os lampejos do gênio nos electrisassem sentimo-nos arrastados a veneral-a! Eil-a empunhando a lyra dos Hugos, a palheta dos Rubens ou o cinzel dos Phidias, como o sacerdote, consagrando aos seus deuses; e como os fiéis curvados reverentes diante do ministro sagrado, a humanidade prostrada diante da mulher artista! Sim, a humanidade em eloquente apotheose a venera, em delyrantes applausos a victoria, porque as manifestações do gênio na mulher deslumbrarão porque são raras, electrisarão porque traspirão os effluvios ethereos de sua alma santa; dominarão porque enebrião como tudo que se reveste dos encantos do seu sexo. E é porque eleva-se á uma esphera superior onde convivem os eleitos pelo gênio, que ella como transfigura-se e nos fascina. Então já não nos animamos a amal-a; adoramol-a. [...] E é a arte o ramo do saber humano, que mais se adapta á natureza feminina; é a arte que pode sem prejuiso dominar toda a sua alma porque longe de paralisar os impulsos dos bellos e preciosos sentimentos do coração da mulher, pelo contrário os avivenda, os acrysola. (D'ASSUNÇÃO, Pamphilio. *A Arte*, 04 março 1888 *apud* SANTANA, Luciana. *Escola de Belas Artes e Indústrias do Paraná...*, *op. cit.*, p. 61-62). Anos mais tarde, Pamphilo casaria-se um uma mulher artista.

[70] Como explica Luz, as classes conservadoras se autodenominavam dessa forma, e assim eram referenciados pela imprensa, conquanto colocassem que eram "classes conservadoras mas que não são retrógradas, nem retardatárias" (*Boletim da Associação*, 1909 *apud* LUZ, Regina. *A modernização da sociedade no discurso do empresariado paranaense...*, *op. cit.*, p. 47).

[71] *Ibidem*, p. 51.

dos horizontes culturais da população. Como mostra Santana, "a defesa desses ideais, que davam também suporte ao projeto de ensino de artes no Paraná, portanto, estavam sempre presentes, através de artigos que exaltavam a dedicação a um aprendizado tão nobre". Silveira Netto, um dos articulistas da revista *A Arte*, enfatizava em seus artigos a arte como atributo indispensável ao desenvolvimento do gênero humano.[72] A noção de progresso, filha do positivismo que comandava o pensamento dos inteletcuais do período, apontava o desenvolvimento artístico como agente transformador da sociedade, e é nesse sentido que devemos entender o mecenato ervateiro mediante a postura da ACP no incentivo às artes plásticas no Paraná – que foi, como já vimos, determinante para a constituição do regionalismo local, assunto ao qual retornaremos no próximo capítulo. Contraditoriamente, ao mesmo tempo não frequentam as exposições de operários e não dão condições de manutenção da escola profissionalizante, indícios dos limites dos seus discursos modernizantes, e de que na prática a cultura era uma forma de diferenciação social de uma elite ascendente que se aburguesava. Assim, Andersen e seus discípulos, agora não mais operários, mas principalmente mulheres da alta sociedade[73] inauguram uma exposição em janeiro de 1917 no Salão Nobre da Associação Comercial, muito prestigiada pelas elites que a visitaram.[74]

As informações sobre as exposições são basicamente aquelas veiculadas pela imprensa, e, embora vez ou outra textos mais elaborados aparecessem, os comentários estéticos eram predominantemente generalizantes e definitivamente parciais, ou melhor, pessoais. Foi o caso das observações tecidas sobre a pouca frequência às exposições, referindo-se especificamente àquela de Maria Amélia[75] aberta em 1918, discípula de Andersen que não teria sido acolhida como deveria pela elite: "console-se com outros artistas que aqui têm estado e daqui saíram dolorosamente decepcionados por verem quase todo vazias as salas que faziam suas exposições e conferências ou tocavam suas

---

72 SANTANA, Luciana. *Escola de Belas Artes e Indústrias do Paraná...*, op. cit., p. 59.

73 Como Mademoiselle Mercedes Miranda, Madame Putunuk e Madame Laforge.

74 Passa a ser comum, neste período, que as reportagens na imprensa publicassem a lista dos nomes dos visitantes, conhecidos dos leitores dos jornais.

75 Nascida Maria Amélia de Barros (1883-1955), filha de um importante juiz, casou-se pela primeira vez em 1900 com seu primo Joquim Inácio Silveira da Mota Filho, que faleceu sete meses depois, e que lhe deixou um filho, com o mesmo nome do pai. Viúva, volta a morar com os pais, agora no Rio de Janeiro, onde o pai ocupava um cargo de desembargador. Em 1910 retorna a Curitiba para viver com as irmãs e seu filho. Nessa ocasião, começa a estudar desenho e pintura com Andersen. Em 1920, casou-se com Pamphilo Assumpção, passando a assinar seus trabalhos como Maria Amélia D'Assumpção (Cf. BATISTA, Eliza. *Resgate histórico da produção artística de Maria Amélia D'Assumpção (1883-1955)*. Monografia de especialização - Faculdade de Artes do Paraná, Curitiba, 2007).

músicas".[76] Segue criticando a burguesia local, acusando a "ignorância dos miseraveis burgueses dinheirosos, que vivem completamente alheios a tudo quanto ha de belo, nobre e sublime".[77]

> [...] nossos homens mais abastados não passam geralmente de bojudos ignorantaços, incapazes de concorrer com alguns tostões para a manutenção de uma revista, ou de comprar um quadro a óleo pintado por nossos raros artistas, espíritos eminentemente devotados como o de dona Maria Amélia que tem a coragem de abrir aulas de pintura nesse meio social inactente em matéria artística e até hostil a tudo quanto é bello e esta fora da estrita órbita dos mesquinhos interesses mercantis ou das intriguinhas de aldeia que constituem o ambiente predileto de toda essa [...][78]

Em 1919, novamente sob o comando do Dr. Pamphilo Assumpção, "espírito eminentemente culto, [que] tem sido em nossa terra, um impulsionador capaz do nosso desenvolvimento artístico",[79] foi organizada a 1ª Exposição Estadual de Pintura, que trazia no subtítulo *Andersen e discípulos*. O diretor técnico era Andersen e a tesoureira Maria Amélia Barros, agora esposa do advogado organizador. Pamphilo elaborou o regulamento e decidiu que, em homenagem aos méritos de Andersen, seus trabalhos ficariam fora do concurso. As notícias publicadas na imprensa mostram que a organização da exposição ambicionava um evento de grandes repercussões.[80]

---

76   Diário da Tarde, 26/03/1918.
77   Diário da Tarde, 22/03/1918.
78   Diário da Tarde, 20/03/1918.
79   Diário da Tarde, 18/03/1919.
80   Neste mesmo ano de 1919, os empenhos dos irmãos Assumpção na conformação de instituições artísticas em Curitiba se materializam também na criação de um Centro Artístico, presidido por Paulo Assumção. Uma festa de inauguração foi realizada no Teatro Guaira, onde tomaram posse os novos socios, cujo presidente de honra era Afonso Camargo. Alguns meses depois, o Centro inaugurava a sua sede própria num palacete da Rua XV de Novembro, reformado e adaptado à nova função: "o salão de crystal, por exemplo, construido recentementem considerou o professor Alfredo Andersen o melhor e único perfeito para uma exposição de pintura. Esse salão tem o teto e soalho todo de vidro e tem capacidade para duzentas cadeiras" (Diário da Tarde, 2 de maio de 1919 e 9 de setembro de 1919).

Foto 12 – 1ª Exposição Estadual de Pintura em 1919. Fonte: Textura Waldemar Curt Freyesleben. *Revista Paranaense de Estudos Culturais*. Curitiba: Secretaira de Estado da Cultura e do Esporte, 1981[81]

De fato, depois das exposições industriais, essa foi a de maior projeção local, e tinha como objetivo reunir a maior quantidade de trabalhos possível, chamando a população a conhecê-los, uma vez que os artistas locais, sentindo a indiferença da população, procuravam com frequência consagração da capital da República. A organização tinha como meta também chamar a atenção dos outros centros artísticos para a arte produzida no estado, o que deveria ser feito com o apoio do governo.

Talvez pela importância que teve, a mostra de 1919 foi especialmente bem documentada em fotografias, como na acima, na qual vemos a comissão organizadora, com Andersen ao centro, cercado de distintos cavalheiros, pintores e pintoras. Os 320 trabalhos foram expostos num ambiente enjambrado, pois, embora organizada pelo presidente da ACP, a exposição foi realizada no Salão do Teatro Teuto-brasileiro, provavelmente por uma questão de espaço, pois foi alocada no "salão de ginástica que foi a

---

81   Sentados, a partir da esquerda: Maria Luiza Cavalcanti, Maria Amélia D'Assumpção, Pamphilo d'Assumpção, Alfredo Andersen (ao centro), Olga Potucek, Francisca Linzmeyer e Nezinha Branco. Em pé, na mesma ordem: Gustavo Kopp, Alexandre Pohl, Frederico Kirchgassner, Waldemar Curt Freyesleben, Anibal Schleder e Thorstein Andersen.

parte do edifício aproveitada por suas excelentes condições de luz e de espaço, apresenta um aspecto belíssimo com suas paredes cobertas de quadros".[82]

Foto 13 – 1ª Exposição Estadual de Pintura da Associação Comercial do Paraná, 1919. Fonte: Acervo MAA[83]

Mas, na ânsia de fazer uma grande exposição, os organizadores primaram pela quantidade de obras e peencheram todos os espaços das paredes, dificultando a apreciação, como se pode observar nas imagens das outras salas. Retomando algumas reflexões de Simmel sobre o assunto, vemos que se, por um lado, a exposição apresenta uma multiplicidade de artistas, permitindo o desenvolvimento de um padrão mais refinado, por outro, ela gera duas formas ruins de contemplação da arte: o caráter *blasé* e a superficialidade, pelas impressões múltiplas que ela provoca. Exposições como essa confundem a percepção, pois a impressão que uma obra causa se mantém e não se deixa apagar pela seguinte, e quando há tantas outras novas elas se embaralham, o que faz desse tipo de mostra uma inimiga de uma compreensão profunda de uma obra singular.[84]

Patrocinada por diversas senhoras "amantes das artes e pertencentes à nossa alta sociedade", eram elas elogiadas, pois "significa que as senhoras que se distinguem na sociedade patricia não se atem tão só à futilidade elegante e agradável da vida mundana, não vivem com a preocupação exclusiva do belo exterior das *toilletes* que também é

---

82 Diário da Tarde, 17/05/1919.
83 No canto direito, Waldemar Curt Freyesleben.
84 WAIZBORT, Leopoldo. *As aventuras de Georg Simmel, op. cit.*, p. 354.

arte, mas se elavam ainda".[85] Com direito a *vernissage* para imprensa e artistas, abertura especial para as altas autoridades civis e por fim abertura ao público em geral, o evento gerou boas vendas e foi bastante visitado,[86] como disse o jornalista: "excedeu a expectativa geral a primeira exposição estadual de pintura".[87] O sucesso talvez possa ser explicado pelo próprio caráter de entretenimento do evento e também pelo envolvimento de um grande número de pessoas que, com seus círculos de amizade, geravam movimento, mas também diz da formação de um público, que vai crescendo.

No ano seguinte, os comentários do jornalista apontam para o gosto do público pelas paisagens paranaenses de Andersen: "expondo 42 telas, de tudo que representa paisagem apenas três quadros não são vistas do Paraná",[88] e, na ocasião em que escreveu o texto, metade dos quadros havia sido vendida.[89] A era das exposições estava consolidada, e no final de julho de 1921 outra grande mostra foi realizada no Salão Nobre da Associação Comercial do Paraná. Agora também cresciam exposições individuais de discípulos como Waldemar Freyesleben, Lange de Morretes e Maria Amélia. O que levava os mais otimistas a considerar que "Curitiba já se vai tornando um centro artístico de vulto", afinal, "já ha quem compre quadros nas exposições [...] já ha mais, o que recomenda muito a cultura do meio: ha colecionadores".[90]

Em 1921, Andersen expôs na casa editora *O Livro* em São Paulo, comandada por Jacinto Silva.[91] Para a ocasião, como de praxe, Andersen contava com os contatos dos intelectuais locais para tentar melhorar sua posição no campo nacional. Sebastião Paraná, em carta a Domingo Jaguaribe, pede que o auxilie durante a estada de Andersen em São Paulo: "o consagrado artista vai exibir os produtos de seu genio ao culto povo de São Paulo. Precisa, para isso, de um mentor, de um guia, de um braço forte que o proteja".[92]

---

85 Pamphilo d'Assumpção, in: Diário da Tarde, 14/04/1919.

86 A presença de políticos e a visitação de 220 pessoas nos dois primeiros dias com 10 quadros vendidos eram sinal de sucesso. Alguns dias depois, 300 pessoas visitaram a exposição em apenas um dia, com mais vendas e com a ilustre visita do Dr. Afonso Camargo. Gazeta do Povo, 22.05.1919 e 26.05.1919.

87 Diário da Tarde, 26/05/1919.

88 PILOTO, Valfrido. *O acontecimento Andersen, op. cit.*, p. 62.

89 Diário da Tarde, 08/12/1920.

90 Gazeta do Povo, 01/11/1921.

91 Jacinto Silva, que foi mentor de Monteiro Lobato, era proprietário da Casa Editora "O Livro", celebre ponto de encontro entre artistas e literatos. O local chegou a ser cogitado para abrigar a semana de 1922 (Cf. HALLEWELL, Laurence. *O Livro no Brasil*: sua história. 2.ed. rev. e ampl. São Paulo: EDUSP, 2005, p. 324).

92 Carta de Sebastião Paraná ao Dr. Domingo Jaguaribe enviada em 27 de outubro de 1920. Acervo MAA.

Se tomarmos uma crítica publicada no Estado de São Paulo como parâmetro, a mostra parece ter sido bem recebida

> não há quem não se surpreenda diante de certas telas deste pintor sexagenário exilado ha quase trinta anos em Curitiba, ao observar a espontaneidade e o vigor da sua fatura, a frescura e a limpeza da sua paleta, a sua segura orientação artís3tica, que remonta à melhor época do impressionismo e se mostra suscetivel de adaptar-se sem violência às modernas tendências da pintura.[93]

De volta ao Paraná, em 1923 novamente as atenções da sua exposição estavam voltadas para a paisagem, com destaque para as telas em que figuravam pinheiros: [das 38 telas]

> a araucaria brasiliensis – a árvore predileta que Emiliano Pernetta num de seus instantes de aeronáutica mental, comparará a uma taça erguida para o sol, explode o seu porte de gigante, eloquente estrutura [...] a araucária oferece-se como adereço régio, como uma dádiva preciosa, difundindo harmonias supremas, num tumulo de luzes e cores.[94]

Outras tantas viriam a acontecer até a sua morte, em 1935, mas agora vale a pena observar outro aspecto da sua atuação pela ampliação do meio artístico: o ensino – que era, também, fundamental para o seu sustento.

Professor Alfredo

Até a chegada da conhecida *Missão Francesa* em 1816, as produções artísticas eram feitas por escravos ou libertos e não tinham estatuto de profissão liberal.[95] Numa sociedade majoritariamente analfabeta, às famílias interessava formarem filhos médicos ou bacharéis, e as atividades manuais eram estigmatizadas. Mesmo com a instalação de uma Academia de Belas Artes, e com alguns grandes pintores consolidados, como Pedro Américo e Vitor Meirelles, no geral, a posição do artista tinha status inferior à das demais profissões liberais, ou, em termos bourdiesianos, ocupava uma posição dominada no campo do poder. Mesmo para as camadas médias, as artes plásticas não eram uma profissão almejada para seus filhos;

> Assim, mesmo no contexto da arte oficial, a produção artística brasileira perpetuava-se numa condição de marginalidade do ponto de vista

---

93 Estado de São Paulo, 29/06/1921.
94 Gazeta do Povo, 19/09/1923.
95 CHIARELLI, Tadeu. *Arte internacional brasileira*. São Paulo: Lemos, 2002, p. 13.

profissional e, do ponto de vista de seu uso, estava apenas medianamente ligadas a alguns setores da alta burguesia e do próprio Estado.[96]

No Paraná, os pretendentes a uma profissionalização dentro das artes plásticas eram, na maioria, filhos de imigrantes que, no geral, vinham de segmentos menos privilegiados social e economicamente, e que, para realizarem suas formações, necessitavam de apoio político e institucional. É certo, contudo, que outros perfis sociais também buscavam as aulas do Professor Alfredo, mas neste caso mais com um interesse de aprendizado cultural, do qual não dependiam para sobreviver, como era o caso das mulheres oriundas das elites locais, que tinham a atividade artística como complementar às suas vidas domésticas. Aqui entrava um pouco dos modismos do começo do século, que atribuía um status diferenciado aos mestres estrangeiros, como colocou Durand: "Numa conjuntura em que os costumes se europeizavam bastante e subia a cotação social do francês, do piano e da dança, quem pudesse ostentar origem européia já começava levando vantagem".[97]

Bourdieu, no seu estudo sobre o campo artístico francês no século XIX, coloca que a profissão de artista é

> uma das menos codificadas que existem; uma das menos capazes também de definir (e de alimentar) completamente aqueles que delas se valem e que, com muita freqüência, só podem assumir a função que consideram como principal com a condição de ter uma profissão secundária da qual tiram seu rendimento principal.[98]

Atividades como o ensino se tornam, por vezes, fundamentais para garantir a sobrevivência, mas também como forma de obter sucesso pelo reconhecimento. A atividade docente de Andersen remete à sua juventude na Noruega, e foi central após a sua fixação na terra das araucárias: deu aulas de desenho e pintura praticamente desde que chegou ao Paraná; em Curitiba lecionava em seu ateliê, que funcionou primeiro junto ao do fotógrafo H. A. Volk e depois na sua própria casa, tendo buscado, desde que chegou à capital, torná-la oficial, mas todos os seus projetos foram engavetados.[99] Ensinou também

---

96 *Ibidem*, p. 14.

97 DURAND, José Carlos. *Arte, privilégio e distinção*, op. cit.

98 BOURDIEU, Pierre. *As regras da arte...*, op. cit., p. 257.

99 ANTONIO, Ricardo. Alfredo Andersen e o ensino das artes aplicadas: o desenho como remodelador das sociedades. In: VIEIRA, Carlos Eduardo (Org.). *Intelectuais, educação e modernidade* (1886-1964). Curitiba: Ed. UFPR, 2007. Ver também sua dissertação de mestrado: *O ateliê de arte do Museu Alfredo Andersen (1902-1962)*, op. cit.

na já comentada Escola de Belas Artes e Indústrias; no Colégio Paranaense e na Escola Alemã, contribuindo para uma ampliação do público para as artes plásticas no estado.

Retratos de ateliê

Trataremos aqui especialmente dos alunos que frequentaram o seu ateliêe dos métodos de ensino que ali empregava. Andersen retratou diversas vezes o seu local de trabalho, o que indica que não eram imagens aleatórias, mas que buscavam construir uma imagem do ensino que ministrava e, mesmo, legitimar simbolicamente a profissão de artista no Paraná. Dados que mostram como ele operou pluralmente pela estruturação da profissão, que no limite poderia levar a uma melhor posição institucional para si próprio, o que ele acaba por não conseguir.

Como vimos, Andersen produziu retratos em profusão, mas, em relação aos discípulos, uma maior liberdade criativa parece pontuar as faturas, e sua escolha foi preferencialmente retratar o ato de pintar. No imagem do seu aluno de origem polonesa, Ludovico Bienieck, realizado em 1910 (Figura 140), ele esta sério e concentrado no que faz. Engenheiro formado na Alemanha, Ludovico trabalhou na estrada de ferro e, além de ter se aventurado na pintura, foi também musicista.[100] Mas a identidade que vemos na tela foi composta por elementos alusivos à profissão artística, como no uso do jaleco, a palheta e o pincel, e mesmo o pano de fundo é formado por uma tela, *O Porto de Cabedelo*. Assim como Bienieck, outros alunos tinham origem imigrante, sendo que os principais foram Gustavo Kopp, descendente de alemães, Waldemar Kurt Radovanic Freyesleben, de mãe romena e pai alemão, Theodoro de Bona,[101] filho de italianos e Lange de Morretes de alemães.[102] Este último também foi retratado enquanto pintava,

---

[100] GRAÇA, Rosemeire Odahara. *Estudo histórico e estilístico de três obras do Pintor Alfredo Andersen (1860-1935)*. p. 173. Disponível em: <http://www.fap.pr.gov.br/arquivos/File/Arquivos 2009/Extensao/I_encontro_inter_artes/23_Rosemeire_Odahara.pdf>. Acesso em: 25 abr. 2009.

[101] Theodoro de Bona veio de uma familia de imigrantes italianos de Morretes, e estuda com Andersen entre 1923 e 1925. No ano seguinte participa da coletiva de alunos e faz sua primeira individual no hall da Biblioteca Pública e, em 1927, no Hall do Cinema Mignon, onde expos "vinte e uma paisagens e cinco estudos de figuras" e colocou, no "frontespicio do catálogo, entre parênteses, sob o seu nome, a sua condição de "discípulo de A. Andersen". O artista recebeu então uma subvenção do governo estadual e da prefeitura de Morretes para ir à Itália, onde permanece estudando quase uma década. Ao retornar, se fixa em Curitiba onde desenvolve uma carreira longa, produtiva e de qualidade.

[102] Lange de Morretes foi retratado duas vezes, a primeira quando era ainda bastante jovem, no mesmo molde com pincel e palheta nas mãos. A tela encontra-se desaparecida, e temos registro dela apenas a partir de uma fotografia, de baixa qualidade. Já o segundo retrato

mas a tela está desaparecida, assim como uma outra no mesmo formato figurando o aluno João Guelfi.

Adentrando agora no público feminino, no retrato de *Inocência Falce* (Figura 141), que é, na verdade, uma cena de gênero, a aluna não toca os pés no chão, e a atividade de pintar é representada com especial leveza, bem diferente da postura assertiva de Ludovico diante da tela. Delicada, de vestido longo azul e jaleco branco, ela executa sua tela dentro do ateliê de Andersen, como mostram as várias obras que compõem o segundo plano da tela. Oriunda "de uma família curitybana privilegiada pela intelligencia",[103] Falce dedicou-se não só aos gêneros tipicamente vinculados às mulheres: "fez esplêndidas flores, revitalizou outros motivos de natureza morta, não titubeou diante de figuras".[104]

De Maria Amélia D'Assumpção, que começou a tomar aulas em 1910, e que teria sido a sua mais importante discípula, Andersen pintou dois retratos. Em ambos ela está séria, com pincel e palheta nas mãos, sendo que no primeiro deles (Figura 142) entrevemos que o que está pintando é um modelo vivo, o que não era comum para o ensino artístico feminino da época. Uma fotografia do ateliê do mesmo período mostra a pintora, de vestido e chapéu, participando desta modalidade pedagógica do ensino de artes.

(Figura 64) aproxima-se dos retratos do capítulo três, e não traz elementos iconográficos que permitam avançar na análise da profissão artística.

103 Revista Paranista; revista de divulgação cultural do Paraná. Setembro de 1933.

104 PILOTO, Valfrido. *O acontecimento Andersen, op. cit.*, p. 36.

Foto 14 – Maria Amélia e Jan Woiski em prática de representação de modelo vivo no ateliê de Alfredo Andersen na Rua Marechal Deodoro na década de 1910. Fonte: Acervo MAA

Maria Amélia foi uma mulher ativa na cena artística curitibana, também deu aulas e realizou exposições individuais, o que a distingue de todas as outras alunas de Andersen. Seu casamento com Pamphilo D'Assumpção nos anos 1920 traz uma visibilidade maior para o seu trabalho, ao mesmo tempo em que garante que ela se mantenha na profissão, dado o envolvimento do marido com o campo das artes, mas também pelo respaldo financeiro que ele lhe proporciona. Na segunda imagem (Figura 143), Maria Amélia está bem mais velha, e, por ser já uma pintora consolidada, tem a postura mais confiante e mira de frente o espectador.

A imagem de pintores em ofício e a estética dos ateliês eram muito praticadas na pintura europeia, que chega ao conhecimento dos pintores brasileiros – para aqueles que não estiveram lá – por meio das revistas ilustradas, sobretudo as francesas.[105] A

---

105   As imagens de ateliê célebres da pintura brasileira são *O importuno* de 1898 e *Descanso de modelo* de 1882 de Almeida Jr. Mas vários outros pintores, como Pedro Weingartner em *No ateliê* de 1884 e Abigail de Andrade no seu *Interior do ateliêr* de 1889 também realizaram

tela *Interior do ateliê do mestre* (Figura 144) traz uma visão ampla do ateliê, com duas mulheres de jaleco pintando, e, ao lado da segunda, uma criança, que acompanhava a mãe na sua aula de pintura. Elas estão concentradas em sua atividade, demonstrando seriedade no que executam; uma delas está pintando uma natureza morta, gênero vinculado às mulheres e considerado de menor importância na hierarquia artística. Segundo Graça,[106] é provável que a mulher em primeiro plano seja Sinhazinha Rebelo e a outra, Inocência Falce ou Silvina Bertagnoli. A tela é colorida e mostra as alunas em plena atividade, e, embora o professor não apareça fisicamente, ele está presente nas inúmeras pinturas que servem de pano de fundo, num espaço construído cuidadosamente para expor a identidade artística de Andersen, atestada pela centralidade do seu *Auto-retrato* com chapéu de palha (Figura 181). Duas telas bastante conhecidas e que representavam figuras importantes da Curitiba também estão presentes: o retrato do Monselhor Celso e o do médico e cientista Frederico de Marco, no canto direito. São retratos incomuns dentro da produção de Andersen, menos convencionais e mais apurados artisticamente do que aqueles tratados no capítulo três, com um esforço de caracterização social dos personagens, o que ele parece ter buscado mostrar nesta imagem.

Os registros do pintor mostram que as mulheres eram parte considerável da clientela do ateliê-escola. A *academia doméstica* de Andersen foi um espaço que se abriu para a formação das mulheres, que tinham, contudo, poucas chances de uma carreira bem-sucedida. Percebendo no público de jovens senhoras uma clientela potencial para o ensino das artes, elas compartilhavam quase sempre de um método de ensino semelhante ao dos homens, como nas aulas de modelo-vivo, e também eram incentivadas a expor suas telas nas exposições que aconteciam na cidade. Para esse público feminino, que tinha ainda pouco acesso ao ensino superior, o aprimoramento artístico era visto como apropriado, pois era possível conciliá-la com os cuidados da casa e do marido.[107]

Em *O estúdio* (Figura 145) temos uma ideia do funcionamento do ateliê escola de Andersen. Ao fundo, um homem já de idade posa como modelo, usando um chapéu popular. Quatro alunos estão simultaneamente com seus pincéis à mão, atentos aos detalhes que traduzem nas suas telas. De imediato, chama a atenção a mulher de branco no centro da imagem, vestida de maneira elegante e com os cabelos presos num coque.

---

    pinturas a óleo de seus locais de trabalho. Todas estão repletas de referências ao ofício de pintor, com telas, desenhos, estátuas e tantos outros objetos, o que era um exercício de reflexividade sobre a profissão. Estas e outras imagens de ateliê podem ser vistas em BUENO, Alexei. *O Brasil do século XIX na coleção Fadel*. Rio de Janeiro: Instituto Cultural Sergio Fadel, 2004.

106 GRAÇA, Rosemeire Odahara. *Estudo histórico e estilístico de três obras do Pintor Alfredo Andersen (1860-1935)*, *op. cit*. p. 177.

107 Cf. SIMIONI, Ana P. *Profissão artista...*, *op. cit.*, p. 31.

A mulher de negro também usa um vestido longo e os dois homens estão igualmente trajados socialmente. As aulas com modelo-vivo eram indispensáveis à formação de um artista acadêmico, e as mulheres, no geral, tinham pouco acesso a esse tipo de treinamento.[108] No canto superior direito, vemos os quadros de Andersen e a cadeira verde, em primeiro plano, alude ao local onde sentava o professor, enquanto observa os alunos em exercício.

Academia Alfredo Andersen (Figura 146) traz a mesma temática da tela de 1919, dos alunos durante uma aula de modelo-vivo. A representação do corpo humano era um item central na formação acadêmica europeia,[109] e os alunos bem vestidos executam, compenetrados, o que seus olhares experienciavam. A luz natural que ilumina a sala a partir da janela ao lado esquerdo da tela incide também sobre o modelo, que posando sem camisa e com uma adaptação de um tridente, lembra Netuno, o deus das águas. Aqui, novamente, a compenetração dos alunos e seus trajes formais passam a ideia da seriedade e do compromisso que envolvia o ensino da Academia Alfredo Andersen.

Seguindo a hipótese de Baxandal,[110] pensar sobre um quadro pode ser considerá-lo produto de uma atividade intencional, resultado de um certo número de causas. Assim, ao mesmo tempo em que as imagens dos discípulos os mostram como profissionais do pincel, os retratos do ateliê focam no ensino artístico, mostrando sua *academia doméstica* como uma instituição séria e bem frequentada. O fato de ter escolhido a disciplina que se tornou a essência de uma academia de arte, o ensino a partir do modelo vivo,[111] reflete os anseios da clientela local.

A escola tinha, assim, o objetivo de legitimar uma concepção estética, que para as elites tinham um status de distinção. Visando elevar a posição social da arte e do artista no seu entorno, constrói imagens que trazem o compromisso com um ensino artístico que partia da observação do real. Na ausência de uma instituição oficial de peso, a escola Andersen era uma das que tinham melhor status até pelo menos o início da década de 1920. Ao apresentar seu estúdio, seu local de trabalho e também de ensino, a obra oferece outros níveis de significado às pinturas: a dignidade da profissão e a busca da profissionalização. O local é pequeno, mas tudo ali é arte, com essas pinturas funcionando como um portfólio, uma carta de recomendação visual do seu ateliê e dos serviços que oferecia.

---

108   *Ibidem*, p. 110.
109   DIAS, Elaine. *Paisagem e academia...*, op. cit., p. 92.
110   BAXANDAL, M. *Padrões de intenção*: a explicação histórica dos quadros. São Paulo: Companhia das Letras, 2006, p. 27.
111   PEVSNER, Nikolaus. *Academias de arte...*, op. cit., p. 137.

As mulheres eram um público potencial, mas poucas tiveram chance de encaminhar-se profissionalmente como pintoras. Mesmo assim, Valfrido Piloto fez questão de mencionar a maioria delas, como "as senhoras Quiqui Niepce da Silva e Lalá Guimarães, da melhor sociedade curitibana".[112] Outra aluna, Sinhazinha Amorim Rebelo, teria tido a sua carreira interrompida por não ter sido possível conciliar a vida artística com a familiar. Sobre ela, comentou Piloto: "Suas naturezas mortas figurariam, porém, sem desdouro, entre o que de melhor se exibisse. ...atualmente vem se dedicando também à pintura de cerâmica".[113] Outra talentosa participante do seu curso, a quem Andersen também pintou, foi a Sra. Zorah Silva Molinari; foram suas alunas também Zizi de Moura Marques dos Santos, Odete de Mello Cid e Isolde Hoette Johann que, "especializada em flores, tem, no entanto, feito também apetitosas frutas".[114]

* * *

Esse pequeno panorama montado a partir do material existente sobre as exposições no Paraná na virada do XIX para o XX mostrou a centralidade do governo e da burguesia na configuração de um espaço artístico no estado. A sustentação que deram às exposições e, portanto, à produção plástica local, aparece também nos temas escolhidos, como a paisagem, e nos retratos expostos, enaltecedores das figuras por detrás da cortina.

As mostras funcionavam como vitrines da produção artística, geralmente eventos gratuitos que atraíam o olhar dos governantes e do público em geral, incentivando os alunos a constantemente melhorar a sua produção plástica. Ao mesmo tempo, divulgava as obras da instituição, que se fortalecia à medida em que os artistas que formava ganhavam reconhecimento social. Não menos importante era despertar interesse num público mais amplo para as artes plásticas, que aos poucos tomava contato com as obras e ia adquirindo sensibilidade artística para sua apreciação.

Apesar dos artigos em que jornalistas reclamam da falta de interesse pelas artes, a periodicidade com as quais as exposições ocorriam indica que elas tinham um público, além de patrocinadores interessados. A venda das obras era feita diretamente com o artista, seja nas exposições, seja nos ateliês, pois não existiam galerias na cidade nesse período. As exposições, que tinham tanto uma orientação pedagógica como comercial, eram majoritariamente de artistas locais, o que se, por um lado, valorizava a arte regional, por outro dificultava o diálogo e empobrecia o debate com os outros centros de produção. Acontecia, sim, o inverso: os pintores locais buscavam, a todo custo, inserir-se na capital da República.

---

112 PILOTO, Valfrido. *O acontecimento Andersen, op. cit.*, p. 33.
113 PILOTO, Valfrido. *O acontecimento Andersen, op. cit.*, p. 36.
114 *Ibidem*, p. 36.

Não havia uma coluna de arte específica nos jornais diários. Se seguirmos a classificação da crítica de arte que Tadeu Chiarelli[115] usou para analisar o ambiente paulistano, é possível afirmar que em Curitiba a crítica era predominantemente de serviço, orientadora do gosto, com vários textos sem assinaturas ou usando pseudônimos. Em sua maioria eles eram enaltecedores e descritivos: dados sobre visitantes, personagens ilustres, quantidade de obras etc. Com razão, Freitas vai colocar que "a crítica de arte [...] demonstra mais boa vontade que compreensão plástica, e em geral é exercida por advogados de tendência humanista e vocação romântica".[116] Quando não, eram escritas por intelectuais que igualmente se sentiam prejudicados pela falta de apoio do governo e das elites, criticando-os e reivindicando auxílio apropriado. A crítica militante como desejo de intervir na cena artístico-cultural propondo sua transformação demora a aparecer, e mesmo quando apareciam textos ácidos, o que estava em jogo não eram necessariamente questões estéticas, mas disputas entre grupos.

Até pelo menos o final da década de 1910, a figura de Andersen atuava como uma espécie de imã, elemento aglutinador, com iniciativas diversas para dinamizar o meio artístico local, de exposições à criação de sociedades artísticas, sem esquecer da formação de pintores e do ensino para um público mais amplo nas escolas de Curitiba. Na década de 1920, há um adensamento do ambiente cultural, com os pensionistas voltando de suas estadas no exterior, que em busca de *viver de arte* criaram escolas, cursos particulares, engajam-se em exposições etc., o que levou o pintor Theodoro de Bona a chamar a Curitiba do período de *Pequena Montparnasse,* o que também diz do referencial francês que passava a moldar o estilo de vida desses artistas. Mas a caracterização de Theodoro era muito otimista: os salões anuais permanentes aparecem apenas na década de 1940, e a tão sonhada Escola de Belas Artes de Andersen foi criada apenas em 1948. Assim, o final da vida de Andersen foi marcado por um contexto em que havia muitos pintores e poucos compradores, o que gerava tensões e disputas entre eles, que serão esmiuçadas no próximo capítulo.

---

115 CHIARELLI, Tadeu. *Um jeca nos vernissages, op. cit.*, p. 70.
116 FREITAS, Arthur. Miguel Bakun e a dispersão da paisagem. In: PROLIK, Eliane. *Miguel Bakun:* a natureza do destino. Curitiba: Edição do Autor, 2009, p. 88.

Capítulo 6

Imigrantes e caboclos no *Brasil diferente*

Foto 15 – Andersen e Ana. Fonte: Acervo da família, Noruega

Para escovar a história ao contrário como Walter Benjamim exortava a fazer, é preciso aprender a ler os testemunhos às avessas, contra as intenções de quem os produziu. Só dessa maneira será possível levar em conta tanto as relações de força quanto aquilo que é irredutível a elas.[1]

Essa é a única imagem conhecida em que Andersen e sua esposa Ana aparecem juntos, numa fotografia tirada no jardim da casa da família. Desconhecida no Brasil, encontrei-a num porão empoeirado, junto a álbuns antigos da família do pintor na Noruega. Diante das poucas fontes escritas sobre a companheira do pintor, as telas que Andersen pintou da esposa e essa imagem em particular adquirem um valor documental importante para entender o lugar de Ana e sua função na trajetória de Andersen. Minha hipótese é que o casamento e a sua condição de imigrante são variáveis-chave

---

1 GINZBURG, Carlo. *Relações de força*: história, retórica e prova. São Paulo: Companhia das Letras, 2002, p. 43.

para a configuração da sua posição fronteiriça[2] na sociedade local, eixo que conduzirá o desenvolvimento deste capítulo.

Há, contudo, pouca documentação que explicite o ônus social que o casamento com uma nativa de origem humilde acarretou, assim como o estigma de estrangeiro que sofreu. Para suprir esse lacuna, o historiador Carlo Ginzburg reconstruiu um método indiciário que emergiu no final do século XIX no âmbito das ciências humanas, a partir de três autores: Giovanni Morelli, que para identificar o verdadeiro autor de um quadro – que tinham muitas vezes sido atribuídos a autores errados – examinava os "pormenores mais negligenciáveis [...] os lóbulos das orelhas, as unhas...";[3] o que no âmbito detetivesco do personagem Sherlock Holmes de Conan Doyle corresponderia à busca de pequenas pistas para a elucidação de crimes e, por fim, Freud, para quem os pequenos gestos inconscientes revelam o caráter, o que o levou a colocar que era preciso "penetrar em coisas concretas e ocultas através de elementos pouco notados ou desapercebidos, dos detritos ou refugos de nossa observação".[4]

De início, o fato de a fotografia ser a única disponível do casal é já um dado indiciário: Ana não está presente em nenhuma das várias imagens públicas do pintor, seja pintando, seja em abertura de exposições, dentre outros eventos sociais variados, o que faz pensar na existência de barreiras sociais para que ela participasse da vida pública do marido. A fotografia traz outros pequenos sinais, detalhes que podem ser reveladores de fenômenos mais gerais. A imagem[5] foi feita com o evidente propósito de ser enviada aos parentes nórdicos, sendo Andersen já um homem de idade, o que permite situá-la cronologicamente em torno da década de 1930. Ambos vestiram-se formalmente para posar: enquanto ele usava seu habitual terno e gravata, ela escolhe sua "roupa de domingo", afinal era ocasião de construir uma imagem de felicidade e bem-estar para os parentes distantes. Mas os sapatos de salto alto quase pequenos para os tornozelos

---

[2] Por posição fronteiriça entendo um lugar entre dois mundos: ao mesmo tempo que atendia às elites, não pertencia a elas, o que se dava tanto pela condição de imigrante quanto pelo seu casamento nativo.

[3] GINZBURG, Carlo. Sinais: raízes de um paradigma indiciario, *op. cit.*, p. 144.

[4] FREUD, *il mosé di Michelangelo apud* GINZBURG, Carlo. Sinais: raízes de um paradigma indiciario, *op. cit.*, p. 147.

[5] Outras duas fotografias – da esposa com os filhos – estavam juntas no mesmo álbum, mas infelizmente desfocadas e sem qualidade para serem reproduzidas. Acredito que elas foram tiradas por Andersen. Até porque um envio anterior fora feito por ele como descrito em uma carta aos seus pais: "Há alguns dias eu enviei a vocês algumas fotos dos meus filhos e da minha esposa. Elas foram tiradas em casa por mim mesmo, por isso elas não são tão boas como poderiam ser. Dinheiro é uma raridade, e um fotógrafo profissional é algo muito caro" Carta de Alfredo Andersen a seus pais, enviada em novembro de 1915 (Acervo MAA).

grossos, o pé chato hesitante à frente, a mão esquerda quase escondida, o abraço ensaiado e o quase sorriso dela tensionam a imagem que a fotografia quis construir. É um pouco como a caracterização que Simmel[6] faz do estrangeiro em suas relações mais íntimas: há um toque de estranheza na imagem do casal, fruto da tensão que decorre do fato de que as diferenças entre eles parecem maiores do que as semelhanças. As diferenças sociais – e também de idade – eram grandes, e por mais que estivessem bem vestidos, o contraste com a simplicidade do entorno, com o chão de terra batido e a porta de ripas de madeira sugerem uma realidade social áspera.

Este capítulo tem como pano de fundo as dificuldades sociais e econômicas da década de 1920 em diante, vivenciadas por Andersen num contexto de mudanças importantes no campo artístico nacional, com a semana de 22 e com sua variação local, com o auge do movimento *paranista*. Embora Andersen contasse com reconhecimento local por parte das elites, o aumento considerável do número de pintores qualificados no estado – alguns discípulos dele – intensificava a competitividade por posições e encomendas, que somados aos debates nacionalistas e deterministas em curso, colocaram o pintor norueguês numa difícil situação, à qual ele respondeu, em parte, com suas pinturas. Nesse contexto, Andersen era já um homem de meia-idade, com quatro filhos e alguns netos, e, acossado diante de hostilidades e frustrações, volta-se cada vez mais para o seu mundo interior, encontrando na expressão plástica uma forma de dar vazão às questões e tensões com as quais se defrontava, mas também registrando seu caminho em direção à luz da terra e da cultura que ele adotou.

Assim, o percurso deste capítulo começa pensando no seu casamento com Ana e em que tipo de injunções ele teria para sua assimilação e para sua pintura, o que é esmiuçado no registro das cenas de gênero caseiras do pintor, que compõem um conjunto iconográfico que sinaliza questões mais amplas. Vai se delineando, a partir desse momento, um grupo que, ao se autointitular *moderno*, passa a combater as influências *acadêmicas* de Andersen. Esse mesmo grupo, ao defender uma arte *genuinamente* paranaense, mostra sua vinculação aos ideais da *intelligentsia luso-brasileira* e os conflitos de toda ordem que ocorreram com os ádvenas (termo que designa os imigrantes e seus descendentes, os *outsiders*).[7] A instabilidade dessa posição de estrangeiro nesse contexto é uma das chaves de leitura para *Duas Raças* de 1930.

---

6   SIMMEL, Georg. El extranjero. In: _____. *Sobre la individualidad y las formas sociales*: escritos escogidos. Quilmes: Universidad Nacional de Quilmes, 2002, p. 215.

7   A oposição entre os imigrantes e os estabelecidos de origem luso-brasileira é trabalhada por Ruy Wachowicz, numa chave semelhante aos conflitos trabalhados por Elias em *Os Estabelecidos e Outsiders.* (WACHOWICZ, Ruy. Os ádvenas e os paranistas na obra de Romário Martins. *Boletim do Dehis*, Curitiba, v.21, p. 121, [s.d.].

Com uma função diversa dos retratos e das paisagens, incluimos também nas cenas de gênero alguns tipos populares, construídos a partir das lentes da sua formação, que viam neles características de uma pureza essencial, que focada pelas lentes de um estrangeiro é o homem nacional. Para se ter um melhor parâmetro de interpretação, a comparação com os tipos de Almeida Júnior permitirá visualizar a especificidade do nosso pintor, que não pode, contudo, ser descolada do contexto em que foi produzida, e da sua (não) acolhida pela clientela local. Embora as paisagens de pinheiros continuassem tendo uma demanda, as encomendas regionalistas eram cada vez mais absorvidas por jovens artistas filhos de imigrantes que foram financiados pelo governo local para seus estágios no exterior. Por fim, pela construção da sua autoimagem nos autorretratos, podemos ver como ele buscou equacionar a complexa relação de proximidade e distância com a sua identidade norueguesa e brasileira.

As Anas de Andersen

Socialmente invisível para a sociedade local, Ana foi objeto do olhar e do pincel do marido em diversas ocasiões, sintomas da importância na sua vida e na sua pintura. A iconografia da esposa traz pistas para pensar o seu papel na trajetória do pintor, mas também para entender o encaixe social da família Andersen na cena curitibana. As poucas e esparsas referências à esposa e aos filhos (a não ser Thorstein, que se torna pintor) nos textos biográficos, tratados na abertura do trabalho, mostram que os *paranistas* insistiam em não olhar para a família nativa do pintor.[8] O matrimônio entre um branco europeu e uma indígena brasileira tem um significado simbólico importante, sugestivo da sua imersão na cultura brasileira, e merece ser observado de uma perspectiva sociológica.

Andersen e Ana conheceram-se em Paranaguá, mas provavelmente começam a se relacionar pouco antes de 1902, quando nasce a primeira filha do casal. O já mencionado jornalista norueguês que escreveu em 1897 uma reportagem sobre a surpreendente

---

8   Sobre a família do pintor, Piloto comenta que Andersen "ligara-se ao Paraná, desde o começo, *até pela família*, cujas bases firmou sobre o bem-querer e a dedicação de uma descendente dos carijós do nosso litoral." Grifos meus. (PILOTO, Valfrido. *O acontecimento Andersen*, op. cit., p. 87). O Jornalista Caio Machado, filho de Vicente Machado, por ocasião do falecimento do pintor, coloca que a nacionalização de Andersen e a sua adaptação perfeita à terra paranaense se deu por obra do destino, mas também pelo fato de ter se ligado a homens importantes, como seu pai. Dentre as fontes analisadas neste trabalho, o escritor Odilo Negrão foi um dos poucos que parece de fato ter olhado para Ana: sempre fazia referências gentis a ela em suas cartas, e após a morte do pintor escreve à viúva consolando-a, e colocando a centralidade dela como companheira de Andersen. Também Silveira Neto em sua correspondência com Andersen enviava saudações cordiais à Dona Ana.

história de um pintor conterrâneo morando num local inusitado como Paranaguá relata que Andersen tinha um bom *status* e era bastante respeitado, apesar de viver de forma muito simples.[9] Na última parte do texto, informa de forma jocosa às garotas norueguesas que ainda estivessem tristes pela emigração de Andersen e com esperanças no seu retorno que ele continuava solteiro e sem planos de casar.

As narrativas romanceadas sobre a vida do pintor afirmam que Andersen teria se apaixonado por Ana de Oliveira[10] (1885-1945) quando era ainda criança, motivo que contribuiu para a sua decisão de permanecer no país. A reportagem supramencionada, bem como a primeira imagem de Ana, desmente essa afirmação. De fato, conheceram-se pouco depois do desembarque do pintor, pois é de 1893 o primeiro retrato, quando ela tinha apenas oito anos (Figura 147). Executada de forma rápida e solta, com um fundo verde pouco usual – bastante diversa dos retratos oficiais parnanguaras –, a tela mostra uma menina com os cabelos presos por um laço. Por se tratar de uma criança, é de se imaginar que o pintor conhecesse a mãe, que deve ter anuído com a sua execução.[11] Esse retrato, contudo, se encaixa menos na série de imagens dela já adulta e mais entre outros personagens populares que ele pintou nos primeiros anos da sua estada no litoral paranaense. Voltaremos a esse ponto.

Em 1895, Andersen realiza uma litografia – que posteriormente transformou em pintura (Figura 148) – de D. Joana e sua filha Ana, que tem o título de *A espera.* A litografia foi publicada numa reportagem em Kristiansand,[12] indicando que a imagem pertencia a algum familiar e, portanto, que foi enviada por Andersen, o que era uma prática recorrente, como já visto em diversas outras ocasiões. Relizada nas imediações do Porto D. Pedro II (onde ele morava), conforme registrou no canto inferior esquerdo da imagem, o título sugere uma prática comum tanto em portos como em comunidades pesquerias, onde as mulheres esperavam pelo retorno dos homens do alto mar.[13] Na imagem, a mãe

---

9 Publicado em "Norsk Sjøfartstidende" no dia 26 de janeiro de 1897.

10 Segundo o registro de casamento, Ana de Oliveira era filha "ilegítima" de D. Maria Joana de Oliveira, de pai desconhecido. Entretanto, na certidão de óbito, registrada no mesmo Cartório, Ana consta como sendo filha de Pedro de Oliveira e de Maria Joana de Oliveira.

11 Existem histórias de que Andersen teria alugado um quarto na casa de D. Joana quando viveu em Paranaguá, outros dizem mesmo que ele teve um romance com a futura sogra. Não há, contudo, documentação – nem pistas ou indícios – que apontem para a veracidade dessas informações.

12 OPSTAD, Gunvald. Historien om Alfredo Emilio Andersen, *op. cit.*

13 As biografias de Andersen e os cronistas locais, no esforço por construir uma visão romântica do início do relacionamento do casal, coloca a tela como testemunho de que ele se apaixonara por ela ainda menina e que havia esperado ela crescer para se casarem, o que teria dado o título ao quadro. Entretanto, a tela em si não permite tais conclusões.

usa um vestido de chita, que vestia a grande maioria das mulheres pobres da região,[14] e seus pés descalços também denotam simplicidade, ligação com a terra. Suas pernas cruzadas e o gesto das mãos indicam timidez, o que também serve para a garota, afinal posar para uma pintura estava longe do cotidiano dessas pessoas. A tomada da cena de baixo e a composição como um todo têm uma tonalidade enaltecedora, talvez fruto de uma visão romântica dessas personagens que o pintor carregava do seu envolvimento com o nacionalismo norueguês, e da inocência que se atribuía a essas populações tradicionais na arte europeia. De fato, essa é uma das variáveis para entender uma relação entre pessoas tão diferentes: o encantamento com o exótico, o diferente e a pureza com que suas lentes enxergavam uma moça de origem indígena, num país como o Brasil.[15] A ela, por outro lado, não poderia haver melhor partido, nem mais sedutor para os seus restritos horizontes do que um pintor europeu.

Em 1902, nasce a primeira filha do casal, o que levou os biógrafos a difundirem a informação errônea de que teriam se casado no ano anterior, numa provável estratégia de legitimar a união entre um imigrante de quarenta anos com uma jovem de origem simples de não mais do que quinze. De qualquer maneira, não era de se espantar que um europeu se interessasse por mulheres locais, exóticas e diferentes daquelas que conhecia. O fato de o casamento jurídico ter se dado apenas em 1929, já no fim da vida do pintor, permite algumas suposições: a união não se deu de uma forma planejada, mas, com o passar do tempo e com o nascimento dos filhos, resultou num casamento. De qualquer maneira, é de estranhar que o registro formal tenha se dado tão tardiamente, o que pode ter ocorrido por pressão dos filhos ou como forma de garantir algum tipo de benefício para Ana após a sua morte.

Cronologicamente, a próxima imagem é um retrato que ficou conhecido como *Ana jovem* (Figura 149), sem data, em que ela veste uma roupa vermelha com um detalhe em renda e docilmente sorri olhando para baixo. Encantado com a doçura da nova companheira, esse retrato carrega uma feminilidade singela, o que não voltará a aparecer nas demais representações. As outras telas foram todas confeccionadas no mesmo período, entre o final dos anos 1920 e o início da década de 1930, justamente quando o casal formaliza o enlace, o que foi feito em Paranaguá, mais especificamente na Igreja do Rocio,[16] reforçando o significado afetuoso que se percebe em tantas telas do litoral

---

14   LEANDRO, José Augusto. *Gentes do Grande Mar Redondo...*, op. cit., p. 173.

15   A semelhança deste aspecto com os destinos de Paul Gaugin (1848-1903) é patente: insatisfeito com a vida que levava na Europa, em 1890 partiu rumo ao Taiti em busca de uma "vida mais simples", casa-se com uma nativa e não mais retorna.

16   Segundo depoimento de Alzira Odília Andersen, filha de Alfredo Andersen, em 22/05/1988 à Neida Peil de Oliveira, "A data do casamento dos meus pais não sei, mas tenho certeza

tratadas no capítulo quatro. Na imagem de moldura oval, de 1927 (Figura 150), Ana está séria e visivelmente mais pesada, seus cabelos estão presos e não há nenhum adorno além de um simples cordão azul no pescoço.

Os quatro últimos retratos são especialmente interessantes para pensar a construção da imagem de Ana "para dentro e para fora". Na tela datada de 1931, a maior de todas (Figura 151), a esposa está sob um fundo claro e luminoso – o que era pouco comum na sua retratística –, porém tem uma feição resignada e um olhar triste. É a obra mais divulgada e conhecida dela e plasticamente a mais trabalhada. Novamente sem brincos ou quaisquer adornos, tem apenas um cordão vermelho atravessando a discreta blusa branca sem mangas que mostram seus braços fortes. A tela *Ana de Oliveira Andersen com cachorro* (Figura 152) tem a modelo acariciando o cão da família, com a cabeça baixa e um ar melancólico. A mulher está quase fundida ao cão pelos tons de branco que os unem, o que acaba vinculando a esposa com o simbolismo da fidelidade e da sujeição vinculados ao animal doméstico. O temperamento doce, o comportamento maternal e a dedicação à família e aos afazeres domésticos são as lembranças que o sobrinho Kaare guardou da tia do período em que viveu no Brasil,[17] o que encontra eco nas representações de Andersen.

Do seu já conhecido costume de enviar pinturas e desenhos para a família na Noruega, duas imagens de Ana que atravessaram o oceano chamam atenção (Figuras 153 e 154).[18] Elas trazem uma perspectiva distinta da esposa, em que ela usa roupas mais coloridas, está com a cabeça mais erguida, o olhar mais confiante e parece mais *cabocla* do que nos anteriores. O sobrinho norueguês descreveu Ana da seguinte forma: "ela era uma nativa dos pés à cabeça! e tinha um cabelo negro até a bunda ! basta olhar para o quadro!" Aqui ele está se referindo à tela em que ela veste a roupa amarela estampada, e que fazia parte das imagens publicadas junto com a entrevista que concedeu ao jonalista norueguês.[19] Assim, salta aos olhos as diferenças na construção da imagem de Ana "para dentro e para fora", com aspectos da sua origem indígena destacados positivamente nas telas destinadas aos noruegueses, e a preferência por tons claros, fundo e roupas brancas para finalidades locais. Se para os nórdicos o casamento com uma nativa

---

que foi em Paranaguá na Igreja do Rocio, pois minha mãe fez questão que eu me casasse nesta Igreja por ter sido lá o casamento dela e papai" (Museu Andersen, pasta 001D – dados biográficos/árvore genealógica).

17   Kaare Peersen em entrevista concedida a Gunvald Opstad (Historien om Alfredo Emilio Andersen. *Faedrelandsvennen*, 6 nov. 1980).

18   Uma delas foi doada por um parente ao MAA no ano de 2010 por ocasião dos 150 anos do nascimento do pintor, a outra possuía uma dedicatória em norueguês no verso.

19   Kaare Peersen em entrevista concedida a Gunvald Opstad (Historien om Alfredo Emilio Andersen. *Faedrelandsvennen*, 6 nov. 1980).

era exótico, diferente, e motivo de orgulho, talvez no Paraná ele tenha preferido não realçar esses atributos.

Enquanto a maior parte dos retratos de mulheres no período correspondia comumente a três tipos de representação: "como a mãe elegante, como o corpo erótico disponível ao olhar masculino ou, por fim, como um ser perigoso, devorador de homens sintetizado na imagem da mulher decaída",[20] os de Ana não se encaixam nesses fenótipos. Eles têm pouco acento para a feminilidade e mais para o caráter e a personalidade da esposa do pintor. Apesar das diferenças que resultam das funções distintas, elas compõem um mosaico das visões que o pintor tinha da esposa.[21] Com uma beleza longe da tradicional e frequentemente representada como uma mulher simples, sem maiores adornos, as imagens de Ana ora trazem uma mulher frágil e melancólica, ora forte e confiante, e ajudam na construção do quebra-cabeças que envolve o casamento do pintor e as consequência para sua assimilação e para sua posição na sociedade local. Em todas elas, Ana tem uma alma que não aparece nas encomendas formatadas, sintoma da importância dela que foi seu suporte afetivo e central para o seu mergulho na cultura brasileira,[22] bem como para a sua permanência no país.

Embora tenha enfatizado certos elementos em alguns retratos de Ana que omitiu em outros, Andersen nunca dissimulou a simplicidade da sua companheira, pelo contrário, via esse aspecto como símbolo de uma beleza autêntica e algo melancólica. Distante dos padrões tradicionais de beleza, e sem uma educação formal dentro dos preceitos de civilização que orientavam as mulheres das elites locais, ela tinha outros atributos que atrairam o pintor. Ao contrário das mulheres de elite, que marcavam "presença em cafés, bailes, teatros e certos acontecimentos da vida social",[23] as imagens que representam Ana trazem à tona a sua simplicidade e o seu caráter mestiço. Nessa mesma direção, as cenas de gênero registram o cotidiano vulgar da família, e permitem aprofundar essa reflexão.

---

20 SIMIONI, Ana P. *Profissão artista...*, op. cit., p. 72.

21 Na já mencionada carta de Andersen para a filha Alzira, enviada durante a sua viagem à Noruega, ele agradece as fotografias que recebeu e diz: "As fotografias incluso na tua carta me fez pular de alegria! Como mama é bonita lá junto do belo Lulú e o pirú [nome do gato e do cachorro] [...] As tias, primas, outros que têm visto as fotos, acharam que vocês são muito bonitas". Carta enviada por Andersen à Alzira em 1o de fevereiro de 1928 (Acervo MAA).

22 O sociólogo Gilberto Freyre vai destacar em obras com *Casa Grande e Senzala* e *Sobrados e Mucambos* o papel central da mulher como transmissora dos elementos culturais de um povo (FREYRE, Gilberto. *Casa grande e senzala*, op. cit.; *Sobrados e mucambos...*, op. cit.).

23 DEL PRYORE, Mary. *História das Mulheres no Brasil*. Rio de Janeiro: Contexto, 2004, p. 228.

Exclusão paranista e refúgio doméstico

Nos primeiros capítulos do livro vimos que a pintura de tipos populares começa na Noruega com as cenas camponesas, interesse que vai perpassar toda a sua trajetória no Brasil. No litoral o pintor elegeu como temas os caiçaras, suas canoas e seus modos simples, pela potencialidade pictórica que lhes traziam, por uma evidente afetividade que desenvolveu com aqueles arrebaldes, mas também pela sua bagagem cultural, que via a originalidade de uma cultura nas manifestações populares. Andersen nunca se livrou desse modelo, que, à medida que vai sendo contaminado pelas suas experiências sociais, adquire também uma força estética maior.

A palheta de cores quentes e a luminosidade da tela são marcantesem *Lavando Roupa* (Figura 155), que traz Ana descalça no quintal de casa, supervisionando a filha Hanna Elfrida lavando roupa que, pelo sol intenso, estão abrigadas debaixo de um guarda-sol. *Cuidando dos Pés* (Figura 156), também nos fundos da casa, tem uma pincelada grossa e rápida, e traz novamente mãe e filha em *lides femininas.* Da mesma forma, *Intimidade* (Figura 157) é uma iconografia dos serviços domésticos, na qual o pintor se valeu de uma pincelada impressionista para registrar esse cotidiano: reclinada, Ana está lidando com uma bacia de água, e uma das crianças acompanhando o serviço. Outra tomada do quintal aparece em *As comadres*, de 1935 (Figura 158), em que a esposa e a comadre polaca conversam sob o forte sol do meio-dia, usando um típico chapéu de palha caboclo, presente em outras imagens já vistas e no seu autorretrato de 1932 (Figura 181).

Nesses retratos velados, ou iconografias do cotidiano, a supressão dos detalhes e a forma técnica mais grosseira casam com a rusticidade das cenas retratadas, bastante diferentes, por exemplo, das cenas de família tão exploradas por Eliseu Visconti (1866-1944), que também realizou telas de roupas no varal, entre tantas outras do cotidiano familiar.[24] Diferenças sociais e de posicionamento no meio artístico são centrais para a conformação dessas distinções entre os dois pintores: Viconti foi pensionista do governo por oito anos em Paris, onde conheceu sua esposa Louise, o que o levou a totalizar perto de vinte anos de estada na capital francesa; teve sucesso e amplo reconhecimento em vida e não encontrou dificuldades em viver de pintura no Rio de Janeiro. Seu impressionismo delicado se afinava particularmente bem com as características burguesas das cenas que retratava. Enquanto isso, Andersen se valia mesmo de uma pincelada mais grosseira para trazer o seu cotidiano para a pintura.

---

24 Sobre o pintor, ver SERAPHIM, Miriam. *Eros adolescente...*, op. cit. e também o website do artista, onde suas obras catalogadas podem ser visualizadas, assim como os principais textos críticos sobre o pintor: www.eliseuvisconti.com.br

Uma crítica de Nestor Victor a uma das exposições de Andersen traz aspectos interessantes do gosto local, e parecem ter tido como objeto imagens como estas apresentadas:

> Como se sabe, trata-se de um artista nascido, educado e formado na Noruega, conseguintemente em país de índole e feição nitidamente germânicas (sic). Não era preciso, entretanto, que tal se soubesse: para adivinhá-lo imediatamente bastará relancear os seus quadros. *Nada se encontra neles daquela graça e daquela elegância característica da arte francesa.* Esse pintor, além disso, não tem truques, nem *trompe-l'oeil,* de modo algum, tudo nele é singelo, é honesto, *e até muitas vezes verdadeiramente rude.* Ainda mais que o Sr. Andersen pertence à uma geração dos naturalistas, e é um naturalista ortodoxo, sem névoas, sem mistério algum. Se não tem a pormenorização de um holandês antigo, é nos seus próprios esboços, nas suas manchas, de um acabado em comparação com o qual os quadros de um E. Carrière, por exemplo, não são mais do que indecisas névoas ou meras intenções pitorescas (grifos meus).[25]

Mas eventualmente Andersen podia adotar uma fatura mais delicada, como em *Vida Laboriosa* (Figura 159), que poderia se aproximar de uma cena burguesa familiar à la Visconti, pelos traços mais finos. Nela o pintor faz uma tomada a partir de um corredor escuro, como se estivesse observando, quietamente, a esposa e a filha, que são inundadas pela luz que entra pela janela enquanto costuram.[26] Mas o título atribuído pelo pintor e as mulheres reclinadas, costurando, trazem outros elementos a serem considerados: roupas prontas custavam muito mais caro do que as feitas em casa, e era comum que as mulheres das classes populares – e também das médias – costurassem para suas famílias. Por outro lado, quando a função da obra é outra, como nas imagens que faz do seu ateliê, tratadas no capítulo anterior, o pintor soube construir um ambiente burguês e refinado, assim como na *Residência da família Laforge* (Figura 67), esta sim mais próxima das cenas viscontianas, tanto pelo tema quanto pela fatura impressionista colorida e delicada. Mas, afora essas cenas de gênero encomendadas ou que tinham a função de promover a escola para a burguesia local, as demais têm sempre esse caráter popular, prosaico, de um cotidiano simples. Como um controle maior sobre a

---

25 Nestor Vítor, "A exposição do Sr. Andersen". A Tribuna, 24 e 25 de março de 1914.

26 A tela mereceu um comentário elogioso do crítico do Estado de São Paulo quando foi exposta em 1921: "E não é deveras admirável que aos sessenta anos pinta aquele delicioso interior 'Vida Laboriosa' – um esplêndido *morceau de peinture,* pela factura sólida e saborosa, pela justeza dos valores que lhe dão uma harmonia perfeita, fazendo realçar o sentimento de doce tranquilidade que tudo envolve?" (O Estado de São Paulo, 29/06/1921).

interpretação iconográfica dessas telas por intermédio da clientela não é possível de ser feito, a atenção ao contexto social e cultural preserva de excessos interpretativos.

Essa produção *doméstica* tomou corpo na década de 1920[27] (já os *tipos* eram bem anteriores), justamente o período em que alguns jovens pintores locais, defensores de uma arte genuinamente paranaense, começavam a questionar a figura de Alfredo Andersen. Entusiasmados com as discussões que ocorriam nos principais centros do país em torno de uma arte nacional e defendendo uma suposta modernidade na pintura, viam no pintor norueguês a permanência de práticas acadêmicas retrógradas e ultrapassadas. Eram, contudo, filhos de imigrantes e com um discurso modernizante que pouco condizia com suas produções plásticas. Do ponto de vista pictórico continuaram *tradicionais*, como nas já mencionadas telas de Lange de Morretes, ou mesmo visão romântica do índio de Turin (Figura 160).

A Semana de 1922 teve pouca repercussão na cena local, pois "na imprensa curitibana, as primeiras alusões à Semana ocorreram dois anos depois, em 1924, e eram breves e esparsas. No entanto, as linguagens do modernismo eram criticadas e rejeitadas pela maioria dos artistas locais e pela sociedade".[28] A colocação de Prosser encontra eco no pensamento de Romário Martins, que serve de parâmetro para o gosto local: ao visitar a exposição de Nicola de Garo da década de 1920, envia um catálogo para Andersen com o seguinte comentário:

> Andersen,
>
> É uma exposição futurista. Não há meios tons. Cor é cor. A paisagem parece feita à chapa, como pintura de parede. Cores berrantes. O estudo 41 é um borrão. Disseram-me que era um retrato de mulher, outros que era uma casa, outros que era um automóvel. Eu creio que é uma árvore. Mas dentro de toda essa mystificação da pintura, percebe-se que o maluco sabe desenhar como gente grande.
>
> Romário.[29]

---

[27] Embora a maior parte delas não sejam datadas, as personagens presentes permitem situar, embora não com precisão, o período em que foram realizadas: por exemplo, quando a filha mais nova aparece como uma mulher adulta, ou quando o mais novo é ainda muito pequeno.

[28] PROSSER, Elisabeth Seraphim. *Cem anos de sociedade, arte e educação em Curitiba...*, *op. cit.*, p. 156.

[29] Manuscrito por Romário Martins na listagem do catálogo de N de Garo. Década de 1920 (Acervo MAA).

Os comentários de Romário são depreciativos e irônicos, especialmente quando fala do "estudo 41", cujo título presente no catálogo é *Rochedos (Rio Amazonas)*, pois é pouco provável que pudesse ser confundido com um automóvel ou uma árvore.[30] Estava sim, colocando-se criticamente em relação a uma arte que se afastava da semelhança, como se percebe nas colocações de Gilberto Freyre, que presenciou a mesma mostra em Recife, mas que teve dela uma impressão positiva: "Dir-se-ia que dos seus olhos sai um fogo. O qual dissolve massas, cores, linhas, volumes. E adeus, fotografias coloridas!".[31]

A face do modernismo paranaense desse período ficou por conta das estilizações gráficas da pinha, do pinheiro e do pinhão (Figura 95), realizadas pela tríade de artistas conhecidos como *paranistas*, sem maiores repercussões na pintura. Como mostrou Freitas, é apenas no final da década de 1940, com a consolidação de Guido Viaro mas também de Poty Lazaroto, que uma pintura que se opunha à "percepção natural" avança no meio paranaense, "levando em conta outros dispositivos de significação, como a deformação das figuras, a síntese da informação visual e a compressão espacial dos planos".[32]

A tese defendida por Camargo[33] explora o instável equilíbrio de poder que marcou as relações entre os escritores luso-brasileiros que formulavam as ideias e os artistas *paranistas* filhos de famílias de imigrantes que deveriam executá-las. De fato, a regra parecia ser essa, e o fato do caso de Andersen não ter sido contemplado, o que se deve também a uma diferença geracional, é sintoma de que não se encaixava na regra e era visto ora como uma figura central naquele meio, como na denominação de *pai*, ora como um vilão a ser vencido. Alguns dos jovens artistas locais, ansiosos por melhorarem suas posições no meio artístico, mas principalmente como forma de colocarem-se como *modernos*, atribuem a Andersen o rótulo de acadêmico, usado de forma pejorativa, como forma de justificar um movimento de destituição da legitimidade do seu trabalho. O primeiro foi Lange de Morretes, que estudou com Andersen entre 1907 e 1910 e que, por sua aptidão para a pintura, foi incentivado pelo professor a estudar fora do país. A origem alemã da família (filho do engenheiro Rudolf) foi decisiva na escolha da Real Academia de Artes em Leipzig, onde permaneceu até 1915, quando foi admitido na

---

30   ANTONIO, Ricardo. *O ateliê de arte do Museu Alfredo Andersen (1902-1962)*, op. cit., p. 57.

31   Nicola de Garo expôs em Recife em 1923, onde também não foi "compreendido" como comentou Gilberto Freyre: "Que o público, mesmo o que veste casaca e gosta de música e volta à casa assobiando restos fáceis de operetas, não compreenda nem o desenho nem a pintura nem os "caprichos" do Sr. De Garo, é a coisa mais natural deste mundo". A preguiça de pensar resultante do ambiente tropical seria a razão para o fracasso da exposição. (FREYRE, Gilberto. 25. *Diário de Pernambuco*. Recife, 7 out. 1923. Coluna: Da outra América apud: FREYRE, Gilberto. *Tempo de aprendiz*: artigos publicados em jornais na adolescência e na primeira mocidade do autor 1918-1926. São Paulo: IBRASA, 1979. v.1. p. 317-319).

32   FREITAS, Arthur. Miguel Bakun e a dispersão da paisagem, op. cit.

33   CAMARGO, Geraldo Leão Veiga de. *Paranismo...*, op. cit.

Escola Superior de Belas Artes de Munique.[34] Retorna do seu estágio europeu em 1920, casado com uma cantora lírica alemã e já com duas filhas.

No mesmo ano do retorno, Lange realiza sua primeira exposição individual, bem recebida, e começa a dar aulas de pintura; no ano seguinte, realiza uma viagem às Cataratas do Iguaçu, onde pinta diversas telas que resultam numa exposição no começo de 1921; uma outra no final do mesmo ano, com *temas referentes ao Paraná* deixam claro sua prestatividade em atender às demandas do gosto local, sendo que as imagens das cataratas têm grande probabilidades de terem sido solicitadas por Romário Martins. Neste contexto, com seu capital em alta após retornar da Europa, tece críticas a Andersen e a seu métodos de ensino.[35] Estava em jogo, na verdade, a construção de uma dicotomia entre acadêmicos e modernos, colocando Andersen como um artista velho e Lange como instrumento da modernidade, como no texto de Laertes Munhoz:[36]

> Lange de Morretes é um pintor moço e victorioso. Pinta segundo as modernas disposições da pintura moderna. Começou seus estudos em Curityba, com o professor Alfredo Andersen. Nesse tempo, era elle ainda um simples troca-tintas, com ideaes, porem, de um dia, vir a conseguir nome, pintando. Depois partiu para a Europa [...] Alli precisou elle desaprender tudo quanto havia estudado em Curityba, para aprender a pintar como se deve pintar, é elle proprio quem diz.
>
> Então, entrou a fazer progresso. Os novos professores, com methodos e escolas em tudo differentes daquelles que em Curityba lhes foram ensinados, fizeram do jovem pintor, um grande pintor.
>
> E quando Lange de Morretes voltou para o Paraná, trouxe a força necessária para se propor pintar as nossas maravilhas.

---

34 Sobre Lange, ver SALTURI, Luis Afonso. *Frederico Lange de Morretes*: liberdade dentro de limites: trajetória do artista cientista. Dissertação (Mestrado em Sociologia) - UFPR, Curitiba, 2007.

35 Na já mencionada entrevista concedida a Neida Peil de Oliveira, a filha mais nova de Andersen, Alzira, comenta que Lange foi muito ingrato com o pai, e que ele se ressentia muito disso.

36 Laertes de Macedo Munhoz (1900-1967) foi um dos literatos da "nova geração" nascida na virada do século em Curitiba. Filho de Alcides Munhoz (Secretário de estado, teatrólogo, presidente da Academia de Letras do Paraná), fez Direito na UFPR e atuou como promotor público, Professor universitário e político. Colaborou com a imprensa local, onde também escreveu textos de crítica de arte; foi também radialista. Assinou alguns de seus artigos com os pseudônimos Paulo Bravo e Anselmo Pires. Editou: *Enredos fúteis* – contos (1921); *Coroa de espinhos* – contos (1921); *Veneno de Cobra* – novela (1928); *Discursos* (1946); *Discursos e Perfis* (1956). (Cf. IORIO, Regina Elena. *Intrigas e novelas...*, *op. cit.*).

> Hoje ainda há quem lhe chame de discipulo de Andersen. Erroneamente, porque Lange de Morretes, embora tenha iniciado seus estudos de pintura com o professor Alfredo Andersen, mudou completamente de rumo, quando em Munich. Elle hoje se apresenta de tal forma diverso do que era nos primeiros dias de sua carreira artística, que bem me parece, Andersen não foi mais do que o mestre das primeirissimas noções de pintura.
>
> Lange de Morretes e Alfredo Andersen são pintores completamente diversos. Ambos grandes è verdade, mas cada um no seu modo de pintar.
>
> Em Curityba há uma corrente artistica que pretende fazer Alfredo Andersen o mestre de todos os nossos pintores. Andersen é para essa corrente, o foco de irradiação da pintura paranaense. E assim, a elle attribuem todo o valor dos nossos pincéis.
>
> Isso, porém, não passa de um lamentável engano. Andersen é o velho mestre, com o qual os novos vão aprender apenas as preliminares. Andersen não faz pintores. Faz estudantes de pintura.
>
> Os pintores são feitos numa escola, e Andersen é paisagista e o figurista que pinta bem, mas vulgarmente, sem um traço característico, sem um tom individual. Essa pintura já teve seu tempo.
>
> Lange é o pintor artista. Na sua tela sente-se o ardor de seu espírito.[37]

O segundo componente da tríade foi João Ghelfi (1890-1925), aluno de Andersen praticamente no mesmo período de Lange, entre 1907 e 1911, e que realiza o mais curto dos estágios europeus, permanecendo apenas um ano em Paris. Segundo De Bona, Ghelfi e "outros" articularam uma campanha contra os ensinamentos de Andersen, que não tinha como intenção "diminuir o valor do mestre por parte de seus ex-alunos, mas, sim, criada pelo espírito de renovação que estava fermentando a centelha para a eclosão de uma Arte autêntica, paranaense".[38] Ghelfi, que teve sua importância na arte paranaense especialmente por ter participado das estilizações do pinheiro, morre cedo, sem conseguir deixar registrado em sua pintura a renovação de que falava.

O terceiro e o mais importante foi João Turin (1878-1949), filho de imigrantes italianos que, após os primeiros anos de formação na escola de Mariano de Lima, consegue, com apoio de Vicente Machado, uma bolsa de estada na Bélgica para estudar escultura. Seu estágio europeu foi o mais longo de todos: estuda em Bruxelas de 1905 a 1909 e depois permanece em Paris até 1922, quando retorna ao Brasil. A sua estada prolongada

---

37 Gazeta do Povo, 07/09/1922.
38 BONA, Theodoro. *Curitiba, pequena Montparnasse*, op. cit., p. 32.

na capital francesa aumentava o seu capital simbólico, e era mesmo motivo de inveja para os literatos locais, que sonhavam em ir para Paris, como vemos na crônica do escritor Correia Junior sobre seu colega de profissão Alceu Chichorro:

> O sonho dourado do Alceu é ir a Paris. Tem uma inveja maluca do João Turin, que já morou na cidade luz. Quando o Turin começa: – "Você devia verrrrr.... em Parrrris.... aquela coisa..." O Chichorrinho suspira que nem um fole de gaita e não perdoa os leões de pêlo engomado de nosso grande escultor.[39]

Turin deixou vários textos escritos de próprio punho,[40] como *A Arte Decorativa no Brasil*, que ataca as criações estrangeiras, defendendo a necessidade de susbtituir os elementos da fauna e da flora de influência europeia por elementos paranaenses ou paranistas. Esse *interesse desinteressado* se revelava na prática na grande quantidade de encomendas que Turin recebia, quase todas estatais, afinal era o mais afinado com os ideários de Romário Martins: tanto de esculturas, em que os temas eram índios idealizados ou então animais, principalmente o tigre (que podem ser vistos em diversos pontos da capital paranaense), em ilustrações – estas sim mais próximas de uma fatura moderna – para acompanhar textos e poemas na Ilustração Paranaense (como os que acompanhavam trechos de José de Alencar), mas também no campo das artes decorativas, escolhido para o design de fachadas de residências de ilustres locais e para a decoração do salão nobre do Clube Curitibano, local de sociabilidade por excelência das elites paranistas, onde usou as formas do pinhão, da pinha e das folhas de erva-mate.

Alternavam-se, ao discurso de Turin, aqueles que defendiam uma arte autenticamente brasileira e moderna, presente em muitos textos do período, como no de Odilon Negrão, jovem literato local, publicado na Ilustração paranaense de janeiro de 1928:[41]

> A Arte no Brasil tinha o facies de um mosaico ... Cultivavam-se todas as literaturas estrangeiras. Plagiavam-se todos os estetas de ultramar, seguiam-se todas as idéias adventícias...
>
> Não tínhamos forças para criar uma Arte nossa, que se vestisse nas nossas florestas, que se empoasse nas nossas neblinas...

---

39 CORREIA JUNIOR. Alceu Chichorro, meu pirolito. *Gazeta do Povo*, Curitiba, 16 mar. 1928, p. 2 *apud* IORIO, Regina Elena. *Intrigas e novelas...*, op. cit., p. 111.

40 Alguns trechos foram transcritos no livro escrito pela sobrinha do artista: TURIN, Elizabete. *A arte de João Turin*. Campo Largo: INGRA, 1998. A totalidade deles podem ser conferidas em FREITAS, Marcelo Araujo. *João Turin*: apresentação de fontes para a história da arte paranaense. Projeto de pesquisa do centro de Conservação e Restauração da Secretaria de Estado da Cultura. Curitiba, 1989.

41 Ilustração Paranaense, jan. 1928, p. 16.

Aqui tudo era de fora ... tudo tinha sabor diferente...

Um dia o homem brasileiro compreendeu o Brasil ! E viu e sentiu que a natureza da nossa terra era linda ! ... que os nossos rios eram formidáveis! ... que os nossos campos eram encantadores! ... que as nossas montanhas eram maravilhosas ! ... que as nossas praias eram deslumbrantes! ... que as nossas florestas eram inexcedíveis! ... que tudo que cercava tinha o saibo voluptuoso do ineditismo... E compreendendo esse Cosmorama de beleza, amou o Brasil!...

Começaram então os primeiros passos de nossa intelectualidade! As idéias do antigamente foram morrendo ... os fósseis literários, desaparecendo... os cérebros necropolisados, tabificando-se...

E no meio dessas ruínas desolantes surgiu o homem novo, o Brasil-esperança, a Arte Moderna !

Agora tudo é nosso! Tudo vem de nós !

Em S. Paulo, no Rio, em Recife, em Belo Horizonte, em Porto Alegre e em Curitiba, uma tribo dinâmica de moços entusiastas vibra o tacape da libertariedade!

Os passadistas gritaram, gritaram bastante...

Foram subalternizados, esquecidos.

O Brasil-menino ficou Homem! Tem força! Tem energia! Tem inteligência! Tem talento, muito talento!...

A arte nova triunfou!

A ferrugem do passado dogmático e o picunam do pieguismo choramingas foram inhumados na vala comum do esquecimento.

Hoje são tristes os que são doentes, os que não sabem rir ante as belezas da vida, os falhados de espírito e tuberculosos da razão! ...

Sejamos sadios, realizadores...

Elevemos bem alto o valor da nossa terra e o gênio da nossa gente! ...

Embalado pelos discursos do período, em nenhum momento, contudo, Negrão explicita o que seria essa nova arte, se ela seria marcada por questões temáticas ou estéticas. Faz questão, porém, de enfatizar que ela deve ser "original", feita pela "nossa gente", pelo "homem brasileiro" etc. Esse falso problema, como colocou Roberto Schwarcz,[42] do mal-estar da cópia e da busca de uma autenticidade original foi acionado pelo artistas *paranistas* que, em meio às disputas por encomendas do campo político, assim como por alunos e prestígio, buscavam "matar o pai", colocando-o como velho e obsoleto. Como o modernismo local esteve vinculado essencialmente às artes gráficas, com poucas repercussões sobre a pintura, fica claro que a ruptura dizia mais da divisão entre grupos que buscavam se sedimentar no meio artístico.[43]

As reportagens da Ilustração Paranaense deixam entrever essas disputas, e a revista comandada pelo fotógrafo, cineasta e também pintor João Batista Groff abriu espaço para a defesa da posição de Andersen. Na edição nº 5, Coelho Junior comenta: "Pouco se fala, pouco se diz, pouco se faz por Alfredo Andersen, infelizmentepara nós, o que, todavia, não o impede de produzir e nos enriquecer. [...] não conseguiu sequer uma casa onde tenha definitiva a sua tenda de trabalho [...]." Na mesma edição, um texto de Amedeo Mammalella, consul da Itália em Curitiba, glorifica o trabalho de Andersen e lamenta que estivesse envelhecendo "sem gloria e sem conforto", o que atribui à falta de sucesso na sua geração e ao fato de seus alunos terem seguido "seus próprios rumos".

Na edição seguinte de 1930 Freyesleben escreve um longo texto comentando que Andersen, apesar de velho, ainda tinha vigor físico e mental, que suas obras tinham força juvenil e matinham uma alta qualidade, e que seu valor era incontestável, apesar de pouco contato com outros artistas. Nesse artigo, que tem um caráter de resposta, o crítico-pintor caracteriza Andersen como "sempre progressivo" e chama os leitores a comparecerem à exposição em cartaz, "do mestre que é tão paranaense quanto o é qualquer outro pintor conterrâneo".[44]

Waldemar Curt Freyesleben[45] foi o ex-aluno mais próximo de Andersen;[46] ele desenvolveu também uma carreira como crítico de arte e foi um colaborador assíduo da

---

42   SCHWARZ, Roberto. Nacional por substração. In: _____. *Que horas são?* São Paulo: Companhia das Letras, 1987.

43   Essa cisão caricata entre antigos e modernos também se fez sentir no âmbito literário (ver: IORIO, Regina Elena. *Intrigas e novelas...*, op. cit.).

44   FREYESLEBEN. *Ilustração Paranaense*, Curityba, v.4, n.6, 30 jun. 1930.

45   Filho de pai alemão e mãe romena, Waldemar Curt Radovanovic Freyesleben (1899-1970) nasceu em Curitiba, mas passou toda a sua infância em Istambul. Após regressar do exterior, foi aluno de Andersen de 1915 até 1921. Estudioso, fez carreira também como crítico de arte, e no início usava o pseudônimo de Alfredo Emílio, em homenagem a Andersen. Considerado o primeiro expressionista paranaense, foi também professor da Escola de Música e Belas Artes do Paraná entre 1948 até sua morte, em 1970 (Cf. Textura: WALDEMAR CURT FREYESLEBEN. *Revista Paranaense de Estudos Culturais*, Curitiba: Secretaira de Estado da Cultura e do Esporte, 1981).

46   Segundo De Bona, no início da década de 1920, "o Freyesleben ia quase todas as noites à casa do Andersen ..." (BONA, Theodoro. *Curitiba, pequena Montparnasse, op. cit.*).

Ilustração Paranaense. Seus textos deixam entrever as dificuldades pelas quais o ex-professor passava, supostamente por realizar uma obra realista:

> Alfredo Andersen [...], impulsionado unicamente pelo altivo interesse de formar a arte paranaense, viveu qual um exilado e se exalça como um obelisco em meio do seu abandono, devido a sua obra grandemente realista, viva e pulsátil e que condiz com a época realista em que vivemos, exposta por elle, ultimamente, no Palacio Garcez. E conseguiu legar ao Paraná uma arte que se pode chamar de paranaense [...] *Duplamente condenado (artistica e economicamente)* manteve-se, assim mesmo, na terra das araucárias, indómito como homem e como artista. *A falta de coleguismo* ou a ausencia duma coadjuvação por parte do governo [...] A ingratidão é a paga que, em geral, se recebe actualmente, em troca de um sacrifício![47] (Grifos meus).

Aqui, ficam claros tanto o isolamento que estava sofrendo quanto a importância de colocá-lo como paranaense, como os outros.

Assim, embora tenha sido festejado e reconhecido artisticamente, o nórdico com família cabocla era prensado pelas ambições dos jovens artistas, que após seus estágios europeus, com seus capitais em alta, se colocavam como detentores do "novo" diante do "velho", consolidado em Andersen. Com uma posição em falso entre as elites, resultante, inclusive, de preconceitos de classe oriundos da sua aliança matrimonial, era também atingido pelos discursos de aversão ao estrangeiro,[48] que senão eram direcionados diretamente a ele, respingavam e somavam-se às argumentações "modernistas", o que resultou no seu tantas vezes mencionado isolamento.

A ambígua posição de Romário Martins sobre os estrangeiros serve de parâmetro para as elites que ele representava, e já foi tratada anteriormente: pelo grande contingente de imigrantes que o estado recebeu, que se concentrou especialmente no período 1890-1910, eles foram devidamente incluídos no projeto identitário paranista, contudo, com uma posição bem demarcada, que era aquela de produtores agrícolas, como as colônias

---

47 FREYESLEBEN, Curt W. Alfredo Andersen. *Ilustração Paranaense*, Curityba, v.4, n.7, 31 jul. 1930.

48 No interior do grupo modernista paulista ocorria, também, um "confronto azedo entre membros "nacionais"e "estrangeiros", ou, melhor, entre participantes com pedigree imigrante e aqueles orgulhosos de ostentar sobrenomes brasileiros de inequívoco talhe e travo oligárquico" (MICELI, Sérgio. *Nacional estrangeiro*: história social e cultural do modernismo artístico em São Paulo. São Paulo: Companhia das Letras, 2003, p. 191).

italianas e polacas.[49] Estabeleceu normas e padrões que deveriam ser desempenhados por esses imigrantes.

Havia, entretanto, um grupo que parecia não querer se encaixar no perfil definido por Martins, e do qual ele fala em sua obra *O Paraná antigo e o moderno* publicada em 1900,[50] em que um capítulo é dedicado ao "elemento alemão". Com linguagem agressiva, Martins critica a política governamental de permitir a excessiva concentração de um grupo que trazia "desnacionalização".[51] Chega a declarar que o alemão "não se afina conosco", que estavam rapidamente absorvendo o comércio, que eram monopolizadores e que estavam galgando posições políticas e, "nos preterindo esuplantando". Dotados de um espírito urbano, comerciantes e detentores de linguagens modernas como a fotografia e o cinema, representavam uma ameaça às posições consolidadas da burguesia à qual Martins representava, que estava muito longe de pensar que todos os homens eram iguais.

É importante colocar todas as ponderações que existiam em relação aos alemães, pois Andersen era bastante próximo dessa comunidade, como atestam inúmeros episódiso da sua trajetória. Para citar apenas alguns, teve seu estúdio com o fotógrafo H. Volk, incentivou a filha a estudar alemão,[52] tinha na sua biblioteca livros na lingua germância, seus dois alunos mais próximos eram filhos de alemães.[53] Para completar,

---

49 A subordinação que se esperava do camponês foi objeto do poema de Ciro Silva publicado na Ilustração Paranaense de 1928: "Um dia veio a chuva grande/ que encharcou a terra e que durou mais de um mez.../ E que matou as searas,/ os vinhedos e os trigais... / Mas o homem, o camponez/ encarando o céo e com a enxada na mão/ disse com resignação:/ "não faz mal.../ Eu plantarei outra vez."…/ Veio depois o sol,/ o sol queimando a pradaria,/ a floresta, a propria terra talvez... / E o homem disse, ainda encorajado,/ empunhando o arado;/ "não faz mal.../ Semearei outra vez"... / Veio finalmente a geada grossa/ que tisna até a grimpa do pinheiro, / que matou tudo / e que deixou a terra em plena mudez... / mas o homem, ainda não vencido / disse : / "Não faz mal .../ Começarei outra vez: ... / Mas um dia veio o sono imenso/ que fechou os olhos ao velho camponês.../e dos seus lábios parece que se ouvia/ enquanto setembro florescia:/ 'Bendigo a terra o bem que ela me fez'"! In: Ilustração Paranaense, junho de 1928, p. 29.

50 Sobre a vasta produção historiográfica de Martins ver: SVARÇA, Décio. *O forjador...*, op. cit.

51 *Apud* SVARÇA, Décio. *O forjador...*, op. cit., p. 72.

52 No já mencionado depoimento da filha Alzira, ela comenta que seu pai a havia matriculado no curso de alemão, pois esperava que ela fosse, um dia, estudar piano na Europa.

53 Dos chamados discípulos, aqueles que permaneceram mais próximos a Andersen foram Traple e Freyeslieben que, segundo de Bona (que era mais novo mas que conviveu muito com eles): "eles eram influenciados pela pintura alemã. Recebiam revistas alemãs e só falavam alemão entre eles, pois eram filhos de alemães. Inclusive, falavam melhor alemão que o português [...]" Depoimento prestado por Theodoro de Bona em 27 de julho de 1979 no Museu da Imagem e do Som, Curitiba (BONA, Theodoro. *Um exercício de criação*. Curitiba: Scientia et Labor, 1989, p. 15).

essa posição social próxima se dava também no espaço físico:[54] na rua em que morava predominavam imigrantes alemães,[55] e a Escola Alemã, onde dava aulas de desenho e pintura, ficava logo atrás da casa onde morava. Abaixo, Andersen e seus colegas em frente à *Deutsche Schule*, em Curitiba.

Foto 16 – Andersen em frente a Escola Alemã, Curitiba, década de 1910. Fonte: Acervo MAA

Assim, embora tivesse características que o singularizavam, Andersen tinha grande identificação com esse grupo de imigrantes, que lidavam com a sua experiência de uma forma nada conformista. Contestadores dessa ordenação do mundo imposta pelos *estabelecidos* locais, foram, dentro da hierarquia dos imigrantes, os que mais ascenderam

---

54   Ao analisar o significado do habitat em *A Sociedade de Corte*, Elias explica que as categorias espaciais têm um significado e que "a todas as reuniões de seres humanos corresponde uma certa organização do espaço" (ELIAS, Norbert. *A sociedade da corte*. Lisboa: Estampa, 1987, p. 20).

55   Pesquisa realizada por Cleuzeli Cardoso Winters, MAA.

socialmente, com grande participação no comércio, na construção civil e na arquitetura de Curitiba – chamada por muitos de *urbe alemã*[56] –, dominando também nichos culturais importantes como a fotografia e o cinema.

Assim, ao lado do casamento com a nativa, a procedência estrangeira também tinha um ônus social, que eventualmente aparecia com uma conotação positiva, quando se falava "do estrangeiro que trouxe a pintura para o Paraná", mas que nessa conjuntura de intrigas e embates tem menos peso o individual e mais a procedência, comum a muitos estrangeiros, que por isso não são sentidos como indivíduos, mas como estrangeiros de um tipo determinado. A instabilidade da sua posição e da forma como era visto permite duas leituras do título de cidadão honorário de Curitiba que recebeu em 1931,[57] o primeiro do estado: se, por um lado, atesta a sua singularidade perante outros estrangeiros, por outro parece ser uma espécie de prêmio de consolação pelas tantas promessas não cumpridas e pela precariedade da sua condição.

A militância de Freyesleben em defender Andersen fornece uma ideia das dificuldades pelas quais passou:

> sob a clâmide da mais humilde modéstia [vivia] mergulhado numa penumbra de obscuridade ante o resto do país, embora houvesse criado um belo núcleo de artistas, os quais hão de saber fazer justiça à proficiência notável, que há ha sido, por vezes, deprimida por Aristarcos idiotas [...].

e continua:

> Na paz fecunda de sua solitude, há muito Andersen faz jus a uma sincera homenagem, uma prova viva de admiração, à sua laborosidade e às suas másculas faculdades criadoras. Certo os anos passam fugazes e ele sempre à espera da realização de promessas feitas, que nunca chegam a ser efetuadas.[58]

As acusações de que suas pinturas eram antiquadas e obsoletas podem ter dado o impulso para que transgredisse seus esquemas mais formais, como em algumas telas vistas no capítulo quatro: *Porto de Paranaguá* de 1926 (Figura 136), ou mesmo na famosa *Paisagem com canoa na margem* de 1922 (Figura 127), e nas duas paisagens do *Rocio* de 1930 (Figuras 128 e 129), todas essas bastante modernas para o ambiente curitibano.

---

56   Ver: COLATUSSO, Denise. *Imigrantes alemães na hierarquia de status da sociedade luso brasileira...*, op. cit.

57   O título foi concedido durante a administração do Coronel Joaquim Pereira de Macedo em 9 de setembro de 1931.

58   FREUESLEBEN, W. O dia, 17 de março de 1925, *apud* PILOTO, Valfrido. *O acontecimento Andersen*, op. cit., p. 29-30.

É bastante provável que essas duas últimas tenham sido executadas para a exposição de 1930, da qual Freyesleben fazia propaganda, em que ele poderia se mostrar um pintor distante do academicismo que lhe era atribuído.

A pouca quantidade de alunos, que agora também eram absorvidos pelos outros artistas locais, e as vendas em baixa,[59] em parte decorrentes das destituições que lhe eram feitas, fizeram com que se voltasse mais para o interior do lar e da vida doméstica. *Ouvindo Radio* (Figura 161) foi uma das últimas pinturas concluídas de Andersen, numa composição em que a família está reunida num dos cômodos da casa: o filho Thorstein sintoniza o rádio e de pé a filha Alzira e a afilhada Rosa acompanham a sua tarefa; já Ana, do lado direito, e D. Joana, do esquerdo, parecem mais distantes. Com uma palheta de cores quentes, a cena gira em torno do rádio, um símbolo da chegada da modernidade que se disseminou na década de 1930, que seduziam os filhos, mas que parece não ter despertado maiores interesses na mãe e na avó. A esta altura os filhos já crescidos haviam tomado seus rumos e deixado a casa dos pais: os dois homens estavam empregados e as moças haviam contraído matrimônios dentro das novas classes médias: a primeira com um dentista e a segunda com um funcionário da ferrovia. A família, que era uma fonte importante de significado e de alegria para o pintor, foi também motivo das suas composições mais primorosas, como esta.

Diante das intrigas e das hostilidades que enfrentava na vida pública, o pintor valorizava mais a intimidade e o espaço de convivência com a família, visto de maneira positiva e acolhedora. Com isso, sua vida privada vai adquirindo mais espaço e significado na sua produção. De fato, como coloca a historiadora Rosemeire Odahara:

> Os melhores trabalhos de Alfredo Andersen são cenas de gênero, principalmente aquelas pintadas por ele nos seus últimos anos de vida. São obras nas quais se observa uma maior complexidade de cenário (com muitos elementos e planos de profundidade), grande variação de tons e cores, e oscilações entre luz e sombra. Estes trabalhos parecem ter sido concebidos por Andersen muito mais para seu prazer que por encomenda, pois, para realizar a maioria destas obras ele tomava como modelos sua família e/ou amigos em pleno desenvolvimento das mais corriqueiras atividades.[60]

---

59   Em abril de 1930, Andersen tinha apenas três alunos e, segundo Kaare, "o que ganhava mal dava para o café da manhã, chegavam a ficar sem manteiga em casa. Nessa época comiam muita banana e abacaxi era um luxo. Relata também que o tio tinha muitos credores, que não o pagavam, e que mesmo com a exposição de 1930, os 14 quadros vendidos não eram suficientes para pagar as dívidas". Cartas de Kaare Peersen aos pais Rudolf e Charlotte Peersen de 1930. Acervo da família, Noruega.

60   GRAÇA, Rosemeire Odahara. *Apreciações das obras expostas no Primeiro Salão Paranaense de Artes Plásticas*: a continuidade do trabalho de Andersen. Curitiba: SEC/PR, 2010. s/p.

Diferente de pintores que retratavam realidades que não eram as suas e que elegeram como representativas do exostimo brasileiro, como nas mulatas e sua sensualidade, o olhar de Andersen sobre o Brasil foi determinado em grande parte pela união com a nativa, familizariando-o com o modo de vida de estratos pouco privilegiados da população brasileira. A iconografia do seu entorno, apreendida da sua experiência doméstica, trazia à tona sua contribuição para a arte brasileira, sem necessidade de acionar esteriotipias envolvendo bananeiras e coqueiros, e bem distante do exotismo regional construído pelos artistas paranistas. Com um olhar sensível e perspicaz, cenas do cotidiano como lavar roupas, cuidar dos pés, costurar e ouvir rádio são elevados à dignidade de grandes pinturas.

Duas Raças: experiência imigrante e tensões sociais

Ainda dentro das telas domésticas, *Duas Raças* (Figura 162) é a mais famosa do pintor,[61] e foi objeto de uma análise do crítico Nelson Aguilar:

> *Duas Raças* testemunha a extrema mobilidade étnica da sociedade local, por um jogo de espelho que faz com que a personagem morena passe a ser *alter ego* da loura, sob um invólucro orientalizante. Ocupando o primeiro plano em diagonal, a moça com vestido branco, rosto em três quartos, a educação de burguesia européia no Novo Mundo, desfila com a nativa, quase de perfil, pertencente mais ao plano da tela, mais ao país, olhar melancólico, atenta ao papel submisso da mulher na constelação patriarcal. Circula em volta das protagonistas uma *japoneserie,* que oferece o microcosmo de uma comunidade asiática, oferecendo mais um componente ao cadinho humano meridional. A evocação reflete o mosaico cultural da região. Jorge Luiz Borges comenta que o único lugar onde existe literatura européia é na América Latina, pois aí não acontece o fatalismo das fronteiras culturais. No caso brasileiro, a contribuição oriental e africana desdobra ainda mais a universalidade.[62]

---

[61] Pensando em exposições fora do circuito paranaense, *Duas Raças* participa da mostra *Tradição e Ruptura: Síntese de Arte e Cultura Brasileiras,* da Fundação Bienal de São Paulo, 1984 e também da Bienal Brasil Século XX em 1994 no Parque Ibirapuera. Esteve também na exposição de 2001 *Andersen volta à Noruega,* que passou pela Pinacoteca de São Paulo, City Hall de Oslo e Sørlandet Art Museum de Kristiansand (além de ter sido escolhida capa do catálogo).

[62] AGUILAR, Nelson. Norte no Sul. In: FERREIRA, Enio Marques. *2001 Andersen volta a Noruega.* Curitiba: Sociedade Amigos de Alfredo Andersen, 2001, p. 55.

Essa crítica artística toca em questões sociológicas importantes para uma apreensão mais matizada dos seus significados. Talvez *Duas Raças* contenha mais tensões do que as colocações de Aguilar se observadas à luz da trajetória do artista, da reconstrução analítica das redes de relações que a obra pressupõe e do contexto em que foi executada. De início, é preciso retificar a data atribuída à imagem: a tela é de 1930 (e não de 1932, como se supunha) por ter participado da exposição no Palácio Garcez de Curitiba naquele ano.[63] Esse ano foi especialmente difícil para Andersen, como visto nos artigos escritos por Freyesleben em sua defesa: além da precária situação financeira, da falta de alunos e de encomendas do campo político – absorvidas pelos jovens paranistas –, as acusações de que, além de estrangeiro, estava velho e ultrapassado. Toda essa adversidade, contudo, motivou – talvez não de forma consciente, é preciso dizer – a realização de alguns de seus melhores trabalhos, como *Duas Raças*.

De fato, conforme apontado por Aguilar, a tela dialoga com as questões étnicas e os discursos identitários em curso no período. Como colocou Louis Marins na análise de uma tela de Poussin, "a leitura do quadro é, primeiro, a leitura de um nome e de um título, isto é, de um autor e de um assunto",[64] e o título atribuído pelo pintor indica que importa menos quem está ali e mais, a raça das modelos. A filha do pintor, morena, seria a nativa brasileira e outra a branca europeia. Havia, no período da execução da tela, uma concepção romântica do imigrante europeu, do seu caráter civilizador e da sua importância na "tonificação da raça", contribuindo para uma suposta originalidade paranaense, caracterizadas por louras e europeias.[65]

Essa seria a característica específica que levou Wilson Martins a conceber o seu *Brasil Diferente: ensaios sobre o fenômeno de aculturação no Paraná*, publicado em 1956,[66] em que ele buscou mostrar que as teses freyreanas sobre a sobre a formação étnica brasileira não se aplicam ao Sul. Segundo Oliveira, "tratava-se de escrever, para o sul do Brasil, aquilo que Gilberto Freyre havia realizado para o país como um todo em *Casa Grande e Senzala* ...".[67] Não haveria estrangeiros no Paraná, pois eles já teriam sido incorporados ao *homem paranaense*, como deixou registrado na abertura da sua obra:

> O imigrante europeu, num espaço de tempo extraordinariamente curto, deixou de se sentir imigrante para se amoldar por completo à nova terra,

---

63 Cf. Catálogo de Exposição. – Curityba, junho de 1930.

64 MARIN, Louis. *Sublime Poussin*. São Paulo: Edusp, 2001, p. 22.

65 COLATUSSO, Denise. *Imigrantes alemães na hierarquia de status da sociedade luso brasileira...*, op. cit.

66 As condições de fatura dessa obra e seus objetivos foram analisadas por OLIVEIRA, Márcio. O "Brasil Diferente" de Wilson Martins. *Caderno CRH*, Salvador, v. 18, n. 44, maio/ago. 2005.

67 OLIVEIRA, Márcio. O "Brasil Diferente" de Wilson Martins..., *op. cit*

da mesma forma por que a amoldava aos seus próprios hábitos, experiências, tradições. Nesse particular, os homens europeus e, por "simpatia", os de outras etnias, demonstraram no clima temporado do Paraná a mesma plasticidade admirável que o sr. Gilberto Freyre verificou nos portugueses "lançados em zonas tropicais".[68]

Embora anacrônica, a citação tem lastro evidente nas teses paranistas e resultou numa versão sociológica delas. As ideias de uma singularidade do homem paranaense baseadas na raça e no meio eram amplamente difundidas no início do século, e forneceram pressupostos teóricos semelhantes *aos dois* Martins.[69]

A visão idealizada desse processo de aculturação e de uma convivência harmônica entre nativos e imigrantes teve sua expressão plástica sintetizada pelo artista alemão Hermann Schiefelbein[70] em o *Baile das Raças* de 1933 (Figura 163), escolhida para figurar no primeiro – e único – número da *Revista Paranista*. A obra retrata um baile rural, no qual membros de todas as etnias dançam e divertem-se em harmonia, a eslava e o descendente do índio, um velho polonês toca rabeca, os alemães bebem cerveja, os ucranianos preparam o churrasco, os colonos tomam mate, e o guri, filho de duas raças, ensaia no pistão seus primeiros sopros. "A mixtão de etnias que elaboraram este novo typo humano que há de formar o Paraná do futuro, essa árvore genealógica construída das seivas nacionaes de todos os continentes".[71] Essa mistura de raças que formam o Paraná se confraterniza em plena floresta onde, ao fundo da imagem, podemos notar a presença dos pinheiraes [que] erguem suas taças verdes para o infinito em saldação ao mundo que vem vindo.[72] Representante pictórica dos discursos paranistas, a tela mostra uma convivência harmônica entre imigrantes de todas as origens sob à sombra dos pinheirais.

Mas a experiência social de Andersen e dos grupos de imigrantes em geral invalidam o ambiente de paz construído pela tela de Schiefelbein e a caracterização de *extrema*

---

68 MARTINS, 1989, p. 6, *apud* OLIVEIRA, Márcio. O "Brasil Diferente" de Wilson Martins, *op. cit.*

69 PEREIRA, Luis Fernando Lopes. *Paranismo...*, *op. cit.*

70 Hermann Schiefelbein (1885-1933) nasceu em Schwert, Alemanha, e estudou na Academia de Belas Artes de Dusseldorf. Veio para o Brasil após o fim da Primeira Guerra Mundial e instalou-se em União da Vitória, cidade formada por colonos alemães. Em 1928 realiza sua primeira mostra individual em Curitiba (PANORAMA DA ARTE NO PARANÁ. *I– Dos precurssores à escola Andersen*. Curitiba: Badep, 1975). Ele aparece em algumas edições da Ilustração Paranaense, como na de dezembro de 1927, onde se diz que "o pintor Shciefelbein sentiu a nossa paisagem e compreendeu a nossa gente" (Ilustração Paranaense, dez. 1927).

71 O BAILE DAS RAÇAS. *Paranista: Revista de divulgação cultural do Paraná*, v.1, n.1, p. 7, set. 1933.

72 *Ibidem.*

mobilidade étnica da sociedade local colocada por Aguilar. Ela existia, mas com importantes limitações – raramente se observou que posições no campo político local fossem ocupadas por integrantes que não luso-brasileiros; no geral, aos imigrantes eram designados postos inferiores e desqualificados socialmente. A convivência entre os *estabelecidos* luso-brasileiros e os não tão recém-chegados imigrantes *outsiders,* longe de ser harmoniosa, foi marcada por conflitos e estigmatizações, como nas fontes policiais, que mostram que colonos e operários estrangeiros tinham suas festas e bailes monitorados pela polícia, que frequentemente resultavam em ações repressivas.[73]

Se os embates eram mais sutis e velados com os alemães qualificados, a situação era mais complicada com as outras etnias, como os polacos. Para se ter ideia, entre 1870 e 1914, mais de quarenta mil poloneses se instalaram no Paraná e, destes, 95% eram camponeses.[74] Vistos como exóticos, esses imigrantes camponeses pobres eram estigmatizados por seus costumes, trajes e modo de vida.[75] A moça loira de *Duas Raças* chamava-se Rosa Smalarz, era afilhada de Ana e Andersen e filha de imigrantes poloneses[76] que, em busca de trabalho na capital, morou um tempo na casa dos padrinhos. Ela aparece também em *Ouvindo Rádio,* como parte da família, assim como sua mãe está ao lado de Ana em *As cumadres*, ambas de 1935.

O lugar que esses imigrantes camponeses tinham para as elites luso-brasileiras ficou cristalizado na escultura em bronze *O Semeador* (Figura 164), de Zaco Paraná, encomendada para homenagear o centenário da Independência do Brasil. Batizado Jan Zak, o artista era filho de artesãos poloneses e teve uma formação parecida com a de Turin: relizou seus primeiros estudos na Escola de Mariano de Lima e, por ter se destacado, obteve bolsa junto ao governo para estudar escultura na Bélgica, partindo em seguida para Paris, onde permaneceu 10 anos, sempre financiado pelo estado.

Embora a obra não carregue quaisquer símbolos tipicamente paranistas e tampouco corresponda às diretrizes estéticas do movimento, foi apropriada como representativa do movimento: um imigrante, de porte físico robusto, lança sementes na terra e olha

---

[73] Ver: LAMB, Roberto. Semeadores dissonantes: imigrantes e policiais na Província do Paraná – século XIX. *Revista de História Regional*, Ponta Grossa, v.1, n.1, p. 87-110, 1996.

[74] As causas eram conhecidas, e não necessariamente específicas da Polônia: a crise do mundo rural, baixas colheitas, pobreza e os sonhos de propriedade em terras férteis, como o Brasil. Sobre a imigração polonesa para o Paraná, ver: OLIVEIRA, Marcio. Origens do Brasil meridional:dimensões da imigração polonesa no Paraná, 1871-1914. *Estudos Historicos*, Rio de Janeiro, v.22, n.43, p. 218-237, jan./jun. 2009.

[75] Como mostrou, por exemplo, CAMARGO, Geraldo Leão Veiga de. *Paranismo..., op. cit.*

[76] Provavelmente seus pais foram colonos da Colônia Muricy, terceira etapa da colonização polonesa no Paraná.

para o futuro.[77] Tão apropriada que era, substituiu o ceifador, antigo símbolo do estado. Essa idealização do camponês traz implícita a posição social atribuída aos imigrantes, trabalhadores braçais destinados a sanar a falta de mão de obra agrícola do estado. Sob contante vigilância, e tipificados como exotismos locais, deveriam se adequar às funções que lhes foram atribuídas, ter seus costumes morigerados, suas festas e celebrações monitorados e sua ascensão social limitada.

A apresentação, mesmo que parcial e limitada do contexto e de outras produções plásticas que dialogavam com os discursos paranistas, somada à precária posição do pintor entre as elites locais, permite novas leituras para *Duas Raças*. Comecemos pelo japonesismo que compõe o fundo da tela, que é mais facilmente decifrável: como a imigração japonesa se inicia no Paraná a partir da década de 1930, é improvável que tenha alguma relação com o papel de parede. A hipótese mais plausível é que Andersen, mostrando-se sintonizado com a arte europeia, tenha escolhido como pano de fundo este tema que esteve em voga na pintura francesa e que também se difundiu na arte escandinava.

O tema central da composição foi construído em termos de oposição e complementariedade: uma loira, outra morena, uma de branco a outra de negro. Ao mesmo tempo que a imagem traz uma tensão psicológica, pela falta de interação entre elas e por seus semblantes – uma tem a feição triste e olha para baixo, enquanto a outra tem um olhar distante e enigmático –, elas estão de braços dados. Imigrantes e nativos, antes de terem uma convivência simples e harmônica, enfrentavam tensões e ambiguidades em suas relações; eram opostos, porém complementares, talvez mesmo com Ana e Andersen. Assim, observadas à luz da experiência social do pintor, *Duas Raças* traz à tona as tensões e ambiguidades que perpassavam a vida de um pintor imigrante com sua família nativa, as cores fortes que compunham o mosaico cultural da região e as contradições presentes no *cadinho humano meridional*.[78]

---

77   PEREIRA, Luis Fernando Lopes. *Paranismo...*, *op. cit.*

78   Outra questão que poderia ser colocada, uma vez que a tela chama para uma discussão sobre a composição racial do estado, seria da ausência do negro como ratificadora das formulações da ausência do elemento africano na população local, e portanto, de um Paraná que não teve a *mancha da escravidão*. É uma questão que não procede neste caso, pois *Duas Raças* é uma tela doméstica que remete à experiência social da família Andersen. Acredito, contudo, que a ausência de negros na pintura paranaense do início do século XX mereça um estudo a parte.

Tipos regionais, tipos nacionais

Ainda dentro das cenas de gênero, é preciso destacar uma produção importante de personagens anônimos, como tipos indígenas e de caboclos, que dizem do interesse do pintor por esse tipo de representação, que ele traz com sua bagagem cultural que os enxergava como representativos de uma cultura. Novamente apelando para procedimentos comparativos, percebemos que elas têm pontos em comum com os caipiras e outros personagens populares de Almeida Júnior. A recepção que essas obras tiveram em seus respectivos mercados foram, contudo, abolsutamente diversas: enquanto aquelas do pintor ituano foram alçadas a ícones representativos do paulista, e mesmo do homem brasileiro, já as de Andersen tiveram pouca acolhida na sociedade curitibana, que preferia investir em paisagens e numa autoimagem europeia.

Como o andamento das análises tem mostrado uma produção que vai além do rótulo de regionalista, colocá-lo ao lado do "mais brasileiro" dos pintores do final do XIX pode trazer ganhos para esse argumento. Afinal, se as cenas de gênero não tinham muita acolhida no mercado local, elas tiveram, todavia, um lugar importante na produção nacional. Vale a pena recuperar um pouco dos debates do final do XIX e início do XX sobre a arte brasileira e seus principais representantes, de forma a pensar a produção que Andersen realizava na *periferia* em relação àquela que estava sendo realizada no *centro*.

As cenas de gênero ganham espaço na pintura brasileira no final do XIX, período em que emerge uma crítica de arte combativa ao projeto acadêmico imperial, que buscava ampliar o debate sobre o que seria uma arte *verdadeiramente* brasileira. Críticos como Gonzaga Duque, Angelo Agostini e Felix Ferreira, atuantes na imprensa carioca do final do século XIX, foram centrais nesse debate. O primeiro, por exemplo, assumiu abertamente nos textos que publicava em revistas e periódicos seu posicionamento desfavorável à arte praticada dentro de instituições acadêmicas. Defensor de uma renovação da arte brasileira de cunho verdadeiramente nacional, os três críticos mencionados, todos republicanos e abolicionistas, tinham articulado suas posições políticas com as estéticas, de forma que suas críticas ao sistema imperial se estendiam às práticas acadêmicas de pintura, polarizando o ambiente artístico da época e abrindo caminho para a emergência de uma produção realista e naturalista.

Gonzaga Duque foi marcado pelo pensamento de Taine, para quem a arte é resultado de um meio somado a uma raça, o que ajuda a entender as críticas à academia, por ter "introduzido uma produção sem aderência ao real na sociedade brasileira"[79] e que, portanto, não seria capaz de reproduzir a feição nativa. Para Duque, pelo menos nas

---

79 CHIARELLI, Tadeu. Introdução. In: DUQUE, Gonzaga. *A arte brasileira*. Campinas: Mercado de Letras, 1995, p. 27

suas primeiras obras, era essencial que o artista se libertasse dos modelos acadêmicos de composição e adquirisse maior autonomia criativa também com relação às temáticas retratadas, o que traria modernidade às artes visuais: "Pode-se dizer, inclusive, que no primeiro estágio da modernidade no campo das artes plásticas, a busca de novos temas era o seu índice principal, muito mais do que as questões formais".[80]

Pinturas do cotidiano, realistas e abertas a temáticas simples passam a ser concebidas como modernas, e celebradas por mostrar a população brasileira. O gênero se difunde e ganha força, marcando um momento importante da produção nacional com telas como *Arrufos (1887)* de Belmiro de Almeida, uma cena burguesa doméstica, mas também em imagens do subúrbio carioca como *A Hora do Pão*, de Abigail de Andrade. Mas foi Almeida Jr. (1850-1889) o artista mais badalado por suas telas regionalistas, e quem teria introduzido o tema do homem brasileiro na pintura[81] com a tela *O derrubador*, pintada em 1879, em Paris. Também para Monteiro Lobato, que defendia a construção de uma arte nacional tomando por base o realismo e o naturalismo, a produção de Almeida Júnior servia como parâmetro para uma arte genuinamente brasileira,[82] ao dar um rosto, uma feição para o homem nacional.

Segundo Perutti, a dinâmica da produção de Almeida Júnior pode ser pensada pela dupla posição ocupada pelo artista: formado dentro dos moldes acadêmicos, teve também experiências extra-acadêmicas importantes durante seu período de estudos em Paris, quando se vinculou às correntes classificadas como realista e naturalista, a exemplo de Courbet. Ao retornar ao Brasil, as influências não acadêmicas ganharam força inclusive pelo movimento que faziam os críticos do Império e do academicismo, como o caso já citado de Gonzaga-Duque.[83]

O caso de Almeida Júnior possui algumas semelhanças com a trajetória de Andersen, que teve igualmente uma formação acadêmica, que acionou na confecção da maioria dos retratos e de algumas paisagens, mas também travou contato com as correntes realistas e naturalistas sob a influência de Courbet via Olaf Isaachsen e tantos outros pintores escandinavos. Há, contudo, diferenças significativas, como a posição de imigrante e o casamento nativo, o que o aproximou socialmente de várias das personagens que

---

80   *Ibidem*, p. 38.

81   SOUSA, Gilda de Melo. *Pintura brasileira contemporânea*: os precurssores. In: ____. Exercícios de leitura. São Paulo: Duas Cidades, 1980. p. 224. Segundo Gilda, "Nada o fará esquecer – nem a estadia na Europa – a experiência de menino de fazenda do interior paulista, que se gravara na memória de seu corpo e através da qual irá revitalizar a arte do Brasil" (p. 228).

82   CHIARELLI, Tadeu. Entre Almeida Jr. e Picasso, *op. cit*, p. 55.

83   PERUTTI, Daniela. *Gestos feitos de tinta...*, *op. cit.*

retratou. Almeida Jr. e Andersen pintaram figuras anônimas ou *tipos*, cenas de caipiras e de caboclos em suas atividades cotidianas; mas atendiam também às demandas retratísticas das elites locais, que em ambos casos resultavam em faturas distintas.

Duas pinturas realizadas no início da estada brasileira de Andersen são bastante afinadas com telas de camponeses e pescadores que ele conheceu na juventude, mas também com composições de Almeida Júnior, como *Cabeça de caipira* (Figura 165). Elas compõem um par de caboclos (Figura 166 e 167), que por terem sido executadas num cenário interior, talvez dentro de um ateliê, correspondem à construção de um tipo, que têm no chapéu amarelo o elemento unificador entre ele. Diferente de vários retratos encomendados, nos quais os sinais do tempo parecem ter sido atenuados, aqui eles são enfatizados nas rugas e nas marcas expressivas dos seus rostos, que destacam a ação do tempo e da natureza, o que se vê mesmo na postura corporal do homem velho, que se apoia numa estaca para permanecer ereto. O chapéu que usam evidenciam o trabalho sob o sol e a estampa da roupa da velha remete a elementos indígenas. Essas telas não são datadas, mas aparecem na primeira fotografia do ateliê de Andersen em Curitiba (Foto 7). O par foi adquirido pelo seu bem-sucedido amigo norueguês H. Sigmond que vivia no Rio de Janeiro, que também comprou duas outras que retratavam tipos populares: *Menino de rua* (Figura 59) e *Chefe indígena* (Figura 168).[84] Se essa informação não garante que elas tinham baixa receptividade no meio curitibano, ao menos mostram que eram valorizadas pelo compatriota.

Essa produção perpassa os anos vividos em Curitiba. É o que sugere o título de algumas das nove telas de Andersen escolhidas para participar da Exposição Nacional de 1908 no Rio de Janeiro,[85] dentre elas: *typo de caboclo, typo de cabocla, typo de índio* e *estudo de costumes*. O paranismo ainda não existia, e o fato de o organizador da exposição ter sido Romário Martins permite supor que esses registros iconográficos foram inicialmente acolhidos como representantes do Paraná numa exposição na Capital Federal. A ideia do *folk*, do popular como símbolo de autenticidadee pureza orientavam o olhar do pintor, que buscava ressaltar nessas figuras seu caráterétnico, como *Tipo Paranaense* (Figura 169), assim intitulado pelo próprio pintor, é outro testemunho da sua leitura de um homem *tipicamente* local: um mestiço de idade, meio corcundo e vestido de maneira simplória, em suma, um homem do povo. *Maria Ferreira* (Figura 170) é outro retrato impactante de uma mulher velha e pobre, quase todo em variações do mesmo tom,

---

84 As informações de que pertenciam a Sigmond estão no artigo de SLAATTO, Anine Wollbaeck. Alfredo Andersen..., *op. cit.* Pode-se verificar, igualmente, no catálogo de obras expostas em 1940 em Oslo, onde várias das telas expostas pertenciam a Sigmond.

85 Cf. MARTINS, Romário. *Exposição Nacional de 1908*: Catalogo do Estado do Paraná. Rio de Janeiro: Officinas Graphicas, 1908.

e que faz lembrar *A mendiga,* de Almeida Jr. (Figura 171), embora esta esteja sentada numa escada, num gesto de pedir esmolas.

Todos os personagens vistos até agora, com exceção do *Menino de Rua*, foram retratados fora de seus ambientes, dentro do ateliê, o que reforça a caracterização de tipos. Andersen estava olhando com atenção para esse homem brasileiro, e buscou trazer para as telas um registro dessas figuras populares, que eram, segundo seus referenciais, importantes para a construção de uma identidade cultural. Almeida Júnior realizou também várias pinturas de tipos populares em formatos de retratos, como *Cabeça de caipira* (Figura 172) e *Caipira pitando* (Figura 173). As mais famosas, contudo, foram aquelas em que eles estavam inseridos em seus ambientes *naturais*. Essas representações dos temas regionais do interior paulista em cenas do seu cotidiano como tocando viola, picando o fumo etc. não foram só bem recebidas pelos críticos, como também consideradas representantes de uma *verdadeira* brasilidade.

Tido pela crítica do seu período como inovador, seja nos assuntos tratados e na instauração do regionalismo, seja no tratamento da luz,[86] a tela que condensa essas duas características, para além de ser a mais famosa do pintor, *Caipira picando fumo*, de 1893, tem, segundo Naves, o sol como o grande personagem.[87] Por sua importância na história da arte brasileira, essa tela foi alvo de várias interpretações, inclusive antagônicas por servirem a explicações distintas. Numa delas, determinista, ao eleger o sol como elemento definidor do meio, que se sobrepõe ao homem, a natureza, majestosa, tende a esmagar o espírito, dificultando o estabelecimento da civilização nos trópicos. Para Naves, tantas outras telas regionalistas[88] do pintor ituano enfatizam essa relação subordinada com o meio. Contudo, continua o autor, apesar da pertinência de tal leitura, os personagens almeidianos jamais foram vistos pejorativamente. Pelo contrário, tornaram-se espelho da brasilidade, pela recepção positiva do ambiente e de seus personagens.

O contexto histórico–social nos ajuda a entender essa acolhida incondicional do caipira e do seu modo de vida, privilegiado diante das pinturas de paisagem. O regionalismo paulista ganhou força no momento em que a posição de liderança econômica do Estado de São Paulo passou a carecer de uma identidade histórica. Era preciso encontrar

---

86 Segundo a mesma autora, numa solucionática europeia e ambígua "menos um inovador, do que como um pintor tradicional que teria sofrido a influência do Impressionismo indiretamente, através de acadêmicos secundários e ajeitara esse sistema híbrido à luminosidade do país" (SOUSA, Gilda de Melo. *Pintura brasileira contemporânea...*, op. cit., p. 231).

87 Cf. NAVES, Rodrigo. Almeida Júnior: o sol no meio do caminho. *Novos estud*, CEBRAP [online], n.73, p. 135-148, 2005.

88 "Apertando o lombilho" (1895), "Cozinha caipira" (1895), mas também "Derrubador brasileiro" (1879), "Caipiras negaceando" (1888), "Saudade" (1899), "Nhá Chica" (1895), "Amolação interrompida" (1894) e mesmo "Violeiro" (1899).

num passado de bravura as sementes para um futuro glorioso, e aqui entra a glorificação dos bandeirantes e a valorização da mestiçagem, que na sua especificidade local teria resultado no mameluco paulista, pai do caboclo e do caipira.[89] Almeida Júnior teve participação ativa na formação desse ideário e a compreensão dessa vertente da sua obra deve ser vinculada a esse contexto. Ou seja, desde seu início, o homem é o responsável pelo engrandecimento simbólico dos paulistas, tornando-se uma referência nas artes visuais. Na articulação entre a determinação do meio, ele acaba por construir uma imagem positiva da incapacidadede do brasileiro de transcender essa condição.[90] Nas leituras das telas de Almeida Jr., o Brasil se confunde com o interior paulista, caipira, simbolo das raízes bandeirantes, algo autêntico e nacional. Ao analisar o conjunto da obra, Chiarelli considera que Almeida Jr. estava pouco preocupado em instaurar aqui o realismo inspirado em Coubert, comprometido ideologicamente com o homem do campo.[91] Em geral, seus personagens não estão trabalhando, mas em atividades cotidianas de lazer; agradavam as elites dirigentes por eternizarem os *verdadeiros* paulistas, ameaçados pela avalanche de imigrantes europeus, assim como pela modernidade que chegava.

Representados de forma não pitoresca, essa tradição de mostrar trabalhadores como figuras representativas da nacionalidade era uma marca forte da formação escandinava de Andersen. A dureza e o sofrimento impressos nos rostos desses trabalhadores eram o testemunho do seu caráter autêntico e original, da sua ligação com a terra. O fato de terem sido retratados fora do seu ambiente "natural", sem qualquer elemento que pudesse tirar o foco do tema das imagens, reforça ainda mais a atenção a esses personagens. Porém, o fato dessas telas não terem maiores repercussões dentro da fortuna crítica do pintor sugerem que talvez não tenham atendido ao gosto da burguesia local que dava o tom dos contornos identitários em construção. O realismo desses tipos comuns fisicamente debilitados, marcados pelo trabalho na lavoura, ao sol e às intempéries, se diferenciam radicalmente do porte atlético e da imagem idealizada feita pelos artistas paranistas, em particular por João Turin. As capas da Ilustração Paranaense (Figura 94) trazem um exemplo desse homem paranaense idealizado pelos paranistas: forte e robusto, ele é a consubstalização humana do eloquente pinheiro. O desenho foi executado para referenciar um texto de Romário Martins sobre as lendas indígenas, e tem uma evidente inspiração no homem vitruviano de Da Vinci, como observou Salturi.[92]

---

89   NAVES, Rodrigo. *Almeida Júnior...*, op. cit.
90   *Ibidem.*
91   CHIARELLI, Tadeu, *Pintura não é só beleza...*, op. cit., p. 237.
92   SALTURI, Luis Afonso. *Frederico Lange de Morretes...*, op. cit., p. 95.

A valorização do indígena que vemos no trabalho de Turin, voltado essencialmente para a escultura, foi também valorizada pelos literatos locais, como no artigo do poeta simbolista Silveira Neto, que em 1896 escreve *Pelos Índios,* em que ressalta que

> O elemento indígena, de posse da cultura precisa para começar a luta progressista da vida civilizada, será um baluarte em prol do amor ao torrão natal, fortificando a integridade moral da Pátria e sustendo o predomínio heterogêneo de imigrações européias.[93]

A produção historiográfica de Romário Martins também privilegiava a construção de lendas indígenas. Dialogando com o tema, Andersen executou duas telas da Mãe d'agua, mito indígena sobre uma sereia, que trazem a figura a uma distância considerável, e bem pequena dentro da paisagem, como se não fosse tão importante.

Da fusão entre esse índio idealizado, eleito pela literatura romântica como símbolo da identidade nacional, com o branco europeu resulta o *caboclo,* um tipo específico de mestiço. Ora visto como criatura pura e feliz, símbolo da fusão das culturas europeias e de uma visão idílica do indígena, ora um parasita, inadaptável à civilização, como na visão de Monteiro Lobato, o *caboclo* foi por muito tempo tema de discussões científicas e obras literárias e plásticas. A primeira delas, positiva, teve em Plínio Salgado,[94] intelectual que também se dedicou a pensar as características da população brasileira, um dos seus principais defensores. Para o integralista, o homem brasileiro está no interior, local onde reside o *caboclo*, gente "simples", "pobre", e "honesta", em cujo coração, segundo Plínio, o "sentimento da nacionalidade" bate com muito mais vigor do que no de qualquer *dandy* cosmopolita e alienado do litoral. Segundo Benzaquen,[95] as características espiritualistas dos indígenas na obra de Salgado possuem um um papel fundamental na raça brasileira que derivará desse encontro, caracterizada pela cordialidade e generosidade do caboclo.

---

93 NETO, Silveira. Pelos Índios. (datado de 28/02/96). *Revista do Clube Curitibano*, v.7, n.3, p. 1-2, 15 mar. 1896, *apud*CAMARGO, Geraldo Leão Veiga de. *Paranismo...*, op. cit., p. 77.

94 Plinio Salgado foi o ideólogo da Ação Integralista Brasileira, um movimento que procurava mobilizar as massas dentro de um ideário nacionalista e conservador, e que teve um grande número de adeptos no Paraná. Atuante também como escritor e jornalista, teve uma participação pequena na Semana de Arte Moderna de 1922, mas ganhou notoriedade com a publicação de O Estrangeiro em 1926. Da tendência nacionalista do movimento, que enveredaria para um posicionamento político conservador e de direita, teve uma relação conturbada com Oswald de Andrade, da tendência pau–brasil, e na época militante do Partido Comunista e criador do movimento Antropofágico.

95 BENZAQUEN, R. B. De Araujo. *Totalitarismo e revolução*: o integralismo de Plinio Salgado . Rio de Janeiro: Jorge Zahar, 1988.

A adesão às ideias nacionalistas e conservadoras de Plínio pelas elites paranaenses pode ser observada tanto no campo político quanto no intelectual, que acabam se confundindo. Dentro das querelas do modernismo, um artigo de Plínio sobre o significado da anta,[96] símbolo escolhido pela tendência modernista *Verde Amarelo,* foi publicado tanto na Ilustração Paranaense como na Revista Festa.[97]

A abordagem positiva do caboclo, inspirada em Plínio Salgado, foi assimilada pelos articuladores teóricos do movimento Paranista, que defendiam, simultaneamente, uma visão positiva da influência do meio e uma leitura romântica e idealizada do produto do branco europeu e do bom indígena que aqui vivia. E aqui justamente está o calcanhar de Aquiles de Andersen: via através do seu *esquema*, e não soube – ou não quis – criar imagens idealizadas como as de Turin. Nesse sentido, tinha muito mais em comum com Almeida Júnior e com a tradição escandinava que trouxe consigo.

Mas Andersen fez também cenas de interior com esses personagens, como *Caboclos* (Figura 174) de 1923, em que dois homens estão sentados ao redor de uma brasa acesa que esquenta o mate que o homem da direita tomava, e acendia o cachimbo do outro, enquanto um menino observa a cena, de pé. Alguns utensílios e mesmo uma panela que está atrás da figura à direita levam a pensar que se tratava de uma cozinha, e faz pensar na famosa *Cozinha caipira*, de Almeida Júnior, que foi, segundo Perutti, uma das poucas cenas de interiores exploradas pelo pintor ituano. Ali também ele explorou o ambiente rústico, o chão de terra batido, mas especialmente a entrada da luminosidade pela porta.

Andersen, que realizava viagens pelo interior para pintar, deve ter visitado o local onde se passa a cena. Seu olhar, contudo, viu aquela cena através de um esquema já conhecido, sintomático da força dos modelos aprendidos na mente do artista. *Caboclos* tem muito em comum com *O Curtume*[98] (Figura 175), pintado em 1889 na Noruega, um recorte aproximado de uma perspectiva lateral. É interessante pensar que Andersen não realizou cenas externas tematizando esses caboclos, como Almeida Jr. fez em *Amolação interrompida, Caipira picando fumo* ou *O violeiro.* Quando insere seus personagens populares nas paisagens, eles aparecem menores, como um item, e não como o tema das imagens, o que foi verificado no capítulo anterior.

---

96   SALGADO, Plínio. Significado da anta.*Ilustração Paranaense*, Curitiba, v.2, n.5, maio 1928. O manifesto fundador da tendência, "Nhengaçu verde amarelo" é assinado por Plínio Salgado, Menotti del Picchia e Cassiano Ricardo e publicado no *Correio Paulistano* em 17 de maio de 1929.

97   FESTA: mensário de pensamento e de arte, Rio de Janeiro, v.1, n.4, p. 13-14, 1.o jan. 1928.

98   Essa tela, que o pintor trouxe da Noruega em 1928, também foi comprada pelo norueguês H.S. Sigmond, que posteriormente a doou para o Museu de Sørlandet de Kristiansand.

Para Monteiro Lobato, Almeida Júnior, ao ter tomado a paisagem humana do Brasil representava o início de uma arte *verdadeiramente* brasileira. Tipicamente nacional, mas precisamente paulista, pois foi o caipira do interior que se tornou representante do brasileiro. Enquanto isso, no Paraná de Alfredo Andersen, a representação pictórica desses personagens populares teve pouca acolhida na demanda local. Por outro lado, sabemos que cinco delas foram compradas por Sigmund, o que demonstra o interesse que essas representação tinha para eles, noruegueses. Numa das raras referências a esse tipo de cena de gênero, um jornalista, comentando a exposição de 1923 na Associação Comercial do Paraná, reconheceu em Andersen um "acurado observador dos nossos costumes, reproduzindo cenas bem características da nossa vida sertaneja".[99] Linhagem que não teve maiores influências na cena paranaense, talvez pelo fato de o projeto identitário local, que precisava tanto se distinguir da sua província de origem, não querer se ver em representações que se aproximasse àquelas de Almeida Júnior.

De pintor marinheiro a norueguês caboclo

O famoso texto de Ernst Gombrich sobre "O experimento da caricatura"[100] recuperou suas primeiras manifestações no século XVII e aplicou sobre elas o seu conhecido modelo *schemata – correção*. O argumento suscitou vários debates intelectuais, levando o historiador inglês a refiná-los em diálogo com psicólogos e filósofos, que foram seus principais interlocutores. O resultado pode ser visto em *A máscara e o rosto*,[101] onde ele buscou dar conta da questão da fisionomia, defendendo uma identidade de base nas múltiplas variações que podem existir do rosto de um indivíduo, a despeito das mudanças que o tempo e as emoções produzem. Em termos aristotélicos, utilizados pelo autor, haveria uma substância, e todas as mudanças seriam meros acidentes.

Essas são questões provocadoras e interessantes para a análise de um conjunto de autorretratos, pensados de uma perspectiva histórica e sociológica. Haveria uma identidade de base – neste caso, norueguesa – que estaria presente da primeira à última imagem que Andersen realizou de si? Em termos fisionômicos, talvez, mas pensando em processos identitários, não. Percebe-se de fato na visualização das obras uma continuidade em relação à fisionomia, mas a forma como ele se representa se altera sensivelmente. Daí a necessidade de recorrer a outro caminho, oferecido pelo próprio Gombrich: a distinção entre rosto e máscara, que serve como categoria alternativa de

---

99 Gazeta do Povo, 23/09/1923.
100 In: GOMBRICH, Ernst. *Arte e ilusão...*, *op. cit.*, p. 279-303.
101 GOMBRICH, Ernst. La maschera e la faccia..., *op. cit.*

reconhecimento. É a plasticidade do homem que permite que ele construa diferentes representações de si, que marcam com tamanha força a percepção dos indivíduos, que chegam a se sobrepor à própria fisionomia, como resta evidente no caso de Andersen.

Seus seis autorretratos trazem as formas como o pintor buscou construir a sua autoimagem, que foi mudando com a passagem do tempo, e refletindo as alterações na forma como queria ser reconhecido. Como colocou Elias, a prática de produzir imagens de si é um exercício que exige boa dose de autodistanciamento,[102] e nesse sentido é significativo que ele tenha florescido como gênero[103] na Europa no mesmo momento em que a autobiografia emerge como gênero literário.[104]

O primeiro e o último são os mais diferentes da série e contrastam em quase tudo, mesmo a fisionomia parece ser outra. O primeiro (Figura 176) tem mais a ver com o que Gombrich chamaria de aparência individual, por não trazer ou, então, por mostrar poucos elementos que pudessem configurar uma *máscara*. O que não quer dizer que não existam elementos a serem lidos: é um homem jovem, numa pose séria e vestido de maneira formal. O quadro não é datado, mas não é difícil imaginar que se trata de um homem na faixa dos 30 anos de idade, provavelmente executado pouco antes – ou pouco depois – de aportar no Brasil, pois na fotografia de 1892 tirada no Porto de Cabedelo (Foto 6), o pintor usa o mesmo bigodinho da tela em questão.

Ainda sem cavanhaque nem óculos, o jovem pintor tem um olhar sério e compenetrado neste registro convencional que fez de si, sob um fundo escuro e levemente irregular e manchado. Assim como no caso dos retratos de Ana, um lapso considerável de tempo se deu entre esse primeiro e os demais, todos de meados da década de 1920

---

[102] ELIAS, Norbert. *Envolvimento e alienação*. Rio de Janeiro: Bertrand Brasil, 1998, p. 83.

[103] O primeiro autorretrato como uma obra separada e distinta de uma representação maior foi aquele de do *Buffone Gonella* executado por Jean Fouquet, concluído por volta de 1450. Ginzburg realiza uma análise iconográfica, estilística e cronológica desta tela, que ilumina as relações entre os pintores do *quatrocento* que deram origem a ela (GINZBURG, Carlo. *Jean Fouquet*:Ritratto del buffone Gonella. Modena: Franco Cosimo Panini, 1996). Já a produção de séries de imagens de si tem precedentes importantes na história da arte como Albert Durer, que foi no Renascimento o primeiro artista a realizar uma série de autorretratos. Em 1500, o pintor se retratou como Jesus Cristo, fato que se prestou a inúmeras análises. Uma coisa, contudo, é inequívoca: o fato atesta o alto *status* que o pintor atribuía a si e ao ato de pintar. Segundo Duby, seus autorretratos são exemplares do processo de introspecção da Idade Média e da Renascença, que contava com o uso do espelho como recurso o que "mostra particularmente bem que, na raiz do novo estilo de pintura, estava também uma nova atitude das pessoas em relação a si próprias". Mas a mais importante série de autorretratos já realizada foi aquela de Rembrandt, onde o pintor explorou os limites da passagem do tempo e elaborou estudos técnicos através da própria imagem. (WEST, Shearer. *Portraiture*. New York: Oxford History of Art, 2004).

[104] *Ibidem*, p. 178-179.

em diante. Nesse meio tempo, contudo, enviou alguns desenhos de si para a família na Noruega. Voltaremos a este ponto. Mas pensando em telas, quais teriam sido as motivações para que esperasse mais de 30 anos para que retornar ao gênero? Em termos gerais, pode-se pensar nos mesmos argumentos que foram construídos para aqueles de Ana: atravessava momentos de dificuldade e os embates da vida social o direcionavam para o interior e a família. Mas no seu caso específico havia mais variáveis: a idade avançada e a constatação do caminho sem volta que havia trilhado colocavam a necessidade, tanto social quanto subjetiva, de deixar consolidada uma imagem de si.

Buscando parâmetros comparativos, percebemos que, no Brasil, um dos artistas que mais se autorretratou no começo do século XX foi Eliseu Visconti, que realizou pelo menos 40 telas nas quais tomou a si como modelo. Embora não tenha sido o seu foco de análise, Seraphim mostrou como alguns deles refletem sua vida particular, os primeiros trazendo aspectos da indeterminação e da incerteza do início da carreira, que vão se alternando à medida que o pintor se estabelece, quando passa a se representar como um *artista feliz*.[105] O crescimento dessas produções dizem também de uma mudança sobre como era concebido o papel do artista na sociedade, sendo que o autorretrato reforçava essa importância.[106] O autorretrato tinha, também, o caráter de uma afirmação de uma posição social, o que era fundamental na trajetória do nosso artista.

Nessa série de autorretratos de Andersen, alguns elementos iconográficos ajudam a pensar a construção da autoimagem que realizava. O chapéu de marinheiro está presente em três deles (Figuras 177, 178 e 179), compondo um tipo de máscara, elemento que evidencia a projeção do imaginário do artista sobre si num papel com o qual se identificava: homem do mar. O mesmo tipo de chapéu pode ser observado em outras pinturas que realizou de marinheiros (Figura 180). Como colocou Gombrich, apreendemos a máscara antes de notar o rosto, é ela que gera a distinção, sinal de reconhecimento. No entanto, o tipo de chapéu utilizado também se aproxima daqueles usados pelos pintores, criando assim uma amálgama que mescla a máscara de pintor com aquela de marinheiro. Exemplar desse argumento é o *Auto-retrato* (Figura 177), no qual o chapéu azul somado ao jaleco de pintura branco por sobre a camisa com gravata azul conflui justamente para essa leitura, que tem no cigarro aceso no canto da boca outra marca distintiva que o acompanhou. Esses elementos se sobrepõem ao próprio rosto, até porque o chapéu faz sombra sobre ele: aqui a máscara social se impõe, e ele aparece menos como indivíduo e mais como tipo: pintor-marinheiro vinculando sua autoimagem à sua identidade artística, mas também, indiretamente, à origem norueguesa.

---

105 SERAPHIM, Miriam. *Eros adolescente...*, op. cit., p. 88-90.
106 WEST, Shearer. *Portraiture*, op. cit., p. 164.

O auge da produção dos autorretratos de Andersen coincide com dois momentos, aparentemente contraditórios, mas intrinsecamente ligados: primeiro com o aumento do *status* da profissão artista, pelo qual ele tanto trabalhou. Nesse caso, os autorretratos funcionavam como uma espécie de ferramenta publicitária do artista. Por outro lado, o aquecimento do campo e a concorrência gerada por ele fez com que críticas e oposições à sua figura, até então quase que sacralizada, começassem a emergir. Mas havia mais elementos por trás da confecção de autorretratos, especialmente se considerarmos também aqueles desenhados a lápis sobre papel, que Andersen enviava para amigos e parentes na Noruega, seguindo sempre o mesmo esquema, com a boina e o charuto. Por meio deles, criava um duplo de si e se fazia presente entre a família norueguesa. O retrato seria uma forma de combater a ausência, colocando-se como contraparte do esquecimento.[107]

Na sequência de imagens pintadas a partir de 1926, há alguns elementos permanentes, como a indumentária: Andersen está sempre de camisa, gravata, às vezes terno, uma espécie de boina ou chapéu que protege os olhos da luminosidade, e por vezes o cigarro no canto da boca. A luz vai paulatinamente se tornando mais relevante na composição até chegar à última tela, quanto ela adquire centralidade. Em todos ele já aparece um homem de idade, com uma carreira consolidada, o que repercute na autoconfiança que emanam dessas imagens. A recorrência desse modelo sugere uma autoimagem relativamente estável, em que ele se faz mostrar do pescoço para cima como um pintor norueguês, sério, com seu cigarro.

No *Auto-retrato* de 1926 (Figura 178), Andersen está com o rosto voltado para a esquerda, usando camisa clara, gravata e terno marrom claro, predominando os tons pastéis e amarronzados, bem ao gosto escandinavo. O pintor usa cavanhaque e bigode, porta um óculos redondo, com armação fina e dourada, a boina de marinheiro e entre os lábios levemente abertos segura um cigarro de palha. Uma luminosidade vem da esquerda e do alto, fazendo com que a aba da sua boina faça sombra sobre seus olhos. Essa tela foi um presente que Andersen ofereceu ao Sr. Harold Sigmond, colecionador dos seus trabalhos e que tantos favores lhe prestou. No ano seguinte, Andersen viajou à Noruega graças ao auxílio financeiro prestado pelo compatriota.

Dois anos depois, o pintor usa-se como modelo para alguns experimentos estéticos, e traz algumas novidades compositivas em relação aos anteriores. Se pensarmos o autorretrato como um elemento autobiográfico, a visão que o artista constrói tem de necessariamente se conectar com a sua vida. Assim, sua autorrepresentação seria indicativa do seus sentimentos ou de um estado de espírito quando a obra foi concebida. Na tela

---

107 TEIXEIRA, Lucia. Sou, então, pintura: em torno de auto-retratos de Iberê Camargo. *Alea* [online], v.7, n.1, p. 123-138, 2005.

de 1928, a cronologia é um elemento fundamental: foi o ano em que Andersen retornou da Noruega (Figura 179). Os cronistas locais comentam que teria recebido propostas de trabalho, e que foi incentivado pela família a voltar a residir na Noruega, afinal vivia permanentemente em dificuldades financeiras. O pintor tinha quase 70 anos de idade na ocasião, uma prole de quatro filhos e vários netos, e seria por demais arriscado retornar nessa situação.[108]

Não se sabe se o autorretrato foi concebido em sua terra natal ou após o retorno ao Brasil. Faz pouca diferença: ao revisitar suas raízes após quase 35 anos, o pintor realiza uma pintura de si diferente de todas as outras, vinculando sua identidade com a paisagem brasileira, mais especificamente o Rocio de Paranaguá, que figura do lado esquerdo da tela.[109] O fato de ela ser apenas pernunciada na faixa mediana da tela dá a sensação de um sonho, ou de um pensamento, afinal definitivamente não se trata do fundo homogêneo da composição. Essa foi a única ocasião em que o pintor inseriu um pano de fundo para compor um autorretrato, e a forma como a paisagem foi inserida a coloca como irradiadora da luz que invade o rosto do pintor, que usa a boina para proteger os sensíveis olhos claros. Os traços são menos definidos e mais soltos e curiosamente ele não está usando os óculos que sempre o acompanhavam. A distância do Brasil repercutiu numa outra forma de se representar, como se ajudasse a perceber o quanto aquela luz e aquela terra lhe faltavam. Essa afirmação encontra eco também na carta que enviou à sua filha, mencionada na abertura do primeiro capítulo, na qual ele reclama do mau tempo, da escuridão e, melindroso, fala da saudades de casa – e mesmo do gato.

Se em momentos de dificuldade ele pensava em retornar, a viagem de 1927-1928 mostrou que seu caminho trilhado no Brasil não tinha mais volta. Tanto que, no autorretrato de 1932 (Figura 181), não apenas a imagem que o artista construiu de si mudou, como também a sua forma de pintar se transformou, já prenunciadas na tela de 1928. Andersen está de frente e podemos vê-lo da cintura para cima. A luz está mais forte que nunca, mas agora, ao invés da tradicional boina, o pintor usa um chapéu de palha

---

[108] Na entrevista de Kaare Peersen, ele comenta que sua tia Ana nunca teria se adaptado num país como a Noruega, que levá-la para lá seria como "transplantar uma árvore para condições onde ela não poderia sobreviver".

[109] Essa questão da distância para se perceber a identidade é importante na psicanálise, na antropologia e na literatura. *Concerto barroco*, do Alejo Carpentier, traz a história de um rico comerciante mexicano, de origem indígena, que viajara pela Europa com seus escravos negros africanos. Ele se dá conta de que é mexicano quando vê em um teatro uma ópera que retratava a conquista do México. Foi preciso um oceano de distância para que ele ganhasse consciência da sua identidade (CARPENTIER, Alejo. *Concerto barroco*. São Paulo: Companhia das Letras, 2008).

tipicamente caboclo,[110] o mesmo que vemos em *As comadres* (Figura 158). O braço direito estendido mostra o pincel, como se fosse uma cédula de identidade. Ele que tantas vezes retratou seus alunos pintando, pela primeira vez se representa com o instrumento do seu ofício. Andersen está mais altivo do que nas imagens anteriores e agora assume definitivamente a *máscara* de pintor brasileiro.[111] Se pensarmos essa imagem ao lado do autorretrato de João Turin (Figura 182), na qual o escultor se representou rodeado de elementos paranistas, fica ainda mais claro que Andersen buscou compor uma imagem que dialogasse com o nacional e não com o regionalismo, o que também se verifica no retrato pintado por sua aluna Inocência Falce em 1933, uma imagem do professor em que ele igualmente figurava com o chapéu de palha (Figura 183). Podemos mesmo ir além e pensar que quando ele se representa vinculado ao Paraná, o faz por meio do Rocio que, como vimos, teve um lugar afetivo diferenciado na sua trajetória e na sua pintura.

É como se na tela de 1932 a passagem cronológica do tempo se submetesse à velocidade da fatura, ao manejo mais rápido do pincel. As primeiras são obras mais fechadas, acabadas, a penúltima já deixa ver com clareza a cerda do pincel, tem traços mais grossos e soltos e, na última, o inacabado é deliberadamente um recurso da modernidade que quis conferir à tela. Nela, Andersen cria uma nova fórmula, como se estivesse reinventando a si de uma forma mais moderna e autoral. Se nos anteriores segue as recomendações acadêmicas de praxe – peso e tonicidade à figura, destacada de um fundo escuro –, nos dois últimos, pós viagem à Noruega, a situação é diferente. A paisagem, a luz, a pincelada, o chapéu de palha trazem novos elementos para a leitura da sua identidade. De marinheiro escandinavo a pintor brasileiro, esse conjunto ajuda a compreender como os processos sociais se refletiam na sua pintura e na representação de si. Aqui realidade e representação se confundem: trocou a boina pelo chapéu de palha, o cigarro pelo pincel, criando a imagem de um norueguês caboclo.

* * *

---

[110] Vincent Van Gogh (1853-1890), que pintou inúmeros autorretratos, tanto pela falta de modelos quanto como pretexto para experimentações técnicas, também canalizava através deles suas angústias e emoções. Em vários deles explorou o uso de chapéus, incluindo pelo menos cinco com chapéu de palha. Ele que usava camponeses holandeses como modelos no início da carreira, em varios momentos mostrou compaixão e solidariedade pela miséria em que viviam, o que provavelmente o levou a identificar-se com eles, recorrendo ao chapéu de palha que usavam.

[111] Após assumir a direção do Museu Nacional de Belas Artes, Oswaldo Teixeira envia uma correspondência à família do pintor solicitando que o seu *Auto-retrato* fosse enviado para a instituição no Rio de Janeiro, junto com outras informações biográficas.

A família e a vida doméstica forneceram uma parceria afetiva e temática para a pintura de Andersen. No caso de Ana, Andersen adequou a solução das telas pensando nas expectativas de representação da sua esposa que a colocava como uma mulher simples e dócil para o público local, e com toques de exotismo para a sua família norueguesa. Mas, a despeito da quantidade de retratos da esposa produzidos por Andersen, é nas cenas de gênero que o pintor objetiva o lugar dela no seu processo de assimilação à cultura brasileira. Aqui, percebe-se o que chamou a atenção do pintor no Brasil para ele que não era afeito a cenas urbanas. Várias dessas telas, ao lado da fotografia que abre o capítulo, trazem à tona aspectos sociais e do cotidiano da família que tensionavam as representações de Andersen como um "mestre", *pai da pintura paranaense* etc. O casamento com Ana traz uma vivência que ele transfigura em temas e composições que, por estarem desvinculadas de encomendas, configuram as composições mais livres e criativas do pintor. Nelas, Andersen deixa de ser um instrumento dos comitentes e passa a executar temas com os quais tinha maior afinidade, reverberando em trabalhos autorais e mais sintonizados com a produção nacional.

Assim, cumpre pensar de que maneira essas fontes visuais iluminam aquela configuração social. Essas telas são pistas, indícios de que os discursos *paranistas* estavam menos atrelados às respostas simbólicas que os artistas formulavam às questões que estavam sendo colocadas, do que às consequências sociais da inserção dos imigrantes na sociedade paranaense. As imagens de caboclos – tanto os tipos quanto as da família nativa – executadas por Andersen tensionam os discursos e trazem leituras diferentes daquela que a documentação faz supor que a arte local se resumia a *cópias inautênticas*. Mais que isso, no plano pictórico as telas domésticas de Andersen eram modernas para o meio local, por inserir temáticas que ultrapassavam o convencionalismo das paisagens. Nelas, o pintor abandona a estética acadêmica tão presente nos retratos e constrói uma pintura mais solta e luminosa.

Essa telas, que extrapolam a sua identificação de retratista das elites e pintor da paisagem paranaense, ao mesmo tempo que externalizam algumas das tensões sociais que perpassaram sua vida brasileira, mostram que Andersen, embora atendesse às demandas de gosto da burguesia local, encontrou um espaço para inovações. Num período em que um conflito arquetípico entre acadêmicos e modernos se configurava, eram já mostras de que a posição que antes ocupava sem contestação se tornava alvo de disputa, primeiros passos para a configuração de um campo artístico na *Pequena Montparnasse* curitibana. Se o gosto conservador ajuda a entender o tipo de pintura que fazia, as contradições sociais da sua condição de estrangeiro assimilado nativo ajuda a entender os avanços temáticos e de luminosidade da sua palheta.

Essa configuração deixa ainda mais claras as razões das suas tentativas de se posicionar num centro maior do que Curitiba, que vimos no capítulo três. O rótulo de regionalista não o agradava – e não se adequava a uma parcela significativa das pinturas que fazia. O amigo e escritor Odilon Negrão, um dos personagens principais do movimento modernista na literatura local,[112] após posicionar-se em São Paulo, escreve uma carta para Andersen em que demonstra perceber os entraves que o regionalismo trazia para a apreciação da sua obra. Vale a pena acompanhar alguns trechos da carta:

> O Paraná é o vosso Cáucaso, professor. Essa terra matou todas as vossas esperanças de alcançar uma glória maior, quebrou as asas que Deus vos deu para voar bem alto, e vos traz, como o Prometeu da lenda, *preso à pedra fatídica do regionalismo obscurecedor. E assim mesmo, vossos olhos, que nada mais vêm a não ser a paisagem monótona dos pinheirais, obrigam vossas mãos a pintar, a pintar o verde-escuro das araucárias, para a glória da arte e suplício do artista!* Terra ingrata!, terra que não sabe premiar a sinceridade, o devotamento, o sacrifício! Aqui em São Paulo eu vejo tantos pintores, na sua maioria medíocres, que vivem em palacetes, gozando do conforto que a fortuna lhes dá.
>
> E vós, e vós, professor? Bem sei como viveis em Curitiba, quase que isolado. E no silêncio desse isolamento, realizando os alicerces de uma arte profundamente nossa, realizando o que esses "rapazes de cafés", que a indolência e a incultura aniquilaram, nunca poderão objetivar […]
>
> Ah! Professor, não desespereis! Talvez depois de vossa morte vos façam monumentos, quando já não posssais gozar dessa lembrança, como aconteceu ao nosso Rocha Pombo, que morreu na miséria e agora empolga os vivos (grifos meus).[113]

Negrão demonstra aqui uma compreensão apurada dos jogos locais e insinua os conflitos e as disputas com os jovens pintores, os "rapazes de cafés", que estariam para ele aquém do trabalho desenvolvido por Andersen. Uma anotação a lápis feita pelo pintor ao final da carta atesta consciência apurada desses processos, com um toque de otimismo quase ingênuo: "Faltam entusiasmo e fé, fé na vitória final do bom e do belo!, fé na vitória da arte regional que no fim é a arte nacional!"

---

112 Sobre os literatos modernistas locais da década de 1920, ver a já citada tese de Regina Iorio.
113 Carta da Odilon Negrão a Alfredo Andersen. 20 de novembro de 1933 (Acervo MAA).

Norueguês Caboclo

Bem distantes das biografias romantizadas do pintor, a trajetória de Alfredo Andersen se deu, pois, numa dinâmica social conflitiva e repleta de ambiguidades. As contradições da fama que o *pai da pintura paranaense* gozou em vida refletem o terreno movediço em que desenvolveu seu trabalho e a sua inserção muito particular na cena local, em que esteve particularmente exposto às contradições do período. Mas, a despeito das muitas instabilidades, Andersen teve respeitabilidade como artista e sua obra marcou as primeiras décadas das artes plásticas no Paraná. Este livro buscou entender como se deu a construção desse sentido pela análise iconográfica dos seus trabalhos e dos significados que tinham na sociedade em que viveu. Olhar para o homem por trás da obra implicou também ir além da sua trajetória, e adentrar nas suas redes de relações, o que fez com que o conteúdo e o significado de várias telas se tornassem mais transparentes.

Ao esmiuçar os meandros da sua formação nórdica, ficou evidente que as expectativas do jovem pintor, que não teve como viabilizar sua carreira via *centro*, eram muito incertas, o que se agravava ainda mais em se tratando de Kristiansand, que, embora tivesse um circuito cultural movimentado, estava distante das discussões das vanguardas artísticas escandinavas. Assim, destituído dos capitais necessários e com dificuldades para posicionar-se naquele campo artístico, encontrou nos ideais de juventude e na aventura das viagens um caminho que tortuosamente o trouxe a Paranaguá. Por outro lado, o fato de ter adquirido a formação de pintor na Europa foi um elemento importante da valorização inicial do seu trabalho no Brasil.

A hipótese inicial da transposição dos esquemas do nacionalismo norueguês e sua possível vinculação com o regionalismo paranaense não tem uma resposta simples e unívoca. A construção romântica da nação em seu país caminhava, como de costume, entre meio e raça, e Andersen se debruçou sobre ambos: tanto a paisagem nórdica com sua luminosidade singular quanto sobre o tema do camponês e da originalidade cultural que se atribuía a essas figuras. Ele traz esses referenciais consigo, mas adquire visibilidade mais pela paisagem do que pelos personagens populares. É com os *retratos da terra* que o pintor norueguês presta um serviço iconográfico fundamental para as elites que se aburguesavam e que optam por uma tradição pictórica ligada ao Império, reflexo tanto da modernização conservadora que se dava no estado, quanto das dificuldades em assumir o caráter miscigenado da sua população, o que fez com que a produção de cenas de gênero recebessem pouca atenção.

A produção paisagística do pintor é híbrida e variada, e não tem uma chave de acesso que possa ser uniformizada. Podemos pensar, *grosso modo*, em dois modelos: aquelas marcadas por temas canonizados que respondiam a uma demanda das elites locais, como *Sapeco, Queimada* e principalmente os pinheirais, mais esquemáticas e próximas de um conceito convencional de paisagem. Reproduzidas à exaustão, essas imagens ganharam certificado da *paranidade* por parte das classes dominantes e dos círculos oficiais, em busca de um ponto de origem para a tradição local. Do outro lado temos as marinhas, em especial as telas do *Rocio* e algumas do *Porto de Paranaguá*, que ao mesmo tempo em que permitiram ao pintor inovar esteticamente nas composições e nas faturas, também iam ao encontro da melancolia dos discursos dos intelectuais parnanguaras que viviam longe da sua cidade natal. Esse grupo de imagens do litoral traz também ora vestígios, ora evidências concretas de um olhar sensível e atento aos caiçaras e seus modos de vida simples, quando seus barcos se tornam protagonistas, cujo ápice se dá com *Paisagem com canoa na margem,* de 1922. Nelas, contudo, a luz era o tema, e Andersen parece ter preferido os momentos do nascer e do pôr do sol, quando ele conseguia captar melhor a atmosfera.

Os interessados nessa iconografia paranaense foram, em grande parte, retratados por Andersen. A análise da produção retratística se mostrou um terreno fecundo para vislumbrar as redes de trocas e favores que envolviam políticos, literatos e artistas plásticos no Paraná, mas também dos seus anseios por melhores posições no campo nacional. Realizados a partir de um esquema acadêmico, tiveram poucas variações e conformam a parcela menos controversa da sua produção pela amplitude da sua receptividade, onde ele foi bem-sucedido ao criar uma autoimagem das elites locais, adeptas da convenção da semelhança.

Com o meio ainda bastante acanhado, Andersen teve participação ativa na ampliação do público e dos consumidores para as artes plásticas no Paraná. Se no início buscou dar um caráter popular para o ensino artístico e a apreciação da arte, continuando o caminho trilhado pela Escola de Artes e Ofícios de Mariano de Lima, o projeto acaba por naufragar, com as elites locais tomando as rédeas das exposições via Associação Comercial do Paraná e com o direcionamento da clientela da escola para o público feminino. As artes vão assumindo cada vez mais um caráter de distinção social e, ao analisar a morfologia social dos alunos do ateliê de Andersen, sobressaem dois perfis: as mulheres das elites e os filhos de imigrantes, que serão recrutados para prestar serviços ao estado. A origem imigrante parecia ser fundamental na conformação da profissão e as trajetórias não teriam sido possíveis sem a subvenção direta do governo, uma vez que às mulheres era mais vedado o acesso a carreira de pintoras.[114]

Esse quadro começa a se complexificar quando os interesses estatais em construir uma iconografia local direcionaram jovens artistas filhos de imigrantes para formarem-se na Europa.[115] O retorno desses artistas em meados da década de 1920, que tiveram estadas prolongadas em vários centros europeus, mas especialmente em Paris, coincide com o ambiente de uma *belle époche*, da crença no progresso e de um afrancesamento dos costumes. Sob essa influência, a nova geração de artistas plásticos foi marcada por uma estilização da vida, com práticas cotidianas de frequentarem cafés, bares e com o surgimento de uma boêmia local formada por pintores e intelectuais. Às diferentes condições sociais correspondem diferentes estilos de vida, e Andersen, já com idade avançada e com sua família nativa, não tem possibilidade efetiva de participar da sociabilidade desses grupos.

O retorno desses artistas da Europa, com seus capitais culturais especialmente valorizados, foi decisivo para a emergência do movimento paranista, pois as artes decorativas e a idealização dos indígenas, realizadas em especial por João Turin, além do desenvolvimento de uma simbologia baseada na iconografia do pinheiro e do pinhão ao estilo *art-déco*, tal como no trabalho de Lange de Morretes, respondem às demandas de modernidade e de construção de um *estilo paranaense*. Não há vestígios de que Andersen tenha se envolvido nesse tipo específico de produção e, neste contexto, e sua pintura passa a ser contestada pela nova geração, que se autointitulava moderna e nacional em oposição à produção acadêmica e estrangeira de Andersen.

Por mais que as telas e a fortuna crítica posterior tenham mostrado que a oposição entre acadêmicos e modernos era uma questão deslocada para o contexto, a experiência dessa situação de concorrência entre artistas, que necessariamente orbitavam em torno

---

114 Uma pesquisa sobre as alunas de Andersen e sobre as mulheres artistas no Paraná ainda está por ser feita.

115 É interessante, neste sentido, observar que a tradição artística local anterior e posterior a Andersen teve poucos vínculos com a Academia e posterior Escola Nacional de Belas Artes; foram todos formados localmente ou então encaminhados diretamente à Europa, formando assim uma espécie de contratendência que passava longe do centro.

da elite endinheirada em busca de encomendas e projeção, traz inovações para a palheta de Andersen, que direcionou seus recursos pictóricos para a construção de uma obra que refletia os dilemas com que teve que lidar, que podem ser restreados por meios das imagens da sua família e das cenas domésticas, mas também dos autorretratos.

Nas cenas de gênero, longe das constrições do mercado, mas imbricada nas disputas estéticas, pulsa uma energia criativa que ampliou seu repertório, mostrando também uma identificação sincera com a luz e a gente dos trópicos. Eram ao mesmo tempo respostas simbólicas às acusações de estrangeirismo e falta de autencidade que recebia: testemunhos da sua assimilação e de um olhar que ultrapassava o regionalismo local. A palheta fica especialmente mais marcada pela luz, e uma explosão maior de cores se faz presente em telas como *Lavando Roupa*. Os tipos comuns, que gravitavam em seu círculo social, são mais humanizados do que os ilustres retratados, em pinturas que reproduziam um esquema clássico em que as figuras emergiam de um fundo escuro e quase sem nenhuma cor.

Socialmente invisível para as elites que se apropriaram da trajetória de Andersen, Ana teve uma posição proeminente nas cenas de gênero do marido, onde ele devia sentir-se mais livre para criar e compor. Embora no plano teórico a mestiçagem do europeu com o indígena fosse bem-vista, o *Brasil diferente*, branco e europeu, almejado pelos *paranistas,* varreu os sinais negros e romantizaram via Turin os indígenas que pareciam deuses gregos. Ana não teria qualquer chance de encaixar-se socialmente nas atividades de Andersen que envolviam as lides da vida pública, menos ainda em ambientes que se pretendiam afrancesados. Mas, se, por um lado, ela trazia esse ônus social, que pode ter contribuído para o seu isolamento, num momento em que a estilização da vida de artista nos moldes de uma boêmia frequentadora de cafés estava em voga, por outro ela abriu um universo temático e pictórico.

As telas caseiras funcionam como um meio simbólico de objetivação do seu processo de aculturação e transformação em artista brasileiro. Testemunhos da sua viagem sem volta para dentro da cultura nacional, que culmina com o autorretrato de 1932, onde ele se representa como um pintor caboclo. Assim, escanteado dos debates paranistas sobre a verdadeira arte paranaense e deixado de fora das estilizações, Andersen, que beirava seus setenta anos, dedica-se a construir um registro da sua experiência social como imigrante aculturado, pintor nórdico brasileiro. Essas transposições plásticas colocam em evidência conteúdos imagéticos pouco usuais para o mercado local, com a representação do popular e da simplicidade, mas também em paisagens com características modernas para o mercado curitibano, já apontadas. Com uma palheta hesitante em retratar o urbano e os processos de modernização em curso exploradas no capítulo quatro, ele procura, antes, as formas menos europeias de vida.

Assim, nesse contexto de modernização da cidade e de um aburguesamento dos estilos de vida, Andersen insistia em registrar os caboclos e os caiçaras, as formas de vida menos afetadas pela modernização, o prosaico. De fato, sua palheta foi sempre hesitante em retratar um imaginário urbano, e, aqui, residia parte da sua inadequação aos rumos que o regionalismo local tomou. Enquanto os jovens paranistas eram financiados em longas estadas na Europa, suas dificuldades dizem, além da sua experiência social, também da sua insistência no homem local dela decorrente, mas também de uma hesitação, talvez inconsciente, em compactuar com construção mítica de um Paraná branco europeizado, onde as convivências eram pacíficas e apaziguadoras, afinal sua experiência social não condizia com essas representações.

Ao mesmo tempo, é como se o pintor jamais tivesse se livrado do olhar que via no prosaico a originalidade, a essência de uma cultura, afinal o estrangeiro "confronta e vê com um olhar que distingue, emite valores, arrisca interpretações".[116] Andersen traudziu o que aos seus olhos seria o homem brasileiro, que se não encontrou grande recepção no mercado local, foi especialmente bem recebido pelo seu principal colecionador estrangeiro em vida, o abastado norueguês Harold Sigmond, a quem interessou de forma especial as pinturas de *tipos*.

A tradução que o pintor estrangeiro – como era por vezes chamado – faz da sua rede de sociabilidade nativa são registros iconográficos da sua assimilação e das mudanças que a luz brasileira traz para a sua pintura. A condição de imigrante, somada ao matrimônio, é central para a leitura dessas telas: a origem estrangeira dava a Andersen uma percepção mais aguçada do universo social ao seu redor e uma maior abertura para a incorporação de temas e personagens "periféricos" desse universo. O andamento da série dos autorretratos também diz do seu processo de imersão e do caminho sem volta que trilhou rumo à luz e à cultura brasileira. A luz e o sol do Brasil eram fortes, mas não tanto que a boina ou um chapéu de palha não resolvessem. A própria transformação da sua autoimagem, de marinheiro norueguês a pintor caboclo, é sintoma da sua identificação com as telas que criou. Nesse sentido, foi particularmente importante pensar de que forma a sua identificação como brasileiro tomou força após a viagem à Noruega. Por outro lado, a identidade cabocla não foi um processo natural, mas construída pelo pintor, como forma de viabilizar um espaço no campo artistico nacional.

Havia, pois, um grande descompasso entre as suas expectativas e o que o meio local tinha condições de oferecer. O centro como polo de atração da periferia ficou evidente, e não foram poucas as tentativas de Andersen divulgar seu trabalho para além das fronteiras regionais. Do contato com a produção nacional e da apropriação seletiva que fez dela, Andersen criou sua solução própria, uma leitura singular da paisagem e dos seus

---

116   SCHWARCZ, Lilia Moritz. *O sol do Brasil...*, op. cit., p. 303.

habitantes que, do ponto de vista da geográfia artística, ajuda a configurar uma perspectiva polivalente da produção nacional, comprovando que a periferia nem sempre é uma mera sombra que realça a luz da metrópole.[117]

---

117 CASTELNUOVO, Enrico; GINZBURG, Carlo. História da arte italiana, *op. cit.* p. 56.

Referências

AGUILAR, Nelson. Norte no Sul. In: FERREIRA, Enio Marques. *2001 Andersen volta a Noruega*. Curitiba: Sociedade Amigos de Alfredo Andersen, 2001.

ALBUQUERQUE JÚNIOR, Durval Muniz. *A invenção do nordeste e outras artes*. Recife: FJN, Ed. Massangana; São Paulo: Cortez, 2001.

ALIATA, Fernando. *A paisagem como cifra da harmonia*: relações entre cultura e natureza através do olhar paisagístico. Curitiba: Editora UFPR, 2008.

ALVES, Caleb. Mar paulista! In: CALIXTO, Benedito; SOUZA, Marli Nunes (Coord.). *Benedito Calixto*: um pintor à beira-mar. Santos: Fundação Pinacoteca Benedito Calixto, 2002.

ALVES, Caleb Faria. *Benedito Calixto e a construção do imaginário republicano*. Bauru: Edusc, 2003.

AMADIGI, Fausto. *Legislação florestal no Paraná*: a "preocupação ecológica" de Romário Martins (1907-1944). Monografia em História, UFPR, Curitiba, 1999.

AMARAL, Aracy. Aspectos da comunicação visual numa coleção de retratos. In: MOURA, Carlos Eugênio Marcondes de (org.). *Retratos quase inocentes*. São Paulo: Nobel, 1983.

ANDERSON, Benedict. *Comunidades imaginadas*: reflexões sobre a origem e a difusão do nacionalismo. São Paulo: Companhia das Letras, 2008.

ANTONIO, Ricardo. *O ateliê de arte do Museu Alfredo Andersen (1902-1962)*. Dissertação (mestrado em Educação) – UFPR, Curitiba, 2001.

ANTONIO, Ricardo. Alfredo Andersen e o ensino das artes aplicadas: o desenho como remodelador das sociedades. In: VIEIRA, Carlos Eduardo (org.). *Intelectuais, educação e modernidade* (1886-1964). Curitiba: Ed. UFPR, 2007.

ANTONIO, Ricardo. A utilização de fontes fotográficas e artísticas na investigação de procedimentos de ensino da arte. In: *Anais Congresso Brasileiro de História da Educação*. Disponível em: <http://www.sbhe.org.br/novo/congressos/cbhe3/Documentos/Individ/Eixo1/264.pdf>. Acesso em: 18 nov. 2009.

ARGAN, Giulio Carlo. *Arte moderna*. São Paulo: Companhia das Letras, 1992.

ARRUDA, Maria Arminda. A temática regional: considerações historiográficas. *Anais do Museu Paulista*, São Paulo, n.35, p. 156-166,1987.

ARRUDA, Maria Arminda. *Mitologias da mineiridade*. Rio de Janeiro: Brasiliense, 1990.

ARRUDA, Maria Arminda. Arremate de uma reflexão: a revolução burguesa no Brasil de Florestan Fernandes. *Revista USP*, São Paulo, n.29, p. 56-65, mar./maio 1996.

AUSTER, Paul. Introduction: the art of hunger. In: HAMSUN, Knut. *Hunger*. New York: Farrar, Strauss and Giroux, 2008.

AVÉ-LALLEMANT, Robert. *1858, viagem pelo Paraná*. Curitiba: Fundação Cultural, 1995.

BALLÃO, W.; BASSLER, R.; GRAÇA, R. (orgs.) *Alfredo Andersen*: pinturas. Curitiba: Sociedade dos Amigos de Alfredo Andersen, 2010.

BAPTISTA, Christine. Marinao de Lima e a escola de Belas Artes e Indústrias do Paraná. *Boletim do Arquivo do Paraná*, v.12, n.23, 1988.

BARONE, Luciana. *O paranismo e as artes visuais*. Dissertação (mestrado em Artes Visuais) – UFSC, Florianópolis, 2009.

BATISTA, Eliza. *Resgate histórico da produção artística de Maria Amélia D'Assumpção* (1883-1955). Monografia de especialização - Faculdade de Artes do Paraná, Curitiba, 2007.

BATTAIL, Jean-François. Entre Réforme et Romantisme. In: BATTAIL, Jean-François; BOYER, Régis; FOURNIER, Vincent. *Les Sociétes scandinaves de la Réforme a nos jours*. Paris: Puf, 1992.

BATTAIL, Jean-François et al. *Les destinées de la Norvège Moderne* (1814-2005). Paris: Éditions Michel de Maule, 2005.

BAUDELAIRE, Charles. *Paisagem moderna*: Baudelaire e Ruskin. Introdução, tradução e notas: Charles Baudelaire, John Ruskin e Daniela Kern. Porto Alegre: Sulina, 2010.

BAXANDAL, M. *Padrões de intenção*: a explicação histórica dos quadros. São Paulo: Companhia das Letras, 2006.

BEGA, Maria Tarcisa. *Sonho e invenção do Paraná*: geração simbolista e a construção da identidade regional. Tese (doutorado em Sociologia) - USP, São Paulo, 2001.

BELUZZO, Ana Maria. *O Brasil dos viajantes, a construção da paisagem*. São Paulo: Metalivros, 1994.

BELLUZZO, Ana Maria de Morais. *O Brasil dos viajantes*. 3.ed. Rio de Janeiro: Objetiva/Metalivros, 2000.

BENJAMIN, Walter. *A obra de arte na época de sua reprodutibilidade técnica*. In: _____. *Magia e técnica*: arte e política. São Paulo: Brasiliense, 1988. (Obras escolhidas, v.1).

BENZAQUEN, R. B. De Araujo. *Totalitarismo e revolução*: o integralismo de Plinio Salgado. Rio de Janeiro: Jorge Zahar, 1988.

BERMAN, Patrícia G. Norwegian Craft Theory and National Revival in the 1890's. In: BOWE, Nicola Gordon. *Art and the National Dream*: The Search for Vernacular Expression in turn-of-the-Century Design. Dublin: Irish Academic Press, 1993.

BERMAN, Patricia G. *In another light*: Danish painting in the nineteenth century. Londres: Tames & Hudson, 2007.

BISCHOFF, Ulrich. *Edvard Munch (1863-1944)*: cuadros sobre la vida y la muerte. Germany: Taschen, 2000.

BJERKE, Øivind. edvard Munch, The Sick Child: form as content. In: MØRSTAD, Erik. *Edvard Munch*: an anthology. Oslo: Oslo Academic Press, 2006.

BLAKE, Nigel; FRASCINA, Francis. As práticas modernas da arte e da modernidade. In: FRASCINA, Francis *et al.* (orgs.). *Modernidade e modernismo*: a pintura francesa no século XIX. São Paulo: Cosac & Naify, 1998.

BOHNS, Neiva. Realidades simultâneas: contextualização histórica da obra de Pedro Weingärtner. *19&20*, Rio de Janeiro, v.3, n.2, abr. 2008. Disponível em: <http://www.dezenovevinte.net/artistas/artistas_nb_weingartner.htm>. Acesso em: 10 out. 2009.

BONA, Theodoro. *Um exercício de criação*. Curitiba: Scientia et Labor, 1989.

BONA, Theodoro. *Curitiba, pequena Montparnasse*. Curitiba: Secretaria do Estado da Cultura, 2004.

BOURDIEU, Pierre. *Questões de sociologia*. Rio de Janeiro: Marco Zero, 1983.

BOYER, Régis. La Reforme dans les pays scandinaves. In: BATTAIL, Jean-François; BOYER, Régis; FOURNIER, Vincent. *Les Sociétes scandinaves de la Réforme a nos jours*. Paris: Puf, 1992.

BOURDIEU, Pierre. *As regras da arte*: gênese e estrutura do campo literário. São Paulo: Companhia das Letras, 1996.

BOURDIEU, Pierre. *O poder simbólico*.Rio de Janeiro: Bertrand Brasil, 2003.

BOURDIEU, Pierre. *A distinção*: crítica social do julgamento. São Paulo: Edusp; Porto Alegre: Zouk, 2008.

BRANTES, Carlos Alberto. *Quem foi Rachel Prado?* 30 out. 2005. Disponível em: <http://www.parana-online.com.br/editoria/almanaque/news/146737/?noticia=QUEM+FOI+RACHEL+PRADO>. Acesso em: 30 ago. 2009.

BRAUN, Emily. Scandinavian painting and the french critics. In: VARNADOE, Kirk. *Northern light*: Realism and Symbolism in Scandinavian Painting 1880-1910. New York: The Brooklyn Museum, 1982.

BUENO, Alexei. *O Brasil do século XIX na coleção Fadel*. Rio de Janeiro: Instituto Cultural Sergio Fadel, 2004.

BUKDAHL, Else. *Caspar David Friedrich's study years at the Royal Danish Academy of Fine Arts*: and his importance for Danish art, particularly for the painters of the Golden Age and of the present day. København: Kunstakademiets Billedkunstskoler, 2005.

CACCESE, Neusa. *Festa*: contribuição para o estudo do modernismo. São Paulo: Instituto de Estudos Brasileiros, 1971.

CAMARGO, Geraldo Leão Veiga de. *Paranismo*: arte, ideologia e relações sociais no Paraná. 1853-1953. Tese (doutorado em História) – UFPR, Curitiba, 2007.

CAMPOFIORITO, Quirino. Prefácio. In: LEVY, Carlos Roberto Maciel. *O grupo Grimm*: paisagismo brasileiro o século XIX. Rio de Janeiro: Edição Pinakotheke, 1980.

CARDOSO, Sérgio. O olhar viajante (do etnólogo). In: NOVAES, Adauto *et al*. *O olhar*. São Paulo: Companhia das Letras, 1988.

CARNASCIALI, Carlos Celso. *Carl Johan Fröjd Westerman*: o fiel gestor de uma ferrovia. Curitiba: Santos Lima, 2006.

CARNEIRO, Cintia. *O museu paranaense e Romário Martins*: a busca de uma identidade para o Paraná 1902-1928. Dissertação (mestrado em Historia) – UFPR, Curitiba, 2001.

CARNEIRO, Newton. *Iconografia paranaense* (anterior à fotografia). Curitiba: Impressora Paranaense, 1950.

CARNEIRO, Newton. O pioneirismo florestal de Romário Martins. *Boletim do Dehis*, Curitiba, 1974.

CARNEIRO, Newton. A arte paranaense antes de Andersen. *Boletim informativo da Casa Romário Martins*, ano VII, n. 43, set. 1980.

CARNEIRO, Newton. *Pintores da paisagem paranaense*. Curitiba: Solar do Rosário, 2001.

CAROLLO, Cassiana Lacerda. Correspondência inédita de Nestor Victor dos Santos a Emiliano Perneta. *Revista Letras*, Curitiba, v.24, 1975.

CARPENTIER, Alejo. *Concerto barroco*. São Paulo: Companhia das Letras, 2008.

CARVALHO, José Murilo de. *A formação das almas*: o imaginário da República no Brasil. São Paulo: Companhia das Letras, 1990.

CASTELNUOVO, Enrico. *Retrato e sociedade na arte italiana*: ensaios de história social da arte. São Paulo: Companhia das Letras, 2006.

CASTELNUOVO, Enrico; GINZBURG, Carlo. História da arte italiana. In: GINZBURG, Carlo. *A micro-história e outros ensaios*. Rio de Janeiro: Bertrand Brasil, 1991.

CASTRO, Marilda. Festa e La Cruz del Sur: memórias críticas e literárias em diálogo. Tese (doutorado em Letras) – UFMG, Belo Horizonte, 2007.

CAUQUELIN, Anne. *A invenção da paisagem*. São Paulo: Martins Fontes, 2007.

CAVALCANTI, Ana Maria Tavares. A pintura de paisagem ao ar livre e o anseio por modernidade no meio artístico carioca no final do século XIX. *Cadernos da Pós-Graduação do Instituto de Artes*,. v.6, n.1, p. 28-34, 2002.

CAVALCANTI, Carlos (org.). *Dicionário brasileiro de artistas plásticos*. Brasília: INL, 1973.

CELSO, Afonso. Exposições Industriais. In: _____. *Conferências populares*. Rio de Janeiro: Tupographia de J. Villeneuve & Cia, [s.d].

CHEVALIER, Jean. *Dicionário dos símbolos*. São Paulo: Jose Olympio, 2003.

CHIARELLI, Tadeu. *Arte internacional brasileira*. São Paulo: Lemos, 2002.

CHIARELLI, Tadeu. *Benedito Calixto*: um pesquisador que pinta. In: CALIXTO, Benedito; SOUZA, Marli Nunes (Coord.). *Benedito Calixto*: um pintor à beira-mar. Santos: Fundação Pinacoteca Benedito Calixto, 2002.

CHIARELLI, Tadeu. Entre Almeida Jr. e Picasso. In: _____. *Arte internacional brasileira*. 2.ed. São Paulo: Lemos-Editorial, 2002.

CHIARELLI, Tadeu, *Pintura não é só beleza*: a crítica de arte de Mário de Andrade. Florianópolis: Letras Contemporâneas, 2007.

CHIARELLI, Tadeu. Introdução. In: DUQUE, Gonzaga. *A arte brasileira*. Campinas: Mercado de Letras, 1995.

CHIARELLI, Tadeu. *Um jeca nos vernissages*. São Paulo: Edusp, [s.d.].

CLARKE, Jay. Originality and repetition in Edvard Munch's The Sick Child. In: MØRSTAD, Erik. *Edvard Munch*: An Anthology. Oslo: Oslo Academic Press, 2006.

COLATUSSO, Denise. *Imigrantes alemães na hierarquia de status da sociedade luso brasileira*:Curitiba, 1869 a 1889. Dissertação (mestrado em História) – UFPR, Curitiba, 2004.

COLI, Jorge. A primeira missa no Brasil, de Vitor Meirelles. *Nossa História*,Rio de Janeiro, v.1, n.1, p. 18-22, 2003.

CORRÊA, Amélia. *Imprensa e política no Paraná*: prosopografia dos redatores e pensamento republicano no final do século XIX. Dissertação (mestrado) – UFPR, Curitiba, 2006.

CORREIA, Leoncio. A festa do Rocio. *O itibre*, v.1, n.7-8; nov./dez. 1919.

DEL PRYORE, Mary. *História das Mulheres no Brasil*. Rio de Janeiro: Contexto, 2004.

DIAS, Elaine. *Paisagem e academia*: Félix-Émile Taunay e o Brasil (1824-1851). Campinas: Editora da Unicamp, 2009.

DICIONÁRIO HISTÓRICO-BIOGRÁFICO DO ESTADO DO PARANÁ (DHBPR). Curitiba: Chain: Banco do Estado do Paraná, 1991.

DIEZ, Carmen Lúcia Fornari. *Mariano de Lima*: o olhar para além da modernidade. Curitiba: Museu Alfredo Andersen, 1995 (mimeo).

DURAND, José Carlos. *Arte, privilégio e distinção*. Sao Paulo: Perspectiva, 2009.

ELIAS, Norbert. *A sociedade da corte*. Lisboa: Estampa, 1987.

ELIAS, Norbert. *A sociedade dos indivíduos*. Rio de Janeiro: Jorge Zahar, 1994.

ELIAS, Norbert. *Envolvimento e alienação*. Rio de Janeiro: Bertrand Brasil, 1998.

ELIAS, Norbert. *Mozart*: sociologia de um gênio. Barcelona: Ediciones Península, 1998.

ELIAS, Norbert. *Escritos & ensaios*. Rio de Janeiro: Jorge Zahar, 2006.

ELIAS, Norbert; SCOTSON, John. *Os estabelecidos e os outsiders*: sociologia das relações de poder a partir de uma pequena comunidade. Rio de Janeiro: Jorge Zahar, 2000.

ELVIKEN, Andreas. The genesis of norwegian nationalism. *Journal of Modern History*, v.3, n.3, p. 365-391, Sept 1931.

FÁBIO, Flávia. *Um álbum imaginário*: Insley Pacheco. Dissertação (mestrado em Multimeios) – UNICAMP, Campinas, SP, 2005.

FERGUSON, Robert. *Enigma*: the life of Knut Hamsun. New York: Farrar, Straus & Giroux, 1988.

FERNANDES, Cybele. *A construção simbólica da nação*: a pintura e a escultura nas Exposições Gerais da Academia Imperial das Belas Artes. *19&20*, Rio de Janeiro, v.2, n.4, out. 2007. Disponível em <http://www.dezenovevinte.net/obras/cfv_egba.htm#_ednref2>. Acesso em: 15 abr. 2009.

FERNANDES, Florestan. *Revolução burguesa no Brasil*: ensaio de interpretação sociológica. Rio de Janeiro: Zahar, 1976.

FERREIRA, Ennio Marques. *2001 Andersen volta à Noruega*. Curitiba: Sociedade Amigos de Alfredo Andersen: Secretaria de Estado da Cultura: Museu Alfredo Andersen, 2001.

FESTA DO ROCIO. *Prata da Casa - Revista Paranista*, v.3, n.32/33, nov./dez. 1929.

FONSECA, Ricardo; GALEB, Maurício. *A greve geral de 17 em Curitiba*: resgate da memória operária. Curitiba: IBERT, 1996.

FOOT HARDMAN, Francisco. *Trem fantasma*: a modernidade na selva. São Paulo: Companhia das Letras, 1988.

FOURNIER, Vicent. L'Époque Moderne: De Léssor Industriel, La crise du Valfardstat. In: BATTAIL, Jean-François; BOYER, Régis; FOURNIER, Vincent. *Les Sociétes scandinaves de la Réforme a nos jours*. Paris: Puf, 1992.

FREITAS, Arthur. Miguel Bakun e a dispersão da paisagem. In: PROLIK, Eliane. *Miguel Bakun*: a natureza do destino. Curitiba: Edição do Autor, 2009.

FREITAS, Artur. A consolidação do moderno na história da arte no Paraná: anos 1950 e 1960. *Revista de Historia Regional*, v.8, n.2, p. 87-124, inverno 2003.

FREITAS, Waldomiro Ferreira de. *História de Paranaguá*: das origens à atualidade. Paranaguá: IHGP, 1999.

FREYESLEBEN, Curt W. Alfredo Andersen. *Ilustração Paranaense*, Curityba, v.4, n.7, 31 jul. 1930.

FREYESLEBEN. *Ilustração Paranaense*, Curityba, v.4, n.6, 30 jun. 1930.

FREYRE, Gilberto. *Casa grande e senzala*. 50.ed. São Paulo: Global, 2005.

FREYRE, Gilberto. *Tempo de aprendiz*: artigos publicados em jornais na adolescência e na primeira mocidade do autor 1918-1926. São Paulo: IBRASA, 1979. v.1.

FREYRE, Gilberto. *Sobrados e mucambos*: decadência do patriarcado e desenvolvimento do urbano. 16.ed. São Paulo: Global, 2006.

FURRE, Berge. *História da Noruega - século XX*: da Independência ao Estado de bem-estar social. Blumenau: Edifurb, 2006.

GALLEN-KALLELA-SIRÉN, Janne. Territorializing nature. GUNNARSSON, Torsten (org.). *A mirror of nature*: Nordic Landscape paiting 1840-1910. Odder: Narayana Press, 2006.

GAY, Peter. *Modernismo*: o fascínio da heresia: de Baudelaire a Beckett e mais um pouco. São Paulo: Companhia das Letras, 2009.

GINZBURG, Carlo. "De A. Warburg a E. Gombrich". In:_____. *Mitos, emblemas e sinais*. São Paulo: Companhia das Letras, 1989.

GINZBURG, Carlo. *Indagações sobre Piero*. Rio de Janeiro: Paz e Terra, 1989.

GINZBURG, Carlo. Sinais: raízes de um paradigma indiciario. In:____. *Mitos, emblemas, sinais*: morfologia e história. São Paulo: Companhia das Letras, 1989.

GINZBURG, Carlo. *Jean Fouquet*: Ritratto del buffone Gonella. Modena: Franco Cosimo Panini, 1996.

GINZBURG, Carlo. *Relações de força*: história, retórica e prova. São Paulo: Companhia das Letras, 2002.

GINZBURG, Carlo; CASTELNUOVO, Enrico. *História da arte italiana*. Rio de Janeiro: Bertrand Brasil, 1991 (Coletânea A micro-história e outros ensaios).

GOMBRICH, Ernst. *A história da arte*. Rio de Janeiro: LTC, 1999.

GOMBRICH, Ernst. La maschera e la faccia: la percezione della fisionomia nella vita e nell'arte. In: BLACK, Max; GOMBRICH, Ernst; HOCHBERG, Julian. *Arte, percezione e realtà*: come pensiamo le immagini. Torino: Einaudi, 2002.

GOMBRICH, Ernst. La teoria dell' arte nel rinascimento e l' origine del paesaggio. In: ____. *Norma e forma*: Studi sull' Arte del Rinascimento. Milano: Leonardo Arte, 2003.

GOMBRICH, Ernst. *Arte e ilusão*: um estudo da psicologia da representação pictórica. 4.ed. São Paulo: WMF Martins Fontes, 2007.

GRAÇA, Rosemeire Odahara. *Estudo histórico e estilístico de três obras do Pintor Alfredo Andersen (1860-1935)*. Disponível em: <http://www.fap.pr.gov.br/ arquivos/File/Arquivos2009/Extensao/I_encontro_inter_artes/23_Rosemeire_Odahara.pdf>. Acesso em: 25 abr. 2009.

GRAÇA, Rosemeire Odahara. *Apreciações das obras expostas no Primeiro Salão Paranaense de Artes Plásticas*: a continuidade do trabalho de Andersen. Curitiba: SEC/PR, 2010.

GROFF, João M. *O intrépido J. B. Groff e suas múltiplas facetas*. (mimeo).

GRUNER, Clóvis. Um nome, muitas falas. Pamphilo de Assumpção e os discursos jurídicos na Curitiba da *Belle Époque*. *Revista de História Regional*, v.14, n.1, p. 76-104, Verão 2009.

HALLEWELL, Laurence. *O Livro no Brasil*: sua história. 2.ed. rev. e ampl. São Paulo: EDUSP, 2005.

HAMSUN, Knut. *Fome*. Tradução de Carlos Drummond de Andrade. Rio de Janeiro: Nova Fronteira, 1977.

HAMSUN-portrett som er havnet i Brasilien. *Aftenposten*, n.483, 1929.

HARTMANN, Francisco Foot. *Trem fantasma*: a modernidade na selva. São Paulo: Companhia das Letras, 1988.

HARTOG, Bernardo. Marinha.... In: SIQUEIRA, Luiz Alves. *Recortes de revistas antigas de Paranaguá*. [s.d.] v.1.

HOLANDA, Sérgio. *Raízes do Brasil*. São Paulo: Companhia das Letras, 1998.

HOUSE, John. *Monet*: nature into art. New Haven and London: Yale University Press, 1986.

HOUSE, John. *Impressionism*: paint and politics. New Heaven and London; Yale University Press, 2004.

HOUSE, John. Representing the Beach: The View from Paris. In: ____. *Impressionists by the Sea*. Exhibition Catalogue. Royal Academy of Arts, London, 2007.

IORIO, Regina Elena. *Intrigas e novelas*: literatos e literatura em Curitiba na década de 1920. Tese (Doutorado em Letras) – UFPR, Curitiba, 2003.

KAARTVEDT, Alf. The economy basis of Norwegian Nationalism in the Nineteenth Century. In: MITCHISON, Rosalind. *The roots of Nationalism*: Studies in Northern Europe. Edinburgh: John Donald Publishers, 1980.

KOLLOEN, Ingar Sletten. *Hamsun Svermeren*. Gyldendal, 2003.

KOSSOY, Boris. *Origens e expansão da fotografia no Brasil – século XIX*. Rio de Janeiro: FUNARTE, 1990.

KRAG, Vilhelm. *Min Bardoms Have*. Oslo, 1926.

KROETZ, Lando Rogério. *As estradas de ferro do Paraná*: 1880-1940. Tese (Doutorado) – USP, São Paulo, 1985.

LAMB, Roberto. Semeadores dissonantes: imigrantes e policiais na Província do Paraná – século XIX. *Revista de História Regional*, Ponta Grossa, v.1, n.1, p. 87-110, 1996.

LANGE, Ivone. *Frederico August Lange de Morretes*: vida e trajetória. Curitiba: Instituto Memória, 2009.

LANGE, Marit (org.). *Da Dahl a Munch*:romanticismo, realismo e simbolismo nella pittura di paesaggio norvegese. Ferrara: Ferrara Arte, 2001.

LARA, Ebano de. "Sanctuarium". *Revista Catholica Paranaguense*. Orgam do Santuario do Rocio. Diretor responsável: Padre José Adamo. Paranaguá, fev. de 1931.

LEANDRO, José Augusto. Devastação e tráfico de madeira no litoral do Paraná Provincial. *Revista de História Regional*,v.4, n.2, inverno de 1999.

LEANDRO, José Augusto. *Gentes do Grande Mar Redondo*: riqueza e pobreza na comarca de Paranaguá – 1850-1888. Tese (Doutorado em História) – UFSC, Florianópolis, 2003.

LECHOWSKI, Bruno. *A arte como missão*: homenagem aos 50 anos de falecimento do artista e aos 120 anos da imigração polonesa. Curitiba: Banestado/Museu de Arte do Paraná, 1991.

LEITE, Jose Roberto Teixeira. Núcleo Bernardelli. In: BARDI, P. M. *Arte no Brasil*: cinco séculos de pintura, escultura, arquitetura e artes plásticas. São Paulo: Abril Cultural, 1979.

LEMOS, Carlos. Ambientação ilusória. In: MOURA, Carlos (org.). *Retratos quase inocentes*. São Paulo: Nobel, 1983.

LEVY, Carlos Roberto Maciel. *Giovanni Battista Castagneto* (1851-1900): o pintor do mar. Rio de Janeiro: Edições Pinakotheke, 1982.

LEVY, Carlos Roberto Maciel. *O grupo Grimm*: paisagismo brasileiro o século XIX. Rio de Janeiro: Edição Pinakotheke, 1980.

LOVE, Joseph. *O regionalismo gaúcho*. Rio de Janeiro: Perspectiva, 1975.

LUZ, Regina. *A modernização da sociedade no discurso do empresariado paranaense*: Curitiba 1890-1925. Dissertação (Mestrado em História) – UFPR, Curitiba, 1992.

MACHADO, Sirlene. *Nossa Senhora do Rocio*: a padroeira do Paraná. Curitiba: Edição do Autor, 2002.

MALMANGER, Magne. *One hundred years of norwegian painting*. Oslo: Nasjonalgalleriet, 1988.

MALMANGER, Magne. La pittura di paesaggio norvegese da Johan Christian Dahl a Edvard Munch. In: LANGE, Marit. *Da Dahl a Munch*: romanticismo, realismo e simbolismo nella pittura di paesaggio norvegese. Ferrara: Ferrara Arte, 2001.

MARGOTTO, Samira. *Cousas nossas*: pintura de paisagem no Espírito Santo 1930-1960. Vitória: Edufes, 2004.

MARIN, Louis. *Sublime Poussin*. São Paulo: Edusp, 2001.

MARQUESE, Rafael. A paisagem da cafeicultura na crise da escravidão: as pinturas de Nicolau Facchinetti e Georg Grimm. *Revista do IEB*, n.44, p. 55-76, fev. 2007.

MARTINS, Romário. *Relatório apresentado ao Exmo. Sr. Dr. B. Lamenha Lins*, Secretario d'Estado dos Negócios do Interior pelo director do Museu Paranaense Romário Martins em 1.o de janeiro de 1906. Curytiba: Typ. E Lith a vapor Impre. Paranaense, 1906.

MARTINS, Romário. *Exposição Nacional de 1908*: Catalogo do Estado do Paraná. Rio de Janeiro: Officinas Graphicas, 1908.

MARTINS, Romário. *O livro das árvores do Paraná*. Curitiba: Diretório Regional de Geografia do Estado, 1944.

MATTOS, Claudia (org.). *Goethe e Hackert*: sobre a pintura de paisagem na Europa e no Brasil. Cotia: Ateliê Editorial, 2008.

MAUAD, Ana Maria. Imagem e auto-imagem do Segundo Reinado. In: ALENCASTRO, Luiz Felipe (org). *História da vida privada no Brasil*: Império, 1997, p. 181-232.

MENEZES, Tereza. *Ibsen e o novo sujeito da modernidade*. São Paulo: Perspectiva, 2006.

MESSEL, Nils (Redaktør). *Norske Forfatterportretter*. Oslo: Ascheboug og Gyldendal, 1993.

MICELI, Sérgio. *Imagens negociadas*: retrato da elite brasileira 1920-40. São Paulo: Companhia das Letras, 1996.

MICELI, Sérgio. *Nacional estrangeiro*: história social e cultural do modernismo artístico em São Paulo. São Paulo: Companhia das Letras, 2003.

MORAIS, Frederico. *Núcleo Bernardelli*: arte brasileira nos anos 30 e 40. Rio de Janeiro: Pinakotheke, 1982.

MORRETES, F. Lange de. O pinheiro na arte. *Ilustração Brasileira*, Rio de Janeiro, edição comemorativa do Centenário do Paraná, n.224, dez. 1953.

MORTENSEN, Klaus. The peasant and the view. In: GUNNARSSON, Torsten (org.). *A mirror of nature*: Nordic Landscape paiting 1840-1910. Odder: Narayana Press, 2006.

MUNHOZ DA ROCHA, Bento. A significação do Paraná. *Diário da Tarde*, Curitiba, 4 abr. 1930.

MURICY, Andrade. *Emiliano Pernetta*: subsidios para a historia da poesia brazileira contemporanea. Rio de Janeiro: Edições América Latina, 1919.

NAESS, Harald S. *Knut Hamsuns Brev*:1879-1895. Oslo: Gyldendal Norsk Forlag, 1994.

NAVES, Rodrigo. Almeida Júnior: o sol no meio do caminho. *Novos estud*, CEBRAP [online], n.73, p. 135-148, 2005.

NEGRÃO, Francisco. *Genealogia paranaense*. Curityba: Impressora Paranaense, 1928. v.3.

NORSK KUNSTNER LEKSIKON. Oslo, 1983.

O BAILE DAS RAÇAS. *Paranista: Revista de divulgação cultural do Paraná*, v.1, n.1, set. 1933.

OLIVEIRA, Helder. *Olhar o mar*: um estudo sobre as obras 'Marinha com Barcos" (1895) e Paisagem com rio e barco ao seco em São Paulo "Ponte Grande" (1895) de Giovanni Castagneto. Dissertação (Mestrado em História da Arte), UNICAMP, Campinas, 2007.

OLIVEIRA, Luis Claudio Soares. *Joaquim contra o paranismo*. Dissertação (Mestrado em Letras) – UFPR, Curitiba, 2005.

OLIVEIRA, Márcio. O "Brasil Diferente" de Wilson Martins. *Caderno CRH*, Salvador, v.18, n.44, maio/ago. 2005.

OLIVEIRA, Marcio. Origens do Brasil meridional: dimensões da imigração polonesa no Paraná, 1871-1914. *Estudos Historicos*, Rio de Janeiro, v.22, n.43, p. 218-237, jan./jun. 2009.

OLIVEIRA, Ricardo Costa de. *O silêncio dos vencedores*: genealogia, classe dominante e Estado no Paraná. Curitiba: Moinho do Verbo, 2001.

OLIVEIRA, Ricardo Costa de. Identidade do Paraná. *Cadernos Paraná da Gente*, n.4, 2003.

OPSTAD, Gunvald. Historien om Alfredo Emilio Andersen. *Faedrelandsvennen*, 6 nov. 1980.

OPSTAD, Gunvald. *Olaf Isaachsen*. Oslo: Aschehoug, 1993.

OPSTAD, Gunvald. Eventyrskikkelsen Alfredo. *Vi Ser På Kunst*, n.1, 1995.

OSINSKI, Dulce. Os pioneiros do ensino da arte no Paraná. *Revista da Academia Paranaense de Letras*, Curitiba, v.63, n.41, p. 143-152, maio 2000.

OSINSKI, Dulce. *A modernidade no sótão*:educação e arte em Guido Viaro. Curitiba: Editora UFPR, 2008.

OXFELDT, Elisabeth. *Nordic Orientalism*: Paris and the Cosmopolitan Imagination 1800-1900. Copenhagen: Museum Tusculanum, University of Copenhagen, 2005.

PANOFSKY, Erwin. *Significado nas artes visuais*. São Paulo: Perspectiva, 1976.

PANORAMA DA ARTE NO PARANÁ.*I – Dos precurssores à escola Andersen*. Curitiba: Badep, 1975.

PEREIRA, Luís Fernando Lopes. *Paranismo*: o Paraná inventado: cultura e imaginário no Paraná da I Republica. 2.ed. Curitiba: Aos Quatro Ventos, 1998.

PEREIRA, Luís Fernando Lopes. *O espetáculo dos maquinismos modernos*: Curitiba na virada do século XIX para o XX. São Paulo: Blucher Acadêmico, 2009.

PERUTTI, Daniela. *Gestos feitos de tinta*: as representações corporais na pintura de Almeida Júnior. Dissertação (Mestrado em Antropologia Social) – USP, São Paulo, 2007.

PEVSNER, Nikolaus. *Academias de arte*: passado e presente. Sao Paulo: Companhia das Letras, 2005.

PILOTO, Valfrido. *O acontecimento Andersen*. Curitiba: Mundial, 1960.

POMBO, Rocha. *Para a história*. Curitiba: Fundação Cultural, 1980.

POMBO, Rocha. *O Paraná no centenario*. Rio de Janeiro: Typographia Leuzinger, 1900.

PROSSER, Elisabeth Seraphim. *Cem anos de sociedade, arte e educação em Curitiba*: 1853-1953: da Escola de Belas Artes e Indústrias de Mariano de Lima à Universidade Federal do Paraná e a Escola de Música e Belas Artes do Paraná. Coleção Páginas Escolhidas, 150 anos da Criação Política do Paraná. Curitiba: Imprensa Oficial, 2004.

PROSSER, Elisabeth Seraphim. *Páginas escolhidas*: 150 anos da criação política do Paraná. Curitiba: Imprensa Oficial, 2004.

RIBEIRO FILHO, Aníbal. *História do Club Litterário*. Curitiba: Empresa Gráfica Universal, 1972.

RIBEIRO FILHO, Anibal. Paranaguá ano 1900. *Quilote*: Órgão de divulgação das Entidades Culturais de Paranaguá, Parabaguá, v.1, n.1, ago. de 1989.

ROSSI, Mirian. Circulação e mediação da obra de arte na Belle Époque paulistana. *Anais do Museu Paulista*, São Paulo, v.6/7, n.7, p. 83-119, 2003.

RUBENS, Carlos. *Pequena história das artes plásticas no Brasil*. Rio de Janeiro: Companhia Editora Nacional, 1941.

RUBENS, Carlos. *Andersen*: pai da pintura paranaense. Curitiba: Fundação Cultural, 1995.

RÜCKER, Joseane. *A Revista Festa e a modernidade universalista na arte*: Estudo de caso: Adelino Magalhães. Dissertação (Mestrado em Letras) – UFRGS, Porto Alegre, 2005.

RVPSC. *Paranaguá-Curitiba*: oitenta anos de ligação ferroviária. Edição Comemorativa da rêde de viação Paraná-Santa Catarina. Curitiba, 1965.

SALGADO, Plínio. Significado da anta. *Ilustração Paranaense*, Curitiba, v.2, n.5, maio 1928.

SALIBA, Elias Thomé. *As utopias românticas*. Sao Paulo: Brasiliense, 1991.

SALTURI, Luis Afonso. *Frederico Lange de Morretes*: liberdade dentro de limites: trajetória do artista cientista. Dissertação (Mestrado em Sociologia) – UFPR, Curitiba, 2007.

SALTURI, Luis Afonso. Paranismo: movimento artístico do sul do Brasil no início do século XX . *Perifèria*, n.11, Dic 2009.

SANTANA, Luciana. *Escola de Belas Artes e Indústrias do Paraná*: o projeto de ensino de Artes e Ofícios de Antônio Mariano de Lima. Curitiba, 1886-1902. Dissertação (Mestrado em História) – UFPR, Curitiba, 2004.

SANTOS, Dario N. *A maçonaria em Paranaguá*: ação histórica da Aug.: Resp.: Cap.: Benemérita e Benfeitora Perseverança de Paranaguá. 1948.

SCHAMA, Simon. *Paisagem e memória*. São Paulo: Companhia das Letras, 1996.

SCHEIFER, Bruna. *Paranaguá, cidade portuária*: entre a cidade "sonhada e a cidade real". Dissertação (Mestrado em História) – UNIOESTE, Marechal Cândido Rondon, 2008.

SCHWARCZ, Lilia Moritz. *As barbas do Imperador*: D. Pedro II, um monarca nos trópicos. São Paulo: Companhia das Letras, 1998.

SCHWARCZ, Lilia Moritz. *O sol do Brasil*: Nicolas-Antoine Taunay e as desventuras dos artistas franceses na corte de D. João. São Paulo: Companhia das Letras, 2008.

SCHWARZ, Roberto. Nacional por substração. In: _____. *Que horas são?* São Paulo: Companhia das Letras, 1987.

SÊGA, Rafael Augustus. *Tempos belicosos*: a Revolução Federalista no Paraná e a rearticulação da vida político-administrativa do Estado. Curitiba: Aos Quatro Ventos/CEFET-PR, 2005.

SELBERG, Anna. L'Italia e la sua immagine nella pittura norvegese dell' Ottocento. In: LANGE, Marit (curator). *Da Dahl a Munch*: Romanticismo, realismo e simbolismo nella pittura di paesaggio norvegese. Ferrara: Ferrara Arte, 2001.

SERAPHIM, Miriam. *Eros adolescentel*: no verão de Eliseu Visconti. Campinas: Autores Associados, 2008.

SIMIONI, Ana P. *Profissão artista*: pintoras e escultoras acadêmicas brasileiras. São Paulo: Editora da Universidade de São Paulo: Fapesp, 2008.

SIMMEL, Georg. El extranjero. In: _____. *Sobre la individualidad y las formas sociales*: escritos escogidos. Quilmes: Universidad Nacional de Quilmes, 2002.

SIMMEL, Georg. Sobre a aventura. In: SIMMEL, Georg; SOUZA, Jessé; ÖELZE, Berthold (org.). *Simmel e a modernidade*. Brasília: Editora Universidade de Brasília, 1998.

SLAATTO, Anine Wollbaeck. Alfredo Andersen: Kristiansandgutten som ble Brasils første portrett: *og folkelivsmaler. Kunst og Kultur*, Oslo, 1940, p. 247-256.

SOUSA, Gilda de Melo. *Pintura brasileira contemporânea*: os precurssores. In: _____. *Exercícios de leitura*. São Paulo: Duas Cidades, 1980.

SQUEFF, Leticia. *O Brasil nas letras de um pintor*: Manuel de Araújo Porto-Alegre (1806-1879). Campinas: Editora da Unicamp, 2004.

STEEN, Sverre. *Kristiansands historie*: i fredens århundre 1814-1914. Oslo: Grøndahl & Søn, 1948.

SVANHOLM, Lise. *Northern light*: the Skagen painters. Copenhagen: Glydendal, 2008.

SVARÇA, Décio. *O forjador*: ruínas de um mito. Romário Martins (1893-1944). Dissertação (Mestrado em História) – UFPR, Curitiba, 1993.

TARASANTCHI, Ruth Sprung. *Pintores paisagistas*: São Paulo, 1890-1920. São Paulo: Editora da Universidade de São Paulo; Imprensa Oficial do Estado, 2002.

TARASANTCHI, Ruth Sprung. O Brasil de Pedro Weingärtner. In: TARASANTCHI, Ruth Sprung et al.*Pedro Weingärtner (1853-1929)*: um artista o Velho e o Novo Mundo. São Paulo: Pinacoteca do Esrado de São Paulo, 2009.

TEIXEIRA, Lucia. Sou, então, pintura: em torno de auto-retratos de Iberê Camargo. *Alea* [online], v.7, n.1, p. 123-138, 2005.

TREVISAN, Dalton. "Viaro Hélas... e abaixo Andersen". *Joaquim*, Curitiba, n.7, dez. 1946.

TRONSTAD, Roger. Dronningens gate 21 i årene 1818-1892.In: Årbok 2008. *Wergelandsfamilien og Kristiansand*. Vest-Agder Museet, 2008.

TURAZZI, Maria Inez. *Poses e trejeitos*: a fotografia e as exposições na era do espetáculo (1839-1889). Rio de Janeiro: Rocco, 1995.

TURIN, Elizabete. *A arte de João Turin*. Campo Largo: INGRA, 1998.

TURNER, Jane (Ed.). *The Dictionary of Art*. Ohio: Mcmillan Publisher, 1996. 36v.

VALLADÃO DE MATTOS, Claudia. O enfrentamento entre homem e natureza na pintura de paisagem do Brasil do século XIX. *Anais do XXIX Colóquio do Comitê Brasileiro de História da Arte*, p. 286-296, 2009.

VAN ERVEN, Herbert Munhoz. *Rossio*: a fantasia e a realidade em torno de uma imagem miraculosa. Curitiba: Edição do Autor, 1946.

VARNADOE, Kirk. *Northern light*: Nordic art at the turn of the century. New Haven and London: Yale University Press, 1988.

VÍTOR, Nestor. *A terra do futuro*: impressões do Paraná. Curitiba: Prefeitura Municipal de Curitiba, 1996.

WACHOWICZ, Ruy. Os ádvenas e os paranistas na obra de Romário Martins. *Boletim do Dehis*, Curitiba, v.21, [s.d.].

WAIZBORT, Leopoldo. *As aventuras de Georg Simmel*. São Paulo: Ed. 34, 2000.

WALDEMAR CURT FREYESLEBEN. *Revista Paranaense de Estudos Culturais*, Curitiba: Secretaria de Estado da Cultura e do Esporte, 1981.

WARBURG, Aby. El arte del retrato y la burguesia florentina (1902). In: ____. *El Renacimiento del paganismo*: aportaciones a la história cultural del Renacimiento europeo. Madrid: Alianza Editorial, 2005.

WERENSKIOLD, Marit. Erik Werenskiold in Munich 1875-1881. *Konsthistorisk tidsskrift*, v.68, n.2, 1999, p. 81-98.

WEST, Shearer. *Portraiture*. New York: Oxford History of Art, 2004.

WESTPHALEN, Cecília Maria. *Porto de Paranaguá*: um sedutor. Curitiba: Secretaria da Cultura, 1998.

WESTPHALEN, Cecília. Clube Literário de Paranaguá. In: *Dicionário histórico-biográfico do Paraná*. Curitiba: Editora do Chain e Banco do Estado do Paraná, 1991.

WESTPHALEN, Cecília. *Comércio exterior do Brasil Meridional*. Curitiba: CD, 1999.

WICHSTRØM, Anne. Oda Krohg: A Turn-of-the-Century Nordic Artist. *Woman's Art Journal*, v.12, n.2, 1991, p. 3-8.

WICHSTRØM, Anne. Asta Nørregaard: aspects of professionalism. *Woman's Art Journal*, v.23, n.1, p. 3-11, Spring 2002.

Catálogos

A exposição do Cincoentenario promovida pela Sociedade Estadual de Agricultura do Paraná sob os auspícios do Governo do Estado. Curytiba: Impressora Paranaense, 1905.

Bienal Brasil Século XX, 1994.

BRUNO LECHOWSKI. *Catálogo MON*. Curitiba: Asssociação dos Amigos do Museu Oscar Niemeyer, 2006.

Alfredo Andersen. Pinacoteca do Estado de São Paulo, 15 de setembro a 15 de outubro de 1981. Texto de Eduardo Rocha Virmond.

Pedro Weingartner (1853-1929): um artista entre o Velho e o Novo Mundo. São Paulo: Pinacoteca do Estado de São Paulo, 2009

MUSEU NACIONAL DE BELAS ARTES. *Andersen*. Catálogo de exposição. Rio de Janeiro: MNBA, 1984. Texto de Adalice Araujo.

Cartas

Carta da Odilon Negrão a Alfredo Andersen. 20 de novembro de 1933.

Carta enviada por Alfredo Andersen à Alzira Andersen em 1.o de fevereiro de 1928. Acervo do Museu Alfredo Andersen (MAA).

Carta de Sebastião Paraná ao Dr. Domingo Jaguaribe enviada em 27 de outubro de 1920. Acervo MAA.

Carta de Silveira Neto a Alfredo Andersen. Rio, 10.03.1923.

Carta de Silveira Neto para Alfredo Andersen. Rio de Janeiro, 17.08.1933.

Carta da Alfredo Andersen aos pais. Novembro de 1915.

Carta de Romário Martins a Alfredo Andersen. Curitiba, 22.04.1918.

Carta de Rachel Prado a Alfredo Andersen. Rio de Janeiro, 14.04.1933.

Periódicos

A República, 1905, 1914, 1926.

A Tribuna, 24 e 25/03/1914.

Almanach Paranaense. Curitiba: Impressora Paranaense, 1897.

Comércio do Paraná, 15 e 16 de setembro de 1923.

Diário da Tarde, 1903, 1907, 1910, 1911, 1914, 1917, 1918, 1919, 1920, 1921, 1929, 1935.

Estado de São Paulo, 29/06;1921.

Festa: mensário de pensamento e de arte, Rio de Janeiro, v.1, n.4, p. 13-14, 1.o jan. 1928.

Gazeta do Povo, 1921, 1922, 1923, 1925.

Ilustração Brasileira: Edição Comemorativa do Centenário do Paraná, n. 224 Dezembro de 1953.

Ilustração Paranaense, 1927, 1928, 1930.

Norsk Sjøfartstidende, 26/01/1897.

O Dia, 17.03.1925.

O Estado de São Paulo, 29/06/1921.

O Itiberê, Ano XI, n.127, 1929.

Entrevista

Entrevista de Alzira Andersen à Neida Oliveira em 22-05-1988; Museu Andersen, pasta 001D – dados biográficos/árvore genealógica.

Leis

PARANÁ. Decreto Lei n.o 366, de 11 de abril de 1900.

PARANÁ. Relatórioapresentando á Assembleia Legislativa do Paraná no dia 17 de fevereiro de 1887 pelo Presidente da Provincia Dr. Joaquim D'Almeida Sobrinho. Curityba. Typ. da Gazeta Paranaense, 1887.

PARANÁ. Lei n.o 1150. 27 mar 1912. Leis e Decretos do Estado PR.

Lei n.o 786, de 20 de abril de 1908.

PRODUÇÃO ARTÍSTICA

ANO	TÍTULO DA OBRA	TÉCNICA E MATERIAL	DIMENSÃO alt. x larg. (cm)	ACERVO OU COLEÇÃO
1865	Curitiba	Óleo/tela	24 x 32	Coleção Particular
1878	Fazendo Fosquinhas	Óleo/tela	29,3 x 43,5	NL
1878	Igreja de Oslo	Óleo/madeira	35,5 x 48	Coleção Particular
1881	Barco Norueguês	Óleo/tela	17 x 22,5	Acervo Museu Alfredo Andersen
1881	Porto de Oslo	Óleo/madeira	36 x 28	Coleção Particular
1885	Marinha	Óleo/tela	13,5 x 23	Coleção Particular
1886	Casa Paterna	Óleo/tela	33 x 44	NL
1886	Junto ao Leito da Doente	Óleo/tela	53,5 x 67,5	Coleção Particular Noruega
1886	Paisagem da Noruega	Óleo/madeira	25 x 34	Coleção Particular
1887	Interior da Casa "Fazenda em Seteisdalen"	Óleo/tela	34 x 23,2	Coleção Particular
1888	Olaf W. Isaachsen	Óleo/tela	126 x 82,5	Acervo Museu Sørlandet
1889	Retrato Desconhecido	Óleo/tela	60,5 x 48,3	Coleção Particular
1891	O Avô do Artista	Óleo/papelão	31 x 26	Coleção Particular
1891	Knut Hamsun	Óleo/tela	127 x 85	Acervo Galeria Nacional de Oslo, Noruega
1891	Marinha	Óleo/tela	15 x 26	Coleção Particular
1892	A Bordo do Navio	Óleo/tela/papelão	34,5 x 27	Acervo Museu Alfredo Andersen
1892	Cabedelo	Óleo/tela	40 x 30	Coleção Particular
1892	Cachimbando	Óleo/tela	66 x 54	Coleção Particular

1892	Domingo de Tarde	Óleo/papelão	25 x 33	Acervo Museu Alfredo Andersen
1892	Marinheiro	Óleo/madeira	25 x 33	Coleção Particular
1892	Marinheiro	Óleo/tela	25 x 33	Coleção Particular
1892	Marinheiro no Navio	Óleo/tela	25 x 33	Coleção Particular
1892	Porto de Cabedelo	Óleo/tela	135 x 95	Coleção Particular
1892	Porto de Cabedelo	Óleo/tela	90 x 150	Coleção Particular
1892	Retrato Desconhecido	Óleo/tela	54 x 42	Coleção Particular
1893	Ana	Óleo/aglomerado de madeira	39 x 29	Coleção Particular Noruega
1893	Arminda Moreira	Óleo/tela	45 x 54	Coleção Particular
1893	Retrato Desconhecida	Óleo/tela	55 x 44	Coleção Particular
1894	Rocio Paranaguá	Óleo/tela	30 x 20	Coleção Particular
1895	Rocio	Óleo/tela	26 x 40	Coleção Particular
1895	Trapiche Paranaguá	Óleo/papelão	22 x 34	Coleção Particular
1895	Trapiche de Paranaguá	Óleo/tela	33,5 x 25,2	Coleção Particular
1895	Vista do Porto	Óleo/tela	25 x 32,5	Coleção Particular
1896	Lendo Correspondência	Óleo/tela	39 x 58	Acervo Museu Alfredo Andersen
1896	O Mestre Ensinando	Óleo/tela	19 x 23	Coleção Particular
1896	Paisagem da Noruega	Óleo/tela	31 x 23	Coleção Particular
1896	Retrato de Explorador e Jornalista Sueco - Linistron	Óleo/tela	28,2 x 46,2	Coleção Particular
1896	Rocio	Óleo/tela	40 x 62	Coleção Particular
1896	Rocio	Óleo/tela	20 x 30	Coleção Particular
1896	Visconde de Nácar	Óleo/tela	70,5 x 60,3	Acervo Câmara Municipal de Paranaguá
1897	Dr. Manuel Victorino	Óleo/tela	60,5 x 49,5	Acervo Câmara Municipal de Paranaguá
1897	Dr. Prudente de Morais	Óleo/tela	59,9 x 49,5	Acervo Câmara Municipal de Paranaguá
1897	Marechal Deodoro da Fonseca	Óleo/tela	60,5 x 50,5	Acervo Câmara Municipal de Paranaguá
1898	Maria Café	Óleo/tela	40,5 x 30	Coleção Particular
1898	Rocio	Óleo/tela	23 x 31	Coleção Particular
1899	Ponte Pênsil Rio São João	Óleo/tela	23 x 32	Coleção Particular
1900	Infante (retrato de Reinaldo Machado aos 4 anos)	Óleo/tela	71 x 12,1	Coleção Particular
1901	Desconhecida	Óleo/tela	54 x 43,5	Acervo Museu Alfredo Andersen
1901	Marinha	Óleo/tela	35 x 28	Coleção Particular

1901	Rocio	Óleo/tela	28 x 48	Coleção Particular
1902	José Freitas Maia	Óleo/tela	46 x 55,5	Coleção Particular
1902	Olímpia Carneiro	Óleo/tela	176 x 130	Coleção Particular
1902	Rocio	Óleo/tela	26 x 14	Coleção Particular
1903	Monsieur Laforge	Óleo/tela	60 x 49	Acervo Museu Alfredo Andersen
1904	Estudo para Queimada ou Lavadeiras	Óleo/tela	60 x 40	Coleção Particular
1904	Sete Quedas	Óleo/tela	41 x 322	Coleção Itaipu Binacional
1905	Mãe d'Água	Óleo/tela	46 x 71	Coleção Particular
1906	Vicente Machado	Óleo/tela	250 x 146	Museu Paranaense
1907	Campos de São Luís do Purunã	Óleo/tela/papelão	27 x 15	Coleção Particular
1907	Honório Décio da Costa	Óleo/tela	55 x 45	Acervo Museu Alfredo Andersen
1909	Dr. Per Karl Dusén	Óleo/tela	101 x 63	Acervo Museu Alfredo Andersen
1909	Rocio	Óleo/tela	35,2 x 20	Coleção Particular
1909	Velha Professora	Óleo/tela	81,5 x 66	Acervo Museu Alfredo Andersen
1910	Guedes Mello	Óleo/tela	27 x 36,2	Coleção Particular
1910	Ludovico Bieniek	Óleo/tela	54 x 73	Acervo Sociedade Amigos de Alfredo Andersen
1912	Barra do Sul	Óleo/tela	47 x 71	Acervo Associação Comercial do Paraná
1912	Barra do Sul/Marinha	Óleo/tela	16 x 36,5	Coleção Particular
1912	Barra do Sul	Óleo/tela	17 x 33,5	NL (furtado)
1912	Carlos Gomes	Óleo/tela	53,5 x 47	Acervo Museu Alfredo Andersen
1912	Generoso Marques dos Santos	Óleo/tela	109 x 95	Museu Paranaense
1912	Ilha do Mel	Óleo/tela	29 x 48	Coleção Particular
1912	Residência da Família Laforge	Óleo/tela	52,5 x 62,5	Museu Oscar Niemeyer
1913	Prenúncio de Tempestade	SI	SI	Coleção Particular
1914	Estrada de Terra	Óleo/tela	43 x 32	Coleção Particular
1914	Nova Krotona – Rio Negro	Óleo/tela	41 x 76	Coleção Particular
1915	Maria Josepha de França Pimpão	Óleo/tela	60 x 48	Acervo Museu Alfredo Andersen
1916	Julio Ferreira Leite	Óleo/tela	25 x 25	Coleção Particular
1916	Marinha	Óleo/tela	20 x 30	Coleção Particular
1917	Ipiranga – Serra – Paranaguá	Óleo/tela	38 x 48	Coleção Particular
1917	Paisagem	Óleo/madeira	34 x 43	Coleção Particular

Ano	Título	Técnica	Dimensões	Acervo
1918	Arredores de Curitiba	Óleo/papelão	23,5 x 37,5	Acervo Fundação Cultural de Curitiba
1918	Caminho	Óleo/tela	30 x 49	Coleção Particular
1918	Caminho	Óleo/tela	49,3 x 30,3	Coleção Particular
1918	Homem Pintando	Óleo/tela/papelão	32,5 x 24	Coleção Particular
1918	Houmbolstras	Óleo/tela	74 x 55	Coleção Particular
1918	Orfanato São Bento	Óleo/tela	25 x 33	Coleção Particular
1918	Paisagem Com Lírios	Óleo/tela	30,5 x 43	Acervo Sociedade Amigos de Alfredo Andersen
1918	Passeio Público	Óleo/aglomerado de madeira	37 x 24	Coleção Particular
1918	Porto de Paranaguá	Óleo/tela	76,2 x 55,5	Coleção Particular
1918	Retrato Desconhecido	Óleo/tela	22 x 30	Coleção Particular
1919	Atelier	Óleo/tela	45 x 57	Coleção Particular
1919	Campo Com Pinheiros	Óleo/tela	SI	Coleção Particular
1919	O Estúdio	Óleo/tela	58 x 45	Coleção Particular
1919	Madame Laforge	Óleo/tela	43 x 30	Coleção Particular
1919	Mãe d'Água e Deusa Desnuda	Óleo/tela	37 x 60	Coleção Particular
1919	Paisagem	Óleo/tela	34 x 47	Coleção Particular
1919	Paisagem do Barigui	Óleo/tela	29,5 x 42	Coleção Particular
1919	Pinheiros	Óleo/tela	22,5 x 33,5	Coleção Particular
1919	Vista do Ateliê - Noruega	Óleo/papelão	13 x 22	Coleção Particular
1920	Campos Gerais	Óleo/tela	18 x 35	Coleção Particular
1920	Guaratuba	Óleo/tela	66 x 76	Acervo Fundação Honorina Valente
1920	Homem Pintando	Óleo/tela	44,5 x 61	Coleção Particular
1920	Nuvens Ameaçadoras	Óleo/tela	48 x 60	Coleção Particular
1920	Paisagem	Óleo/tela	32 x 44	Coleção Particular
1920	Paisagem	Óleo/tela	49,5 x 31	Coleção Particular
1921	Brincando Com O Gato	Óleo/tela	37,7 x 41	Coleção Particular
1921	Desconhecido	Óleo/tela	61 x 47	Coleção Particular
1921	Fundo de Quintal	Óleo/tela	SI	Coleção Particular
1921	Limpando Sardinhas	Óleo/tela	34 x 49	Coleção Clube Curitibano
1921	Paisagem	Óleo/tela	19 x 38	Coleção Particular
1921	Paisagem de Piraquara	Óleo/tela	45 x 60,5	Acervo Associação Comercial do Paraná
1921	Pinheiro	SI	78 X 65	Coleção Particular
1921	Piraquara	Óleo/tela	45 x 61	Coleção Particular
1921	Sem título	Óleo/tela	47 x 60	Coleção Particular
1921	Tanque do Bacacheri	Óleo/tela	45 x 60	Coleção Particular

Ano	Título	Técnica	Dimensões	Localização
1922	Francisca	Óleo/tela	34 x 39	Coleção Particular
1922	Joseph Hauer Santos	Óleo/tela	60 x 47	Coleção Particular
1922	Netuno Com As Sereias	Óleo/tela	70 x 82	Coleção Particular
1922	Paisagem Com Canoa Na Margem	Óleo/tela	66 x 89	Acervo Museu de Arte de São Paulo Assis Chateaubriand
1923	Caboclos de Tibagi – Ponta Grossa	Óleo/tela	60 x 49	Coleção Particular
1923	Guaratuba	Óleo/tela	24 x 33	Coleção Particular
1923	Homem Lendo	Óleo/tela	26 x 34	Coleção Particular
1923	Paisagem Com Gado - Fazenda	Óleo/tela	55 x 75	Coleção Particular
1923	Paisagem Rural	Óleo/tela	68 x 88	Coleção Particular
1923	Romualdo Andersen	Óleo/tela	33,5 x 43,5	Coleção Particular Noruega
1924	Nu	Óleo/tela	46 x 59	Coleção Particular
1924	Paisagem do Rocio	Óleo/tela	32 X 41,5	Acervo Fundação Honorina Valente
1924	Retrato Desconhecido	Óleo/tela	30 x 24,5	Coleção Particular
1924	Tanque do Bacacheri	Óleo/tela	54 x 44	Coleção Particular
1925	Carlos Coelho Júnior	Óleo/tela	26 x 34	Coleção Particular
1925	Caseiro de Caieiras	Óleo/tela	27 x 35	Coleção Particular
1925	Paisagem de Guaratuba I	Óleo/tela	45 x 61	Acervo Clube Curitibano
1925	Paisagem de Guaratuba II	Óleo/tela	45 x 61	Acervo Clube Curitibano
1925	Paisagem Paranaense	Óleo/tela	60 X 46	Coleção Particular
1925	Paisagem de Santa Teresa	Óleo/tela	58 x 76	Acervo Museu Alfredo Andersen
1926	Auto-Retrato	Óleo/tela	34,5 x 26	Acervo Museu Alfredo Andersen
1926	Paisagem	Óleo/tela	58 x 69,5	Acervo Fundação Honorina Valente
1926	Porto de Paranaguá	Óleo/papelão	19,5 x 28	Acervo Museu Alfredo Andersen
1926	Rio de Janeiro	Óleo/tela	75 x 65	Coleção Particular
1927	Ana Andersen	Óleo/madeira	30,8 x 23,3	Coleção Particular
1927	Doceira da Noruega	Óleo/tela	44 x 55	Coleção Particular
1927	Flores Silvestres	Óleo/tela	35 x 25	Coleção Escola de Música e Belas Artes do Paraná
1927	Lago da Noruega	Óleo/papelão	38 x 56	Coleção Particular
1927	Quitandeiro no Litoral – Caldo de Cana	Óleo/tela	45 x 58	Coleção Particular
1928	Charlotte Margrethe Peersen	Óleo/tela	120 x 65	Coleção Particular Noruega

1928	Dr. Afonso de Camargo	Óleo/tela	73 x 136	Coleção Particular
1928	Hanna Andersen	Óleo/madeira	49 x 37	Coleção Particular Noruega
1928	Orgulho da Vovó	Óleo/tela	59 x 47	Acervo Escola de Música e Belas Artes do Paraná
1928	Othilie Andersen	Óleo/madeira	49 x 37	Coleção Particular Noruega
1929	Porto de Paranaguá	Óleo/tela	30 x 40	Coleção Particular
1929	Rocio	Óleo/tela	48 x 58	Coleção Particular
1930	Araucárias	Óleo/tela	45 x 35	Coleção Particular
1930	Cajurú	Óleo/tela	31 x 42	Coleção Mirtilo Trombini
1930	Dirceu Andersen	Óleo/tela	45,2 x 35	Coleção Particular
1930	Duas Raças	Óleo/tela	84 x 62	Acervo Museu Alfredo Andersen
1930	Entrada da Barra do Sul	Óleo/tela	33 x 66	Museu Oscar Niemeyer
1930	Entrada da Barra do Sul - Pôr-do-Sol	Óleo/madeira	21,5 x 14	Coleção Particular
1930	Entrada da Barra do Sul/ Pôr-do-Sol	Óleo/tela	70,5 x 98,5	Acervo Museu Alfredo Andersen
1930	Margem do Rio Iguaçu	Óleo/tela	63 x 42	Coleção Particular
1930	Monsenhor Celso	Óleo/tela	147 x 89	Coleção Particular
1930	Paisagem Com Pinheiro	Óleo/tela	31 x 41	Coleção João Baptista Cid
1930	Paisagem Com Pinheiros	Óleo/tela	40 x 31	Coleção Particular
1930	Pinheiros	Óleo/tela	59 x 44	Coleção Particular
1930	Rocio – Rumo à Barra	Óleo/tela	25 x 36	Coleção Particular
1931	Anna, Esposa e Mãe	Óleo/tela	70 x 58	Acervo Museu Alfredo Andersen
1931	O Artista	Óleo/tela	55 x 75	Coleção Particular
1931	Dirceu Andersen	Óleo/tela	36 x 26	Coleção Particular
1932	Auto-Retrato	Óleo/tela	76 x 53,5	Acervo Museu Nacional de Belas Artes, Rio de Janeiro
1932	Frederico de Marco	Óleo/tela	90 x 98,5	Acervo Museu Alfredo Andersen
1932	Paisagem Com Pinheiros	Óleo/tela	31 x 41	Coleção Particular
1933	Tulipas	Óleo/tela	22 x 14	Coleção Particular
1934	Joana Oliveira	Óleo/tela	SI	Coleção Particular
1935	As Comadres	Óleo/tela	60 x 73	Coleção Particular
1935	Moça Com Flor	Óleo/tela	76 x 53	Coleção Particular
1935	Sinhazinha Rebelo	Óleo/tela	45 x 37	Acervo Museu Alfredo Andersen
SD	A Espera	Óleo/tela	59 x 70	Coleção Particular

SD	Afonso Pena	Óleo/tela	53,5 x 43,5	Acervo Câmara Municipal de Paranaguá.
SD	Affonso Alves de Camargo	SI	SI	Coleção Particular
SD	Agostinho Ermelino de Leão	SI	SI	Museu Paranaense
SD	Alfredo Andersen Junior	Óleo/tela	56 x 46,5	Coleção Particular
SD	Alfredo Romário Martins	Óleo/tela	69 x 57	Acervo Museu Paranaense
SD	Alzira Minha Filha	Óleo/tela	34 x 25	Escola de Música e Belas Artes do Paraná
SD	A Moça e a Estatueta	Óleo/tela	51 x 36	Acervo Museu Alfredo Andersen
SD	Ana (jovem)	Óleo/tela	34 x 39	Coleção Particular
SD	Ana Andersen	Óleo/tela	35 x 26,5	Coleção Particular
SD	Ana Andersen com Cachorro	Óleo/tela	62 x 47	Coleção Particular
SD	Ana Elfrida Andersen	Óleo/tela	35 x 42	Coleção Particular
SD	Ana Elfrida com neném	Óleo/tela	40 x 23,1	Coleção Particular
SD	Ana Bockmann Lange	Óleo/tela	49 x 61	Coleção Particular
SD	Ana Wassermann Bockmann	Óleo/tela	60 x 48	Acervo Museu Alfredo Andersen
SD	Ângela Tassi	Óleo/tela	50 x 61	Coleção Particular
SD	Ângela Tassi	Óleo/tela	50 x 61	Coleção Particular
SD	Anna Lange	Óleo/tela	70 x 60	Coleção Particular
SD	Arminda Amália Moreira Veiga	Óleo/tela	46 x 54	Coleção Particular
SD	Arredores de Curitiba	Óleo/tela	46 x 36	Coleção Particular
SD	Arredores de Curitiba	Óleo/tela	25 x 35	Coleção Particular
SD	Arredores de Oslo	Óleo/tela	38 x 28	Coleção Particular
SD	Arthur de Abreu	Óleo/tela	47 x 38,5	Acervo Museu Alfredo Andersen
SD	Augusto Bockmann	Óleo/tela	60 x 48	Acervo Museu Alfredo Andersen
SD	Auto-retrato	Óleo/tela	31 x 25	Coleção Particular
SD	Barco à vela	Óleo/tela	20 x 27	Coleção Particular
SD	Barra da Ilha	Óleo/tela	6,5 x 15	Coleção Particular
SD	Barra do Sul	Óleo/tela	32 x 65	Coleção Particular
SD	Brincando com o gato	Óleo/tela	32x21	Coleção Particular
SD	Brincando no Jardim	Óleo/tela	SI	Coleção Particular Noruega
SD	Bruno Rudolf Lange	Óleo/tela	SI	Coleção Particular
SD	Bugra	Óleo/tela	50 x 62	Coleção Particular
SD	Cabeça (estudo para retrato de Diezen)	Óleo/tela	37 x 31	Coleção Particular
SD	Cabedelo	Óleo/tela	93 x 152	Coleção Particular

SD	Cabedelo	Óleo/tela	26 x 36	Coleção Particular
SD	Cabedelo	Óleo/tela	92 x 155	Coleção Particular
SD	Caminho	Óleo/tela	31,5 x 49	Coleção Particular
SD	Caminho	Óleo/tela	34 x 26	Coleção Particular
SD	Campos e Casas (Orfanato São Bento)	Óleo/tela	25 x 33	Coleção Particular
SD	Campos Gerais	Óleo/tela	55 x 47	Coleção Particular
SD	Campos Sales	Óleo/tela	58 x 46,5	Acervo Câmara Municipal de Paranaguá
SD	Capitão do Navio	Óleo/tela	24 x 31	Coleção Particular
SD	Caravelas	Óleo/tela	34 x 23,5	Coleção Particular
SD	"Casa do Ipiranga" – Casa de Lange de Morretes	Óleo/tela	49 x 41	Coleção Particular
SD	Casa Pinheiro e Montanha	Óleo/tela	34 x 64	Coleção Particular
SD	Casa do Tanoeiro	Óleo/tela	46 x 39,5	Acervo Museu Alfredo Andersen
SD	Cemitério da Terra Natal	Óleo/papelão	34,6 x 25,1	Coleção Particular
SD	Cemitério Norueguês	Óleo/madeira	26 x 33	Acervo Sociedade Amigos de Alfredo Andersen
SD	Cerca e Pinheiros	Óleo/tela	24 x 32	Coleção Particular
SD	Cesário	Óleo/tela	SI	Coleção Particular
SD	Copa do Pinheiro	Óleo/papelão	11,5 x 11,7	Coleção Particular
SD	Costurando Velas	Óleo/tela	26 x 33	Coleção Particular
SD	Cuidando dos pés	Óleo/tela	38 x 28	Coleção Particular
SD	Dama de Verde	Óleo/tela	58,5 x 49	Acervo Museu Alfredo Andersen
SD	Desconhecido	Óleo/tela	35,5 x 50	Acervo Museu Alfredo Andersen
SD	Dia Nebuloso	Óleo/tela	23 x 33	Coleção Particular
SD	Domício Costa	Óleo/tela	50 x 60	Coleção Particular
SD	Domingo no Campo	Óleo/tela	SI	Coleção Particular Noruega
SD	Engenho de Erva Mate	Óleo/madeira	37 x 27	Coleção Particular
SD	Entardecer	Óleo/papelão	SI	Acervo Museu Alfredo Andersen
SD	Estudo	Óleo/madeira	26 x 16,5	Coleção Particular
SD	Estudo de Caboclo	Óleo/tela	65 x 61	Acervo Museu Alfredo Andersen
SD	Estudo da Figura	Óleo/tela	50 x 35,5	Acervo Museu Alfredo Andersen
SD	(Estudo para auto-retrato)	Óleo/tela	76 x 53,5	Coleção Particular
SD	Euclides Requião	Óleo/tela	30 x 26	Coleção Particular

SD	Família	Óleo/tela	14,5 x 21	Acervo Museu Alfredo Andersen
SD	Figura	Óleo/tela	40 x 32	Acervo Fundação Honorina Valente
SD	Filho de Pietro Martinez	Óleo/tela	73,5 x 60	Acervo Museu Alfredo Andersen
SD	Fim do Romance	Óleo/tela	19,5 x 24	Acervo Museu Alfredo Andersen
SD	Fufi	Óleo/madeira	36,4 x 28,2	Coleção Particular
SD	Fundo de Quintal	Óleo/tela	26,5 x 36	Coleção Particular
SD	Fundo de Quintal	Óleo/tela	37 x 46	Coleção Particular
SD	Gato	Óleo/tela	27 x 36	Coleção Particular
SD	Guaraqueçaba	Óleo/tela/madeira	28,8 x 18,3	Coleção Particular
SD	Guido Viaro	Óleo/tela	42 x 34	Fundação Cultural de Curitiba
SD	Herminia Lange Kaehler	Óleo/tela	60 x 119,5	Coleção Particular
SD	Homem Lendo	Óleo/tela	27 x 35	Coleção Particular
SD	Ilha do Mel	Óleo/tela	66 x 33	Coleção Particular
SD	Ilha do Mel	Óleo/tela	29 x 48	Coleção Particular
SD	Interior de Ateliê	Óleo/tela/suporte rígido	60,5 x 77	Acervo Museu Alfredo Andersen
SD	Interior do Ateliê do Mestre	Óleo/madeira	70 x 55	Coleção Particular
SD	Intimidade I	Óleo/tela	67 x 76	Acervo Museu Alfredo Andersen
SD	Intimidade II	Óleo/tela	67,2 x 46,3	Acervo Museu Alfredo Andersen
SD	João Ferreira Luz	Óleo/tela	SI	Coleção Particular
SD	Julio Hauer	Óleo/tela	34,5 x 27	Acervo Museu Alfredo Andersen
SD	Lahelle, Kristiansand	Óleo/tela	70 x 115	Coleção Particular Noruega
SD	Lange de Morretes	Óleo/tela	46 x 38	Acervo Museu Alfredo Andersen
SD	Lavadeiras	Óleo/tela	91,5 x 153	Acervo Museu Oscar Niemeyer
SD	Lavando Roupa	Óleo/tela	74,5 x 56	Acervo Museu Alfredo Andersen
SD	Leonilda Cobbe Groff	Óleo/tela	45 x 51	Coleção Particular
SD	Luiz França	Óleo/tela	53,5 x 41	Acervo Museu Alfredo Andersen
SD	Mansão Norueguesa	Óleo/tela	21 x 33	Coleção Particular
SD	Marcos Leschand	Óleo/tela	56 x 70	Coleção Particular
SD	Marechal Floriano Peixoto	Óleo/tela	55,8 x 45,8	Acervo Câmara Municipal de Paranaguá

SD	Marechal Hermes da Fonseca	Óleo/tela	60,4 x 47,5	Acervo Câmara Municipal de Paranaguá
SD	Maria Amélia D'Assumpção	Óleo/tela	74 x 53,5	Acervo Museu Alfredo Andersen
SD	Maria Bueno	Óleo/tela	28,5 x 23,5	Acervo Museu Alfredo Andersen
SD	Maria Café	Óleo/tela	34,5 x 27	Acervo Museu Alfredo Andersen
SD	Maria Dias de Paiva	Óleo/tela	60 x 48	Acervo Museu Alfredo Andersen
SD	Marinha	Óleo/madeira	19,5 x 24,5	Coleção Particular
SD	Marinha	Óleo/tela	75 x 60	Coleção Particular
SD	Marinha	Óleo/tela	21,5 x 40	Coleção Particular
SD	Marinha	Óleo/tela	43 x 31	Coleção Particular
SD	Marinheiro	Óleo/tela	SI	Coleção Particular
SD	Marinheiro	Óleo/tela	40,5 x 31	Acervo Fundação Honorina Valente
SD	Marinheiro ao Leme	Óleo/tela	SI	Coleção Particular
SD	Marinheiro Fumando	Óleo/tela	42 x 51	Coleção Particular
SD	Marinheiros Costurando Vela	Óleo/papelão	24 x 30	Coleção Particular
SD	Moça das Flores	Óleo/tela	82,5 x 57,5	Acervo Museu Alfredo Andersen
SD	Moça Fazendo Bolo	Óleo/tela	45 x 56	Coleção Particular
SD	Mulher Ao Pé da Serra Marumbi	Óleo/tela	46 x 56	Coleção Particular
SD	Mulher Com Xale	Óleo/tela	49 x 60	Coleção Particular
SD	Na Varanda	Óleo/tela	72 x 53	Coleção Particular
SD	Narciso Macaggi	Óleo/tela	60 x 47,5	Acervo Museu Alfredo Andersen
SD	Neta Charlotte	Óleo/tela	SI	Coleção Particular Noruega
SD	Nilo Peçanha	Óleo/tela	53,3 x 43	Acervo Câmara Municipal de Paranaguá
SD	O Curtume	Óleo/tela	123 x 157	Acervo Museu Sørlandet
SD	O Quitandeiro	Óleo/tela	46 x 51	Coleção Particular
SD	Os estudantes	Óleo/tela	23 x 38	Coleção Particular
SD	Pai	Óleo/tela	32 x 41	Coleção Particular
SD	Paisagem	Óleo/madeira	30 x 13	Coleção Particular
SD	Paisagem	Óleo/tela	55 x 76	Coleção Particular
SD	Paisagem	Óleo/tela		Coleção Particular
SD	Paisagem	Óleo/tela	27 x 35	Coleção Particular
SD	Paisagem	Óleo/tela	24 x 33,5	Acervo Fundação Honorina Valente

SD	Paisagem	Óleo/tela	26 x 36	Acervo Fundação Honorina Valente
SD	Paisagem	Óleo/tela	26,5 x 36,5	Acervo Fundação Honorina Valente
SD	Paisagem	Óleo/tela	28,5 x 38	Acervo Fundação Honorina Valente
SD	Paisagem	Óleo/tela	33 x 63	Coleção Particular
SD	Paisagem	Óleo/madeira	34,2 x 20,5	Coleção Particular
SD	Paisagem	Óleo/tela	37 x 27	Coleção Particular
SD	Paisagem	Óleo/tela	39 x 50	Coleção Particular
SD	Paisagem	Óleo/tela	38 x 29	Coleção Particular
SD	Paisagem	Óleo/tela	25 x 28	Coleção Particular
SD	Paisagem	Óleo/tela	38 x 45	Coleção Particular
SD	Paisagem	Óleo/tela	57 x 38	Coleção Particular
SD	Paisagem (Mato de Nha Laura)	Óleo/tela	SI	Coleção Particular
SD	Paisagem Campo e Campeira	Óleo/tela	25 x 36	Coleção Particular
SD	Paisagem Européia	Óleo/papelão	15,5 x 29	Acervo Museu Alfredo Andersen
SD	Paisagem da Noruega	Óleo/tela	32 x 28	Coleção Particular
SD	Paisagem de Pinheiros	Óleo/tela	60 x 41	Coleção Particular
SD	Paisagem-mancha	Óleo/papelão	24 x 15,5	Coleção Particular
SD	Paisagem Marumbi	Óleo/tela	23 x 34	Coleção Particular
SD	Paisagem No Brasil	Óleo/madeira	40 x 64	Coleção Particular Noruega
SD	Paisagem Norueguesa	Óleo/tela	14 x 25	Coleção Particular
SD	Paisagem Norueguesa	Óleo/tela	14 x 23	Coleção Particular
SD	Paisagem Norueguesa	Óleo/tela	23 x 31	Coleção Particular
SD	Paisagem Norueguesa "Fazenda em Seteisdalen"	Óleo/tela	32 x 22,5	Coleção Particular
SD	Paisagem Paranaense	Óleo/tela	26 x 36	Coleção Particular
SD	Paisagem Paranaense	Óleo/tela	42,5 x 74,5	Acervo Museu Alfredo Andersen
SD	Paisagem Pinheiro	Óleo/tela	45 x 37	Coleção Particular
SD	Paisagem Piraquara	Óleo/tela	60,5 x 45	Coleção Particular
SD	Paisagem Rio Ipiranga	Óleo/tela	22 x 32	Coleção Particular
SD	Passeio Público	Óleo/tela	21 x 25	Coleção Particular
SD	Pedro Sherer	Óleo/tela	59 x 49	Acervo Câmara Municipal de Paranaguá
SD	Pessoas ao Redor da Mesa	Óleo/papelão	12 x 13	Coleção Particular
SD	Pessoas na Praia/Praia do Forte	Óleo/tela	35,5 x 19	Coleção Particular
SD	Petuya Gurlioso	Óleo/tela	36 x 46	Coleção Particular

SD	Petuya Neto	Óleo/tela	24 x 35	Coleção Particular
SD	Pinheirais	Óleo/tela	33 x 66	Coleção Particular
SD	Pinheiros	Óleo/tela	37 x 29	Coleção Particular
SD	Pinheiros	Óleo/tela	18,5 x 29,5	Coleção Particular
SD	Pinheiros	Óleo/tela	32 x 42	Coleção Particular
SD	Pinheiros	Óleo/tela	9 x 23	Coleção Particular
SD	Pinheiros	Óleo/tela	45,5 x 60,4	Coleção Particular
SD	Pinheiros Ao Luar	Óleo/tela	59 x 98	Coleção Particular
SD	Pinheiros e Campos	Óleo/tela	46 x 62	Coleção Particular
SD	Porto de Paranaguá	Óleo/tela	55 x 76	Coleção Particular
SD	Praia do Gerere - PR	Óleo/tela	60 x 50	Coleção Particular
SD	Quarto Ateliê	Óleo/tela	28 x 35	Coleção Particular
SD	Queimada ou Lavadeiras	Óleo/tela	91,5 x 153	Museu Oscar Niemeyer
SD	Quitandeiro do Litoral	Óleo/tela	45 x 58	Coleção Particular
SD	Rachelle Colle Valmossoni	Óleo/tela	60 x 47	Acervo Museu Alfredo Andersen
SD	Rendeiras	Óleo/tela	50 x 60	Coleção Particular
SD	Retrato da Irmã de Andersen	Óleo/tela	SI	Coleção Particular Noruega
SD	Retrato Feminino	Óleo/tela	61 x 50	Coleção Particular
SD	Retrato Masculino	Óleo/tela	61 x 50	Coleção Particular
SD	Retrato Sagrado	Óleo/tela	26 x 37	Coleção Particular
SD	Rocio	Óleo/tela	37 x 24	Coleção Particular
SD	Rocio	Óleo/tela	54 x 76	Coleção Particular
SD	Rocio Com Canoas	Óleo/tela	30,5 x 43,5	Coleção Particular
SD	Rocio de Paranaguá	Óleo/tela	40 x 66	Coleção Particular
SD	Rocio de Paranaguá	Óleo/tela	40 x 66	Coleção Particular
SD	Rodrigues Alves	Óleo/tela	57,1 x 46,5	Acervo Câmara Municipal de Paranaguá
SD	Sapeco	Óleo/tela	27 x 38,5	Acervo Museu Alfredo Andersen
SD	Sapeco da Erva-Mate	Óleo/tela	61 x 90	Acervo Museu Oscar Niemeyer
SD	Sem Título	Óleo/tela	27,5 x 37	Acervo Fundação Honorina Valente
SD	Sem Título (paisagem)	Óleo/tela	57 x 70	Acervo Fundação Honorina Valente
SD	Serra do Cadeado	Óleo/tela	51 x 77	Coleção Particular
SD	Serra do Mar	Óleo/tela	27 x 38	Coleção Particular
SD	Tanque de Piraquara	Óleo/tela	27,6 x 35	Coleção Particular
SD	Tipo Paranaense	Óleo/tela	43 x 57	Coleção Particular

SD	Trecho do Rio Iguaçu	Óleo/tela	49,5 x 30	Coleção Particular
SD	Trigal	Óleo/tela/madeira	30,5 x 18	Coleção Particular
SD	Troglodita	Óleo/tela	60 x 49	Acervo Museu Alfredo Andersen
SD	Venceslau Braz	Óleo/tela	54,5 x 40	Acervo Câmara Municipal de Paranaguá
SD	Viaduto Rochedo Paraná	Óleo/tela	28 x 47	Coleção Particular
	Vida Laboriosa	Óleo/tela	52 x 42	Coleção Particular
SD	Vila Velha	Óleo/tela	150 x 90	Coleção Particular
SD	Vista do Alto da Glória	Óleo/tela	40 x 60,5	Acervo Museu Alfredo Andersen
SD	Vista do Ateliê - Noruega	Óleo/tela	70 x 115	Coleção Particular

Nota: SD - sem data; SI - sem informação; NL - não localizado.

Agradecimentos

Este livro é fruto da minha tese de doutorado defendida no início de 2012 no Departamento de Sociologia da Universidade de São Paulo. Para realizá-la, contei com a ajuda e o apoio de diversas pessoas a instituições.

Assim, antes de mais nada, agradeço à Fundação de Amparo à Pesquisa do Estado de São Paulo (Fapesp) pela bolsa concedida, que foi fundamental para a dedicação que o trabalho requereu e aos pareceristas que leram e contribuíram para o desenvolvimento da tese. Agradeço também à Fapesp pela concessão do apoio financeiro para a publicação deste livro.

Agradeço ao meu orientador, Leopoldo Waizbort, pela orientação e pela generosa dose de paciência e compreensão que teve durante o percurso do doutorado.

Devo agradecimentos especiais aos membros que participaram da banca, que contribuíram muito para a minha formação. O Sérgio Miceli acompanhou o trabalho desde o início, quando era apenas um projeto, passando pela leitura crítica da qualificação até a defesa, e a ele sou muito grata pelas críticas e sugestões. À Cláudia Valadão sou grata pela leitura cuidadosa que fez do trabalho na qualificação e pelos questionamentos pertinentes que me colocou. À Lilia Schwarcz, pelo que aprendi no seu curso sobre a leitura de imagens, mas também pela sua gentileza singular nas conversas e dicas, assim como pela belíssima arguição na defesa. Ana Paula Simioni e Tadeu Chiarelli também estiveram na banca de defesa, e me brindaram com elogios, mas também com críticas enriquecedoras; agradeço imensamente pela leitura atenta e pelos comentários.

A reserva técnica da Fapesp tornou possível uma estada de três meses na Noruega e na Dinamarca que foi fundamental para o trabalho. Ter participado do curso sobre arte norueguesa na International Summer School da Universidade de Oslo, ministrado pelos professores Clarence Sheffield e Mark Mansfield, me proporcionou um mergulho na cultura escandinava de Alfredo. Agradeço também aos funcionários da Biblioteca da Galeria Nacional de Oslo, pela gentileza e prestatividade, e especialmente à Tove Dahl Johansen, da Biblioteca Nacional, que se mostrou uma entusiasta da minha pesquisa, auxiliou-me na busca de fontes, e, para completar, fez inúmeras traduções. Ainda na Noruega, fui muito bem acolhida em Kristiansand pela Ragnhild e o Einar Jensen, que me levaram para conhecer os lugares importantes, os quadros que se encontravam nos acervos da família, leram cartas, contaram histórias. Da mesma forma, Gunvor Satra foi especialmente gentil em me abrir os porões da sua casa, onde encontramos algumas raridades. O Professor Gunvald Opstad foi extremamente generoso ao me abrir o seu arquivo pessoal e de sobra me ensinou muito sobre a história da cidade. Ao Roger Tronstad do Arquivo Municipal de Kristiansand pelo auxílio na busca de fontes.

Sou imensamente grata ao Prof. Carlo Ginzburg, que com muita gentileza me recebeu no meu estágio na Scuola Normale Superiore di Pisa, e que me proporcionou uma experiência acadêmica inesquecível de seguir um curso seu. A Ângela e o Ricardo Marcelo têm parcela de culpa nessa história, e a eles também devo agradecimentos especiais. Agradeço também à Capes pela concessão da bolsa de estudos no exterior.

Várias foram as instituições no Brasil que tornaram possível o levantamento de dados necessários para este livro, e aos seus funcionários sou muito grata: da Biblioteca Pública do Paraná, em especial aos da Seção de Documentação Paranaense, do Instituto Histórico e Geográfico do Paraná, do Arquivo Público do Paraná, da Biblioteca do Museu Paranaense, do Círculo de Estudos Bandeirantes, da Biblioteca Nacional, da Biblioteca do Masp. Sou grata especialmente à toda a equipe do Museu Alfredo Andersen.

À Edna Fujika, ao Dr. Carlos Rocha e à Valéria Lima, que me ajudaram a manter a sanidade mental. À Leocádia e à Fátima, pelo carinho que tem pela nossa família e por manter a casa em pé.

Sempre eficiente e prestativa, a Solange Rocha me ajudou a encontrar inúmeras peças desse grande quebra cabeças, além de ter sido fundamental para o fechamento da tese. À querida Antônia Schwiden pela competente revisão e preparação dos originais, e à Ivonete Santos por estar sempre a postos quando eu não soube lidar com as imagens. Ao amigo Laércio Lopes, que com a sua alma nobre e generosa contribuiu muito para a viabilização desta pesquisa, e também à querida Laura. Ao Wilson Andersen Ballão, que foi sempre um entusiasta deste trabalho e com quem tive longas conversas sobre o Alfredo.

Aos meus amigos da pós-graduação Alexandro Paixão, Anderson Trevisan, Célia Arribas, Dmitri Fernandes, Fábio Keinert, Juliana Neves, Lilian Sampaio, Sérgio Franco e Tamara Grigorowitschs. À Aninha, Lennita e Miriam que, para além de companheiras de profissão, são grandes amigas. Ao Zé Szwako, que foi um divertido companheiro de angústias doutorais. Às queridas amigas Isabela R., Isabela S., Ju Pereira, Teka e ao amigo Pedro Jr.

A Flávia Rossi é uma das pessoas mais generosas que tive o prazer de conhecer. Ela me acolheu como uma irmã nas minhas estadas em São Paulo, e fez com que todo o percurso fosse mais leve e prazeroso. Lá pelas tantas um argentino tomou conta do pedaço, e tudo ficou ainda mais divertido, e por isso sou grata também ao Patrício Tierno.

A toda a família Correa Marques, em especial ao Tio Arnaldo, Tia Aracy (*in memorian*) e Suely, que sempre me receberam com muito carinho. À Tia Male e à Tia Lenita, e à toda família Corrêa. À minha irmã Isabela pelo apoio e pelo carinho e à minha mãe Teresinha, pelo seu coração maior que o mundo e por estar sempre ao meu lado.

Devo muito do meu caminho acadêmico ao incentivo do J. Pedro, meu pai, que sempre acreditou nas minhas escolhas e mais que isso: foi um modelo de inteligência, perspicácia e simplicidade. Não imagino a minha vida sem o amor e a companhia do Luís Fernando, que me deu um suporte fundamental para realizar esta pesquisa e foi o principal interlocutor e incentivador deste trabalho. No meio disso tudo, a família aumentou com a chegada do Francisco, e depois dele a vida nunca mais foi a mesma: as olheiras se tornaram frequentes, mas sorrimos e cantamos como nunca antes. Aos três eu dedico este trabalho.

Caderno de imagens

FIGURA 1. ANDERSEN, A. *Charlotte Margrethe Peersen*. s/data

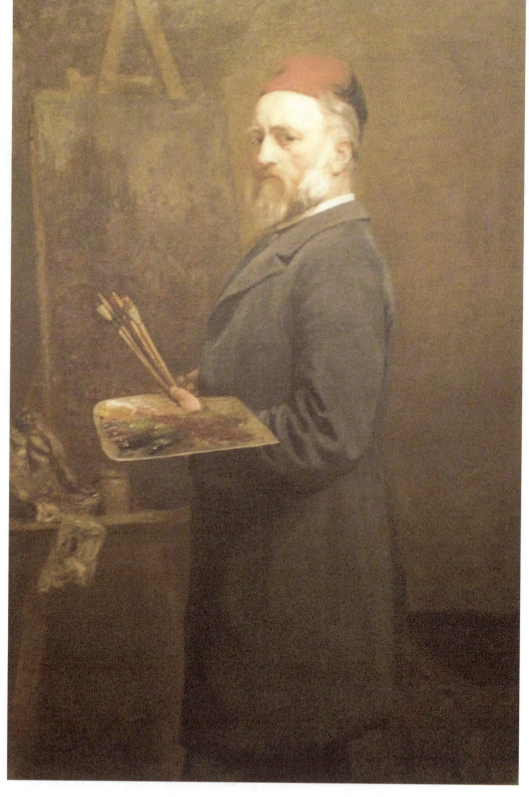

FIGURA 2. ANDERSEN, A. *Olaf Wilhelm Isaachsen*. 1888. 126x82,5cm. Sørlandet Art Museum (Kristiansand, Noruega)

FIGURA 3. ANDERSEN, A. *Igreja de Oslo*. 1878. 35x48cm

FIGURA 4. BENDZ, Wilhelm. *Life Class at the Academy of Fine Arts*. Copenhagen. 1826. 57,7x82,5cm. Statens Museum for Knust, Copenhagen

FIGURA 5. ANDERSEN, A. *Porto de Oslo*. 1881. 28x36cm

FIGURA 6. ANDERSEN, A. *Barco Norueguês*. 1881. 17x22,5cm. Museu Alfredo Andersen

FIGURA 7. ANCHER, Michael. *Will He Round the point?* 1879. 93x109cm. Skagens Museum, Copenhagen

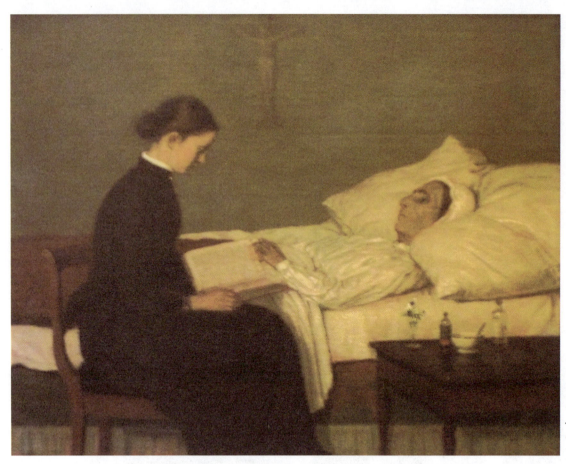

FIGURA 8. ANDERSEN, A. *Junto ao leito da doente*. 1886. 53,5x67,5cm

FIGURA 9. EDVARD MUNCH. *A menina doente*. 1885-1886. 119,5x118,5cm. Nasjonalmuseet for kunst, arkitektur og design, Oslo

FIGURA 10. ANDERSEN, A. *Knut Hamsun*. 1891. 127x85cm. Nasjonalmuseet for kunst, arkitektur og design, Oslo

FIGURA 11. GUDE, Hans; TIDEMAND, Adolph. *Bridal Procession on the Hardangerfjord*. 1848. 93x130cm. Nasjonalmuseet for kunst, arkitektur og design, Oslo

FIGURA 12. DAHL, Johan Christian. *View from Stalheim*. 1842. 190x246cm. Nasjonalmuseet for kunst, arkitektur og design, Oslo

FIGURA 13. DAHL, Johan Christian. *Norwegian Winter at the Sognefjord*. 1827. 61,5x75,5cm. Nasjonalmuseet for kunst, arkitektur og design, Oslo

FIGURA 14. ANDERSEN, A. *Paisagem*. 21x32cm. Acervo Banco Itaú

FIGURA 15. ANDERSEN, A. *Paisagem (Casa Paterna)*. 1886. 34x44cm

FIGURA 16. ANDERSEN, A. *Domingo no campo*. 1890

FIGURA 17. ANDERSEN, A. *Fazenda em Setesdal*. s/data. 22,5x32cm

FIGURA 18. ANDERSEN, A. *Paisagem da Noruega*. s/data. 28x32cm

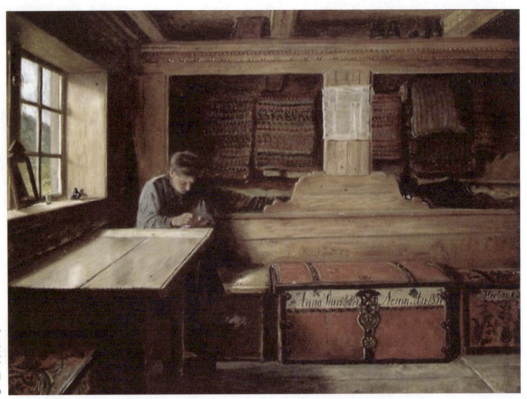

FIGURA 19. TIDEMAND, Adolph. *Loft fra Vikøy*. 1867. Nasjonalmuseet for kunst, arkitektur og design, Oslo

FIGURA 20. TIDEMAND, Adolph. *Interiør fra Gulsvik I Hillingdal*. 1848. Nasjonalmuseet for kunst, arkitektur og design, Oslo

FIGURA 21. ANDERSEN, A. *Mulher camponesa*. 1882

FIGURA 22. ISAACHSEN, Olaf Wilhelm. *Setesdalsloft*. 1878. 52,5x65cm. Nasjonalmuseet for kunst, arkitektur og design, Oslo

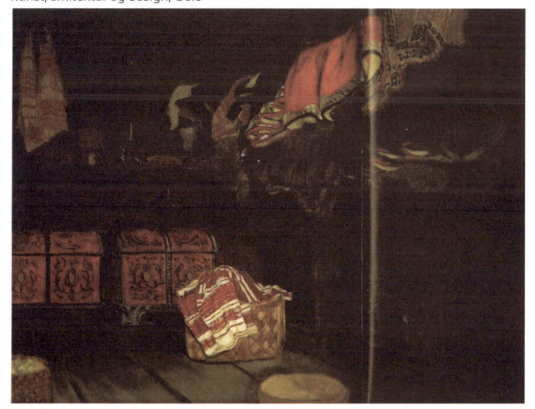

FIGURA 23. ANDERSEN, A. *Cena de família camponesa*. 1890

FIGURA 24. ANDERSEN, A. *Paisagem (Kristiansand)*. s/data. 66x100cm

FIGURA 25. ANDERSEN, A. *Lahelle, Kristiansand (Vista do estúdio)*. s/data. 70x115cm

FIGURA 26. ANDERSEN, A. *Paisagem*. 1890. 54x76cm

FIGURA 27. WERESKIØLD, Erik. *Peasant Funeral*. 1885. 102,5x150,5cm. The National Museum of Art, Architecture and Design, Oslo

FIGURA 28. ANDERSEN, A. *Bånetjønn*. 1889

FIGURA 29. PETERSEN, Eilif. *Norwegian Summer Night*. 1886. 133x151cm. The National Museum of Art, Architecture and Design, Oslo

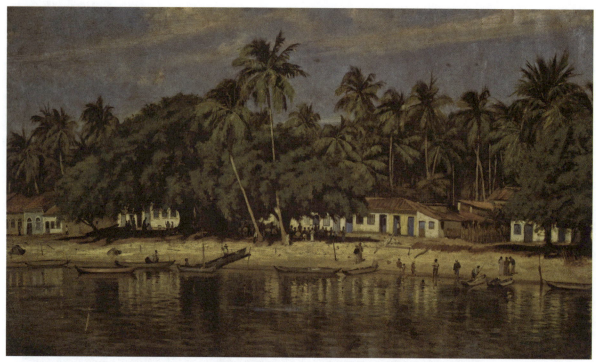

FIGURA 30. ANDERSEN, A. *Porto de Cabedelo*. 1892. 92x152cm

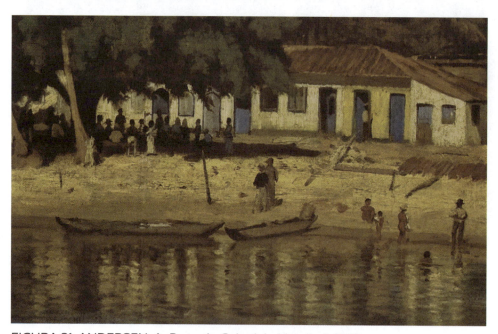

FIGURA 31. ANDERSEN, A. *Porto de Cabedelo* (detalhe). 1892

FIGURA 32. MEIRELLES, Victor. *Retrato de Sinimbu*. 1879. 206x297cm. Câmara Municipal de Paranaguá

FIGURA 33. ANDERSEN, A. *Campos Sales*. s/data. 58x46,5cm

FIGURA 34. ANDERSEN, A. *Manoel Vitorino*. 1897. 60x49cm. Câmara Municipal de Paranaguá

FIGURA 35. ANDERSEN, A. *Marechal Deodoro da Fonseca*. 1897. 60,5x49,5cm. Câmara Municipal de Paranaguá

FIGURA 36. ANDERSEN, A. *Marechal Floriano Peixoto*. s/data. 55,5x45,5cm. Câmara Municipal de Paranaguá

FIGURA 37. ANDERSEN, A. *Marechal Hermes da Fonseca*. 1911. 59x47,5cm. Câmara Municipal de Paranaguá

FIGURA 38. ANDERSEN, A. *Nilo Peçanha*. s/data. 53x43cm. Câmara Municipal de Paranaguá

FIGURA 39. ANDERSEN, A. *Prudente de Moraes*. 1897. 59x49cm. Câmara Municipal de Paranaguá

FIGURA 40. ANDERSEN, A. *Rodrigues Alves*. s/data. 56,5x46cm. Câmara Municipal de Paranaguá

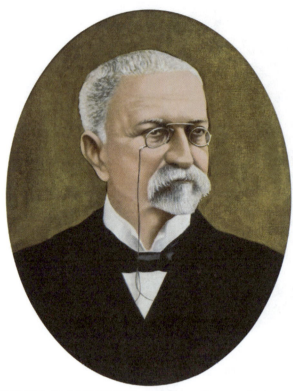

FIGURA 41. ANDERSEN, A. *Afonso Pena*. s/data. 53x43cm. Câmara Municipal de Paranaguá

FIGURA 42. ANDERSEN, A. *Pedro Aloys Sherer*. s/data. 59x49cm. Câmara Municipal de Paranaguá

FIGURA 43. ANDERSEN, A. *Visconde de Nácar*. 1896. 70x5x60cm. Câmara Municipal de Paranaguá

FIGURA 44. ANDERSEN, A. *Coronel João Guilherme Guimarães*. s/data. 80x75cm. Instituto Histórico e Geográfico de Paranaguá

FIGURA 45. ANDERSEN, A. *Ildelfonso Pereira Correia (Barão do Serro Azul)*. 1898. 80x70cm. Instituto Histórico e Geográfico de Paranaguá

FIGURA 46. ANDERSEN, A. *João Eugênio Marques*. 1898

FIGURA 47. ANDERSEN, A. *Visconde de Guarapuava*. 1896. 69x58cm. Câmara Municipal de Paranaguá

FIGURA 48. ANDERSEN, A. *Romão Vidal*. 1901. 54x43cm. Instituto Histórico e Geográfico de Paranaguá

FIGURA 49. ANDERSEN, A. *Maria Rosa Vidal.* [1901]. 55x46cm. Instituto Histórico e Geográfico de Paranaguá

FIGURA 50. ANDERSEN, A. *Antonio Henriques Gomes.* 1897. 56x46cm. Museu Paranaense

FIGURA 51. ANDERSEN, A. *Rita Guimarães Gomes.* [1912]. 70x60cm. Instituto Histórico e Geográfico de Paranaguá

FIGURA 52. ANDERSEN, A. *José Justino de Mello.* 1895. 69x56cm. Instituto Histórico e Geográfico de Paranaguá

FIGURA 53. ANDERSEN, A. *Francelina Mello*. 1895. 68,5x55cm. Instituto Histórico e Geográfico de Paranaguá

FIGURA 54. ANDERSEN, A. *Manoel Francisco dos Santos*. [1893]. 57x47cm

FIGURA 55. ANDERSEN, A. *Porphiria Nogueira da Câmara dos Santos*. [1893]. 57x47cm

FIGURA 56. ANDERSEN, A. *Comendador Manoel Ricardo Carneiro*. 1918. 75x63cm. Museu Paranaense

FIGURA 57. ANDERSEN, A. *Delfica Guimarães Carneiro*. 1897. 60,5x48cm. Museu Paranaense

FIGURA 58. ANDERSEN, A. *O agente da Estação de Paranaguá*. 1896. 45x27,5cm. Rede Ferroviária Federal

FIGURA 59. ANDERSEN, A. *Menino de Rua*. 1896. 62x41cm

FIGURA 60. ANDERSEN, A. *Carl Johan Frojd Westerman*. [1911]. 71x55cm

FIGURA 61. ANDERSEN, A. *Bertha Wendt Westerman*. 1911. 60x48cm

FIGURA 62. ANDERSEN, A. *Bruno Rudolf Lange*. 1903. 72x61cm

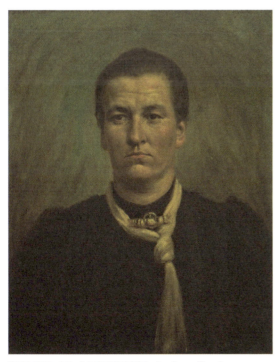

FIGURA 63. ANDERSEN, A. *Ana Bockmann Lange*. s/data. 61x49cm

FIGURA 64. ANDERSEN, A. *Frederico Lange de Morretes*. s/data. 46x38cm. Museu Alfredo Andersen

FIGURA 65. ANDERSEN, A. *François Gheur*. s/data. 61x49,4cm. Museu Oscar Niemeyer

FIGURA 66. ANDERSEN, A. *Monsieur Charles Laforge*. 1903. 60,5x49cm. Museu Alfredo Andersen

FIGURA 67. ANDERSEN, A. *Residência da Família Laforge*. [1907]. 54,2x64,7cm. Museu Oscar Niemeyer

FIGURA 68. ANDERSEN, A.
João Carlos Gutierrez. 1904.
142x85cm

FIGURA 69. ANDERSEN, A.
Olímpia Carneiro. 1902. 176x130cm

FIGURA 70. ANDERSEN, A. *David Carneiro*. s/data. 48x25cm

FIGURA 71. *Propaganda da empresa ervateira de David Carneiro*

FIGURA 72. ANDERSEN, A. *Vicente Machado da Silva Lima*. c.1906. 250x146cm. Museu Paranaense

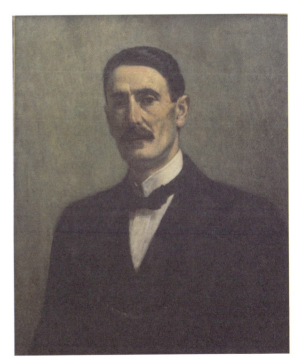

FIGURA 73. ANDERSEN, A. *Alfredo Romário Martins*. s/data. 70,5x59,5cm. Museu Paranaense

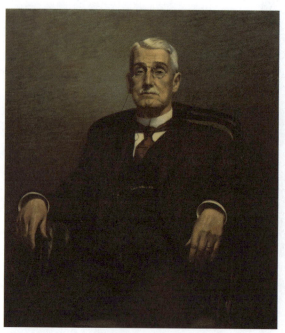

FIGURA 74. ANDERSEN, A. *Generoso Marques dos Santos*. 1912. 111x99cm. Museu Paranaense

FIGURA 75. ANDERSEN, A. *Affonso Alves de Camargo*. 1912. 126x85cm. Museu Alfredo Andersen

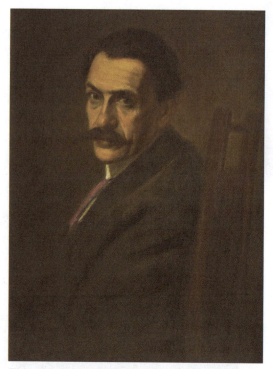

FIGURA 76. ANDERSEN, A. *Nestor Victor dos Santos*. 1912. 60x45,5cm. Museu Paranaense

FIGURA 77. ANDERSEN, A. *José Cândido de Andrade Muricy*. 1919. 43,6x36,5cm. Fundação Cultural de Curitiba

FIGURA 78. *Andrade Muricy*. Fotógrafo desconhecido

FIGURA 79. ANDERSEN, A. *Moysés Marcondes de Oliveira Sá*. s/data. 79x63cm. Museu Paranaense

FIGURA 80. ANDERSEN, A. *José Francisco da Rocha Pombo* (desenho). Capa da Revista Paranista, 1933

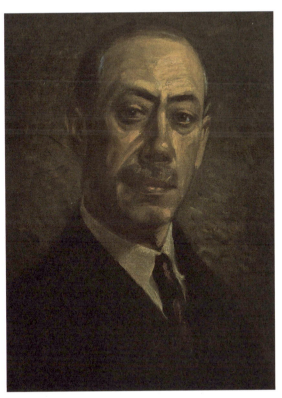

FIGURA 81. ANDERSEN, A. *Coronel Alcidez Munhoz*. 44,5x33,4cm. Museu Paranaense

FIGURA 82. GRIMM, Georg. *Paisagem*. 1883. Museu Antônio Parreiras, Niterói/RJ

FIGURA 83. ANDERSEN, A. *Paisagem* [Morro do Anhangava]. 1918. 27x40cm

FIGURA 84. ANDERSEN, A. *A Queimada* [Lavadeiras]. s/data. 91,5x153cm. Palácio Iguaçu

FIGURA 85. ANDERSEN, A. *Sete Quedas*. 1904. 41x322cm. Itaipu Binacional

FIGURA 86. ANDERSEN, A. *Sapeco da erva-mate*. s/data. 60,5x90cm. Museu Oscar Niemeyer

FIGURA 87. WEINGÄRTNER, Pedro. *Paisagem gaúcha*. s/data. 26x36cm

FIGURA 88. WEINGÄRTNER, Pedro. *Gaúchos chimarreando*. 1911. 101x200cm. Pinacoteca Aldo Locatelli, Secretaria Municipal da Prefeitura de Porto Alegre, RS

FIGURA 89. WEINGÄRTNER, Pedro. *Tempora Mutantur*. 1898. 110,3x144cm. Museu de Arte do Rio Grande do Sul Aldo Malagoli, Porto Alegre, RS

FIGURA 90. ANDERSEN, A. *Pinheiros*. s/data. 37x29cm

FIGURA 91. ANDERSEN, A. *Bosque dos Pinheiros*. 1930. 70x58cm

FIGURA 92. ANDERSEN, A. *Paisagem*. s/data. 50x39cm

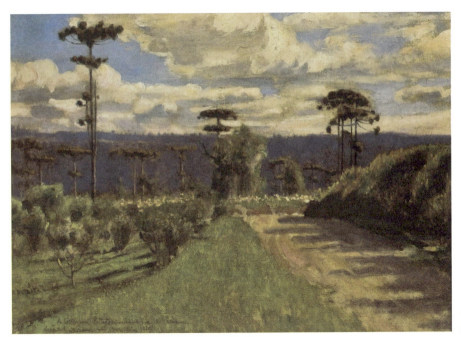

FIGURA 93. ANDERSEN, A. *Paisagem*. 1919. 34x47cm

FIGURA 94. TURIN, João. Capa da *Ilustração Paranaense*

FIGURA 95. MORRETES, Lange. *Estilizações*. Revista *Ilustração Brasileira*, dez. 1953, p. 168-169

FIGURA 96. ANDERSEN, A. *Paisagem* [Pinheiros]. s/data. 45x38cm

FIGURA 97. MORRETES, Frederico Lange de. *Paisagem com pinheiros*. s/data. 45x39cm. Fundação Honorina Valente

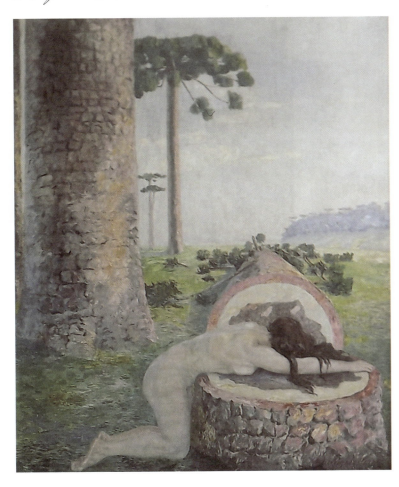

FIGURA 98. MORRETES, Frederico Lange de. *Alma da Floresta* – 1927-1930. 285x245cm. Assembléia Legislativa do Paraná

FIGURA 99. MORRETES, Frederico Lange de. *A Natureza*. s/data. 145x288cm. Escola de Música e Belas Artes do Paraná. Fonte: CAMARGO, 2007, p. 178

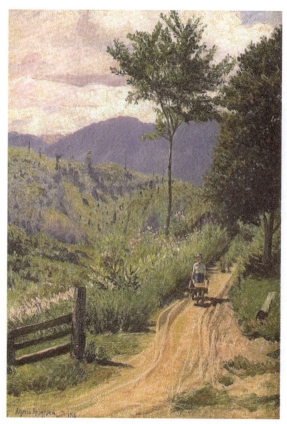

FIGURA 100. ANDERSEN, A. *Paisagem serrana com personagem*. 1918. Museu Oscar Niemeyer

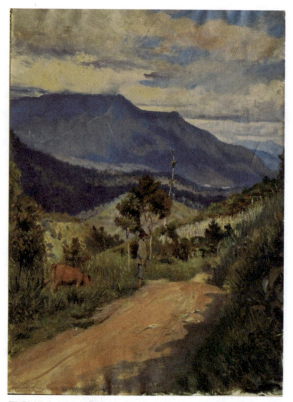

FIGURA 101. ANDERSEN, A. *Houmbolstrasse*. 1918. 74x55cm

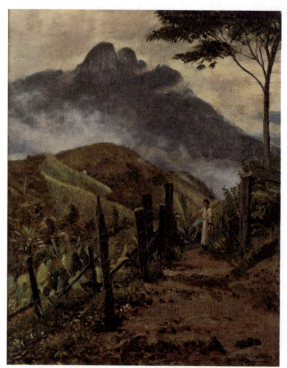

FIGURA 102. ANDERSEN, A. *Mulher ao pé do morro do Marumbi*. s/data. 60x49cm

FIGURA 103. ANDERSEN, A. *Estrada de Ferro* [Viaduto Carvalho]. [1925]. 47x28cm

FIGURA 104. *Fotografia do Viaduto Carvalho*. Museu Alfredo Andersen

FIGURA 105. ANDERSEN, A. *Serra do Cadeado*. s/data. 51x77cm

FIGURA 106. *Fotografia da Serra do Cadeado*. Museu Alfredo Andersen

FIGURA 107. ANDERSEN, A. *Entrada da Barra do Sul* [Pôr-do-sol]. 1930. 70,5x98,5cm. Museu Alfredo Andersen

FIGURA 108. ANDERSEN, A. *Barra do Sul* [Paranaguá]. 1912. 47x71cm

FIGURA 109. ANDERSEN, A.
Rocio. 1896. 20x30cm

FIGURA 110. ANDERSEN, A.
Rocio. 1896. 40x62cm

FIGURA 111. ANDERSEN, A.
Rocio. 1896. 50x72cm. Prefeitura
Municipal de Paranaguá

FIGURA 112. ANDERSEN, A. *Rocio de Paranaguá*. 1894. 20x30cm

FIGURA 113. ANDERSEN, A. *Rocio*. 1895. 26x40cm

FIGURA 114. ANDERSEN, A. *Rocio*. 1901. 28x48cm

FIGURA 115. ANDERSEN, A. *Vida tranquila* [Rocio]. 1922. 31x43cm

FIGURA 116. ANDERSEN, A. *Rocio*. s/data. 22x34cm

FIGURA 117. ANDERSEN, A. *Rocio com canoas*. s/data. 30,5x43,5cm

FIGURA 118. ANDERSEN, A. *Maria Café*. 1898. 40,5x30cm

FIGURA 119. ANDERSEN, A. *Rocio*. s/data. 54x76cm

FIGURA 120. ANDERSEN, A. *Barra do Sul* [Paranaguá]. 1912. 47x71cm. Associação Comercial do Paraná

FIGURA 121. ISAACHSEN, Olaf Wilhelm. *Landskap Fra Skogsfjorden.* 1887. 32,5x48cm

FIGURA 122. ANDERSEN, A. *Limpando sardinhas* [Barra do Sul/Paranaguá]. 1921. 34x49cm. Clube Curitibano

FIGURA 123. CASTAGNETO, Giovanni Batista. *Marinha com barco*. 1885. 16x22cm. Museu de Arte de São Paulo Assis Chateaubriand

FIGURA 124. ANDERSEN, A. *Rocio*. 1924. 32x41,5cm. Fundação Honorina Valente

FIGURA 125. ANDERSEN, A. [Rocio]. 14x26cm

FIGURA 126. CASTAGNETO, Giovanni Batista. *Bote a seco na praia*. 1887

FIGURA 127. ANDERSEN, A. *Paisagem com canoa na margem*. 1922. 66x89cm. Museu de Arte de São Paulo Assis Chateaubriand

FIGURA 128. ANDERSEN, A. *Rocio*. 1930. 24,5x34cm

FIGURA 129. ANDERSEN, A. *Rocio*. 1930. 24,5x37cm

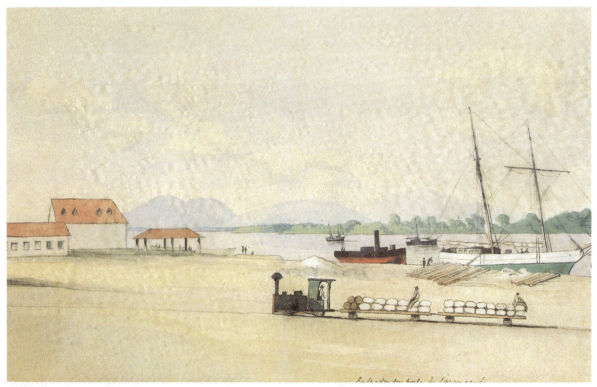

FIGURA 130. MICHAUD, William. *Porto de Paranaguá*. [1892]. 16x5x25,5cm.
Coleção Museu David Carneiro

FIGURA 131. CALIXTO, Benedito. *Porto de Santos*. 1895. 36,3x68cm

FIGURA 132. ANDERSEN, A. *Marinha*. 1901. 15x28cm

FIGURA 133. ANDERSEN, A. *Vista do Porto* [de Paranaguá]. 1895. 25x32,5cm

FIGURA 134. CASTAGNETO, Giovanni Batista. *Embarcações atracadas a um cais na Baía do Rio de Janeiro*. [1885]

FIGURA 135. ANDERSEN, A. *Porto de Paranaguá* (Cais do Itiberê). 1929. 30x40cm

FIGURA 136. ANDERSEN, A. *Porto de Paranaguá*. 1926. 19,5x28cm. Museu Alfredo Andersen

FIGURA 137. ANDERSEN, A. Sem título. Aquarela. c. 1930

FIGURA 138. ANDERSEN, A. *Paisagem com tronco*. 28,5x38cm. Fundação Honorina Valente

FIGURA 139. LECHOWSKI, Bruno. Sem título. (Campos Gerais I) óleo sobre madeira. 45x55cm. Museu Oscar Niemeyer

FIGURA 140. ANDERSEN, A. *Ludovico Bieniek*. 1910. 74x52,5cm. Sociedade Amigos de Alfredo Andersen

FIGURA 141. ANDERSEN, A. *Inocência Falce*. 37,5x28,8cm

FIGURA 142. ANDERSEN, A. *Maria Amélia D'Assumpção*. 74x53,5cm. Museu Alfredo Andersen

FIGURA 143. ANDERSEN, A. *Maria Amélia D'Assumpção*. 1924. 87x67,5cm. Museu Oscar Niemeyer

FIGURA 144. ANDERSEN, A. *Interior de atelier*. 60,5x77cm. Museu Alfredo Andersen

FIGURA 145. ANDERSEN, A. *O estúdio*. 1919. 45x58cm

FIGURA 146. ANDERSEN, A. *Academia Alfredo Andersen*. 56x72cm

FIGURA 147. ANDERSEN, A. *Ana de Oliveira*. 1893. 39x29cm

FIGURA 148. ANDERSEN, A. *A espera*. s/data. 59x70cm

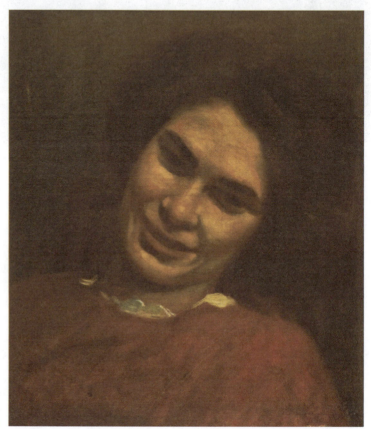

FIGURA 149. ANDERSEN, A. *Ana de Oliveira Andersen*. s/data. 39x34cm

FIGURA 150. ANDERSEN, A. *Ana de Oliveira Andersen*. s/data. 30,8x23,3cm

FIGURA 151. ANDERSEN, A. *Ana de Oliveira Andersen*. 1931. 70x58cm. Museu Alfredo Andersen

FIGURA 152. ANDERSEN, A. *Ana de Oliveira Andersen com cachorro*. s/data. 62x47cm

FIGURA 153. ANDERSEN, A. *Ana de Oliveira Andersen*. s/data. 35x26,5cm

FIGURA 154. ANDERSEN, A. *Ana de Oliveira Andersen*. 30x45cm. Museu Alfredo Andersen

FIGURA 155. ANDERSEN, A. *Lavando roupa*. s/data. 74,4x56cm. Museu Alfredo Andersen

FIGURA 156. ANDERSEN, A. *Cuidando dos pés*. s/data. 36x26cm

FIGURA 157. ANDERSEN, A.
Intimidade. s/data. 42x30cm

FIGURA 158. ANDERSEN, A.
As comadres. 1935. 60x73cm

FIGURA 159. ANDERSEN, A. *Vida laboriosa*. s/data. 52x42cm

FIGURA 160. TURIN, J. *Guairacá*. s/data. Escultura. 117,5x71,4x35,5cm. Museu Oscar Niemeyer

FIGURA 161. ANDERSEN, A. *Ouvindo rádio* (A família). 1935. 68x84cm

FIGURA 162. ANDERSEN, A. *Duas raças*. 1930. 84x62cm. Museu Alfredo Andersen

FIGURA 163. SCHIEFELBEIN, Hermann. O baile das raças. 1933. Fotocópia da Revista Paranista, set./1933

FIGURA 164. PARANÁ, Z. *O Semeador*. c. 1923. Bronze. 300cm. Praça Eufrásio Correia Curitiba (Curitiba, PR)

FIGURA 165. ALMEIDA JR. *Cabeça de caipira*. s/data. 38x32cm

FIGURA 166. ANDERSEN, A. *Homem velho.* s/data

FIGURA 167. ANDERSEN, A. *Mulher não identificada* (Indígena). s/data

FIGURA 168. ANDERSEN, A. *Homem não identificado* (Indígena). 1927

FIGURA 169. ANDERSEN, A. *Tipo paranaense*. s/data. 57x43cm

FIGURA 170. ANDERSEN, A. *Maria Ferreira*. s/data. 60,5x48,5cm. Museu Paranaense

FIGURA 171. ALMEIDA JR. *A mendiga*. (estudo). 1899. 56x35,5cm

FIGURA 172. ALMEIDA JR. *Estudo para cabeça de caipira*. 1893. 58x47cm. Pinacoteca do Estado de São Paulo

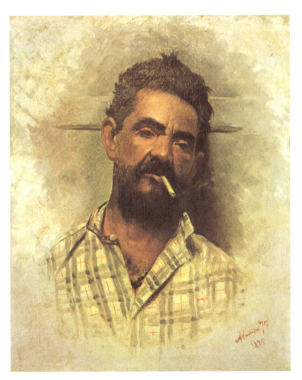

FIGURA 173. ALMEIDA JR. *Caipira pitando*. 1895, 60x49cm

FIGURA 174. ANDERSEN, A. *Caboclos* (Tibagi/Ponta Grossa). 1923. 49x60cm

FIGURA 175. ANDERSEN, A. *O Cortume*. s/data. 123x157cm. Sørlandet Art Museum (Kristiansand, Noruega)

FIGURA 176. ANDERSEN, A. *Auto-retrato*. s/data. 37,5x31cm

FIGURA 177. ANDERSEN, A. *Auto-retrato*. s/data. 31x25cm

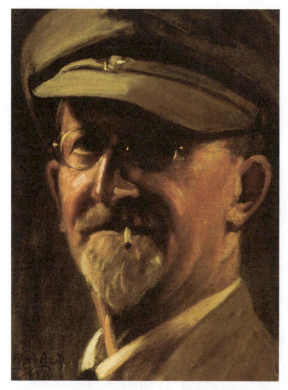

FIGURA 178. ANDERSEN, A. *Auto-retrato*. 1926. 34x26,5cm. Museu Alfredo Andersen

FIGURA 179. ANDERSEN, A. *Auto-retrato*. 1928. 35x27cm

FIGURA 180. ANDERSEN, A. *Jovem com boné*. 40,5x31cm. Fundação Honorina Valente

FIGURA 181. ANDERSEN, A. *Auto-retrato*. 1932. 76x 53,3cm. Museu Nacional de Belas Artes, Rio de Janeiro

FIGURA 182. TURIN, J. *Auto-retrato Paranista*. Década de 20. Casa João Turin. Foto: Luciana Barone (2009, p. 84)

FIGURA 183. FALCE, Inocência. *Retrato de Alfredo Andersen*. Publicado na *Revista Paranista*, set. 1933

Esta obra foi impressa em São Paulo pela Gráfica Vida e Consciência no outono de 2015. No texto foi utilizada a fonte Lucida Std em corpo 10 e entrelinha de 16 pontos.